U0126447

東都事略箋證
中
［宋］王稱撰
吴洪澤箋證

東都事略卷第三十六

列傳十九

郭贄字少儀[一]，開封人也[二]。應進士，爲開封首薦。太宗任京尹，得侍讀藩邸。太宗即位，擢贄著作佐郎兼皇子侍讀[三]，遷右補闕，拜中書舍人。

太平興國七年，拜參知政事。曹彬爲弭德超所譖，贄爲辨其誣，宰相趙普因是重之。嘗奏事，對太宗言曰：「臣受遇不次，惟以愚直上報。」太宗曰：「愚直何益？」贄曰：「雖然，猶勝姦邪也。」八年，早朝被酒，左遷秘書少監、知荆南府。加左諫議大夫，入爲鹽鐵①使。出知澶州，坐河决免。

真宗即位，拜刑部侍郎[四]，知天雄軍。入判太常寺、吏部流内銓，加集賢院學士、知河南府，遷工部尚書、翰林侍讀學士，進禮部尚書。卒，年七十六[五]。贈左僕射，謚曰文懿。

贄長者，喜延譽後進，宋白、趙昌言皆其所薦也。晚節頗以治生，爲物論所惜云。

李至字言幾，真定人也。初爲内臣李知審養子。舉進士，爲將作監丞，通判鄂州。擢著作佐郎、直史館[六]，遷右拾遺，加右補闕，知制誥，爲翰林學士。拜右諫議大夫、參知政事。雍熙中，加給事中。時太宗親征范陽，至

①鹽鐵：原作「監鐵」，據覆宋本、四庫本及《宋史》卷二六六《郭贄傳》改。

上疏以爲：「兵，凶器也。戰，危事也。用之之理，必貴萬全。儻邊庾不充，則宜養威蓄鋭。夫京師，天下本①，陛下恭守宗廟，不離京轂，示敵人以閒暇，尉②億兆之瞻仰，此策之上者也。」以目疾免。授禮部侍郎，遷吏部，爲秘書監。

真宗爲皇太子，以至、李沆並爲賓客。真宗即位，拜工部尚書、參知政事。真宗問以靈武事，至上疏曰：「河湟之地，夷夏雜居，是以先王置之度外。且繼遷腥膻醜類，騷動邊鄙，然臍不足以弭其惡，擢髮不足以數其罪。然聖人之道，務屈己含垢以安兆人，蓋所損者小，所益者大。陛下以元元爲念，不以巨憝介意。臣料彼脅從，亦厭兵久矣。苟朝廷捨之不問，待之如初，啖以厚利，縻以重爵，亦安肯迷而不復訖於淪胥哉？」其後靈武卒不能守。除武勝軍節度使、知河南府。卒，年五十五〔七〕。贈侍中。

王沔字楚望，齊州人也。舉進士，爲大理評事。太宗征太原，見於行在，拜著作佐郎、直史館。遷右拾遺，出爲京西轉運副使、知懷州，擢樞密直學士。拜右諫議大夫、僉書樞密院事，遷副使。端拱元年，加户部侍郎、參知政事。

沔辯慧苛刻，尚數多詐，視士大夫猶吏卒，唯以甘言悦人，而進退皆非物望。初與張齊賢同在樞府，頗不協。及齊賢參知政事，沔不自安。因王禹偁上言，請中書本廳不得接見賓客，許於政事堂同見，沔喜，即奏行之。直史館謝泌以爲如此是疑大臣以私也，疏駁之。太宗即追還前詔，沔因此罷。卒，年四十三〔八〕。贈工部尚書。

---

①「本」字上，繆校有「之」字。

②尉：覆宋本、四庫本及《宋史》卷二六六《李至傳》作「慰」。

辛仲甫字之翰，汾州孝義人也。初從郭崇辟掌書記，又隨崇爲平盧軍節度判官。崇卒，改授鄆、齊二州觀察判官。入拜右補闕。知光州，移彭州。課種柳蔭行路，郡人謂之「補闕柳」。太祖問趙普羣臣文武兼資者，普以仲甫對，即徙益州兵馬都監。代還，爲三司判官。

太平興國初，遷起居舍人。奉使契丹，契丹主問：「党進何如人？」仲甫曰：「國家異人間出，党進何足道哉。」契丹主欲留之，仲甫曰：「信以成命，義不可留，有死而已。」契丹主竟不能屈。使還，以刑部郎中知成都府。政尚寬簡，蜀人安其治。入知開封府，拜御史中丞。

雍熙三年[九]，拜給事中、參知政事。仲甫居大位，自守而已。出知陳州，遷户部尚書。告老，以太子少保致仕，加少傅。卒，年七十四[一〇]。贈太子太保，謚曰康節。

張宏字巨卿，青州益都人也[一一]。舉進士，爲將作監丞，通判宣州。歷左拾遺，爲峽路轉運副使，加左補闕。徙知遂州，以勤幹聞。歸朝，爲主客郎中，遷樞密直學士。

雍熙三年，拜右諫議大夫、樞密副使。時河朔用兵，宏循默備位，無所建明，而御史中丞趙昌言數上書論兵事，乃用昌言爲樞密副使，改宏御史中丞。端拱初，復拜樞密副使。淳化二年，以吏部侍郎罷。俄知開封府，出知潞州，進工部尚書。卒，年六十三[一二]。贈右僕射。

臣稱曰：朝論以張宏循默，故罷其政，使與趙昌言更其任。夫御史之職在觸邪，而中丞之位號執法事之利害，人之忠佞皆得而言之，其責豈不重哉？循默之人，使充其位，可乎？

趙昌言字仲謨，汾州孝義人也。舉進士，爲將作監丞，通判鄂州。遷直史館，荊湖轉運副使。入拜職方員外郎，知制誥。出知天雄軍，召拜御史中丞，遂代張宏爲右諫議大夫、樞密副使，遷工部侍郎。

時陳象輿爲鹽鐵副使，與昌言善。又，知制誥胡旦、度支副使董儼皆昌言同年，日夕會於昌言之第，京師爲之語曰「陳三更，董半夜」云。有翟潁者〔一三〕，險誕之士也，素與旦親狎。旦爲作大言怪誕之辭，使潁改名馬周，以爲唐馬周復出也。其言多排毀時政，自薦可爲天子大臣及力①舉數十人，皆公輔之器，令昌言内爲之助。陳王尹開封，以其事聞。趙普深嫉之，捕馬周繫獄，鞫之得實。馬周流海島，昌言貶崇信行軍司馬。起知蔡州，復知天雄軍。

初，豪家有倚蒭茭者，時誘姦人穴隄。昌言廉知之。一日，隄吏告急，亟取豪家所積給用，自是遂絶其弊。淳化四年，拜給事中、參知政事。京師大水，請出廄馬外牧。或云：「以馬備胡，不可闕。」昌言謂：「塞下積水，胡必不至。」從之，果如其言。

李順亂於蜀，命王繼恩討之。繼恩握重兵，久留成都，軍士無鬭志，由是郡縣復有陷者。太宗意頗厭兵，召昌言謂曰：「西川本自一國，太祖平之，訖今三十年矣。」昌言揣知上意，即於上前指畫攻取之策。太宗甚喜，遣昌言督繼恩戰，自繼恩以下並受節度。既行，或言其無嗣，鼻折山根，恐握兵難制。即以昌言知鳳翔府。賊平，改户部侍郎，罷政事，仍知鳳翔，徙澶、涇、延三州。遷兵部侍郎、知陝州，移知永興軍。召爲御史中丞，坐鞫獄失實，貶安遠行軍司馬，移武勝。拜刑部侍郎。真宗幸澶淵，命知河陽。歷天雄軍，徙鎮州，遷吏部侍郎〔一四〕。卒，

①力：繆校作「歷」。

年五十五〔一五〕。贈吏部尚書，謚曰景肅。

昌言喜推獎後進，常薦李沆，以爲有公輔之器，又以女妻王旦，二人皆賢相也。昌言臨事果斷，無所顧避，雖屢擯斥不少抑。惟對僚吏倨慢，時論少之。

陳恕字仲言，洪州南昌人也。少爲小吏〔一六〕，折節讀書。王明知洪州，見而嘆曰：「奇士也。」起家爲大理評事，通判澧州，以吏幹聞。召入爲三司判官，與判三司王仁贍廷争事，仁贍坐貶秩，擢恕度支員外郎。以工部郎中知大名府，復除户部副使知澶州。驛召爲河北營田制置使，密奏曰：「戍卒皆惰游，仰食縣官，一旦使冬被甲兵，春執耒耜，恐變生不測。」既詔罷營田，止葺堡壁而已。

知代州，入爲鹽鐵使。恕有心計，釐①去宿弊，太祖深器之，曰：「真鹽鐵使也。」拜給事中、參知政事。太宗嘗言户部使樊知古所部不治，恕以太宗意語之，知古辨於上前。坐泄禁中語，罷知江陵府。復召爲工部侍郎、總計使，又爲鹽鐵使。恕屢司金穀，爲經久之制，於是貨財流通，公用足而民富實，甚有稱職之譽。常言：「出入之任所當謹者，起知定例。」人以爲當，然亦頗傷苛碎也。

真宗即位，拜吏部侍郎〔一七〕。真宗命恕條具中外錢穀以聞，恕久而不進。真宗屢趣之，恕曰：「陛下富於春秋，若知府庫之充實，恐生侈心，臣是以不敢進。」真宗嘉之。知審官院，知貢舉，避嫌，凡江南貢士悉被黜。又舉行貢舉非其人條，被譴者咸怨憤。然是舉以王曾爲舉首，恕每自嘆曰：「吾得曾，名世才也，不愧於知人矣。」

①釐：原作「不」，據朱校本、四庫本及《宋史》卷二六六《陳恕傳》改。

恕事母孝，居喪絶葷茹①，哀毁過禮。以故得疾，不任治劇，遷尚書左丞，知開封府。復以病求館殿之職，乃以爲集賢院學士。卒，年五十九〔一八〕。子執中，自有傳〔一九〕。

温仲舒字秉陽，河南人也。舉進士，爲大理評事，通判吉州。遷右正言、直史館，拜工部郎中、樞密直學士。淳化二年，以右諫議大夫爲樞密副使，改同知樞密院事。四年，罷知秦州，移鳳翔，徙興元、江陵。復召爲户部侍郎、參知政事。咸平初，以禮部尚書罷。明年，出知河陽。代還，知開封府，爲御史中丞。遷刑部尚書，知天雄軍，徙河南，進户部尚書。卒，年六十七〔二〇〕。贈左僕射，謚曰恭肅。

仲舒有應務才。與寇準同進，人謂之「温寇」。吕蒙正爲相，嘗援進仲舒。及用，乃反攻蒙正，士君子非之。

劉昌言字禹謨，泉州南安人也。陳洪進以爲工曹〔二一〕。太平興國三②年，洪進歸朝，改鎮徐州，辟爲推官。八年，舉進士，遷保信、武勝二鎮判官〔二二〕，移泰寧軍。入爲左司諫、廣南安撫使。趙普留守西京，辟昌言爲通判，府事悉以委之。普薨，昌言感普知己，爲經理其家事。太宗以爲忠於所舉，召歸，遂拜樞密直學士，遷右諫議大夫、同知樞密院事。

太宗既寵用昌言，或言其委母妻鄉里，十年不迎侍者〔二三〕，詔令迎歸京師。光禄寺丞何亮，果州南充人也。

---

①「茹」字下，繆校有「素」字。

②三：原作「二」，據本書卷三《太宗紀》太平興國三年「夏四月己卯，陳洪進以漳、泉兩州歸於有司」改。《宋史》卷二六六《劉昌言傳》原作「二年」，校點本據《宋史》卷四《太宗紀一》及《長編》卷一九改作「三年」，是。

游宦十餘年，以蜀人不得歸覲①省，遂訴於轉運使盧之翰。之翰以聞，太宗驚嘆。又秘書丞陳靖，亦泉州人也，隨洪進歸闕，留母妻在別墅。聞太宗令昌言迎侍，靖遽告歸。其母戀鄉里，愛他子，不肯隨靖，但迎妻子而已。太宗訝之，因下詔告諭文武官，父母在遠地，並令迎侍就養。

昌言遂以給事中罷，出知襄州，徙知荆南府，遷工部侍郎。卒，年五十八[二四]。贈工部尚書。

【箋證】

〔一〕字少儀：朱校本及《隆平集》卷六、《宋史》卷二六六《郭贄傳》作「字仲儀」，《玉壺清話》卷五稱「郭仲儀贄」，疑《事略》誤。

〔二〕開封人：《宋史》本傳作「開封襄邑人」，《長編》卷一七亦稱「襄邑郭贄」，則《事略》當補「襄邑」二字。

〔三〕皇子侍讀：《宋史》本傳作「皇子侍講」。

〔四〕拜刑部侍郎：《宋史》本傳作「拜刑部」，似脱「侍郎」二字。而《涑水記聞》卷六、《新雕皇朝類苑》卷三並言「真宗初即位，以工部侍郎郭贄知天雄軍」，《長編》卷四一載「工部侍郎郭贄出知大名府」於至道三年四月甲辰（十日）。考《宋會要輯稿》禮二九之八記「工部侍郎郭贄爲鹵簿使」於至道三年四月四日，並云「後郭贄知大名府，命給事中魏庠代禮儀使」，與《長編》所載合。而《會要》最早記「刑部侍郎郭贄」在咸平元年四月（禮一八之五），最晚在咸平三年二月（禮三一之二二）。可見，郭贄當以工部侍郎出知大名府（天雄軍），而後拜刑部侍郎，《事略》《宋史》所記並誤。

〔五〕卒年七十六：《宋史》本傳作「大中祥符三年卒，年七十六」。《長編》卷七三繫「翰林侍讀學士、禮部尚書郭贄卒」於大中祥符三年六月丙辰。

〔六〕著作佐郎：《宋史》卷二六六《李至傳》作「著作郎」。

---

①覲：原作「觀」，據覆宋本、四庫本改。

〔七〕卒年五十五：《宋史》本傳：「(咸平)四年，以病求歸本鎮，許之。詔甫下，卒，年五十五。」《長編》卷四八繫「知河南府、武勝節度使、贈侍中李至卒」於咸平四年正月庚寅。

〔八〕卒年四十三：《宋史》卷二六六《王沔傳》：「(淳化)三年……以暴疾卒，年四十三。」《宋會要輯稿》職官五九之四記其卒於淳化三年十一月。

〔九〕雍熙三年：《宋史》卷二六六《辛仲甫傳》作「雍熙二年」，誤。《長編》卷二七繫「以御史中丞辛仲甫爲給事中、參知政事」於雍熙三年六月甲辰。

〔一〇〕卒年七十四：《宋史》本傳：「咸平三年卒，年七十四。」《長編》卷四七載「太子少傅致仕、贈太子太保辛仲甫卒」於咸平三年四月戊辰。

〔一一〕青州益都人：《隆平集》卷九作「金州人」。

〔一二〕卒年六十三：覆宋本、四庫本作「六十二」。《宋史》卷二六六《張宏傳》：「(咸平)四年卒，年六十三。」《長編》卷四八繫「工部尚書、贈右僕射張宏卒」於咸平四年三月甲申。

〔一三〕翟潁：《宋史》卷二六七《趙昌言傳》作「翟穎」。下「潁」同作「穎」。

〔一四〕吏部侍郎：《宋史》本傳作「户部侍郎」。《宋會要輯稿》儀制一一之四載「吏部侍郎趙昌言，大中祥符二年二月」贈吏部尚書。《宋史》蓋誤。

〔一五〕卒年五十五：《宋史》本傳：「大中祥符二年卒，年六十五。」《隆平集》卷六作「卒年六十五」，疑《事略》誤。《長編》卷七二載「吏部侍郎趙昌言卒」於大中祥符二年八月丁酉。

〔一六〕少爲小吏：《宋史》卷二六六《陳恕傳》作「少爲縣吏」。

〔一七〕真宗即位拜吏部侍郎：《宋史》本傳作「真宗即位，加户部，命條具中外錢穀以聞」。據《長編》卷四三，真宗命「三司具中外錢穀大數以聞」時，陳恕爲鹽鐵使；至咸平二年五月嘗以户部使奏薦「殿中丞鄄城、馬元方權户部判官」（卷四四）；至咸平四年五月始言「以吏部侍郎陳恕知通進銀臺封駁司」。則「拜吏部侍郎」當在咸平四年前後，《事略》誤記，當以《宋史》爲準。

〔一八〕卒年五十九：《長編》卷五六載「尚書左丞陳恕」卒於景德元年六月庚申。《隆平集》卷五謂「景祐元年卒，年五十九」，「景祐」當爲「景德」之誤。

〔一九〕子執中自有傳：《陳執中傳》，見本書卷六六。

〔二〇〕卒年六十七：《宋史》卷二六六《温仲舒傳》：「（咸平）三年，判昭文館大學士，命下，卒，年六十七。」

〔二一〕陳洪進以爲工曹：《宋史》卷二六七《劉昌言傳》作「本道節度陳洪進辟功曹參軍」，是。

〔二二〕遷保信武勝二鎮判官：《宋史》本傳作「遷保信、武信二鎮判官」。

〔二三〕或言其委母妻鄉里十年不迎侍者：《宋史》本傳作「又短其委母妻鄉里，十餘年不迎侍，別娶旁妻」。

〔二四〕卒年五十八：《宋史》本傳：「咸平二年卒，年五十八。」《宋會要輯稿》儀制一一之四載「工部侍郎劉昌言，咸平元年二月」贈工部尚書。

東都事略卷第三十七

列傳二十

張洎，滁州全椒人也〔一〕。江南李景開貢舉，登進士第，爲上元尉，擢監察御史。景徙①豫章，留洎掌李煜記室。李煜襲位，擢知制誥，遷中書舍人、清輝殿學士，參預機密。洎舊字師黯，煜令字偕仁。

王師圍金陵，與樞密使陳喬引符②命勸煜勿降，又云：「苟有不利，當先死社稷。」及城陷，喬死之，洎不能死，語煜曰：「所以不死，將有報也。」洎歸朝，太祖責之曰：「汝教李煜不降，又草蠟彈詔召江上救兵。」洎對曰：「實臣所爲也。犬各吠非其主，此特其一爾。」詞色不動。太祖釋之，授太子中允。以其有文，選直舍人院。出知相州，簡慢不治，爲轉運使田錫所劾③。太宗以其儒生，不責以吏事也。

契丹入寇，洎數上疏陳邊事。會錢俶薨，謚曰忠懿。洎時判考功，覆狀有「居亢無悔」之語，虞部郎中張佖奏駁之，以爲「亢龍無悔，非臣子所宜言者」。洎曰：「《易·乾》之九三云：『君子乾乾，夕惕若厲，無咎。』王弼注云：『處下體之極，居上體之下，履重剛之險，因時而惕，不失其機，可以無咎。處下卦之極，愈於上九之亢。』《易例》云：『初九爲元士，九二爲大夫，九三爲諸侯。』正義云：『《易》之本理，以二體爲君臣。九三居下體之

①徙：原作「徒」，據覆宋本、四庫本改。
②符：原作「苻」，據覆宋本、四庫本及《宋史》卷二六七《張洎傳》改。
③「劾」字下，繆校有「應降級」三字。

極，是人臣之體也。其免亢龍之咎者，是人臣之極，可以恪守免禍，故云免亢極之禍也。』今考功狀止云『受寵若驚，居亢無悔』，本無『亢龍無悔』之語。」太宗然之。

未幾，爲太僕少卿，同知京朝官考課，拜右諫議大夫、史館修撰，擢中書舍人、翰林學士。益王元傑授揚、潤大都督府長史。洎言：「唐以揚、益、潞①、幽、荆爲大都督府，置長史、司馬爲上佐。其大都督，非親王不授，或親王遥領，别命大臣領郡，除長史、副大使、節度事。今益王以②大都督之任復爲長史，乃是自爲上佐也。」吕蒙正以爲「襄王、越王皆領長史矣」，太宗曰：「此誠誤也。俟别除授，並正之。」

洎與蘇易簡同在北扉，易簡被殊遇，且先大用，洎惡之，力排易簡，遂代爲參知政事。初，太宗欲進用洎，頗知其在江南讒毁善良，潘佑之死，與有力焉，心疑之。待詔尹熙古，江東人也，與洎相善，因對以爲：「煜怒佑諫太直，非洎譖也。」由是遂擢用。

至道二年，曹璨自河西馳騎入奏邊事，言繼遷寇靈州。太宗語宰相吕端、知樞密院趙鎔等，各以所見上其策。端等言曰：「臣等各述所見，則非詢謀僉同之義。」洎越次奏曰：「端備位輔弼，乃緘默不言，深失謀謨之體。」端曰：「洎不過揣摩陛下意耳，必無骨鯁之言。」太宗默然。翌日，洎上疏引賈捐之棄朱厓事，願棄靈武，以省關西餽運。太宗嘗有此意，既而悔之，洎果迎合太宗意。太宗不悦，謂之曰：「卿所陳，朕所不曉。」洎退，太宗謂向敏中曰：「張洎誠揣摩之士也，吕端之言不妄矣。」

始，洎諂事寇準，準力推挽之，遂參大政。既與準同列，知太宗眷準稍衰，乃面奏準退有誹謗，準色變，不敢

①潞：原作「路」，據四庫本、繆校及《宋史》本傳改。
②王以：原作「而正」，據覆宋本、四庫本及《隆平集》卷三改。

辨，由是罷政。未幾，洎以疾罷爲刑部侍郎。尋卒，年六十四〔二〕。贈刑部尚書。

洎美風儀，有文采，而性險詖，好攻人之短。舊事李煜，及煜歸朝貧甚，洎猶丐索之，而怒其所與之薄。煜子仲瑀死，亦不弔。太宗有所著述，必爲文解釋其旨，以取悦。洎孫瓌有長者譽，仁宗時，知制誥，嘗草《故相劉沆贈官制》，有詆毁之詞，爲其子所訟，貶黄州。其後英宗謂瓌在先朝有定儲嗣之言，遷翰林侍讀學士以卒。

李昌齡字天錫，應天府楚丘人也。舉進士，爲大理評事，通判合州。拜右拾遺、直史館，改右補闕，出知徐州〔三〕。爲淮南轉運使、知廣州。州有海舶之饒，昌齡不能以廉自持。召還，擢樞密直學士，遷右諫議大夫、御史中丞。

至道二年，拜參知政事。真宗即位，加户部侍郎。坐與王繼恩交結，貶忠武行軍司馬。起爲殿中少監、知梓州，改河陽，又改光州。以秘書監致仕。卒，年七十二〔四〕。

王化基字永圖，真定人也。舉進士，爲大理評事，通判常州，知嵐州。宰相趙普以爲驟用人非有益於治也，改淮南節度判官，入爲著作郎，遷左拾遺，抗疏自薦。太宗曰：「化基自結人主，慷慨之士也。」召試，知制誥，除右諫議大夫、御史中丞。太宗問以邊事，對曰：「治天下猶植木也，所患根本未固，根本固則枝幹不足憂。今朝廷治，則邊鄙何患乎不安？」化基慕范滂之爲人，乃獻《澄清略》，言時事有五：其一復尚書省，其二謹公舉，其三懲貪吏，其四省冗員，其五擇遠官。太宗嘉之，知樞密院。

柴禹錫有奴受人金，而禹錫實不知也。參知政事陳恕欲以此中禹錫，太宗怒，引囚訊其事。化基爲辨其誣，太宗感悟，以化基爲長者，出知杭州，遷禮部侍郎。至道三年，召拜參知政事。咸平四年，以工部尚書罷知揚州。

又知河南府，進禮部尚書。卒，年六十七〔五〕。贈右僕射，謚曰惠文①。子舉正②、舉元。舉元爲天章閣待制。

舉正字伯中〔六〕。幼耆學，厚重寡言。化基器愛之，補校書郎。復舉進士，知伊闕、任城二縣，召爲館閣校勘，累擢知制誥。宰相陳堯佐，舉正婦翁也，遂换龍圖閣待制。堯佐罷，復知制誥，遷翰林學士。康定二年，拜右諫議大夫、參知政事。呂夷簡以宰相判樞密院，舉正以爲判名太重，改兼樞密使。

會御史臺舉其友壻李徽之爲御史，舉正以親嫌格不行。徽之訟舉正内不能制其悍妻，不可以謀國事。慶曆三年，罷爲資政殿學士、禮部侍郎、知許州，徙知應天府。拜御史中丞。張堯佐授宣徽、節度、羣牧、景靈四使，舉正言：「堯佐庸人，緣妃家一日而領四使，賢士大夫無所勸。」不報。因退朝，留百官班廷議，仁宗遣中使諭止之。尋罷堯佐宣徽、景靈二使。居半年，堯佐復除宣徽使，舉正七③上疏論之。狄青爲樞密使，力争不能得，因請解言職，遂除觀文殿學士、禮部尚書、知河南府。入兼侍讀，以太子少傅致仕。卒，年七十〔七〕。贈太子太保，謚曰安簡。

李惟清字直臣，齊州下邑人也。開寶中，以三史解褐，爲涪陵尉。太平興國七年，爲荆湖北路轉運判官，遷轉運使，徙京西，入爲度支判官。未幾，出爲京東轉運使。歷度支副使、户部鹽鐵使，累官給事中。爲吏以强幹稱。淮南榷貨務賣岳州茶，斤爲錢百五十。惟清擅減斤五十錢，不以聞。左遷衛尉少卿，出知廣州。召還，復拜

①惠文：覆宋本、四庫本及《宋史》卷二六六《王化基傳》並作「惠獻」。
②「舉正」下，繆校有「另傳」二字。
③七：原作「士」，形誤。覆宋本作「三」，四庫本作「二」，《隆平集》卷六作「七」，作「七」是，據改。

給事中。至道三年，拜同知樞密院事。真宗即位，加刑部侍郎。惟清俗吏，在西府無人望，遂罷爲御史中丞。惟清怫鬱，乃肆情彈擊。卒，年六十五〔八〕。贈户部尚書。

夏侯嶠字峻極，濟州人也〔九〕。舉進士，爲大理評事，通判興州，累遷左補闕、直史館。知洪州，改起居郎。真宗在藩邸，爲翊善。尹開封，爲推官。東宫建，爲太子中舍。及即位，以給事中拜樞密副使。咸平元年，罷爲户部侍郎〔一〇〕，除翰林侍讀學士兼秘書監。

講讀之職，自唐有之，五代以來，時君右武，不暇嚮學，故此職亦廢。太宗崇尚儒術，嘗命著作佐郎吕文仲侍讀，寓直禁中，然名秩未崇。真宗奉承先志，首置此職，班秩次翰林學士，禄賜如之。侍讀以命嶠及楊徽之，侍講以命邢昺焉。

嶠慕道，以養生爲務，喜誦老、莊書，淳謹無過，在近列恩顧甚異。卒，年七十二〔一一〕。贈兵部①尚書。畢士安爲相，嘆曰：「若夏侯君在者，此位吾豈得而據也？」

楊礪字汝礪，京兆鄠②人也。舉進士甲科。真宗爲襄王，以礪爲記室。

始，礪應舉時，嘗夜夢見一人，衣冠甚古，謂礪曰：「汝能從吾遊乎？」礪隨往。頃之，睹宫衛嚴邃，俄陞大殿，見一南面而坐者，指示礪曰：「此來和天尊，汝異日事之。」礪再拜而退。及爲記室，謁襄王還，謂妻子曰：

①部：原作「有」，據覆宋本、四庫本及《宋史》卷二九二《夏侯嶠傳》改。
②鄠：原作「雩」，據繆校及《宋史》卷二八七《楊礪傳》改。

「今日見襄王，正昔日夢中所見也。」

真宗爲開封尹，以礪爲推官。嘗問礪：「何年及第？」礪唯唯不對。後知其唱名第一，自悔失問，謂礪不以科名自伐，甚重之。東宮建，兼右諭德。真宗即位，召入翰林爲學士。咸平元年，除工部侍郎、樞密副使。二年，卒[一二]，年六十九。

真宗哀之，謂宰相曰：「礪，介直清苦，方當任用，遽此淪謝。」即臨其喪。礪所居在隘巷中，乘輿不能進。真宗因降輦步至其第，嗟閔久之。贈兵部尚書。礪爲文無師法，詔誥迂怪，見者哂之。

宋湜字持正，京兆人也[一三]。父温故，終右補闕[一四]。季父温舒，終起居郎，皆有時名。湜少孤，以孝聞。舉進士，爲將作監丞，通判梓州。拜著作郎、直史館，以右補闕知制誥，與王化基、李沆並命。以累左降均州團練副使，移汝州。召入，爲禮部員外郎、直昭文館，復知制誥，遷翰林學士。咸平元年，拜給事中、樞密副使。從真宗幸澶淵，以疾卒於道，年五十一。贈吏部侍郎。真宗再幸河朔，追悼之，加贈刑部尚書，謚曰忠定。

湜秀穎有器識，好學善談論，尤工箋札，得者深藏之。又善引重後進云。

【箋證】

[一一]滁州全椒人：《隆平集》卷六作「滁陽人」。

[一二]卒年六十四：《宋史》卷二六七《張洎傳》稱其「罷知政事，奉詔嗚咽，疾遂亟，十餘日卒，年六十四」，《宋會要輯稿》職官七八之八載至道三年正月十一日「給事中、參知政事張洎罷爲刑部侍郎」，又儀制一一之四載「刑部侍郎張洎，至道三年正月」贈刑部尚

書，則張洎當卒於至道三年正月。

〔三〕出知徐州：《宋史》本傳作「出知滁州」。

〔四〕卒年七十二：《隆平集》卷六作「卒年六十二」。《宋史》卷二六七《李昌齡傳》：「大中祥符元年卒，年七十二。」《長編》卷六八載「秘書監致仕李昌齡卒」於大中祥符元年三月辛未。

〔五〕卒年六十七：《宋史》卷二六六《王化基傳》：「大中祥符三年卒，年六十七。」《長編》卷七三載「禮部尚書、贈右僕射王化基卒」於大中祥符三年二月戊戌。

〔六〕舉正字伯中：《宋史》卷二六六《王化基傳》附《舉正傳》作「舉正字伯仲」，《隆平集》卷六作「伯中」。

〔七〕卒年七十：《長編》卷一九一載「太子少傅致仕王舉正卒」於嘉祐五年二月癸亥。《隆平集》卷六載舉正「以太子太傅致仕」「謚文簡」，蓋誤。

〔八〕卒年六十五：《宋史》卷二六六《李惟清傳》：「咸平元年卒，年五十六。」《長編》卷四三載李惟清卒於咸平元年八月。

〔九〕濟州人：《宋史》卷二九二《夏侯嶠傳》：「其先幽州人，高祖秀爲濟州鉅野鎮游奕使，因家焉。」

〔一〇〕罷爲户部侍郎：《宋史》本傳作「以户部郎中罷」。《長編》卷四三咸平元年十月己丑條載「樞密副使、給事中夏侯嶠罷爲户部侍郎」，《宋史》卷六《真宗紀一》亦稱「樞密副使夏侯嶠罷爲户部侍郎」，《宋史》本傳蓋誤。

〔一一〕卒年七十二：《宋史》本傳：「景德元年五月，以選人俟對崇政殿……其夕卒，年七十二。」《宋會要輯稿》禮四一之四八「翰林侍讀學士、户部侍郎、兼秘書監夏侯嶠」卒於景德元年五月。

〔一二〕卒：《長編》卷四五載「樞密副使工部侍郎楊礪卒」於咸平二年八月癸酉。

〔一三〕京兆人：《宋史》卷二八七《宋湜傳》作「京兆長安人」，是。

〔一四〕右補闕：《宋史》本傳作「左補闕」。

東都事略卷第三十八

列傳二十一

宋白字素臣[一]，大名人也[二]。年十一，善屬文[三]。舉進士，又舉拔萃科，授著作佐郎，歷玉津、蒲城、衛南三縣令。

太宗即位，擢左拾遺，知兗州。從征太原，劉繼元降，白獻《平晉頌》，遂除中書舍人，入翰林爲學士。至道初，爲承旨。真宗即位，遷吏部侍郎。白擬陸贄《榜子集》以獻，真宗察其意希大用，遂命知開封府。以才不勝任，罷爲集賢院學士。請老，以兵部尚書致仕，進吏部尚書。卒，年七十七[四]。贈左僕射，謚曰文安。

白爲文頗事浮麗，而理致或不工。善諧謔，不拘小節。典貢舉，得蘇易簡、王禹偁、田錫、李宗諤、胡旦，時謂之得人。至它所取，有①納賂者。又高年不能決退，多致譏誚。殆能贍濟親族而恤其孤幼，是亦其所長也。

楊徽之字仲猷，建州浦城人也。世尚武力，父澄始業儒。徽之少好學，同邑有江文蔚善賦，江爲善詩，徽之遂與齊名，游學於廬山。是時福建屬江南，江南亦置進士科，以延士大夫。徽之恥之，乃間道詣中朝應舉，遂登進士第。歷集賢校理、著作佐郎、右拾遺。

①有：原作「賂」，據覆宋本、四庫本及《隆平集》卷一三改。

太祖爲時望所歸，徽之上書言其事。及太祖受禪，太宗見其書，謂太祖曰：「此周室忠臣也。」乾德初，出爲天興令，徙峨眉，知全州，累遷右補闕。太宗即位，遷侍御史，拜右諫議大夫，治許州〔五〕。入爲史館修撰，上疏曰：「陛下嗣統鴻圖，闡揚文治，廢墜修舉，儒學響臻，乃至周巖野以聘隱淪，盛科選以寵材彦，取士之道，亦已至矣。然擅文章者多獲迅遷，明經業者罕聞殊用。且京師四方之會，太學首善之本。今五經博士並闕其員，非所以厚人倫，奬儒學，厲賢崇化，繇内及外之道也。臣愚謂宜下明詔，博求通經之士，以分教胄子，無使漢、唐稱得人。」太宗嘉之，顧謂宰相曰：「徽之，儒雅之士也，宜置之館殿。」遂判集賢院。爲張洎、劉昌言所誣，貶鎮安行軍司馬。

真宗爲開封尹，妙選僚屬，召徽之爲府判官兼左庶子。真宗即位，拜樞密直學士兼祕書監。咸平初，始置翰林侍讀學士，以徽之爲之，與夏侯嶠並命。累官至兵部侍郎，卒，年八十〔六〕。贈兵部尚書。

徽之清素，重名教，尚風義。常言：「温仲舒輩以搏擊取貴位，使後進趨競，禮俗寖薄。」與石熙載、李穆、賈黄中爲文義之友，多識典故，唐之士族人物，悉能詳記。尤工吟詠，太宗、真宗嘗和其詩。有集二十卷。其後，仁宗以徽之先帝宫僚，特贈太子太師，謚曰文莊。徽之無子，一女，適宋氏，賢明知書，有禮法。外孫綬，位至參知政事〔七〕。

徐鉉字鼎臣，揚州廣陵人也。十歲能屬文，與韓熙載齊名，江南謂之「韓徐」〔八〕。仕吴爲秘書郎〔九〕，又事南唐爲知制誥，與宋齊丘不協。坐洩機事，貶泰州司户。召歸故官，又坐專殺流舒州。周世宗南征，李景徙饒州，召爲太子右諭德，復知制誥，遷中書舍人。景死，事其子煜爲禮部侍郎，通知中書省事，歷尚書左丞、兵部侍郎、翰林學士、御史大夫、吏部尚書。

王師圍金陵，煜遣鉉朝京師求緩兵，語在《李煜傳》〔一〇〕。太祖以禮遣之。後隨煜至京師，太祖責之，鉉對曰：「臣仕江南，國亡不能死，臣之罪也。」太祖嘆曰：「忠臣也。」以爲太子率更令。太平興國初，直①學士院。從征太原，加給事中，出爲左散騎常侍。二年，以廬州尼道安訟其弟與婦姜氏不養母姑〔一一〕，姜氏，鉉妻之甥，且誣鉉與姜姦，鉉坐貶靜難行軍司馬，道安亦坐告姦不實抵罪。鉉初至京師，見披毛褐者輒哂之，邠州苦寒，終不御毛褐，冷氣致腹而卒〔一二〕，年七十六。

鉉恬淡無矯僞，不喜釋氏而好神怪。有以此獻者，所求必如其請。李穆常使江南，見鉉及其弟鍇文章，嘆曰：「二陸不能及也。」鍇仕江南，爲内史舍人而卒。鉉好李斯小篆，尤得其妙。隸書亦工，尺牘爲士大夫所得，皆珍藏之。有集三十卷。又有《質疑論》《稽神録》行於世。至道二年，復左散騎常侍。無子②。

宋準字子平，開封雍丘人也。舉進士第一，時李昉知舉，會貢士訴昉取舍非公。太祖召準覆試，復冠多士，授校書郎、直史館。太平興國中，知制誥。準美風儀，善談論，文詞清麗。始，盧多遜南遷也，李穆以同年坐黜，左右無敢言者。準因奏事，盛言：「穆，長者，有檢操，常非多遜所爲，豈黨哉？」太宗寤③，得復故官，時論多之。雍熙四年，以病④免。卒，年五十二〔一三〕。

①直：原作「置」，據《宋史》卷四四一《徐鉉傳》改。
②「無子」下，繆校有「爲可惜也」四字。
③寤：繆校作「悟」。
④病：四庫本作「疾」。

梁周翰字元褒，鄭州管城人也。幼好學，能爲文章。周時舉進士，爲虞城簿。宰相范質、王溥以其聞人也，不使佐外邑，改爲開封府户曹參軍。國初，二人猶爲相，用爲秘書郎、直史館。

武成王廟配享，議者以王僧辨不克令終，非全德者，詔張昭、竇儀銓定，功業無瑕者方得與享。周翰論：「自樂毅以降，配享廟皃，苟欲指瑕，誰當無累？今一旦除去，擯出祠庭，臣竊惑之。謂宜罷新議，仍舊貫爲便。」疏入，不報。遷左拾遺。

乾德中，太祖大修宫闕，周翰爲《五鳳樓賦》以進。太祖嘗欲用爲知制誥，以語石守信，守信因以語周翰，周翰遽以表謝。太祖怒，遂不用。出爲通判綿、眉二州。坐杖人至死者，奪二官，復爲左拾遺〔一四〕，監綾錦院。太祖將郊天，周翰上疏曰：「陛下再郊上帝，必覃赦宥。臣以天下至大，其中有慶澤所未及、節文所未該者，所宜推而廣之。方今税①賦所入至多，加以科變之物，名品非一，調發供輸，不無重困。且西蜀、淮南、荆、潭、廣、桂之地，皆以爲王土。陛下誠能以三方所得之利，減諸道租賦之入，則庶乎均德澤而寬民力矣。」坐杖錦工過差，爲其所訴，太祖怒，謂曰：「爾豈不知人之膚血與己無異，何至如是之酷邪？」左遷司農寺丞。踰年，爲太子中允。

太平興國中，知蘇州。周翰善音律，喜蒱博，惟以飲戲爲度。於是治郡不進，黜爲分司，俄除楚州團練副使。李昉爲相，以其名聞於太宗，召爲右補闕兼史館修撰，尋遷起居舍人兼起居郎事②，因言：「自今崇政殿、長春殿③皇帝宣諭之言，侍臣論列之事，望依舊中書修爲時政記。其樞密院事涉幾密，亦令編纂，各至月終送史館。自餘百司凡於封拜、除改、沿革、制置之事，悉備編録。仍令郎與舍人分直崇政殿，以記言動，别爲起居注，每月

①税：原作「視」，據覆宋本、四庫本及《宋史》卷四三九《梁周翰傳》改。
②事：《宋史》本傳無此字，疑衍。
③「長春殿」下，繆校有「永輝殿」三字。

先進御，後降付史館。」起居注進御，自周翰始也。

真宗爲皇太子，知其名。及即位，擢知制誥，拜翰林學士。從幸澶淵，遷給事中。罷爲工部侍郎。逾年卒，年①三十八〔一五〕。

周翰性疏俊辨急②，臨事過於嚴，由是躓於時。及掌書命，周翰已老矣，才思不如昔，多不稱上意云。

朱昂字舉之，其先京兆人也。父葆光寓潭州，遂家於衡山。昂少篤學，有朱遵度者，時謂之「萬卷」，目昂曰「小萬卷」。嘗游廬陵，有術者謂昂曰：「中原當有真主矣。君仕當至四品。」遂北游江、淮。時周世宗南征，韓令坤統兵揚州，昂謁令坤，陳治亂方略，令坤器之，令攝永貞縣〔一六〕，有政績。

國初，爲衡州録事參軍，歷宜城令，知蓬州，徙廣安軍。既又爲宰相薛居正所知，與李昉薦引之，遷殿中丞、知泗州。就遷監察御史、江南轉運副使、知鄂州，遷殿中侍御史，爲峽路轉運使，除直秘閣、知復州。

召還，真宗即位，遂知制誥，入翰林爲學士。請老，以工部侍郎致仕。自宰相張齊賢而下，皆賦詩贈行，而從臣出祖於東門之外。弟協，仕爲主客郎中、雍王府翊善。其後亦告老而歸，時人以比漢二疏。陳堯咨知荆南，表其所居「東、西致政坊」。昂所得奉，以三之一買奇書。於所居爲二亭，曰知止，曰幽棲，自號曰退叟。卒，年八十三〔一七〕。門人謚之曰正裕先生。昂方正恬淡，非公事不至兩府。引年得禮③，士君子多之。

①年：原脱，據覆宋本、四庫本補。
②辨急：繆校作「卞急」。錢校云：「舊鈔本作『卞急』，二字見《左氏》。」
③得禮：覆宋本、四庫本作「得體」。

胡旦字周父，渤海人也。舉進士第一，通判昇州。代還，遷左拾遺、直史館。上書言時政利病，出爲淮東轉運副使，徙知海州。

盧多遜既貶，趙普罷相，其夏河決韓村，尋復塞。旦獻《河平頌》，有「逆遜投遠，姦普屏外」之語，太宗怒，貶商州團練副使。乃上《平燕八議》，起爲右補闕、修國史。

有翟馬周者，旦與之善。馬周上書排毀執政，因自薦可爲大臣，又舉才任公輔者十人，其辭頗壯。當時皆指旦所爲，太宗怒，流馬周海島，貶旦坊州團練副使，徙絳州。淳化五年，直集賢院，復知制誥、史館修撰。旦與中官王繼恩善，事連宫禁，貶安遠行軍司馬。又削籍流潯州，移通州團練副使，又移滁州，分司西京，又以爲保信軍節度副使。久之，通判襄州。未幾喪明，以秘書少監致仕，居襄州。遷秘書監，卒，年八十。

旦儁辯强敏，少有大志，退老漢上。既喪明，猶令人讀經史，憑几聽之，未嘗少輟。嘗上所著《漢春秋》七十卷，又著《五代史略》四十三卷、《將帥要略》五十三卷、《演聖同論》七十三卷、《唐乘》七十卷〔一八〕。初琢大硯，方五六尺，既而埋之，且刻曰：「胡旦修《漢春秋》硯。」旦以文章名世，然晚節黷貨，干擾郡縣，持吏短長，時論薄之。

柳開字仲塗，大名人也。父承翰，仕至監察御史。開幼警悟豪勇。父顯德末爲南縣令〔一九〕，有盗入其家，衆不敢動，開年十三，亟取劍逐之，盗逾垣，開揮劍斷其足二指。及就學講説，能究經旨，舉進士第。自五代以來，學者少尚義理。有趙生者，得韓文數十篇，未達，乃攜以示開。開一見，遂知爲文之趣，自是屬辭必法韓愈。初名肩愈，蓋慕之也。開尚氣自任，不顧小節，所與交必時之豪俊。

初爲宋州司寇，治獄稱職，遷録事參軍。太宗征河東，開從駕督糧。適常、潤有小寇，遂以開知常州，徙潤州。開至治所，招誘羣盜，以奉金給之。又解衣與賊酋，置之左右。或謂不可，開曰：「彼失所則盜，不爾則吾民也。始懼死，故假息鋒刃之下；今推以赤心，夫豈不懷？」未半歲，境内輯寧，拜監察御史。召還，知貝州。雍熙中，坐與監軍忿争，貶上蔡令。

會王師北伐，開部糧至涿州，遇米信與契丹戰，久不解，遣使求和。開謂信曰：「兵法：無約而請和，謀也。亟攻必勝。」信不能决。後一日，復引兵來挑戰。開因上書，願效死邊鄙，遂除殿中侍御史，命使河北。又上書，願賜步騎數千以滅胡。太宗方擇文臣有武略者用之，即授開崇儀使、知寧遠軍[二〇]。

契丹貴將白萬德，本真定人，統緣邊七百餘帳。開因其親族往來，令説萬德，許以藩鎮，俾挈幽州之衆内屬。萬德喜，請爲期約。使未還，徙知全州。州之西有蠻溪洞粟氏，久爲邊患，朝廷設峽口、香煙等七砦，不能禦。開至，選勇辨吏往説之，不逾月，攜老幼至州。開賦其居業，作《時鑑》一篇，刻石戒之。遣其酋赴闕，授州上佐，邊患遂息。詔賜開緡錢三十萬。

會有黠卒訟非辜者，坐削二官。頃之，上書自陳，還舊秩，知環州。爲理互市之不直者，戎落悦附。徙知邠州，又知曹、邢二州，遷如京使。上書言時政，真宗嘉納之。又徙代州，葺城壘戰具。諸將沮議，因謂其從子浩曰：「吾觀胡星有光，雲從北來，殆寇將至。今諸將見疾，一旦寇至，必危我矣。」即丐小郡，得忻州，虜果犯塞。徙滄州，未至，卒，年五十四[二一]。

開著書號東郊野夫，又號補亡先生，作二傳以見意。時范景好古學，開與齊名，謂之「柳范」。開垂絶，語門人張景曰：「吾十年著一書，可行於世。」景爲名之曰《默書》，辭義稍隱，讀者難遽曉也。

【箋證】

〔一〕字素臣：《宋史》卷四三九《宋白傳》作「字太素」，是。素臣、太素，在宋代文獻中蓋兩存之。然《宋史》本傳載白子名憲臣、得臣、良臣、忠臣，則其字當以「太素」爲正。

〔二〕大名人：《隆平集》卷一三作「開封人」。

〔三〕年十一善屬文：《宋史》本傳作「年十三」，《隆平集》卷一三作「年十二」，蓋言其大概也。

〔四〕卒年七十七：《宋史》卷本傳：「（大中祥符）五年正月卒，年七十七。」《長編》卷七七載「贈左僕射宋白卒」於大中祥符元年正月乙亥。

〔五〕拜右諫議大夫治許州：《宋史》卷二六六《楊徽之傳》作「端拱初，拜左諫議大夫，出知許州」，疑是。

〔六〕卒年八十：《長編》卷四六載「翰林侍讀學士、兵部侍郎兼秘書監楊徽之卒」於咸平三年正月癸卯。

〔七〕外孫綬位至參知政事：《宋綬傳》，見本書卷五七。

〔八〕江南謂之韓徐：《隆平集》卷一三、《宋史》卷四四一《徐鉉傳》作「江東謂之韓徐」。

〔九〕仕吴爲秘書郎：《宋史》卷四四一《徐鉉傳》作「仕吴爲校書郎」。徐鉉《徐公文集》附《行狀》云：「公未弱冠，以廕釋褐爲校書郎。」又附李昉《東海徐公墓誌銘》亦稱其「周旋三世，歷校書郎，直宣徽北院」，則《事略》「秘書郎」當作「校書郎」。

〔一〇〕語在李煜傳：《李煜傳》，見本書卷二三。

〔一一〕二年以廬州尼道安訟：《宋史》本傳：「淳化二年，廬州女僧道安誣鉉姦私事。」《宋會要輯稿》職官六四之八亦載其事於淳化二年九月。《事略》於「太平興國初，直學士院。從征太原，加給事中，出爲左散騎常侍」下接「二年」，中間略去太平興國十一月直學士院、四年以從征太原功遷給事中、淳化元年爲左散騎常侍等時間節點，易致「二年」爲太平興國二年之誤會，「二年」前當補

「淳化」二字。

〔一二〕冷氣致腹而卒：李昉《東海徐公墓誌銘》（《徐公文集》卷末）：「（淳化三年）八月二十六日……終，年七十六。」《宋會要輯稿》禮四四之一三載「静難軍節度使行軍司馬徐鉉，（淳化）三年九月，賜其家錢二十萬以給葬事」。

〔一三〕卒年五十二：《宋史》卷四四一《宋準傳》：「端拱二年卒，年五十二。」

〔一四〕復爲左拾遺：《宋史》卷四三九《梁周翰傳》作「開寶三年，遷右拾遺」。

〔一五〕年三十八：《宋史》本傳：「大中祥符元年，遷工部侍郎。逾年，被疾卒，年八十一。」底本作「三十八」，大誤。覆宋本、四庫本改作「年五十八」，亦失考。考《類説》卷二二稱「梁周翰少有文譽，及入禁林，年已七十」，《宋史》載其「卒年八十一」，當可據。

〔一六〕永貞縣：《宋史》卷四三九《朱昂傳》作「揚子縣」。據《輿地廣記》卷二〇：「揚子縣，唐永淳元年析江都縣置，屬揚州，後改爲永貞縣。」又據《太平寰宇記》卷一三〇，永貞縣名爲南唐李昪所改。「貞」，原避諱改作「正」，今回改。

〔一七〕卒年八十三：《隆平集》卷一三作「卒年八十二」，《宋史》本傳作「景德四年卒，年八十三」。《宋會要輯稿》禮四四之一四載景德「四年七月十六日，江陵府言工部侍郎致仕朱昂卒」。

〔一八〕《演聖同論》七十三卷：《長編》卷一〇五作「《演聖通論》七十二卷」，《宋史》卷四三二《胡旦傳》亦作「《演聖通論》」。《事略》作「同」，疑誤，「七十三卷」亦與諸書所載不同。

〔一九〕父顯德末爲南縣令：《宋史》卷四四〇《柳開傳》作「周顯德末，侍父任南樂」，張景《柳公行狀》（柳開《河東先生集》卷一六）作「周顯德末，少監爲南樂令」。《事略》「南縣」當爲「南樂」之誤。

〔二〇〕寧遠軍：《宋史》本傳作「寧邊軍」，張景《柳公行狀》作「寧邊軍」。《事略》與《隆平集》卷一八作「寧遠軍」，誤。

〔二一〕卒年五十四：張景《柳公行狀》：「（咸平三年）三月有六日，卒於并，年五十有四。」《宋史》本傳謂「（咸平）四年，徙滄州，道病首瘍卒」，誤。

東都事略卷第三十九

列傳二十二

田錫字表聖，嘉州洪雅人也。楊徽之宰峨眉，宋白宰玉津，甚延譽之。舉進士，爲將作監丞，通判宣州。遷著作郎，京西轉運判官。改左拾遺、直史館。錫鯁正寡言，恭敬好禮。既得諫官，即上疏獻軍國要機者一、朝廷大體者四：

頃歲王師平太原，未褒軍功，迄今二載。今幽、燕竊據，固當用兵，雖稟宸謀，必資武力。願陛下因郊禋、耕籍之禮，議平晉之功，則駕馭戎臣，莫此爲重。此要機之一也。

臣聞聖人不務廣疆土，惟務廣德業，聲教遠被，自當來賓。周成王時，越裳九譯來貢，謂周公曰：「天無迅風疾雨，海不揚波三年矣。意者中國其有聖人乎？盍往朝之。」交州謂之瘴海，得之如獲石田。臣願陛下務修德以愛民，無鈍兵以挫銳，又何必以蕞爾蠻夷，取勞震怒乎？此大體之一也。

今諫官不聞廷争，給事中不聞封駁，左右史不聞升陛記言動，豈聖朝之美事乎？又御史不聞彈奏，中書舍人不聞訪以政事，集賢院雖有書籍而無職官，秘書省雖有職官而無圖籍。臣願陛下擇才任之，各司其局，苟職業修舉，則威儀自嚴。此大體之二也。

今宇縣平寧，京師富庶。軍營馬監，靡不恢崇；佛寺道宫，悉皆輪奐。闢西苑，廣御池，雖周之靈囿，漢之昆明，未足爲比。而尚書無聽事，九寺三監寓天街之兩廊，貢院就武成王廟，是豈太平之制度邪？臣願陛下别修省寺，用列職官。此大體之三也。

案獄官令，枷杻有短長，鉗鎖有輕重，尺寸斤兩，並載刑書，未聞以鐵爲枷者也。昔唐太宗觀《明堂圖》，見人之五藏皆麗於背，遂減徒刑。況隆平之時，將措刑不用，法之所無，悉宜去之。此大體之四也。

太宗褒其言，因賜錢五十萬。時宰相令有司受羣臣章疏，必先白而後敢進。錫上書以爲失至公之體。爲河北轉運副使，驛書言邊事曰：

臣聞動静之機，不可妄舉；安危之理，不可輕言。利害相生，變易不定；取捨無惑，思慮必精。夫動静之機不可妄舉者，動爲用兵，静爲持重。應動而静，則養寇以生姦；應静而動，則失時以敗事。動静中節，乃得其宜。伏望陛下申飭將帥，勿尚小功，使河朔之民得務農業，亭障之地可積邊儲。苟待其亂而取之則克，乘其衰而兵之則降。既心服而志歸，則力省而功倍。臣願陛下考古道，恢遠圖，示綏懷萬國之心，用駕馭四夷之策，事戒輕發，理貴深謀。

若夫安危之理，不可輕言者，臣請爲陛下陳之。國家務大體，求至理則安；捨近謀遠，勞而無功則危。爲君有常道，爲臣有常職，是務大體也；上不拒諫，下不隱情，是求至理也。漢武帝、唐太宗皆徇無厭之求，奉不急之役，是捨近謀遠也。沙漠窮荒之地，得之何所用邪？夷狄遺種，殺之更生矣，是勞而無功也。

臣又聞利害相生，變易不定者，《兵書》曰：「不能盡知用兵之害者，則不能盡知用兵之利。」蓋事有可進而退，則害成之事至焉；可退而進，則利用之事去焉。可速而緩，則利必從之而失；可緩而速，則害必由之而致①。可誅而赦，則姦宄之心，或有時而生害；可赦而誅，則勇烈之人，或無心而利國。可勸而懲，則有以

①可緩而速則害必由之而致：原脱，據覆宋本、四庫本及《宋史》卷二九三《田錫傳》補。

害勤勞之功；可懲而勸，則有以利僭逾之幸。能審利害，則爲聰明。《書》曰：「明四目，達四聰。」此之謂也。臣又謂取捨不可以有惑者，故曰「孟賁之狐疑，不如童子之必至」；思慮不可以不精者，故曰「差若毫氂，繆以千里」。自國家圖幽、燕以來，兵連未解，則財用不得不耗，臣下不得不憂。願陛下精思慮，决取捨，無使曠日持久，窮兵極武焉。

太宗嘉之。徙知相州，移睦州，遂知制誥。

錫好直言，太宗或時不能堪，錫從容進曰：「陛下日往月來，養成聖性。」太宗悦，愈重之。端拱二年，歲旱，錫上疏曰：「今歲旱暵之沴，此寔陰陽失和，調燮倒置，上侵下之職而文理未盡，下知上之失而規過未能，所以成此咎證也。伏望陛下引咎責躬，以答天戒；進德覃慶，以安民心。蠲免征徭，搜察淹滯，振廩通貨，以救餓殍。加估收儲，以備闕乏，弭災求理，正在此時。若旱沴不已，臣恐盜聚緑林，狄乘鐘塞，則朝廷之憂非淺也。」錫疏有「調燮倒置」之語，爲宰相不悦，罷知陳州。坐稽留獄訟，責海州團練副使，徙單州。召還，爲工部員外郎，復論時政闕失，加直集賢院。

至道中，復知制誥，上疏言諸州奉河西力役，生民重困。出知泰州。彗見，上疏請責躬以答天戒。咸平三年，召對言事。錫嘗奏曰：「陛下治天下以何道？臣願以皇王之道治之。舊有《御覽》，但記分門事類，不若以經史子集爲《御覽》三百六十卷，日覽一卷，經歲而畢。又取經史要切之言，爲《御屏風》十卷，置御坐側，則治亂興亡之鑒，常不忘矣。」真宗詔史館借以羣書。乃先上《御覽》三十卷、《御屏風》五卷。《御覽序》曰：

臣聞聖人之道，布在方策。六經則言高旨遠，非講求討論，不可測其淵深；諸史則跡異事殊，非參會異同，豈易記其繁雜？子書則異端之説勝，文集則宗經之辭寡，非獵精以爲鑒戒，舉要以觀會同，可謂①日覽之書，資於日新之德，則雖白首，未能窮經，矧王者萬機之暇乎？臣每讀書，思以所得上補達聰，可以銘於坐隅者，書於《御屏》；可以用於帝道者，録爲《御覽》。經取帝王易曉之意，史取帝王可行之事，子或總於雜録，集或附之逐篇。悉求切當之言，用達精詳之理。俾功業可與堯、舜等，而生靈亦使躋仁壽之域。臣區區之忠，不勝大願。

《御屏風》序曰：

湯之《盤銘》曰：「德②日新，日日新，又日新。」太公之《金匱》云：「武王欲造起居之戒，乃銘於几杖曰：『安不忘危，存不忘亡。孰惟二者，後必無凶。』」墨子云：「堯、舜、禹、湯書其事於竹帛，琢之盤盂，曰：君子福大而愈懼，爵隆而益恭。遠察近視，俯仰有則。」軒帝輿几皆有銘焉，曰：「吾居民之上，惴惴恐不及。」武王户席必有戒焉，席之銘曰「無行可悔」，户之銘曰「名難得而易失」。唐黄門侍郎趙智爲高宗誦《孝經》，曰：「天子有諍臣七人，雖無道，不失其天下。」微臣敢以此言上獻。」憲宗采《漢》《史》③《三國》以來經濟要事，撰書十四篇，曰《前代君臣事迹》，書之屏風。臣每覽經史子集，因取其語要，總一十④卷，輒用進獻。可書於屏，寘之御坐之右焉。

詔褒之。錫覽天下奏章，有言民飢盗起及詔敕不便，悉條奏其事，真宗以爲得争臣之體。兼侍御史知雜事，擢右

①可謂：四庫本及《宋史》本傳作「可爲」。
②德：四庫本、《宋史》本傳作「苟」。
③漢史：據《咸平集》卷一《上真宗進經史子集要語》及《隆平集》卷一三、《宋史》本傳，當作「《史》《漢》」。
④十：原脱，據上文及《咸平集》卷一《上真宗進經史子集要語》補。

諫議大夫、史館修撰。連上八疏，皆直言時政得失。嘗曰：「吾立朝以來，封章五十二奏，皆諫臣任職之常也。言苟獲從，吾之幸也。豈可藏副示後，謗時賣直邪？」悉取焚之。真宗每見錫，容必莊，嘗目之曰：「朕之汲黯也。」卒，年六十四〔二〕。真宗惻然，謂宰相李沆曰：「田錫，直臣也。」特贈工部侍郎。有《咸平集》五十卷。

王禹偁字元之，濟州鉅野人也。家世爲農，九歲能爲歌詩。畢士安見而異之，勉以勤業①。及長，善屬文。舉進士，爲武城簿〔三〕，知長洲縣。端拱初，太宗聞其名，召試，擢右拾遺、直史館。獻《端拱箴》。

時契丹未寧，太宗訪羣臣以邊事。禹偁上《禦戎十策》，以爲：「外任人，内修德，則可以弭之。外則合其勢以重將權，罷小臣詷邏邊事，行間諜以離其心，遣趙保忠、折御卿率所部以張犄角。下詔感勵邊人，取幽、薊舊疆，蓋弔晉遺民，非貪其土地。内則省官以寬經費，抑文士以激武夫，信用大臣以資其謀。不貴虛名，以戒無益，禁遊墮以厚民力。惟陛下財幸②。」太宗嘉之。尤爲趙普所器。

二年，親試貢士，詔使作歌，援筆立就。太宗謂侍臣曰：「此歌不逾月遍天下矣。」即拜左司諫、知制誥。冬，旱，禹偁上疏曰：「一穀不收謂之饉，五③穀不收謂之饑。饉則大夫以下皆損其禄五分之一，饑則盡④無禄，廩而已。今旱雲不霑，宿麥未茁，既無九年之蓄，可憂百姓之飢。陛下降詔書，直云君臣之間，政教有闕，自乘輿

①業：繆校作「學」。
②財幸：覆宋本、四庫本作「裁察」。
③五：原作「二」，據《長編》《宋史》改。《長編》云：「大抵一穀不收謂之饉，二穀不收謂之旱，三穀不收謂之兇，四穀不收謂之餽，五穀不收謂之饑。饉則大夫以下皆損其禄五分之一，旱則損其二，兇則損其三，餽則損其四，饑則盡無禄，廩食而已。」
④盡：原作「奉」，據《長編》《宋史》改。

服御以下至百官奉料，非宿衛軍士、邊庭將帥，悉第減之。上答天譴，下厭人心，俟雨足復故。臣朝行中家最貧，奉最薄，亦願少減奉以贖耗蠹之咎。外則省歲市之物，内則罷工巧之伎。近城掘土侵冢墓者瘗之，外州配隸之衆非臧①盗者釋之。然後戒州縣官吏以古者猛虎度河、飛蝗越境之事。其餘軍民刑政之弊，非臣所知者，望委宰臣裁議頒行。但感人心，必召和氣，惟陛下行之。」

太宗幸瓊林苑，召至御榻前顧問，語宰相曰：「禹偁文章，獨步當世。」其寵奬如此。因抗疏爲徐鉉雪誣，貶商州團練副使，移解州。召還，拜左正言。太宗曰：「禹偁文章俊麗，無能及者。但性剛不能容物爾。」俄直昭文館。

時太宗命將討李繼遷，禹偁屢陳便宜，以爲：「繼遷不必勞力而誅，自可用計而取。兵法曰『使貪使愚』，言貪者利其財，愚者不計其死也。臣愚謂宜明數繼遷罪惡，曉諭蕃、漢，重立賞賜，高與官資。昔劉知俊兄弟以同州叛，附於岐梁，太祖下詔曰：『有捉得知俊者，賞萬緡，與節度使；得其弟者，賞五千緡，與刺史。』一月之間，先擒其弟。今但信賞必行②，則繼遷身首，不梟即擒矣。」求外任，得知單州。至郡③十五日，而召爲禮部員外郎、知制誥，入翰林爲學士。

孝章皇后崩，梓宫遷於燕國④長公主第，禹偁争之曰：「皇后嘗母儀天下，當遵用舊典。」罷知滁州。禹偁嘗草李繼遷制，送馬五十匹爲潤筆，禹偁却之。及出，閩人鄭褒徒步來謁禹偁，禹偁愛其儒雅，及别去，爲買一

①臧：覆宋本、四庫本及《長編》《宋史》作「贓」。
②行：繆校作「罰」。
③郡：原作「邵」，據朱校本、四庫本、繆校改。
④燕國：原作「燕園」，據四庫本及《宋史》本傳改。

馬。或言買馬虧價者，太宗曰：「彼能却繼遷五十馬，顧肯虧一馬價哉？」移知揚州。

真宗即位，詔羣臣論事，禹偁上疏陳五事：

一曰謹邊防，通盟好。因嗣統之慶，赦繼遷罪，復與夏臺。彼必感恩内附，且使天下知屈己而爲人也。

二曰減冗兵，并冗吏，使山澤之饒流於下。開寶前，諸國未平，而財賦足，兵威强，由所蓄之兵鋭而不衆，所用之將專而不疑。設官至簡，而事皆舉。興國後，增員太冗，宜皆經制之。

三曰艱選舉，使入官不濫。先朝登第僅萬人，宜糺以舊制，還舉場於有司。吏部擇官，亦非帝王躬親之事，宜依格敕注擬。

四曰澄汰僧尼，使疲民無耗。罷度人修寺一二十載，容自銷鑠，亦救弊之一端。

五曰親大臣，遠小人。使忠良蹇諤之臣，知進而不疑；姦憸傾巧之徒，知退而有懼。

疏奏，召還，復知制誥。其後潘羅支射死繼遷，夏人款附，卒如禹偁策。

修《太祖實録》，禹偁直書其事，執政以禹偁爲輕重其間，出知黄州。州境有二虎鬭，其一死而食其半。又羣雞夜鳴，經月不止。禹偁上疏引《洪範傳》申戒，且自劾。真宗遣使乘馹問勞，醮禳之。詢日官，則云：「守臣當其咎。」真宗亟命移知蘄州，禹偁表謝，有「宣室鬼神之問，不望生還；茂陵封禪之書，正期身後」。至郡，未逾月而卒[三]，年四十八。

禹偁辭章敏贍，喜談世事，臧否人物，以正自持，故屢擯斥。所與游必儒雅，薦寵後進如孫何、丁謂，遂皆名重一時。有《小畜集》三十卷、《奏議》十卷、《後集詩》三卷[四]。子嘉祐、嘉言，俱知名。

方禹偁在翰林也，嘉祐爲館職。寇準知之，準使知開封府。一日，問嘉祐曰：「吾尹京，外議云何？」嘉祐曰：「人皆言丈人旦夕入相。」準曰：「於吾子意何如？」嘉祐曰：「以愚觀之，丈人不若不爲相之爲善也。若相則譽望損矣。」準曰：「何故？」嘉祐曰：「自古賢相所以能建功業、澤生民者，其君臣相得，皆如魚之有水，故言聽計從而臣主俱榮。今丈人負天下重望，相則中外有太平之責焉。丈人於明主，能若魚之有水乎？此嘉祐所謂譽望之損焉。」準大喜，執其手曰：「元之雖文章冠天下，至於深識遠慮，或不逮吾子也。」嘉祐官不顯，而嘉言亦以進士第爲江都簿。真宗觀書龍圖閣，得禹偁奏章，嗟美切直，因訪其後。宰相稱薦嘉言，即召對，擢大理評事。仁宗時，嘗爲殿中侍御史。其曾孫汾，舉進士甲科。元祐中，爲工部侍郎、寶文閣待制，入元祐籍①云。

臣稱曰：錫、禹偁，真天下正直之士哉。其事君必盡言無隱，以謹其微，以防其漸。由是二宗有聽言之美，二臣有敢言之效，而治道隆矣。古之所謂主聖臣直，君明臣忠者，豈不然哉，豈不然哉！

【箋證】

〔一〕卒年六十四：《宋史》卷二九三《田錫傳》：「（咸平）六年冬，病卒，年六十四。」《長編》卷五五載「右諫議大夫、史館修撰田錫卒」於咸平六年十二月辛未。

〔二〕爲武城簿：《宋史》卷二九三《王禹偁傳》作「授成武主簿」，王禹偁《單州謝上表》（《小畜集》卷二一）有「十一年前，始爲成武主簿」，《單州成武縣主簿廳記》（卷一六）有「某策名起家，作吏斯邑」之語，可證《宋史》爲是，《事略》作「武城」，誤。

〔三〕至郡未逾月而卒：《宋史全文》卷五繫「王禹偁卒」於咸平四年六月。《長編》卷四九於咸平四年六月丁巳條後載：「上惜禹偁才名，即命徙知蘄州。至未逾月，卒。戊午，訃聞。」

①「籍」字上，繆校及《宋史》本傳均有「黨」字。本書及宋人時以「元祐籍」指代「元祐黨籍」。

〔四〕有小畜集三十卷奏議十卷後集詩三卷：《宋史》本傳：「有《小畜集》二十卷、《承明集》十卷、《集議》十卷、詩三卷。」《宋史》卷二〇八《藝文志》七：「王禹偁《小畜集》三卷、又《外集》二十卷、《承明集》十卷、《别集》十六卷。」《通志》卷七〇：「王禹偁《小畜集》三十卷，又《别集》二十卷。」今存宋刻本《王黄州小畜集》三十卷。《小畜集》乃禹偁自編，自序稱「類而第之，得三十卷」。

東都事略卷第四十

列傳二十三

李沆字太初，洺州肥鄉人也。父炳，仕至侍御史。沆好學，沉厚寡言，器度宏遠。炳嘗謂人曰：「此兒異日必至公輔。」舉進士，爲將作監丞，通判潭州，轉著作佐郎、直史館。

雍熙三年，右拾遺王化基上書自薦，太宗曰：「李沆、宋湜①皆佳士也。」並除右補闕、知制誥，遷翰林學士。淳化三年，拜給事中、參知政事。四年，罷歸故官。真宗爲皇太子，以沆爲賓客，待以師傅禮。真宗即位，遷戶部侍郎、參知政事。咸平初，拜同中書門下平章事，監修國史。會契丹寇邊，真宗北幸，命沆留守，京師肅然。加門下侍郎、尚書右僕射。李繼遷久以西鄙叛，遂有圖取朔方之意。時朝廷困於飛輓，朔方危蹙，左右大臣及中外之議，咸以爲靈州迺必爭之地，不可失。真宗以問沆，沆曰：「靈州必非朝廷有也。臣請發單車之使召州將，部分戍卒、居民，委其空壘而歸。如此，則關右之民可息肩矣。」未幾，靈州陷，真宗益信重之。

真宗嘗問沆曰：「人皆有密啓，而卿獨無，何也？」沆曰：「臣待罪宰相，公事則公言之，何用密啓？夫人臣有密啓，非讒即佞，臣常惡之。」真宗遣使持手札問沆，欲以後宮劉氏爲貴妃。沆對使者自引燭爇之，附奏曰：「但道臣沆以爲不可。」其議遂寢。真宗又問沆治道所先，沆曰：「不用浮薄新進喜事之人，此最爲先。」真宗問

①宋湜：原作「宋寔」，據四庫本及《宋史》卷二八二《李沆傳》、卷二八七《宋湜傳》改。

其人，沆曰：「如梅詢、曾致堯輩是矣。」真宗深以爲然。故終真宗之世，數人者皆不進用，所用皆得厚重之士，由沆之力也。沆嘗言：「吾在朝廷，無功可紀，惟四方之言利者，未嘗有一施行，用此以報國。」

在相位，日取四方水旱、盜賊奏之，參知政事王旦以爲細事不足煩上聽。沆曰：「人主少年，當使知四方艱難。不然，血氣方剛，不留意聲色犬馬，則土木、甲兵、禱祠之事作。吾老，不見矣，此君異日之憂也。」景德元年，薨於位，年五十八。真宗對侍臣曰：「沆忠亮淳厚，終始如一。」言之泣涕。贈太尉、中書令，謚曰文靖。乾興元年，配享真宗廟廷。

沆内行修謹，識大體，不求聲譽。所居湫隘，處之晏然。沆既薨，其後真宗朝陵展禮，封山行慶，鉅典盛儀，無所不舉。旦爲相，每思沆之言，嘆曰：「李文靖，聖人也。」故當時謂沆爲聖相云。弟維。

維字仲方，舉進士，爲保信軍節度推官。召試中書，除直集賢院。兄沆爲宰相，與維友愛，暇日相與笑言，而未嘗及世務。然維終欲避權勢，出知歙州。沆薨，累擢知制誥、翰林學士，以疾出知許州。復入翰林，爲承旨，修《真宗實録》。累遷刑部尚書，换相州觀察使、知亳州，徙河陽，又知陳州。卒，年七十一〔二〕。

維以文學進，與修《册府元龜》。至老，手不釋卷。性寬厚，喜怒不形於色。善談論，工詩嗜酒，常曰：「人生詩酒足，復何營哉。」既卒，家無餘財。

王旦字子明，大名莘人也。父祜①，有傳〔三〕。旦少好學，祜器之，嘗手植三槐於庭，曰：「吾之後，必有爲三

①祜：原作「祐」，據《宋史》卷二八二《王旦傳》改。參本書卷三〇「王祐」箋證。下同改。

公者。」

舉進士，爲大理評事，知臨江縣[三]。再遷殿中丞，通判鄭、濠二州。王禹偁薦其才，旦亦獻其所爲文章，得直史館，拜右正言、知制誥。趙昌言參知政事，旦以壻避嫌，改集賢殿修撰。昌言罷，復知制誥。

真宗即位，拜中書舍人、翰林學士。錢若水名能知人，嘗見旦，曰：「真宰相器也。」若水爲樞密副使，罷，召對苑中，問：「誰可大用者？」若水言：「旦可大用。」真宗曰：「吾固已知之矣。」咸平三年，拜給事中、同知樞密院事。明年，以工部侍郎參知政事。

景德元年，契丹犯邊。真宗幸澶州，雍王元份留守京師，得暴疾，命旦馳自行在，代元份留守。三年，拜工部尚書、同中書門下平章事、集賢殿大學士、監修國史。天書降，爲天書儀仗使，東封泰山，西祀汾陰，俱爲大禮使。累遷右僕射、昭文館大學士。聖祖降，爲玉清奉聖像大禮使。真宗以兖州壽丘爲聖祖降生之地，建景靈宮，以旦爲朝修使。宫成，册拜司空，進司徒，遷太保。

方是時，契丹既已請盟，趙德明亦納誓約，願守河西故地，二邊兵罷不用，天下無事。旦以謂：「宋興三世，祖宗之法具①在。」其爲相務行故事，進退能否。真宗久而益信之，所言無不聽。雖他宰相大臣有所請，必曰：「王旦以謂如何？」事無大小，非旦所言不决。旦在相位久，外無夷狄之虞，兵革不用，海内富實，羣工百司各得其職，故天下稱爲賢相。旦於用人，不以名譽，必求其實。苟賢且才矣，必久其官；衆以爲宜其職，然後遷。其所薦引，人未嘗知。寇準爲樞密使，當罷，使人告旦，求爲使相。旦大驚曰：「將相之任，豈可求邪？且吾不受私請。」準深恨之。已而制出，除準武勝軍節度使、同平章事。準入見，泣涕曰：「非陛下知臣，何以至此？」真宗

①具：原作「旦」，據覆宋本、四庫本及《宋史》卷二八二《王旦傳》改。

具道旦所薦，準始愧嘆，以爲不可及。

趙德明言民飢，求糧百萬，大臣皆曰：「德明新納誓而敢違，請以詔書責之。」真宗以問旦，旦請敕有司，具粟百萬於京師，詔德明來取。真宗大喜。德明得詔書，慙且拜曰：「朝廷有人。」大中祥符中，天下大蝗，真宗使人於野得死蝗，以示大臣。明日，執政有袖死蝗以進者，云：「蝗實死矣。」請示於朝，率百官賀，旦獨以爲不可。後數日，方奏事，飛蝗蔽天。真宗曰：「使百官方賀，而蝗如此，豈不爲天下笑邪？」宦者劉承規病且死，求爲節度使。真宗以語旦曰：「承規待此以瞑目。」旦執以爲不可，曰：「他日將有求爲樞密使者，奈何？」自是內臣官不過留後。

旦任事久，有謗於上者，旦輒引咎，未嘗自辨。人有過失，雖人主盛怒，可辨者辨之，必得而後已。榮王宮火延前殿，有言非天災，請置獄劾火事，當坐死者百餘人。旦獨請見，曰：「始失火時，陛下已罪己詔天下，而臣等皆上章待罪。今反歸咎於人，何以示信？且火雖有迹，寧知非天譴邪？」由是當坐者皆免。日者上書言宮禁事，坐誅。籍其家，得朝士所與往還問吉凶之説。真宗怒，欲付御史問狀。旦曰：「此人之常情，且語不及朝廷，不足罪。」真宗怒不解，旦因自取嘗所占問之書進曰：「臣少賤時，不免爲此。必以爲罪，願並臣付獄。」真宗曰：「此事已發，何可免？」旦曰：「臣爲宰①相執國法，豈可自爲之，幸於不發，而以罪人？」真宗意解。旦至中書，悉焚所得書。既而真宗悔，復馳取之。旦曰：「臣已焚之矣。」於是獲免者衆。

旦在政府十八年，以病求罷。入見滋福殿，真宗曰：「朕方以大事托卿，而卿疾如此。」因命皇子拜旦，旦言：「皇子盛德，必任陛下事。」因薦可爲大臣者十餘人。其後不至兩府者，李及、凌策二人而已，然亦爲名臣。

①宰：原爲空，據覆宋本、四庫本及《宋史》卷二八二補。

旦屢以疾請，真宗不得已，拜太尉兼侍中，五日一朝，遇軍國大事不以時參決。以疾懇辭，册拜太尉、玉清昭應宫使。初，旦以宰相兼領，至是罷政，仍領使。宫觀專置使，始於旦。自旦病，使者存問，日嘗三四，真宗手自和藥賜之。薨，年六十一[四]。贈太師、尚書令、魏國公，謚曰文正。乾興元年，配享真宗廟廷。

旦事寡嫂謹，兄弟友愛尤篤，而務以儉約率勵子弟，使在富貴不知爲驕侈。兄子睦欲舉進士，旦曰：「吾常以太盛爲懼，其可與寒士争進[五]？」至其薨也，子素猶未官云。子雍、冲、素。雍官至司封郎中，冲至左贊善大夫。

素字仲儀，以父遺恩授太常寺太祝。御史中丞孔道輔薦其材，拜侍御史。道輔貶，素亦出知鄂州，徙宣州。召還，知諫院。

時以皇子生議大赦及恩賜者，素上疏言：「方元昊叛，契丹多所要求，縣官財用大屈①，謂宜惜費以紓民力。且將士以久勞待恩賜，而臣下乃坐享無勞之奉，皆非所以爲國計也。」議遂寢。仁宗嘗召諫官歐陽修及素等四人，嘉其論事無所避，悉賜章服。擢天章閣待制、淮南都轉運使，徙知渭州。宣撫使范仲淹劾轉運使劉京市木擾民，事連素，降知華州，又落職知汝州。久之，復天章閣待制、知渭州，除龍圖閣直學士。

蔣偕知原州，説范仲淹築堡大蟲巉，堡未備而爲明珠滅臧伺間邀擊之，偕遁歸，伏庭下請死。素貰其罪，令復往立功以自贖。總管狄青曰：「偕輕而無謀，不可遣。」素曰：「偕死，則君往。」青不敢復言。偕卒能致其酋長，全所築堡而還。遷樞密直學士、知開封府。

①屈：繆校作「詘」。

仁宗問素曰：「大僚中孰可命以相事者？」素曰：「陛下命相，臣何敢言？」仁宗曰：「姑言之。」素曰：「唯宦官宫妾不知姓名者，可充其選。」仁宗憮然有間，曰：「如此，則富弼耳。」素再拜曰：「陛下得人矣。」求補外，除龍圖閣學士、知定州，加翰林侍讀學士、知成都府，復知開封。爲羣牧使，出知許州。

夏人寇静邊砦，圍童家堡。改端明殿學士，再知渭州。英宗勞遣之，比素至，則虜圍已解。改澶州觀察使、知成德軍，移青州觀察使。復爲端明殿學士，遷尚書左丞、知太原府，又知汝州。以端明殿學士、工部尚書致仕。本朝故事，宰執、侍從引年告謝，必優遷品秩，或爲東宫師傅，未有帶職者。帶職致仕，自素始。卒，年六十七〔六〕，謚曰懿敏。

素爲吏敢擊斷，時稱其材。晚節官顯，意不在事①。諸子中，鞏知名。

鞏字定國。從蘇軾問學，能爲文章。爲秘書省正字，嘗坐軾累貶賓州。元祐中，用軾薦除太常博士，其後坐元祐黨貶官云。

質字子野，旦猶子也。始以蔭補太常寺太祝〔七〕，獻所爲文，召試，除集賢校理，通判蘇州。州守得盜銷鑄者百餘人，以託質。質曰：「事發無迹，何從得之？」曰：「吾以術鈎之。」質曰：「仁者之政，以術鈎人，寘之死，而又喜乎？」爲開封府推官，出知壽州，徙廬州。盜有殺其徒而并其財者，獲之，寘於法。大理駁曰：「法當原。」質以謂：「盜殺其徒而自首者原之，所以疑壞其黨而開其自新。若殺而不首，既獲而亦原，則公行爲盜。而第殺一人，既得兼其財，又可以贖罪，不獲則肆爲盜，獲則引以自原。如此，盜不可止，非法意。」疏三上，貶監靈仙宫。

①事：繆校作「仕」。

起知泰州，遷荆湖北路轉運使、知荆南府。爲政有惠愛，召爲史館修撰，遂拜天章閣待制。

初，范仲淹以言事貶饒州，方治黨人甚急，質獨扶病率子弟餞於東門，留連數日。大臣有以誚①質曰：「長者亦爲此乎？何自陷朋黨。」復曰：「昔徐晦不負楊臨賀，今質願附范饒州。若得爲黨人，公之賜厚矣。」聞者愧伏。明年，出知陝州。卒，年四十五。

臣稱曰：李沆、王旦相繼相章聖，君臣俱欲無爲。上則陰陽和，風雨時；下則水土平，草木茂。外則邊鄙不聳，内則比屋可封。真得宰相之職矣。而沆猶日奏水旱、盗賊之事，以防人主侈心，其先識遠慮蓋如此。以旦之賢，諫行言聽，而於此有愧於沆焉。此《春秋》之法，所以責備於賢者也。

【箋證】

〔一〕卒年七十一：《宋會要輯稿》儀制一一之二五：「相州觀察使李維，景德元年二月，贈右僕射。」

〔二〕父祜有傳：《王祜傳》，見本書卷三〇。

〔三〕知臨江縣：《宋史》卷二八二《王旦傳》作「知平江縣」。據舒仁輝《〈東都事略〉與〈宋史〉比較研究》第一九四頁考證「作『知平江縣』爲是」，《事略》誤。

〔四〕薨年六十一：《長編》卷九〇載「太尉玉清昭應宫使王旦卒」於天禧元年九月乙酉。

〔五〕其可與寒士争進：汪琬《東都事略跋》卷上：「《傳》末『兄子睦欲舉進士，旦』云云。按《文正公遺事》，公壻蘇耆應進士舉，唱第

①誚：作「讓」。

日，恪在諸科。陳文惠公奏曰：『蘇耆是蘇易簡男，王旦女壻。』上顧公曰：『卿女壻邪？』公不對，斂身少却：『願且修學。』及出，陳語公曰：『相公何不一言？則耆及第矣。』公笑曰：『上親臨軒試士，至公也。某爲宰相，自薦親屬，士子盈庭，得不失體乎？』噫，後之大臣，未有不私子壻者，其愧公多矣。」

〔六〕卒年六十七：王珪《王懿敏公素墓誌銘》（《華陽集》卷五八）：「熙寧六年三月甲寅，告公薨。」

〔七〕始以蔭補太常寺太祝：「太祝」，《宋史》卷二六九《王祜傳》附《王質傳》作「奉禮郎」。

東都事略卷第四十一

列傳二十四

向敏中字常之，開封人也。父瑀，惟一子，教督甚嚴。嘗謂其妻曰：「大吾門者，此子也。」舉進士，爲將作監丞，通判吉州。代還，遷著作郎，爲户部推官，出爲淮南轉運使〔一〕。入爲户部判官，知制誥。以親累出知廣州，就除廣南轉運使〔二〕。

太宗飛白書敏中、張詠二名付中書，語宰相曰：「此二臣者，名臣也。朕將用之矣。」與詠並爲樞密直學士，太宗欲大用之。當路者有言皇甫侃監無爲軍榷務，以賄敗，嘗求敏中從末減。下御史臺，捕侃佞①詰之，曰：「有書，敏中不啓封還之，書今瘞臨江軍傳舍〔三〕。」遣人索之，果得書，緘封如故。太宗驚異，遂決意大用。拜右諫議大夫、同知樞密院事，改副使。咸平元年，拜兵部侍郎、參知政事。從幸大名，屬宋湜被疾，命兼知樞密院事〔四〕。

真宗命重臣撫邊，以敏中爲河北、河西安撫大使〔五〕。四年，拜同中書門下平章事、集賢殿大學士。故相薛居正子婦柴氏，上書訟敏中典其第虧價，且言敏中欲娶己。真宗以問敏中，對曰：「臣自喪妻以來，未嘗謀娶。」

①佞：覆宋本、四庫本作「僕」。

既而聞其欲娶王承衍女弟，責①其不實，乃罷相，知永興軍。

景德元年，李繼遷死，其子德明將議納款，就命敏中爲鄜延路安撫使，徙京兆。真宗幸澶淵，密詔敏中便宜從事。敏中得詔不泄，邊境以安，於是真宗有復用之意。二年，徙知延州，知河南府。東封、西祀，皆以敏中留守京師。遷資政殿大學士、刑部尚書。大中祥符五年，復拜同中書門下平章事、集賢殿大學士，加中書侍郎、兵部尚書。天禧元年，加吏部尚書，進右僕射兼門下侍郎，監修國史。遷左僕射、昭文館大學士。

敏中沉毅開濟，識大體，深爲人主所知。及除僕射，真宗使人密覘之[六]，云敏中方謝客，門闌悄然無一人。真宗笑曰：「向敏中大耐官職。」敏中諸子，不使當事任。雖處大事，若己不與。避遠賢執②，謹於薦拔。大任幾三十年，時論目爲重德。薨於位[七]，年七十二。贈太尉、中書令，謚曰文簡。

子傳正，國子博士；傳式，龍圖閣直學士；傳亮，駕部員外郎；傳範，密州觀察使，謚曰惠節。傳亮子經，官至定國軍留後，謚曰康懿。經女即欽聖憲肅皇后也。敏中累贈燕王，傳亮周王，經吳王。

畢士安字仁叟[八]，代州雲中人也。後居鄭州，舉進士，爲濟州團練推官。稍遷殿中丞、監察御史，遷左拾遺，爲冀王府記室參軍。擢知制誥，召入翰林爲學士，出知潁州。

真宗爲開封尹，以士安爲判官。東宮建，兼右庶子。真宗即位，即令士安攝府事，拜工部侍郎、樞密直學士，復爲翰林學士。遷兵部侍郎，出知潞州。召還，爲翰林侍讀學士兼秘書監。景德初，李沆薨，中書闕宰相，乃拜

①責：原作「貴」，據覆宋本、四庫本改。

②避遠賢執：錢校云：「遠賢勢謹：舊鈔本凡『勢』字多從《漢書》作『埶』，校者一例剜改從俗，謬。」瑄案：「本書以『避遠賢勢』爲句，『謹』字屬下，既不在校勘之列，似可不舉。」《隆平集》卷四作「避遠權勢」，《文簡向公神道碑銘》亦言「匿名迹，遠權勢」。

士安吏部侍郎、參知政事。入謝，真宗曰：「未也，行且相卿。」士安曰：「寇準資①方正，慷慨有大節，朝臣罕出其右。如準者，陛下所宜用也。」真宗亦欲相準，藉士安宿德以鎮之。不閱月，與準並相。士安拜同中書門下平章事，監修國史。

契丹入塞。初，王繼忠戰没虜中，至是爲虜人奏請議和。士安力贊真宗當羈縻不絶，漸許其成。時已詔巡幸，而大臣有請幸金陵、成都者。士安與寇準力陳其故，堅定前計，真宗乃幸澶州。及契丹請和，遣曹利用使於兵間議和事，歲遺虜銀絹三②十萬。是時朝論皆以爲過，士安曰：「不如此，虜所顧不重，和事恐不能久③。」衆未爲然也。然自景德以來，百有餘年，自古和好所未嘗有，議者以士安之言爲得焉。二年，薨於位。贈太傅、中書令，謚曰文簡。

士安端重有識度，善談論，所至以公正稱。子世長，官至衛尉卿。孫從古，尚書駕部郎中。曾孫四人：仲偃字希言，仕爲郡守。仲衍字夷仲，元豐中，爲中書舍人。仲游字公叔，元祐中，召天下文學之士十三人，策試翰林學士，蘇軾以仲游爲第一，除集賢校理。嘗爲部使者，入元祐籍。後任西京留司御史臺，提舉鴻慶宫致仕〔九〕。有文集行於世。仲愈字將叔，歷國子監丞、諸王府侍講，知鳳翔府，坐兄仲游陷黨籍例廢黜。於是徽宗曰：「畢仲衍被遇先帝，可除罪籍。」以仲愈爲都官郎中，擢秘書少監以卒。

寇準字平仲，華州下邽人也。少力學，有器識。舉進士，爲巴東令。巴東有秋風亭，準析韋應物一言爲二句

①資：《宋史》卷二八一《畢士安傳》無此字，繆校云「程衍『資』字」，是。
②三：原作「二」，據覆宋本、四庫本及《長編》卷五八、《宋史》卷二八一《畢士安傳》改。
③久：原作「人」，據覆宋本、四庫本及《宋史》本傳改。

云：「野水無人度，孤舟盡日橫。」識者知其必大用。在巴東，五年不得代。又宰成安，賦役期會，書鄉里姓名揭之，民無違者。遷殿中丞，通判鄆州。召試左正言、直史館〔一〇〕，爲三司度支推官。會詔百官言邊事，準極陳利害，太宗深器之，擢樞密直學士。

淳化二年，大旱，太宗延近臣問時政得失，準對曰：「《洪範》天人之際，其①若影響。大旱之證，蓋刑有所不平爾。」太宗怒，起入禁中。頃之，召準問所以不平狀，準曰：「願召二府至前，臣即言之。」有詔召二府入，準乃言曰：「有二臣者犯法，一死一不問，而不問者乃參知政事王沔之弟也，非不平而何〔一一〕？」太宗於是切責沔，而知準可用。是歲，拜左諫議大夫、樞密副使，改同知樞密院事。與張遜不協，罷知青州。太宗對左右數語及準，有間言，至終不能移上意也。

五年，召爲參知政事，因奏對切直，太宗怒起，準輒挽上衣，留以俟處決。太宗嘆曰：「真宰相才也。」又嘗語左右曰：「朕得寇準，猶唐太宗之得魏鄭公也。」加給事中。始自青州召還也，太宗謂之曰：「卿何來緩邪？」準曰：「臣非召不得至。」太宗曰：「朕子孰可付神器？」準曰：「陛下誠爲天下擇君，謀及婦人不可也，謀及中官不可也，謀及近臣不可也。惟擇所以副天下望者。」太宗屏左右，謂曰：「襄王可乎？」準曰：「非臣所知也。」太宗遂以襄王爲開封尹，改封壽王，於是立爲皇太子，人望翕然。太宗曰：「天下心屬太子，將置我何地？」準曰：「顧得所付，天下之福也。」

太宗祠南郊，中外官皆進秩。廣州左通判、左正言馮拯轉虞部員外郎，右通判、太常博士彭惟節乃轉屯田員外郎。惟節自以素居拯下，章奏列銜皆如舊不易，準怒，特詔拯無得亂朝制。拯因上疏陳準擅權，又條嶺南官除

①其：《宋史》卷二八一《寇準傳》作「應」，四庫本於「其」下補「應」字。

拜不平數事。準入對自辨，太宗曰：「若廷辨是非，失執政體。」力争不已，太宗因嘆曰：「鼠雀尚知人意，况人乎？」明日，準又持中書簿論曲直於上前，太宗滋不悦，遂罷知鄧州。咸平初，徙河陽，改同州，又徙鳳翔府，轉刑部侍郎、知開封府。遷兵部侍郎，爲三司使。

景德元年，拜同中書門下平章事、集賢殿大學士。是歲，契丹入寇，直抵澶、魏。真宗召羣臣問禦戎策。參知政事王欽若，江南人也，請幸金陵。僉書樞密院事陳堯叟，蜀人也，請幸成都。真宗以問準，時欽若、堯叟在側，準心知二人所爲，陽若不知，曰：「誰爲陛下畫此二策者，罪可斬也。今虜勢憑陵，陛下當率厲衆心，進前禦敵，以衛社稷。奈何欲委棄宗廟，遠之楚、蜀邪？且以今日之勢，鑾輿回軫一步，萬衆雲散，楚、蜀可得至邪？」準乃叱欽若等曰：「天子神武而將臣協和，若車駕親征，賊當遁去。不然，則出奇以撓其謀，堅守以老其衆，使勞逸之勢，我得勝筭。」因請幸澶州，並陳河北用兵之略甚備。真宗遂幸澶州。

至南城，皆言虜兵方盛，願駐蹕以觀兵勢。準固請曰：「陛下不過河，人心益危，虜氣未懾，非所以取威決勝之執。河北將士，旦夕望陛下至，士氣百倍，何疑而不進哉？」真宗即日度河，軍威大震。御城門，觀視營壁，撫勞部伍，軍民歡呼，聲聞數十里。契丹相視怖駭，不能成列。俄而勁弩伏發，射殺其貴將撻覽。契丹懼，因密奉書請盟，河北遂罷兵。

準在位，喜用寒進。每御史缺，嘗取敢言之士用之，同列頗不悦。它日又除官，同列目吏持例簿以進，準曰：「宰相所以器百官，用例①，非所謂進賢退不肖。」因却而不視。加中書侍郎兼工部尚書。三年，以刑部尚書罷知陝州，遷户部尚書、知天雄軍，入判尚書都省。真宗幸亳州，以準留守京師。大中祥符七年，拜同平章事，

①「用例」下，覆宋本、四庫本有「簿」字。

充樞密使。八年，罷爲武勝軍節度使、同平章事。逾月，判河南府，徙判永興軍。天禧元年，爲山南東道節度使。三年，復拜中書侍郎兼吏部尚書、同中書門下平章事、集賢殿大學士，進右僕射。

初，劉后之立也，準及王旦、向敏中皆諫，以爲出於側微，不可，后銜之。及真宗不豫，后參與朝政，準請間曰：「太子睿德天縱，足以任天下之事，陛下胡不協天人之係望，講社稷之丕謀，引登大明，敷照重霄①。若丁謂恃才而挾姦，曹利用恃權而使氣，皆不可輔少主。願擇方正大臣，羽翼太子。」真宗然之。準乃屬翰林學士楊億草表，請太子監國，且欲進億以代謂。億私語其妻弟張演曰：「數日之後，事當一新。」語稍洩，丁謂夜乘婦人車詣曹利用第，謀其事，遂密以聞。明日，罷準爲太子太傅，封萊國公。逾月，楊崇勳等告内侍周懷政謀廢皇后，奉真宗爲太上皇而傳位太子，復用準爲相。懷政既事泄被誅，又降準爲太常卿，知相州，徙安州，貶道州司馬，再貶雷州司户參軍。

丁謂遣中使齎敕往授之，以錦囊貯劍揭於馬前。既至，準方與羣臣宴〔一二〕，驛吏言狀，羣官②皆竦懼出迎，中使避不見。問其所以來之故，不答。上下益懼，準神色自若，使人謂之曰：「朝廷若賜準死，願見敕書。」中使不得已，乃以敕授準。準拜於庭，升階復宴，人服其量。準至雷州，吏以《圖經》獻，視其四至，云「東南至海十里」，準悅③然曰：「吾少時有『到海只十里，過山應萬重』之句，人生得喪，豈偶然邪？」

初，丁謂爲參知政事，事準甚謹。嘗會食中書，羹污準鬚，謂起，徐拂之。準笑謂曰：「君，國之大臣，乃爲官

---

①霄：原作「宵」，據四庫本及孫抃《寇忠愍公準旌忠之碑》改。

②羣官：覆宋本、四庫本作「羣臣」。

③悅：原作「悦」，據覆宋本、四庫本及《長編》卷九八改。錢校云：「此必初改作『恍』。」

長拂鬚邪？」謂甚愧恨。及南遷，天下莫不冤之。初過零陵，行囊①爲溪寇所掠，其酋長聞而趣還之。準剛正，篤於自信，不能與世俯仰，故人多惡之。逾年，徙衡州司馬。丁謂亦以罪貶，道出雷州，欲見準，準拒絕之。太宗嘗得通犀，命工爲二帶，一以賜準。及是，準遣人取自洛中。至數日，具朝服被帶，北面再拜，呼左右趣設臥具，就榻而卒〔一三〕，年六十三。

詔許歸葬西京，過公安，民擁道設祭，立竹焚幣。月餘，枯竹皆自生。邑民嗟嘆，即生竹地立祠，歲時享之，謂其竹曰「寇公竹」。歲久成林，人不忍伐。仁宗對輔臣哀準以忠死，贈中書令、萊國公，謚曰忠愍。無子，以從子隨爲後。隨終於殿中丞。

臣稱曰：自古功名之機，惟斷乃成者，斯難哉。方契丹舉國入寇，準排羣議，决親征之策，一戰而勝，遂與之和。功名之機，準誠得之矣。及章聖寢疾，政出帷幄，而準忘身徇國，爲社稷計，乃以漏言貶死，哀哉！韓子有言：「夫事以密成，而以泄敗。」未必其身泄之也，而語及其所匿之事②，如是者身危，其準之謂邪？

【箋證】

〔一〕出爲淮南轉運使：《宋史》卷二八二《向敏中傳》作「出爲淮南轉運副使」。祖無擇《文簡向公神道碑銘》（《龍學文集》卷一五）

①行囊：繆校作「行橐」。
②所匿之事：繆校作「所暱之人」。

亦作「淮南轉運副使」，《事略》脱「副」字。

〔二〕就除廣南轉運使：《宋史》本傳作「就除廣南東路轉運使」，是。

〔三〕書今瘞臨江軍傳舍：《宋史》本傳作「其書尋納筩中，瘞臨江傳舍」，《文簡向公神道碑銘》作「納書竹中，瘞於傳舍」，《事略》從《隆平集》卷四作「臨江軍傳舍」，當衍「軍」字。

〔四〕命兼知樞密院事：《長編》卷四六咸平三年正月辛巳條補敘「乃命參知政事向敏中權同發遣樞密院事」，《文簡向公神道碑銘》云：「二年冬，氈裘犯塞，革輅省方，詔公兼知樞密院事。」

〔五〕以敏中爲河北、河西安撫大使：《文簡向公神道碑銘》作「命公爲河北、河西宣撫使」，《宋史》本傳作「命爲河北、河東安撫大使」。《長編》卷四七咸平三年六月丁卯條作「命參知政事向敏中爲河北、河東宣撫大使」，注：「《百官表》云『緣邊宣撫使』，無『大』字。」

〔六〕及除僕射真宗使人密覘之：汪琬《東都事略跋》卷上：「《傳》敍敏中拜右僕射事，出《筆談》，且言覘者爲李昌武。按《容齋隨筆》，真宗朝，自敏中前拜僕射者六人，吕端、李沆、王旦皆自宰相轉，陳堯叟以罷樞密使拜，張齊賢以故相拜，王欽若自樞密使轉，及敏中轉右，與欽若加左同日降制。是時昌武已死四年，如此則《筆談》非實録，《傳》不當載。」

〔七〕薨於位：《長編》卷九五繫「左僕射兼中書侍郎、平章事向敏中卒」於天禧四年三月己卯。

〔八〕字仁叟：《隆平集》卷四作「字舜舉」，楊億《文簡畢公墓誌銘》（《武夷新集》卷一一）亦作「字舜舉」。蓋士安初名士元，字舜舉，後因避諱改名，更字仁叟。

〔九〕提舉鴻慶宮致仕：陳恬《西臺畢仲游墓誌銘》（《永樂大典》卷二〇二〇五）：「提舉南京鴻慶宮，遂請致仕。宣和三年七月二十八日，以疾卒於西京，享年七十五。」

〔一〇〕召試左正言：《宋史》卷二八一《寇準傳》作「召試學士院，授右正言」，孫抃《寇忠愍公準旌忠之碑》（《名臣碑傳琬琰集》上卷二）：「得召見，稱旨，遂給札試禁中，授右正言，分直東觀。」《事略》誤。

〔一一〕《宋史》本傳所載大不同：「頃者祖吉、王淮皆侮法受賕，吉贓少乃伏誅，淮以參政沔之弟，盜主守財至千萬，止杖，仍復其官，非不平而何？」

〔一二〕準方與羣臣宴：汪琬《東都事略跋》卷上：「《歸田録》：萊公自少年富貴，不點油鐙，尤好劇飲，雖寢室亦燃燭達旦。每罷官去後，人至官舍，見厠溷間燭淚往往成堆。又《石林燕語》：萊公所臨鎮，燕會常至三十醆，必盛張樂，柘枝舞用二十四人，每舞連數醆方畢，或謂之『柘枝顛』。然則豪侈是萊公本色，宜乎其不終也。邵伯温乃言公『居家儉素，所卧青帷二十年不易』，且云得於公之甥王丞相所作公墓誌。予謂諛墓語似不足據。」

〔一三〕就榻而卒：《長編》卷一〇一於天聖元年閏九月戊戌條記「寇準卒於雷州」。

東都事略卷第四十二

列傳二十五

高瓊，家世燕人也。父乾，徙居亳州之蒙城。瓊少時在外寢，一夕，父往視之，若見有金甲而侍其側者，父異之。及長，以材勇事太宗於潛邸。即位，以爲御龍直指揮使。從征太原，命押弓弩兩班，合圍攻城。及征幽、薊，太宗倍道還京師，留瓊與軍中鼓吹殿後，六班扈從不及，惟瓊首帥所部見行在，太宗大悦。累遷侍衛步軍都指揮使，領歸義軍節度使，移鎮保大。

真宗即位，改鎮彰信。咸平初，契丹犯塞，瓊將并、代之師，與石保吉會鎮、定。既而傅潛以逗留得罪，以瓊代將其兵。兵罷，復還治所。三年，授殿前都指揮使。先是，諸將臨敵退衂，真宗已貸其罪，議者以爲敗軍之將當誅。真宗以問瓊，瓊對曰：「罪誠當誅，然陛下去歲已釋其罪，今復行之，又方屯諸路，非時代易，臣恐衆心疑懼。」乃止。

景德初，契丹入寇，大臣有欲避狄江南、西蜀者，寇準不可。諸將中，獨瓊與準意同。準既力争之，真宗曰：「卿文臣，豈能盡用兵之利？」準曰：「請召高瓊。」瓊至，乃言避狄爲便，準大驚，以瓊爲悔①也。已而徐言：「避狄固爲安全，但恐扈駕之士中路逃亡，無與俱西南者耳。」真宗乃大驚，始决北征之策。

①悔：原作「悦」，據覆宋本、四庫本及《名賢氏族言行類稿》卷二〇改。

真宗既親征，時前軍已與契丹戰，或有勸真宗南還者。瓊因言：「契丹師衆已老，陛下宜親臨觀兵，督其成功。」真宗嘉其言，即幸澶州南城。瓊固請度河，真宗從之。至浮橋，駐輦未進，瓊乃執檛築輦夫背曰：「何不亟行？今已至此，尚何疑！」真宗乃命進輦。既至，登北門城樓，張黄龍旗，城下將士皆呼萬歲，氣埶百倍。會契丹大將撻覽中弩死，契丹遂退。

明年，以罷兵料簡兵卒，諸班直十年者出補軍校，年老退爲本班剩員。瓊曰：「此非激勸之道，宿衛豈不勞乎？」自是八年者皆得敍補。以疾求解兵柄，授忠武軍節度使。卒，年七十二[一]。贈侍中，謚曰武烈。瓊曉軍政，善訓諸子，使讀書，率能自立於時。子繼勳、繼忠、繼和、繼宣、繼隆、繼元。繼宣官至防禦使，繼忠至四方館使、榮州團練使。

繼勳字紹先，初補殿直[二]。太宗見而奇之，擢寄班祗候。咸平初，監兵益州[三]。王均反，繼勳引兵與賊黨戰，轉鬬至嘉州界，敗之。復還，力攻益州城，而王均夜潰，以功遷崇儀使。徙綿、漢、劍門都巡檢，又徙陝西鈐轄[四]。還朝，陳用兵方略，真宗嘉之，除宫苑使、并代州鈐轄[五]，徙岢嵐軍。虜入寇，繼勳謂軍使賈宗曰：「虜雖衆而不成列，是無主帥也，急擊之。」因設伏要害，與接戰寒光嶺，伏發，斬獲甚衆。遷弓箭庫使，累遷東上閤門使，以隴州團練使知雄州，拜威武軍節度使、馬軍副都指揮使[六]，徙鎮保順，又徙昭信。景祐二年，以年高進見，節其拜，許其子扶掖。未幾，辭管軍，遂改鎮天雄[七]，知滑州。卒，年七十八。贈太尉，謚曰穆武。

繼勳謙謹有機略，善撫士卒，戰常有功。第三子遵甫，終西作坊使[八]。女即宣仁聖烈皇后也。瓊累贈魏王，繼勳楚王，遵甫魯王[九]。

遵裕字公綽，繼宣子。以父任爲三班借職，稍遷供備庫副使、鎮戎軍駐泊都監。夏人寇大順城，諒祚中矢引去。會英宗崩，遵裕告哀，抵宥州下宫。夏人遣王盥受命，至則吉服廷立，遵裕切責之，遂易服聽遺命。既而具食上宫，語及大順城事，盥曰：「剽掠輩耳。」遵裕曰：「扶傷而遁者，非若主邪？」夏人怒曰：「王人蔑視下國，弊邑雖小，控弦數十萬，亦能躬執櫜鞬，與君周旋。」遵裕瞋目叱之。時諒祚覘於屏間，摇手使止。神宗聞而嘉之，擢知保安軍。

种諤取綏州，帥怒其擅興，欲正軍法，諤稱得密旨於遵裕。諤被罪，遵裕亦降爲乾州兵馬監押。熙寧初，王韶議將復洮、隴命，遵裕從行，遂副韶帥秦、鳳。韶帥熙、河，徙遵裕爲總管。六年，從韶取岷州。以功遷龍神衛四廂都指揮使、知熙州。坐事罷知潁州，起帥環慶，又坐奏報不實降西上閤門使、知淮陽軍。起知代州，尋以團練使知慶州。

神宗命諸路兵討夏國，涇原兵聽①遵裕節制。師度旱海，距靈州百里，次南平濼，虜騎驟至。遵裕出精騎接戰，斬首千餘級，遂合涇、原師②圍靈州。劉昌祚請分兵擊東關，必下，遵裕沮之。圍城久未拔，賊引河灌我師，水至，斷砲爲梁以濟。追騎至，轉戰累日，虜騎少却。涇、原帥殿爲賊所乘，一軍皆潰。坐貶郢州團練副使安置〔一〇〕，後復右屯衛將軍。卒，年六十四〔一一〕。紹聖中，追贈奉國軍留後。

臣稱曰：高瓊與寇準協謀，勸真宗親征，戮力破敵，遂成莫大之功。自是和好益固，人物歲滋，北

①聽：原作「德」，據覆宋本、四庫本改。
②師：原作「帥」，據四庫本及《長編》卷三一九改。

邊無狗吠之警者百有餘年。盛德之報，慶流後裔，篤生聖后，爲女中堯、舜，天實興之也。

傅潛，冀州衡水人也。太宗在藩邸，召置左右。及即位，爲東西班指揮使。從征太原，一日再中流矢。又從征范陽，先至涿州，與契丹戰，有功累遷至雲州防禦使。

雍熙三年，命曹彬北征，以潛爲幽州道行營前軍都指揮使，與契丹戰，敗於拒馬河，責右領軍衛大將軍。起爲内外馬步軍頭，遷殿前都虞候，領容州觀察使。端拱初，拜昭化軍節度使，徙鎮武成。

真宗即位，改鎮忠武。契丹入寇，以潛將鎮、定、高陽關三路行營之兵。潛畏懦，擁步騎八萬，閉門自守，未嘗出戰，將校皆蓄鋭争奮，則醜言罵之。無何，契丹破狼山砦，遂攻威虜，略寧邊軍及祁①、趙，遊騎出邢、洺，鎮、定路不通者逾月。朝廷遣使督其出師，諸將亦屢促之，不聽。諸將憤怒，因詬潛曰：「公怯乃不如一嫗耳。」都鈐轄張昭允又屢勸潛，潛笑曰：「賊埶如此，使吾與之角，適挫吾鋭耳。」乃分騎八千、步二千付諸將，於高陽關逆擊之，許出兵爲援。諸將與虜血戰，而潛竟不至，康保裔遂陷於陳。

真宗將親征，又命石保吉自大名領前軍赴鎮、定。潛逗留不發，以致虜騎犯德、棣，度河劫人民，焚廬舍。真宗駐大名，而邊捷未至。聞驍將石普、楊延昭等屢請益兵，潛不之與；有戰勝者，潛又抑而不聞。真宗大怒，命高瓊單騎即軍中代之，令潛詣行在。至則下御史府，議法當斬，真宗貸之，削奪官爵，長流房州。張昭允亦貶道州〔一二〕。會赦，徙汝州，復團練使，改左千牛衛將軍〔一三〕，分司西京。遷左監門衛大將軍，久之，判左金吾仗〔一四〕。卒，年七十九〔一五〕。

①祁：原作「祈」，據繆校及《長編》卷四五、《宋史》卷二七九《傅潛傳》改。

王超，趙州人也。弱冠長七尺餘。太宗爲開封尹，召隸麾下。及即位，以隸御龍直。累立戰功，遂至河西軍節度使、殿前都虞候，改鎮天平。

咸平二年，真宗大閱禁兵二十萬於東郊，超執五方旗以節進退。真宗御戎幄觀之，顧謂超曰：「士衆嚴整，戎行訓練，惟汝之功。」契丹入寇，真宗親征，以超爲先鋒都點檢。傅潛逗撓，命超代將鎮州行營之師，又帥鎮、定、高陽三路，與契丹戰於遂城，斬其裨王騎將十五人，俘馘二萬計。

李繼遷陷清遠軍，以超將西面行營之師禦之，徙帥永興軍。宰相言超有將帥材，遂以超帥定州路行營，王繼忠副之。尋又加鎮、定、高陽關三路，屯定州。

六年，契丹入寇，繼忠與戰於望都，而超不赴援，繼忠遂陷於契丹。景德初，真宗駐蹕澶淵，命超赴援，超又緩行，契丹遂深入。會契丹通好，真宗罷超三路帥，以爲崇信軍節度使、知河陽。徙鎮安遠，知潞州。又移鎮建雄，知青州。卒，年六十二〔一六〕。贈侍中。

超御下有恩，與高瓊同典禁旅，嘗因休沐過營壘，軍校不將迎。瓊命捶之，超曰：「若按習可懲其不肅。」人稱其恕。然臨軍寡謀，拙於戰鬬。有子德用，仁宗朝樞密使、同平章事，自有傳〔一七〕。

王繼忠，開封人也。父爲軍校，戍邊而死，繼忠因得補殿直。真宗在東宮，得給事左右，累擢至雲州觀察使。咸平末，契丹入寇，繼忠帥定武，出戰於望都之北。自以被遇之厚，力戰圖報，而服飾稍異，契丹識之，轉鬬累日，援兵不至，遂陷於契丹。朝廷謂其死矣，贈大同軍節度使。

景德初，契丹令繼忠請修和好，朝廷允其請，戢兵息民，繼忠有力焉。自是朝廷遣使至契丹，必厚賜繼忠。

繼忠對使者，亦必泣下，嘗附表請召還。真宗以誓好既定，賜詔諭之。契丹主待之甚厚，更其姓名曰耶律顯忠，又改名宗信，封爲吴王〔一八〕。後不知其所終。

葛霸，真定人也。始事太宗於潛邸，以雄勇知名。太宗即位，補殿前指揮使，三遷散員都虞候。雍熙中，北伐契丹，諸將失利，以霸爲騎軍都指揮使，領檀州刺史，戍定州。與虜戰於唐河，敗走之。召爲御前忠佐馬步軍都軍頭。端拱初，出爲博州團練使，累擢澶州觀察使、殿前都虞候〔一九〕，拜保順軍節度使，出帥鎮州，徙天雄軍。真宗幸大名，以霸領貝、鎮、高陽關前軍，就遷副都指揮使，改邠寧、涇原、環慶遷侍衛馬軍都指揮使，徙鎮感德。契丹犯邊，真宗議親征，以霸副李繼隆爲排陳使，駐澶州。明年，召還。霸以老請解軍職，授昭德軍節度使，出帥并代，徙知耀州。卒，年七十五。贈太尉。

霸爲人鄙吝，然以謹直保位云。子懷敏。

懷敏始以父蔭授西頭供奉官。懷敏通時事，善希合，故多薦其才者。嘗爲益州路提點刑獄，知隰、莫、保、雄、滄、滁六州。陝西用兵，爲涇原、秦鳳經略安撫副使，擢眉州防禦使、知涇州。遷鄜延路副都總管，改涇原，兼經略安撫使。

元昊寇鎮戎軍，賊引兵僞遁，懷敏遂率諸將趣定川。環慶路都監劉賀以蕃兵五千與賊戰，不勝而潰。懷敏入保定川砦，涇原鈐轄曹英又敗於砦之東北隅。懷敏所部人奔駭，懷敏爲衆所擁，幾蹂踐死，輿至甕城，乃蘇。賊遂圍城。懷敏與諸將謀赴鎮戎軍，賊斷其歸路，與諸將皆遇害。賊遂長驅直抵渭州。

初，懷敏之除鄜延也，范仲淹言其怯懦不知兵，遂徙涇原，卒敗事。奏至，贈鎮西軍節度使，謚曰忠隱。

馮守信字中孚，滑州白馬人也。太平興國初，應募軍籍。從征太原，先登，斬獲甚衆。至真宗時，以軍功遷至天武都虞候。從幸大名，遷御龍直都虞候。又從真宗北巡，次衛南頓，真宗問曰：「契丹入寇，汝輩何以展效？」守信曰：「臣等備宿衛，常願必死。今乃上勞大駕親征，將帥之過也。」真宗嘉其忠，授天武軍都指揮使，累遷萊州團練使。

守信雖起行伍，然本田家子，頗知民間疾苦，爲政無害。徙滄州。未幾，選爲龍神衛四廂都指揮使、英州防禦使，出知定州，徙高陽關，知瀛州。河決滑州城西，即命守信領州事，就加步軍副都指揮使、容州觀察使，領威虜軍節度使〔二〇〕。卒，年六十六〔二一〕。贈太尉，謚曰勤威。

石普，其先幽州人也。自言唐河中節度使雄之後，自其曾祖徙居太原。父通，給事太宗於晉邸。普方十歲，亦留邸中，補寄班祗候，以督捕盜賊功，轉内殿崇班、帶御器械。

李順之亂，爲西川行營先鋒，與馬知節等合擊之。順誅，遷西京左藏庫使〔二二〕。賊黨王鸓鵡復寇邛、蜀，又爲西川捉賊使。因馳驛陳蜀亂之因，由賦斂急迫，使農民失業，不能自存，而遂爲盜，請一切蠲其租賦。太宗許之，民用感悦，賊平。及王均據益州叛，又以普爲招安使。雷有終攻城，均走，普追斬於富順監〔二三〕。以功拜冀州團練使。

明年，契丹入寇，普爲先鋒，殺虜騎於炎涼城〔二四〕，又敗之於長城。徙帥定州〔二五〕。靈州失守，益兵備關中，又徙永興軍。真宗以普性剛愎，與衆不和，乃徙莫州。普言軍中號令，遣人馳告，慮爲姦詐所誤，真宗爲製傳令牌。又獻《禦戎圖》，掘塹設穽以陷胡馬，轉冀州防禦使。

真宗幸澶淵，是時王繼忠爲契丹請和，以書遺普，且置密表以請。事平，普亦有力焉，遷容州觀察使。再遷保平軍留後，遂拜河西軍節度使、知河陽，徙許州。真宗方崇符瑞之事，普請罷天下醮設，歲可省緡錢七十餘萬，以贍國用，遂忤意〔二六〕。大中祥符中，普言九月下旬日食者三，又言：「商賈自泰州來，言唃廝囉欲讎殺邊臣。請以臣所獻地圖〔二七〕，當決必勝。」真宗怒，付御史劾之，法當死。詔貶賀州，改率府副率、房州安置，後稍復右武大將軍。卒，年七十五。

普有膽略，聞敵所在即馳赴，親冒矢石，前後戰未嘗少衄。通兵書及陰陽、六甲、星曆、推步之術。太宗嘗令善工製金帶，普帶御器械輒面求賜，太宗解以賜之。後雖謫廢，當太宗忌日，必舉族詣佛寺齋薦，歲以爲常。

【箋證】

〔一〕卒年七十二：《隆平集》卷一七作「卒年七十三」。《宋史》卷二八九《高瓊傳》：「（景德）三年冬，疾甚。上欲親臨問之，宰相不可，乃止。卒，年七十二。」卷七《真宗紀二》繫「高瓊卒」於景德三年十二月戊寅。

〔二〕初補殿直：《宋史》卷二八九《高瓊傳》附《繼勳傳》作「初補右班殿直」，是。

〔三〕監兵益州：《宋史》本傳作「以崇儀副使爲益州兵馬都監，提舉西川諸州軍巡檢公事」。

〔四〕陝西鈐轄：《宋史》本傳作「峽路鈐轄」，是。

〔五〕除宫苑使：《宋史》本傳作「遷洛苑使」。

〔六〕拜威武軍節度使：《宋史》本傳作「改威武軍節度觀察留後，遂拜保順軍節度使」，《事略》蓋誤。

〔七〕遂改鎮天雄：《宋史》本傳作「授建雄軍節度使」。

〔八〕終西作坊使：《宋史》本傳作「官至北作坊副使」。王珪《華陽集》卷四〇有《崇儀副使高遵甫可北作坊副使制》，可爲《宋史》

佐證。

〔九〕繼勳楚王遵甫魯王：《宋史》本傳：「嘉祐八年，遵甫女正位皇后，神宗即位，册皇太后。累贈繼勳太師、尚書令兼中書令，追封康王，謚穆武。熙寧九年，……遵甫亦贈太師、尚書令兼中書令，追封楚王。」《宋會要輯稿》后妃一之四記「英宗宣仁聖烈皇后高氏，忠武軍節度使、贈太師、尚書令兼中書令、衛王瓊之曾孫，建雄軍節度使、贈尚書令、康王繼勳之孫，北作坊副使、贈太師、開府儀同三司、陳王遵甫之女」，又儀制一二記熙寧七年加贈「皇太后曾祖瓊衛王，祖繼勳康王，父遵甫太師、中書令、兼尚書令、武功郡王」，熙寧十年加封「皇太后曾祖瓊魯王，祖繼勳許王，父遵甫衛王」，元豐八年加贈「太皇太后曾祖贈太師、開府儀同三司、冀王瓊漢王，祖贈太師、開府儀同三司、越王繼勳豫王，父贈太師、開府儀同三司、魯王遵甫兖王」，元祐四年「加贈太皇太后曾祖魏王瓊爲吴王，祖楚王繼勳爲兖王，父唐王遵甫爲周王」，元祐七年「加贈太皇太后曾祖吴王瓊爲韓王，祖兖王繼勳爲秦王，父周王遵甫爲陳王」。蓋屢經封贈，封號不一，《事略》《宋史》所記各有所本，然均非最終封號。

〔一〇〕坐貶郢州團練副使安置：《長編》卷三二二元豐五年正月辛丑條載：「降授西上閤門使、知坊州高遵裕責授郢州團練副使，員外本州安置。」《事略》於「安置」前當有脱文。《長編》卷三五六於「郢州團練副使高遵裕復右屯衛將軍，管勾西京中嶽廟，任便居住」下有注：「遵裕以五年正月十八日責郢州團練副使，本州安置。」「遵裕既坐知慶州日靈武喪師貶散官，神宗以皇太后故免安置，留京師。」

〔一一〕卒年六十四：《長編》卷三五九載「右屯衛將軍高遵裕卒」於元豐八年八月庚午。

〔一二〕張昭允亦貶道州：《宋史》卷六《真宗紀一》載咸平三年正月「乙酉，流忠武軍節度使傅潛於房州，都鈐轄張昭允於通州，並削奪官爵」。《長編》卷四六、《宋史全文》卷五均載「潛流房州，昭允通州」，《宋會要輯稿》蕃夷一之二四亦載傅潛、張昭允「坐逗撓不出師，貸死，流房、通二州」，《事略》「道州」當爲「通州」之誤。

〔一三〕改左千牛衛將軍：《宋史》卷二七九《傅潛傳》作「改左千牛衛將軍」。

〔一四〕判左金吾仗：《宋史》本傳作「判左金吾街仗」。

〔一五〕卒年七十九：《宋史》本傳作「天禧元年卒」。

〔一六〕卒年六十二：《宋會要輯稿》禮四一之五二載「建雄軍節度使王超」卒於大中祥符六年正月。

〔一七〕自有傳：《王德用傳》，見本書卷六二。

〔一八〕又改名宗信封爲吴王：《宋史》卷二七九《王繼忠傳》作「封楚王」。《長編》卷九九乾興元年八月載「詔樞密院每歲送契丹禮物，耶律宗信亦以襲衣金帶賜之。宗信即王繼忠也，契丹封吴王，改今姓名」，《遼史》卷八一《王繼忠傳》載開泰六年（宋真宗天禧元年）「進楚王，賜國姓」。蓋其入遼後，先封楚王，後封吴王。

〔一九〕澶州觀察使：《宋史》卷二八九《葛霸傳》作「潘州觀察使」。

〔二〇〕領威虜軍節度使：《長編》卷一七三載「威塞節度馮守信，謚曰勤威」，王安石《贈太師中書令馮公神道碑》（《臨川先生文集》卷八八）稱「遷威塞軍節度」。考《馮公神道碑》碑額有題「威塞軍節度、新州管内觀察處置等使」，則當作「威塞軍」，《事略》誤作「威虜軍」。

〔二一〕卒年六十六：《贈太師中書令勤威馮公神道碑》：「是歲天禧五年也，公年六十六，以八月二日薨於位。」

〔二二〕遷西京左藏庫使：《宋史》卷三二四《石普傳》作「遷西京作坊使、欽州刺史」。

〔二三〕均走普追斬於富順監：《宋史》本傳：「城破，均夜半突圍，由南門遁。普引兵追擊於富順監，均自殺，餘黨皆平。」王均之誅，較爲曲折，《長編》卷四七咸平三年十月甲辰朔條有詳細記載：「王均自成都突圍，走度合水尾，由廣都略陵、榮，趣富順監。……均窮蹙，縊死。虎翼軍校魯斌斬其首，以詣懷忠。又獲僭僞法物、旌旗、甲馬甚衆，禽其黨六千餘人，逆徒殲焉。懷忠旋軍出北門，石普始至，奪均首，馳歸成都，梟於北市。」《事略》云「普追斬於富順監」，於史實不盡相合。

〔二四〕殺虜騎於炎涼城：《宋史》本傳作「與契丹戰廉良城」，四庫本《宋史》考證云：「咸平二年九月，傅潛遣先鋒田紹斌、石普等戍保州，爲賊所困，渡廉良河。注：『《本紀》《實録》俱稱「良廉路」，《紹斌傳》稱「嚴涼河」，《普傳》稱「炎涼城」，《楊嗣傳》亦稱「廉良」。今從《嗣傳》及《本紀》《實録》。』案：《宋史·石普傳》亦稱『廉良城』，注引『炎涼』，誤。」

〔二五〕徙帥定州：《宋史》本傳作「徙定州路副都總管」。

〔二六〕遂忤意：《宋史》本傳作「繇是忤帝意」，是。

〔二七〕請以臣所獻地圖：語意未完，《宋史》本傳作「請以臣所獻陳圖付(曹)瑋」，是。

東都事略卷第四十三

列傳二十六

王顯字德明，開封人也。少給事太宗於潛邸。太宗即位，補殿直，累遷東上閤門使，拜宣徽南院使、樞密副使。太宗以其寡學問也，取《軍戒》三篇賜之，曰：「讀此可以免於面牆矣。」淳化二年，罷爲崇信軍節度使、知永興軍，徙延州。

咸平初，改鎮横海，知鎮州。二年，召拜樞密使。三年，授山南東道節度使、同平章事，將定州行營及鎮定、高陽關三路之師，大破契丹於威虜軍，斬首二萬級。徙鎮河陽三城，知永興軍。以疾還京師，卒，年七十六〔一〕。贈中書令，謚曰忠肅。

王繼英，開封祥符人也。少爲刀筆吏，事趙普甚謹。普復相，以補中書直省官。真宗在藩邸，爲前導。及即位，擢引進使。未幾，拜宣徽南院使、知樞密院事。景德中，拜樞密使〔二〕。卒，年六十一〔三〕。贈太尉，謚曰恭懿。

周瑩，瀛州景城人也。父景，左領軍衛上將軍。少給事晉王於潛邸〔四〕，晉王即位，是謂太宗，補殿直，累擢客省使、僉書樞密院、宣徽院諸房公事，與内臣劉承規①對掌其任。咸平初，拜宣徽北院使，遷南院使，知樞密院事，與承規同罷諸房，是後不復置云。

五年，除永清軍節度使。帥天雄，從車駕北巡。真宗以瑩不事事，徙知澶州，改鎮天平。明年，知定州，徙澶州。以疾還京師，卒，年六十六[五]。贈侍中。

瑩在右府，無他謀略。及莅軍旅，畏懦②自全。所歷藩鎮，率無善狀。謚曰忠穆，議者以爲美，改謚曰元惠。

馬知節字子元，開封祥符人也[六]。父全義③，江州防禦使。全義從太祖定天下，有戰功。知節幼孤，太宗召見，授供奉官，賜今名。年十八，監彭州兵，以嚴見憚如老將。又監潭州兵，何承矩爲守，頗以文雅飾吏治，知節慕之，故折節讀書。雍熙間，護博州兵，契丹入寇，王師敗於君子館。知節全城繕甲，儲積芻粟，僚吏不悦其生事也。既而契丹果至，以有備，引去，衆始嘆服。

知定遠軍，時議調河南十三州之民輸餉河北，轉運使樊知古適至軍，道其事，知節曰：「此軍戍少而積粟多，簸其腐，當得什之六七。」知古從之，果獲粟五十萬斛，分給諸屯，遂省河南之役。卒有盗婦人首飾者，護軍止笞遣之。知節曰：「民避外虜，卒能外寇④，此而可恕，何以肅下？」即斬之。知深、慶二州。遷西京作坊使、知

---

①劉承規：原作「劉承珪」，據下文「與承規同罷諸房」及《長編》卷四一改。

②懦：原作「儒」，據覆宋本、四庫本及《長編》卷八七改。

③全義：原作「全乂」，係避太宗名諱改，兹據《宋史》卷二七八《馬全義傳》及《隆平集》卷一〇回改。下同改。

④卒能外寇：四庫本作「反罹内寇」，繆校作「猝遇内寇」。《武經總要》後集卷二載知節語云：「民避外虜而來，反爲内寇所掠。」《事略》删改不當。

梓州。

李順之亂，與王繼恩同討賊。繼恩惡知節抗直不附己，遣守彭州，付以羸兵三百蹂賊。賊十萬衆攻城，知節曰：「死賊手，非壯士也。」力戰，適有兵至者，賊遂潰。太宗聞而嘆曰：「賊盛兵少，知節不易當也。」爲益、漢九州都巡檢使兼益州鈐轄，遷内苑使〔七〕。帳下卒劉旰脅牙兵爲亂，攻破州縣。知節領兵三百，追至蜀州與戰，旰走邛州。知節曰：「賊破邛州，必乘勝劫掠，度江薄我，既息而戰，我軍雖倍，未易敵也。不如迎其弊急擊之，破之必矣。」遂行。次方井，與賊遇，殺旰等無噍類。

咸平初，領登州刺史、知秦州。州嘗質羌酋支屬二十餘人，逾二紀矣。知節曰：「羌亦人耳，豈不懷歸？」悉釋之。羌懷其德，訖終更不犯塞。遷西上閤門使、知益州兼本路轉運使〔八〕。自乾德後，歲漕蜀物，以富人爲送吏，多坐漂失籍其家。知節請以省校代鄉户運舟，而課其漕事，自是蜀人免破産之患。

徙知延州。戎寇至，方上元，遂張燈啓關，宴樂累夕，虜不測，因引去。知鎮州，詔發澶、魏六州糧輸定武。時方内寇，知節曰：「糧之來，資寇也。」止令於舟車所至收之，虜無所得而遁。知節所至，皆以威愛臨下，而事無不濟。徙知定州，拜東上閤門使、樞密都承旨，擢拜僉書樞密院事。

當是時，契丹已盟，中國無爲，大臣方言符瑞，而知節每不然之，嘗言「天下雖安，不可忘戰去兵」之意，以爲戒。進宣徽北院使、樞密副使。時王欽若爲樞密使，知節薄其爲人，遇事敢言，不少自屈。每廷議，得其不直，輒面詆之。欽若寵顧方深，知節愈不爲之下。

大中祥符七年，出爲潁州防禦使、知潞州。天禧初，移知天雄軍，召拜宣徽南院使、知樞密院事。以疾乞罷，除彰德軍留後、知貝州。既而真宗閔其癯瘁，止命歸鎮，而上黨、大名之民，爭來迎之。卒，年六十五〔九〕。贈侍中，謚曰正惠。

知節慨慷，以武力智謀自喜①。又能好書②，賓友儒者③，所與善必一時豪傑。遇事謇謇，未嘗有所顧憚④，而天下⑤至今稱其正直云。

王嗣宗字希阮，汾州人也。擢進士甲科，是歲初置司理參軍，即以嗣宗爲泰州司理參軍〔一〇〕。路沖知州事，嘗以公事忤沖意，沖怒，械繫之。又教郡民之無賴嘗被罪者，訟嗣宗治獄枉濫。朝廷遣使按劾，具得訟者之妄，嗣宗乃得釋。

太宗時，通判睦州，徙汀州〔一一〕。太宗遣武德軍卒察遠方事，嗣宗執而杖之，械送京師，因奏曰：「陛下不委任天下賢俊，而猥信此輩以爲耳目，臣竊爲陛下不取。」太宗大怒，以嗣宗下吏，削秩。會赦，復官，尋以秘書丞通判澶州。入爲三司開拆推官，以左正言充河北轉運副使。改左司諫，入爲度支判官，出知興元府、京西轉運使，移河北。至道初，又移河東。徙知耀州，又知同州，徙淮南轉運使、江浙荆湖發運使。

揚、楚間有窣家神廟，民有疾，不服藥而祀之。嗣宗撤其廟，自是民風稍變。咸平中，以右諫議大夫充鹽鐵使，出知并州。州境有臥龍廟，自⑥窮冬闔境致祭，風雪中，老幼踣於路，嗣宗亟毁之。召拜御史中丞。嗣宗力詆大臣，常厚結王旦之弟，以求知於旦，旦不答，故嗣宗數於上前毁旦，真宗亦優容之。拜耀州觀察使、知永

---

①「自喜」下，繆校有「不敢有一毫顧恤身家之念」十一字。
②「好書」下，繆校有「及吟詠」三字。
③賓友儒者：繆校云「衍『儒者』二字」。
④顧憚：繆校作「避忌趨承」。
⑤「天下」下，繆校有「之士」二字。
⑥自：朱校本作「每」。

興軍。

時种放得告歸山，嗣宗屢造放，不爲放所禮。嗣宗怒，語及其進取，放曰：「不猶愈於角力而中第者乎？」嗣宗試藝講武殿，嘗程力以取甲科，故放及之。嗣宗深憾其言。及至京兆，又間乘醉慢罵嗣宗，嗣宗因其弟姪强市田産興訟，遣人詰責放，條上其不法事。詔問狀，因賜放第於嵩山，令避嗣宗焉。

改知邠州。有靈應公廟，傍有羣狐居之，巫祝假之以惑民，多歷年所，民信重之。前後長吏皆先謁廟，乃敢視事。嗣宗毁其廟，熏其穴，得數十狐，盡殺之，淫祀遂息。徙知鎮州，召拜樞密副使。求罷，除大同軍節度使、知許州，移河南，改感德、静難二鎮，再知許州。平時忿宋白、郭贄、邢昺七十不請老，屢以爲言。及其晚年，疾甚，一上章求退，而猶欲領郡。寇準爲相，惡之，即以爲左屯衛上將軍致仕。頗悒悒不自釋。卒，年七十八〔一二〕。贈侍中，謚曰景莊。

雷有終〔一三〕，同州郃陽人，德驤子也。德驤，太祖時爲殿中侍御史，判大理寺，傾陷趙普，貶靈武者。德驤長子有隣，撾鼓訟堂吏過，普因是罷相。德驤遂復秘書丞，判御史臺三院事，以有隣爲秘書省正字。有隣尋卒。德驤太平興國初爲御史知雜，出爲陜西、河北、淮南轉運使〔一四〕，積遷諫議大夫，入知京朝官考課，遷工部侍郎〔一五〕。趙普再入相，方立班宣制，德驤聞之，手不覺墜笏，上疏乞歸田里。太宗慰勉之曰：「朕終保卿。」聽罷考課。其後有隣子坐内亂得罪，德驤貶感德軍司馬以卒〔一六〕。

有終以父任爲萊蕪尉，發知監劉琪奸臧①而代其任〔一七〕。太宗雅聞其名，召爲大理寺丞。德驤任陜西轉運

①錢校：「劉琪奸贓：舊鈔本作『臧』。此書凡『贓』字俱從《漢書》作『臧』，校者一例剜改從俗，謬。」

使，奏爲解州通判，遂知州事。徙密州，爲淮南轉運副使。王師北征，命爲蔚州路隨軍轉運使。入爲鹽鐵判官、户部度支副使，出知昇州，又知廣州。以女弟婿衛濯訟其家法不謹，坐貶衡州團練副使。起爲鹽鐵、度支副使，領江南、兩浙、荆湖、福建、廣南路茶鹽制置使。使還，知大名府，徙江陵。

李順之亂，爲荆湖夔峽路轉運使、知兵馬事。至廣安軍，夜遇賊衆，有終引奇兵從後擊之。就拜右諫議大夫、知益州。次簡州，寓佛舍，度賊必至，命左右重閉，召土人嚴更備，初夕，間道而去。賊果圍寺，牆壞，止得擊柝者。賊平，移知許州，改并州，加工部侍郎。代還，授户部使。

王均亂，除瀘州①觀察使、知益州兼川峽兩路招安捉賊事。既至而均遁，石普襲至富順監，獲之。賊平，以有終爲保信軍留後。代還，知永興軍，徙秦州。契丹入寇，真宗幸澶淵，有終赴援，威聲甚震。既而契丹修好，命還屯所，就判并州。召拜宣徽北院使。卒，年五十九〔一八〕。

有終險側，喜攻人過。有吏幹，善撫士卒。既卒，贈侍中。

簡夫字太簡，有隣孫也。隱居終南山②，用杜衍薦爲校書郎、秦州觀察推官〔一九〕，通判儀州，歷知坊、閬、雅三州。秩滿，會五谿蠻彭仕義擾邊，詔遣簡夫乘馹以往。簡夫③進築城堡，以據其險，間出兵擾之。仕義恐，遂降。入爲鹽鐵判官，出知虢州，改同州，累遷職方員外郎。卒，年六十四。

①瀘州：原作「廬州」，據《長編》卷四六、《宋史》卷二七八《雷德驤傳》附《有終傳》及舒仁輝《〈東都事略〉與〈宋史〉比較研究》第一九九頁考證「當從《宋史》作『瀘州』」改。

②「終南山」下，繆校有「少喜静僻。及壯，不事世態，厭逐紛囂」十四字。

③「簡夫」下，繆校有「星往其界，嚴戒軍伍，又時」十字。

簡夫在雅州，眉山蘇洵往見之。簡夫謂曰：「子，王佐才也。」薦之於張方平、韓琦、歐陽修，三人者延譽如不及。洵名振京師，蓋自簡夫始云①。

【箋證】

〔一〕卒年七十六：《宋史》卷二六八《王顯傳》：「（景德）三年冬，被病。……明年正月，……至京，信宿卒，年七十六。」《長編》卷六五載「河陽節度使、同平章事王顯卒」於景德四年春正月壬戌。

〔二〕景德中拜樞密使：《宋史》卷二六八《王繼英傳》作「景德初，授樞密使」，《長編》卷五七載「王繼英爲樞密使」在景德元年八月，《事略》「景德中」應作「景德初」。

〔三〕卒年六十一：《宋史》本傳：「（景德）三年卒，年六十一。」《長編》卷六二載「樞密使、檢校太傅王繼英卒」於景德三年二月丁亥。

〔四〕少給事晉王於潛邸：據《隆平集》卷一〇、《宋史》卷二六八《周瑩傳》，「給事晉王」以下敍周瑩事，「少」字前當補「瑩」字。《長編》卷六二載「樞密使、檢校太傅王繼英卒」於景德三年二月丁亥。

〔五〕卒年六十六：《宋史》本傳：「（大中祥符）九年，被疾，求還京師。卒，年六十六。」《長編》卷八七載「天平軍節度使、贈侍中周瑩卒」於大中祥符九年五月庚申。

〔六〕開封祥符人：《宋史》卷二七八《馬全義傳》作「幽州薊人」，而據王安石《檢校太尉贈侍中正惠馬公神道碑》（《臨川先生文集》卷八七）云：「馬氏故扶風人，至公高祖而徙處雲中。」至其父「蔡公從太祖定天下，力戰有功。當是時，雲中已爲契丹所得，故馬

---

①始云：繆校改作「爲之振拔也。其所最好者，《淮南》《莊》《列》《道德》等書。兼嗜吟詠，茗香、筆硯之外，無他長物。亦以能於塵埃中識人，尤爲世所欽服云」四十八字。

氏又徙處浚儀，今開封府祥符也。」《宋史》作「幽州薊人」，似誤。

〔七〕爲益漢九州都巡檢使兼益州鈐轄遷内苑使：《宋史》卷二七八《馬全義傳》附《知節傳》作「授益州鈐轄，加益、漢九州都巡檢使，遷内園使」。而《檢校太尉贈侍中正惠馬公神道碑》云：「除成都府兵馬鈐轄，遷洛苑使。（淳化）五年，除蜀、漢九州都巡檢使，已而又兼成都府兵馬鈐轄。真宗即位，改内苑使。」當以《神道碑》所載爲正。

〔八〕知益州兼本路轉運使：《宋史》本傳同，《檢校太尉贈侍中正惠馬公神道碑》云：「（咸平）四年，就除西上閤門使、知成都府兼本州兵馬鈐轄。」因下言漕運事，似「兼本路轉運使」爲當。考《長編》卷五二載咸平五年八月「癸酉，以知閬州、國子博士黄觀權益州路轉運使」，「仍令知節兼本路轉運使事，如有大事，與黄觀同議」，可證知節知益州兼本路轉運使，《神道碑》漏載「兼本路轉運使」事。

〔九〕卒年六十五：「五」，原作「三」。按《宋史》本傳作「卒年六十五」，《檢校太尉贈侍中正惠馬公神道碑》云「公以（天禧三年）八月壬寅不起矣，享年六十五」，又云「以天禧三年十月戊戌，葬開封祥符縣某鄉某里」，由天禧三年（一〇一九）上推六十五年，知節當生於周世宗顯德二年（九五五），與《馬公神道碑》言「開寶五年，年十八」正相吻合，可證《事略》「年六十三」當爲「年六十五」之誤，據改。

〔一〇〕擢進士甲科是歲初置司理參軍即以嗣宗爲泰州司理參軍：《宋史》卷二八七《王嗣宗傳》：「開寶八年登進士甲科，補秦州司寇參軍。」《隆平集》卷一〇：「開寶八年登進士第甲科，是年初置司寇參軍，即以授嗣宗。」考《宋史》卷三《太祖紀三》載開寶六年七月壬子朔，「詔諸州府置司寇參軍，以進士明經者爲之」，則司寇參軍雖設於開寶六年，次年未開科考，直至八年王嗣宗以進士第一人獲授「秦州司寇參軍」（《長編》卷一六），故《隆平集》言「是年初置司寇參軍，即以授嗣宗」。然言「初置」不確，當言「初授」。《事略》參考《隆平集》及《實録》等史料，未暇詳考，以致三誤：一言「初置」不當，二將「秦州」誤爲「泰州」，三則擅改「司寇」爲「司理」。而「司寇」改名「司理」，乃在距此四年後之太平興國四年十二月（《長編》卷二〇）。

〔一一〕徙汀州：《宋史》本傳作「徙河州」。《長編》卷二二載武德軍卒至汀州爲嗣宗所械繫事，《宋史》「河州」當爲「汀州」之誤。然

《長編》言「知州王嗣宗」，與《事略》《宋史》言「通判」者不合。

〔一二〕卒年七十八：《宋史》本傳：「(天禧)五年卒，年七十八。」《宋會要輯稿》禮四一之五四載「左屯衛上將軍王嗣宗」卒於天禧五年四月。

〔一三〕雷有終：《隆平集》卷一一、《宋史》卷二七八本傳作「雷有終字道成」。

〔一四〕出爲陝西河北淮南轉運使：《宋史》卷二七八《雷德驤傳》載其「充陝西、河北轉運使」，「又命爲兩浙轉運使。其子殿中丞有終亦爲淮南轉運使，父子同日受詔，搢紳榮之」，則「爲淮南轉運使」者乃德驤子有終，《事略》「淮南」當改作「兩浙」。

〔一五〕遷工部侍郎：《宋史》本傳作「遷户部侍郎」。《長編》卷二九載端拱元年二月「趙普再入相，方立班宣制，工部侍郎、同知京朝官考課雷德驤驟聞之，手不覺墜笏」，可證《事略》不誤。

〔一六〕德驤貶感德軍司馬以卒：《宋史》本傳：「(淳化)三年卒，年七十五。」

〔一七〕發知監劉琪奸贓而代其任：「劉琪」，《宋史》卷二七八《雷德驤傳》附《有終傳》及《宋史》卷三《太祖紀三》均作「劉祺」，《隆平集》卷一〇作「劉琪」，羅從彦《遵堯録》一(《豫章文集》卷二)有「萊蕪縣令劉琪爲拾遺」，似可佐證《事略》《隆平集》不誤。

〔一八〕卒年五十九：《宋史》本傳：「(景德)二年七月，暴疾卒，年五十九。」

〔一九〕秦州觀察推官：「劉琪」，《宋史》卷二七八《雷德驤傳》附《簡夫傳》作「秦州觀察判官」。《長編》卷一三五於慶曆二年正月載杜衍薦簡夫事，亦作「秦州觀察判官」，疑《事略》誤。

東都事略卷第四十四

列傳二十七

陳堯叟字唐夫，閬州閬中人也。父省華〔一〕，終左諫議大夫。堯叟舉進士第一，爲光禄寺丞、直史館，遷秘書丞。久之，爲工部員外郎、廣南西路轉運使。其俗有疾不服藥，唯禱神，堯叟以《集驗方》刻石桂州驛舍，自後始有服藥者。嶺外少林木、井泉，堯叟爲植木道傍，鑿井，置亭舍，至今爲利。代還，爲度支判官，遷樞密直學士。咸平四年，拜右諫議大夫、同知樞密院事。王繼英爲樞密使，以堯叟僉書樞密①院事，遷工部侍郎。真宗幸澶淵，命乘傳先赴北砦按視戎事，許以便宜。景德中，與王欽若並知樞密院事兼羣牧使。堯叟究心羣牧馬政，多立條約，公私便之。從祀東封，加尚書左丞。祀汾陰，加户部尚書。與欽若並同平章事，爲樞密使，與欽若同罷。明年，復與欽若爲樞密使。以疾出爲右僕射、知河陽。疾甚，求還京師。卒，年五十七〔二〕。贈侍中，謚曰文忠。堯叟有材用，多智術，久典機密，軍馬之籍皆記之。母馮氏性嚴毅，堯叟事親孝謹，未嘗忤其意焉。弟堯佐、堯咨。

堯佐字希元，舉進士，累遷太常丞，知開封府録事參軍。用理獄有能績，遷府推官。以言事切直，貶通判潮

①樞密：原作「之或」，據朱校本、四庫本及《宋史》卷二八四《陳堯佐傳》附《堯叟傳》改。

州。潮之惡谿，鱷魚食人，不可近，堯佐命捕得，鳴鼓於市，以文告而戮之，鱷魚遂息。又修孔子廟，作韓公祠，潮人始知爲學。於是大臣薦其文學，得直史館。嘗爲兩浙轉運使[三]，錢塘江隄以竹籠石，而潮嚙之，不數歲輒壞而復理。堯佐議實薪土以易之。或言其不可，而丁謂執政，遂徙堯佐京西，又徙河北，又徙河東。其後隄久不成，遂用薪土。河決滑州，捲埽不能定。堯佐乃鑿木如編齒，置於湍流，隨水而下，謂之木龍，遂殺水勢而隄乃成。又護以長隄，郡人謂之「陳公隄」[四]。

天禧三年，編次御試進士，坐誤差其第，貶監鄂州茶場。起知滑州①，徙京西轉運使。入爲三司副使，拜知制誥。遷龍圖閣直學士、知河南府，徙并州，知開封府。堯佐以謂「治煩之術，任威以擊强，盡察以防奸，譬如激水而欲其澄也」，故爲政一以誠信而京師治。拜翰林學士。

天聖七年，除樞密副使。陳詁知祥符縣，以法繩吏，吏悉遁去。章憲明肅皇后怒[五]，事下樞密院②，堯佐以爲：「罪詁則奸人得計，而能吏沮矣。」詁遂獲免。改參知政事。明道三年，罷知永興軍，徙廬州，又徙同州。復知永興軍，又徙鄭州，官至户部侍郎。

吕夷簡請老，仁宗問之曰：「卿果退，以何人代卿？」夷簡曰：「知臣莫若君，惟陛下擇之。」仁宗再三問之，夷簡曰：「陛下欲用經綸之才，臣所不知。必欲圖任老成，鎮撫百度，周知天下之良苦，無如陳堯佐者。」仁宗深然之。景祐四年，召拜同中書門下平章事。堯佐既拜，以唐劉蕡所對策進曰：「天下治亂，自朝廷始。朝廷懲勸，自貴近始。凡蕡之所究言者，皆當今之弊。此臣所欲言，而陛下之所宜行，且臣等職也。」其年冬雷地震，星

①滑州：原作「渭州」，據《長編》卷九六、《宋史》卷二八四《陳堯佐傳》改。《長編》載天禧四年秋十月己丑「以前起居郎、直史館陳堯佐免持服知滑州」，《事略》「起知滑州」正此時也，而「渭」乃「滑」之形誤。

②樞密院：原脱「樞」字，據四庫本及《宋史》本傳補。

象數變，堯佐言：「王隨位在臣上，而病不任事；程琳等位皆在下，乃引漢故事，以災異自責。」明年，諫官韓琦論政事錯繆，以宰相非其人。卒與王隨同罷，拜淮康軍節度使、同平章事、判鄭州。以太子太師致仕，居於鄭，四年而卒〔六〕。臨終，自誌其墓曰：「有宋潁川先生堯佐，字希元，號知餘子。年八十二不爲夭，官一品不爲賤，卿相納禄不爲辱，三者粗可歸息於父母棲神之域矣。」贈司空、侍中，謚曰文惠。

堯佐工爲二韻詩，人多傳之。又有《潮陽編》①《野廬編》《遺興策》《愚丘集》〔七〕。性儉約，不事浮侈。未第時，同父及伯、季訪華山陳摶，摶謂之曰：「三子皆將相。中子，伯、季所不逮也。」卒如其言。

堯咨字嘉謨，舉進士第一，爲將作監丞，通判濟州。代還，直史館，累擢知制誥。殿試進士，與劉幾道於試卷中爲密號，貶單州團練副使。

大中祥符中，復知制誥，出知荆南。遷集賢院學士，又遷龍圖閣直學士、知永興軍。長安地斥鹵，而井泉不可食，堯咨乃疏龍首渠入城，而民甚利之。然其性豪侈，置武庫，建視草堂，開三門，築甬道出入，而又慘於用刑。數以氣陵轉運使樂黄目，黄目不能堪，請徙它路以避之。真宗以其所爲不法，不欲窮治也，止罷學士，徙鄧州，復知制誥。

嘗爲人所傾，其兄堯叟乞示所犯，使知陛下保全之意，因詔切責之，乃引謝。久之，復職，擢知開封府，除翰林學士、龍圖閣學士，换宿州觀察使、知天雄軍。堯咨固辭，因自陳：「以儒臣而易武守，所惜者腰無金魚耳。」仁宗特命佩魚，以示優恩。改武勝軍留後，拜武信軍節度使、知澶州，復知天雄軍。卒，年六十五〔八〕。贈太尉，

①「潮陽編」下，繆校有「十卷」二字；「愚丘集」下，繆校有「各多卷」三字。

謚曰康靖〔九〕。

堯咨善射，知荆南時，母馮氏問曰：「古人居一郡一邑，必有異政。汝典郡，有何治效？」堯咨曰：「荆南當衝要，郊勞宴餞，迨①無虛日，然稍精於射，衆無不服。」馮氏曰：「汝父訓汝以忠孝，俾輔國家。今不務仁政善化，而專卒伍一夫之技，豈汝先人之意邪？」杖而擊之〔一〇〕。著《治本》十六篇、《渚宫》上下編。與兄堯叟、堯佐同時貴顯，本朝最爲盛云。

趙安仁字樂道，河南洛陽人也。生而穎悟，年十三通經傳。舉進士，獻所爲文章，召試翰林，以爲著作佐郎，直集賢院。

真宗即位，拜右正言。真宗巡師於大名，安仁上疏以爲：「當今有急務者三，大要者五。激勵戎臣②，舉勸懲之令；振救邊民，行優恤之惠；車駕還京，重神武之威。此三者，急務也。所謂大要者五，則選將略，持③兵勢，求軍謀，修軍政，愛民力。」真宗嘉之，遷知制誥。

景德初，爲翰林學士，從幸澶淵。契丹請和，命學士各進報書，真宗獨用安仁所撰，亦以其能備記太祖朝書問規式，因獲與聞通好之議。虜使至，首命安仁接伴，其辭見儀制，皆所裁定。虜使姚東之談次，頗矜兵强戰勝。安仁曰：「聞君多識前言，老氏云：『佳兵者不祥之器，聖人不得已而用之。』勝而不美，而美之者是樂殺人，樂殺人者不得志於天下。」東之自是不敢復談。安仁敏於酬酢，切中事機，類如此。時論以爲得體。拜右諫議大

①迨：四庫本作「殆」。
②戎臣：覆宋本、四庫本作「武臣」。
③持：原作「恃」，據繆校及《長編》卷四五、《宋史》卷二八七《趙安仁傳》改。

夫、參知政事。

大中祥符初，議封禪，與王欽若並爲泰山經度制置使、判兗州。禮成，拜工部侍郎。五年罷。知禮儀院，兼宗正卿，請依唐故事置修玉牒官，奏以劉筠、楊億、夏竦、宋綬爲之。又爲《仙源積慶圖》，皆統類精簡。遷尚書右丞，改御史中丞。請給御寶印歷，書①三院御史彈糾事。又請修國朝六典，並從之。卒，年六十〔一〕。贈吏部尚書，謚曰文定。

安仁善議論，好誘後進，學士大夫以清德宗之。有同學宋元輿者，篤學而早卒，安仁力周其後。善訓諸子，各授以一經。居宗族以雍睦稱，雖家人未嘗見其喜慍。操履純正，外晦内明，寬恕謙退，無事浮飾，有所獻納，必焚藁②。致身貴顯，無改儉素③。尤練典故，近世衣冠人物制度，悉能記之。子良規、尚寬。尚寬，見《循吏傳》〔一二〕。

良規字元甫。以安仁奏爲秘書省正字。宰相張知白舉其才，召試集賢校理，稍遷太常博士兼宗正丞。良規得禄賜，多所分贍，餘則盡之於酒。子君錫甚孝，以良規老而酒色不節棄官，出入臥起隨之。良規積官至工部侍郎。卒，年六十八。

君錫字無愧，以父任爲將作監主簿，復舉進士。司馬光編《歷代君臣事迹》，辟君錫同修。會丁父憂，服除，累遷宗正丞、同知太常禮院。時近臣有請祀英宗於明堂，配昊天上帝及五帝，君錫與禮官建言以爲非是，請專配

①書：原脱，據《宋史》本傳及舒仁輝《〈東都事略〉與〈宋史〉比較研究》第二〇一頁考訂補。
②必焚藁：繆校作「上必然其策故」。
③無改儉素：繆校作「無少拂抑」。

上帝，以稱嚴父之意，詔如君錫議。遷開封府推官。

元祐初，自太常少卿擢給事中。蔡確復觀文殿學士，章惇復資政殿學士，君錫奏駮論其姦惡，命①遂格。移刑部侍郎，改吏部，除天章閣待制、樞密都承旨，拜御史中丞。於是諫官鄭雍、姚勔謂君錫風節不立，君錫遂請外，除天章閣待制、知鄭州。紹聖初，提舉明道宮。時方例廢元祐舊人，君錫坐落職，分司南京。卒，年七十二[一三]。

陳彭年字永年，撫州南城人也[一四]。幼好學，母惟一子，愛之，禁其夜讀書。彭年置燈密室，晝夜忘倦。嘗師事徐鉉，爲文喜嘲詠，不爲宋白所善。白屢知貢舉，屢出之，卒以進士中第，調江陵府司理參軍。

真宗時，嘗知金州，上疏曰：「夫事有雖小而可以建大功，理有雖近而可以爲遠計。臣請言之，其事有五：一曰置諫官，二曰擇法吏，三曰簡格令，四曰省冗官，五曰行公舉。此五者，實經世之要道，致治之坦塗也。」代還，直史館，修起居注。遷右正言、龍圖閣待制。大中祥符中，改龍圖閣直學士，遷右諫議大夫。召入翰林爲學士，兼龍圖閣直學士、修國史。

彭年嘗謁王旦，旦辭不見。翌日，見向敏中，敏中以彭年所上文字示旦。旦瞑目不一覽，謂敏中曰：「是不過興建符瑞，圖進取耳。」九年，拜刑部侍郎、參知政事，進兵部侍郎。卒於位[一五]，年五十七。贈右僕射，謚曰文僖。

彭年在祥符間附王欽若、丁謂，朝廷典禮，無不參與，凡儀制沿革、刑名之學，皆所詳練。雖談笑間，屬辭不廢。當時制度，雖前世所未有，必推引依據以成就之。時政大小，日有諮訪，應答該辨，一無凝滯。真宗眷遇尤

①惡命：繆校作「邪詔」。

厚。資性敏給，博聞强記。應舉時，京師賜酺，與同學出游，自東華門至闕前，已成一賦。其後雖處通顯，奉養無異貧約時。所得奉，唯市書籍。幼而篤學，老亦不倦。左右給使之人，有彌年不知其姓名者。所著《文集》百卷、《唐紀》四十卷。

任中正字慶之，曹州濟陰人也。少舉進士，爲池州推官。遷大理評事，通判邵州，改濮州。翰林學士錢若水嘗薦其才，遷著作佐郎，通判大名府，遷江南轉運副使。

真宗即位，擢監察御史，徙兩浙轉運使。民飢，中正發官廩以振之。代還，知并州，累遷兵部員外郎、直史館、河北轉運使，拜樞密直學士、知益州，代張詠。在郡五載，遵詠條教，人用便之。又知并州，權知開封府，拜工部侍郎、樞密副使，改同知院事，又改副使，進兵部侍郎、參知政事。

仁宗爲皇太子，以尚書左丞兼賓客[一六]。仁宗即位，遷兵部尚書。中正與丁謂善，謂敗，中正力營救之。謂既竄，而中正亦降太子賓客、知鄆州，徙曹州。復禮部尚書，丁母憂，哀毁而卒，年六十六。贈左僕射[一七]，謚曰康懿。

中正沉厚，以孝稱於鄉里。事親敬，衣服簡質，而飲食極於豐美。弟中師。

中師字祖聖，舉進士，積官至殿中丞。張知白薦其才，拜右正言。丁謂敗，坐兄累降太常博士，監宿州酒税。復通判應天府，累擢右諫議大夫，以樞密直學士知益州。先是，轉運使急於課利税及薪芻、蔬①果之屬，中師奏

①蔬：原作「疏」，據四庫本及《宋史》卷二八八《任中正傳》附《中師傳》改。

燭之。

慶曆初，任布守河陽，數上書論事，仁宗欲用之。中師素見知於呂夷簡，謂中師才不在布下，遂並召爲樞密副使。以禮部侍郎、資政殿學士知永興軍，徙陳州。上書自言：「老臣家曹州，願守鄉郡，以營休老之計。」仁宗許之。逾月，請老，以太子少傅致仕。卒，年七十七。贈太子太保〔一八〕，謚曰安惠。

中師性樂易，家素饒財①。雖處通顯，自奉甚約②。仁宗數賜飛白書，及歸休於里中，建御書閣，鄉人榮之。

周起字萬卿，淄州鄒平人也。母得吉夢而生起，父異之，謂其必大其門，因名之曰起。舉進士，爲將作監丞，通判齊州。召還，直史館，累擢知制誥。

真宗東封，還自泰山，羣臣多獻文章以頌德，起獨上書言：「天下之勢，常患恬於安逸，而忽於兢業，願陛下毋以告成爲恃。」真宗嘉之。起素患貢舉之弊，因建議糊名以革之，至今爲著令。遷樞密直學士、知開封府。聽斷明審，廷無留事。以真宗判南牙聽事之所爲繼照堂，自是無敢居者。

仁宗初降誕，起方奏事，真宗謂曰：「知朕有喜乎？」起曰：「臣不知也。」真宗曰：「朕始生子。」即入禁中，懷出金錢賜起。出知河中府，又知永興，移天雄軍，以右諫議大夫知并州，遂拜給事中、同知樞密院事，既而又以爲禮部侍郎、樞密副使。

真宗得疾，幾不悟。丁謂用事，逐去寇準，而以起爲黨，罷爲户部侍郎、知青州〔一九〕。又降太常少卿、知光州。

①「饒財」下，繆校有「三、四歲時，家人衣以綺麗之服，務撤去乃喜。六、七歲時，父兄口教以詩歌，過耳即能其長。凡有既誦，過目輒不忘。當出仕，比歸林下」一節。

②「甚約」下，繆校有「散步不乘車，非燕客不兼味」十一字。

仁宗即位，稍遷秘書監、知杭州，又知揚州〔二〇〕。謂得罪，復禮部侍郎，留守南京。以疾請知潁州，自潁徙陳，自陳徙汝。卒，年五十八〔二一〕。贈禮部尚書，謚曰安惠。

【箋證】

〔一〕父省華：《宋史》卷二八四《陳堯佐傳》附其父《省華傳》。

〔二〕卒年五十七：《宋史》卷二八四《陳堯佐傳》附《堯叟傳》：「天禧初，病亟……卒，年五十七。」《長編》卷八九載「右僕射陳堯叟卒」於天禧元年四月庚辰。

〔三〕嘗爲兩浙轉運使：《宋史》卷二八四《陳堯佐傳》作「後爲兩浙轉運副使」，《長編》卷七三大中祥符三年四月載「兩浙轉運使陳堯佐」。

〔四〕「河決滑州」至「郡人謂之陳公隄」：《宋史》本傳繫此於「天禧中，河決，起知滑州」後，《長編》卷九六詳載於天禧四年秋十月己丑起知滑州後。《事略》蓋因築錢江堤事而並載於此，而罔顧先後次序。

〔五〕章憲明肅皇后：《宋史》本傳但稱「太后」，《隆平集》卷五稱「章獻太后」。時在天聖七年以後當稱「太后」，而贈謚「章獻」乃在慶曆四年。《事略》於此既不當稱「皇后」，也不當稱「章獻」，且誤「章獻」爲「章憲」，頗失史家嚴謹之風。

〔六〕四年而卒：《長編》卷一五二載「司空兼侍中、謚文惠陳堯佐卒」於慶曆四年十月辛卯。

〔七〕遺興策：《隆平集》卷五同作「《遺興策》」，《宋史》本傳作「《遺興集》」。

〔八〕卒年六十五：《宋會要輯稿》禮四一之五二載「武信軍節度使陳堯咨」卒於景祐元年三月。

〔九〕謚曰康靖：《宋史》卷二八四《陳堯佐傳》附《堯咨傳》作「謚曰康靖」，《宋會要輯稿》禮五八之一〇五載「武信軍節度使陳堯咨，謚康肅」，《事略》誤。

〔一〇〕杖而擊之：汪琬《東都事略跋》卷上：「《傳》中『堯咨善射，知荆南時，母馮問之』云云。按《湘山野録》，真宗欲擇臣僚伴契丹使，射意在康肅。上謂晏元獻曰：『陳某若肯换武，當授以節戉，卿可語之。』晏以語康肅，時太夫人在堂，性嚴毅，康肅遂曰：『當白老母，不敢自擅。』既白太夫人，命杖撻之，曰：『女策名第一，父子以文章立朝爲名臣，女欲叨竊厚禄，貽羞於閥閲，可乎？』因而無報。蓋盛世閨房之中，猶知右文如此。」

〔一一〕卒年六十：《隆平集》卷六作「卒，年六十」。《宋史》卷二八七《趙安仁傳》：「天禧二年，改御史中丞。請給御寶印歷，書三院御史彈糾事。五月，暴疾卒，年六十一。」《長編》卷九二載「御史中丞、尚書右丞兼宗正卿、贈吏部尚書、謚文定趙安仁卒」於天禧二年五月己卯。

〔一二〕尚寛見循吏傳：《趙尚寛傳》，見本書卷一一二。

〔一三〕卒年七十二：《宋史》卷二八七《趙安仁傳》附《君錫傳》：「紹聖中，貶少府少監，分司南京。卒，年七十二。」《長編》卷九二載「少府少監、分司南京趙君錫卒」於元符二年二月乙未。

〔一四〕撫州南城人：《隆平集》卷六作「建昌軍人」。

〔一五〕卒於位：《宋史》卷二八七《陳彭年傳》：「（天禧元年）二月卒，年五十七。」卷八《真宗紀三》載其卒於天禧元年二月己亥。

〔一六〕以尚書左丞兼賓客：《宋史》卷二八八《任中正傳》作「以右丞兼賓客」。《長編》卷九六天禧四年十一月甲子條載「任中正加右丞，錢惟演加兵部侍郎，並兼賓客」。

〔一七〕哀毁而卒年六十六贈左僕射：《長編》卷一〇四載「前禮部尚書、贈右僕射、謚康懿任中正卒」於天聖四年八月戊寅。《宋史》本傳及《事略》並言「贈左僕射」，與《長編》異，而《宋會要輯稿》儀制一一之四載「禮部尚書任中正」於天聖四年八月「贈左僕射」。

〔一八〕卒年七十七贈太子太保：《長編》卷一六八皇祐二年七月壬寅條載：「曹州言太子少師致仕任中師卒，贈太子太保，謚安惠。」《宋史》卷二八八《任中正傳》附《中師傳》與《事略》並言「以太子少傅致仕」，《宋史》本傳又言「贈太子太傅」，與《長編》異。《宋會要輯稿》禮四一之四六載中師皇祐二年七月以太子少師致仕，禮五八之九六載「太子少師致仕任中師謚安惠」，可證《長編》

所載不誤。

〔一九〕罷爲户部侍郎、知青州：《宋史》卷二八八《周起傳》作「罷爲户部郎中、知青州」。《長編》卷九六天禧四年九月己未條載「以樞密副使周起爲户部侍郎、知青州」，《宋史》蓋誤。

〔二〇〕稍遷秘書監知杭州又知揚州：《宋史》本傳作「稍遷秘書監，徙揚、杭二州」。《長編》卷一〇〇天聖元年二月丁巳條載「太常少卿、知光州周起爲秘書監、知揚州」，可知《事略》載徙知揚、杭二州次序有誤。

〔二一〕卒年五十八：《長編》卷一〇六載「贈禮部尚書、謚安惠周起卒」於天聖六年五月辛亥。

東都事略卷第四十五

列傳二十八

張詠字復之，濮州鄄城人也。舉進士，知崇陽縣，又知浚儀縣。稍遷太常博士，爲荆湖北路轉運使。入覲，除虞部郎中，授樞密直學士，同知銀臺封駁司。

張永德爲并州帥，有小校犯法，笞之至死，詔按其罪。詠封還詔書，且言：「陛下方委永德邊任，若以一部校故摧辱主帥，臣恐下陵上自此始。」太宗不從。未幾，果有營卒脅訴軍校者。詠復引前事爲言，太宗乃改容勞之。

出知成都府，時李順亂後，寇掠之際，民多脅從。詠移文諭以朝廷恩信，使各歸田里。詠曰：「前日李順脅民爲賊，今日吾化賊爲民，不亦可乎？」後廣武卒劉旰謀作亂，掠懷安，破漢州，及永康軍。蜀州招安使上官正頓師不進，詠以言激正，勉其親行，仍盛爲供帳餞之。酒酣，舉爵謂將校曰：「爾曹受國厚恩，此行當直抵寇壘，平蕩醜類。若曠日持久，此地即爾死所矣。」正懼，由是遂取勝。

時民間訛言，有白頭翁午後食人男女，郡縣譊譊，至暮路無行人。既而得倡爲訛言者，戮之於市，即日怗然。詠曰：「妖訛之興，沴氣乘之，妖則有形，訛則有聲。止訛之術，在乎識斷，不在乎厭勝。」其爲政恩威並用，蜀民畏而愛之。

初，蜀士知向學而不樂仕宦，詠察郡人張及、李畋、張逵者皆有學行，爲鄉里所服，遂延奬加禮，敦勉就舉，而三人者悉登科，於是蜀之學者知勸，文風日振。詠在蜀，采訪民間事，悉得其實。嘗曰：「詢君子得君子，詢小人得小人，各就其黨詢之，則事無不審矣。」

入拜給事中，爲御史中丞，以工部侍郎出知杭州。遇歲歉，民私鬻鹽者輒寛之，使獲安濟。有與其姊婿訟家財者，壻言：「婦翁疾篤，子纔三歲，遺書明言異日資産以什之三付子，餘七與壻。」詠曰：「汝婦翁智人也，以子幼托汝。苟以七與子，則子死汝手矣。」命以七給其子，餘三給壻，時皆服其明決。

知永興軍，真宗以詠在蜀治行優異，復命知益州，仍加①刑部侍郎。真宗遣使傳諭曰：「得卿治蜀，朕無西顧憂。」歸朝，求知潁州，真宗乃命知昇州。州率火災，詠廉知民之不逞者爲之，懲以峻刑，其患遂息。轉工部尚書，進禮部。

詠自金陵造朝，以腦瘍未見，詠恨不得面陳所懷，乃抗論言：「近年虚國家帑藏，竭生民膏血，以奉無用之土木者，皆賊臣丁謂、王欽若啓上侈心之所爲也，不誅死無以謝天下。」章三上，出知陳州。

初，詠與青州傅霖少同學，霖隱不仕。詠既中第，致位光顯，散遣親密，四方求霖者三十年不可得。詠守陳，一日霖來謁，閽吏走白詠。詠責吏曰：「傅先生天下賢士，吾尚不得而友，汝何人，敢姓名乎？」霖笑曰：「别子一世尚爾邪，是豈知世間有傅霖者乎？」詠且問：「昔何隱，今何出？」霖曰：「子將去矣，來報子爾。」詠曰：「詠亦自知之。」霖曰：「知復何言？」翌日而去。後一月而詠卒，年七十。贈右僕射〔二〕，謚曰忠定。

詠剛方尚氣，嘗有士人游宦遠郡，不能制其僕，詠假以出郊，斷其首而還。又有小吏忤詠，械其頸，吏恚曰：「吏罪不至斬。」詠怒其悖，即斬之。少學擊劍，好爲大言，喜事奇節，嘗謂其友人曰：「張詠幸生明時，言《典》《墳》以自律。不爾，則爲何人邪？則爲何人邪？」故其言曰：「事君者，廉不言貧，勤不言苦，忠不言己效，公不

①加：原作「仰」，據覆宋本、四庫本改。

言己能，斯可以事君矣。」詠卞急，不喜人拜，有拜之者則連①拜不已，或倨坐忿罵。嘗自號「乖崖公」，以爲乖則違衆，崖不利物云。

馬亮字叔明，其先茂陵人也。自其祖韜徙居廬州，遂爲合淝人。舉進士，久除外官。亮有治劇才，太宗初置提點刑獄官，亮領福建，治獄察冤，多所全活，就除知福州。蘇易簡薦其才，召還，同提點三司。久之，出知饒州。州豪白氏多持吏短長，嘗殺人，會赦得原，益横甚。亮發其姦而誅之，郡中肅然。改殿中侍御史。

真宗即位，亮言：「陛下初即政，軍賜宜速，而所在不時給，請遣使分督之。又州郡②逋負至多，赦書雖爲蠲除，而有司趣責如故，非所以宣布恩澤也。國朝故事，以親王尹開封，地勢尊重，疑隙易生，非保親全愛之道。契丹仍歲内寇，河朔蕭③然，請修好以息邊民。」凡四事，後皆施用之。

咸平初，命往京西、河東二道放積欠，奏除者數百萬。使還，拜三司磨勘司。王均反，以爲西川轉運使〔二〕。賊平，主將誅戮不已，亮救免者千數。及械送詿誤者僅九十人至京師〔三〕，知樞密院周瑩欲盡誅之，亮言：「脅從者衆，此特百之一二，若不貸之，恐益危懼，貽朝廷憂。」從之。加直史館，復還部，奏除廢井鹽逋二百餘萬。代還，知潭州。

久之，入爲御史中丞，請父祖未葬者不許析居，以厚風教。明年，以兵部侍郎知廬州，徙江寧府。告老，以太子少傅致仕〔四〕。卒，年七十三。贈右僕射，謚忠肅。

①連：原作「速」，據四庫本及《宋史》卷二九三《張詠傳》改。
②郡：朱校本作「縣」。
③蕭：原作「肅」，據覆宋本、四庫本及《宋史》本傳改。錢校：「河朔蕭然：舊鈔本作『肅』，恐是宋本原誤。」

薛映字景陽，唐中書令元超八世孫也，後徙居於蜀。父允中，仕孟氏爲給事中。還朝，爲都官郎中。映舉進士，爲大理評事，通判綿州。稍遷殿中丞，爲監察御史，知開封縣。太宗召對，顧謂左右曰：「薛映賢士也。」除江南轉運使。遷直史館，爲京東、河東轉運使。請郡，知相州。

真宗即位，以吏部員外郎復爲京東轉運使，遷禮部郎中、知制誥。景德初，以右諫議大夫知杭州①。映臨政敏鋭，庭無留事。居五年，入知通進銀臺司。真宗東封，爲東京留守判官。遷給事中，出知河南府。以樞密直學士知昇州，徙揚州。進刑部侍郎，建言：「昇州官有牛賦[五]，民出租，牛死，租不得蠲。」真宗覽奏，矍然曰：「有是哉？此豈朝廷所知邪？」悉蠲之。

天禧初，知并州。入判集賢院，改尚書右丞，知永興軍。拜工部尚書、御史中丞，加禮部尚書，又遷刑部，爲集賢院學士、知曹州。頃之，分司南京。卒，年七十四[六]。贈右僕射，謚曰文恭。

映好學該博，典藩府，其治嚴明，吏不能欺。每五鼓冠帶，邌明據按②決事，寒暑無一日異云。

凌策字子奇，宣州人也[七]。世給事州縣。策幼孤，獨勵志好學。舉進士，起家爲廣安軍判官。换西川節度推官，又僉書兩使判官。代還，通判定州。李順之亂，朝廷擇官於川、峽，策自陳嘗三莅蜀矣，雖遠不敢憚，乃命知蜀州。徙綿州，又知揚州。王旦言策莅事强濟，乃以爲江南轉運使。召拜右諫議大夫、集賢院學士、知益州。

①杭州：原作「杬州」，據四庫本及《宋史》卷三〇五《薛映傳》改。
②按：四庫本及《宋史》本傳作「案」。

初，策登第，夢人以六印加劍遺之，其後官劍外者凡六，人以爲異。策處事精審，所至有治迹。入知通進銀臺司，真宗嘗言：「策有才用，治蜀敏而有斷。」拜給事中、御史中丞，以疾罷爲工部侍郎。卒，年六十二〔八〕。

李及字幼幾，鄭州人也〔九〕。舉進士，寇準薦其才，擢知興化軍，通判曹州。州有趙諫者，素交通權貴而持郡短長，縱爲姦利。及既受命，而諫適至京師，求見及，及拒之，乃慢駡而去，因誣及嘗訕毀朝政。會有上書發諫事者，命轉運使與及察其狀。盡疏前後所爲以聞，下御史鞫之，斬於都市，及由是知名。

稍遷至户部副使，出爲淮南轉運使，改知秦州。議者以及謹厚，非守邊之才也。及至秦州，州之將吏亦頗易之。會有禁卒白晝掣婦人釵金於市，吏執以聞。及方坐觀書，召之使前，略加詰問，其人服罪。及亟命斬之，復觀書如故，於是將吏皆驚服。

遷樞密直學士，入判吏部銓，出知杭州。於時内侍江德元居中用事，其弟德明奉使過杭，及待之薄。僚佐驚曰：「江使者兄弟，榮枯大臣如反掌耳。今公不加禮待之，公雖不求福，獨不畏其爲禍乎？」及曰：「待之如是足矣。」既而德明謂僚佐曰：「李公春秋高，何不求閒郡以自處，而居杭繁劇之地邪？」僚佐走語及曰：「果然，江使者之言可懼也。」及笑曰：「及老矣，誠得閒郡以自逸，庸何傷？」既而德明亦不能傷也，時人重其操守。

及資性清介，治尚簡嚴，喜慰薦下吏，而樂道人之善。忌杭風俗輕靡，未嘗事宴游。一日微雪，遽出郊，衆謂當命賓朋爲高會①，乃獨造林逋，清談至暮而歸。在杭未嘗市物，惟置白樂天一集而已。徙知應天府，遷工部侍郎、知鄆州。又徙河南，召拜御史中丞。卒，年七十〔一〇〕。贈禮部尚書，謚曰恭惠。

①「爲高會」上，繆校有「置酒」二字。

臣稱曰：治民之術，貴乎剛柔適中而已矣。剛則民怨而不服，柔則民肆而難制。剛足以制其肆而不起其怨，柔足以收其怨而不致於肆者，自非因時乘理之君子，其何以能之哉？以詠之明決，亮之開濟，映之果敢，策之敏鋭，及之沉毅，施於有政，號爲稱職，而皆得剛柔之中，有益於治。求諸漢世，其韓延壽、尹翁歸之流近之矣。

【箋證】

〔一〕贈右僕射：《長編》卷八五大中祥符八年八月癸未載「陳州言知州、樞密直學士、禮部尚書張詠卒，贈左僕射，謚忠定」，《宋會要輯稿》禮四一之四七載張詠卒於大中祥符八年七月，儀制一一之四載八年八月「贈左僕射」，《宋史》卷二九三《張詠傳》亦作「贈左僕射」，《事略》與《隆平集》卷一三作「右僕射」，蓋誤。

〔二〕以爲西川轉運使：《宋史》卷二九八《馬亮傳》作「以爲西川轉運副使」，《隆平集》卷一四作「除西川轉運副使，改使」，晏殊《馬忠肅公亮墓誌銘》（《名臣碑傳琬琰集》中卷一）云：「（咸平）三年春，益部挻災，寅車致討，授西川轉運副使。法坐臨遣，聖顔彌渥，事有利病，悉從便宜，逍正使名，以隆朝任。」則是初授副使，旋改使，故《長編》卷四七、卷四八僅載馬亮爲西川轉運使。《宋史》當漏書改轉運使事。

〔三〕及械送詿誤者僅九十人至京師：「九十人」，《宋史》本傳作「八九十人」，是。《馬忠肅公亮墓誌銘》云「會送賊中僞署八十餘人至者」。

〔四〕以太子少傅致仕：《隆平集》卷一四作「以太子太保致仕」，《宋史》本傳作「以太子少保致仕」。《長編》卷一一〇載「太子少保致仕、贈右僕射馬亮卒」於天聖九年八月丁丑，《馬忠肅公亮墓誌銘》云「乃授太子少保致仕」，並載其卒於天聖「九年孟秋之辛酉也，享年七十有三」。可見《事略》與《隆平集》並誤，《長編》所載卒日，或爲聞訃日期。

〔五〕建言昇州官有牛賦：《宋史》卷三〇五《薛映傳》繫此奏於知昇州時，較合理。《長編》卷七八繫此奏於大中祥符五年八月「映至昇州」時，注云：「據《實録》，蠲牛税在九年十月癸未，時映已罷歸。今並書於此。」則《事略》蓋據《實録》書此。

〔六〕卒年七十四：《宋會要輯稿》禮四一之四八載「刑部尚書、分司南京薛映」卒於「天聖二年七月」。

〔七〕宣州人：《宋史》卷三〇七《凌策傳》作「宣州涇人」，是。

〔八〕卒年六十二：《宋史》本傳：「天禧二年三月卒，年六十二。」

〔九〕鄭州人：《宋史》卷二九八《李及傳》：「其先范陽人，後徙鄭州。」

〔一〇〕卒年七十：《長編》卷一〇六載李及卒於天聖六年八月。

東都事略卷第四十六

列傳二十九

邢昺字叔明，曹州濟陰人也。應九經[一]，廷①試日，召至外殿講《師》《比》二卦，又取其羣經發題。太宗嘉其精博，擢上第，授大理評事，知泰州鹽城監。召爲國子監丞，專講學之任。出知儀州，代還，爲諸王府侍講。

真宗即位，遷司勳郎中，知審刑院，改右諫議大夫、國子祭酒。真宗始置翰林侍讀學士，首以命昺。詔令與杜鎬、孫奭等校定《周禮》《儀禮》②《公羊》《穀梁春秋》《論語》《爾雅義疏》。初置講論之職，即於便坐令昺講《左氏春秋》。昺侍真宗，嘗講説《孝經》《禮記》者二、《論語》者十、《書》十三、《易》二、《詩》《左氏》各一，據傳疏敷引之③，多及時事爲喻，真宗甚嘉獎之。遷工部侍郎兼祭酒。四年，以疾拜工部尚書、知曹州。

真宗東封，進禮部尚書。昺曉播殖，尤悉民事。真宗每雨雪不時，憂形於色，昺因進《耒耜歲占》三卷，皆田父歲月於畎畝間，揣占得雨澤豐凶之兆，無不稽驗。又言：「民之災患，大者有四：一曰人疫，二曰旱，三曰水，四曰牛瘴[二]。必歲有其一，但或輕或重耳。四事之害，旱暵爲甚也。」真宗然之。

真宗晚年，多召於禁寢，從容延對。忽一日見昺衰甚，即掩袂泫然曰：「宮邸舊僚，淪謝殆盡，存者惟卿

①廷：原作「庭」，據四庫本及《隆平集》卷一三、《宋史》卷四三一《邢昺傳》改。
②儀禮：原作「儀注」，據四庫本、繆校及《宋史》本傳改。
③之：繆校云「衍『之』字」。

爾。」昺既病，將易簀，真宗臨問。昺拖紳整巾，歷敍遭遇，真宗爲之流涕。卒，年七十九〔三〕。真宗臨其喪哭之，舊制，非宗室將相，無省疾臨喪者，蓋優禮也。贈左僕射。

杜鎬字文周，常州無錫人也。少好學，初應舉，將試，有鼠銜《孝經疏》置榻前。鎬怪之，取以熟誦，果試題出其中，遂與選。鎬既博學，又有記問，兄爲法官，有毀其父之畫象爲近親所訟，疑不能決，鎬曰：「僧、道毀佛、老象，此可比也。」兄從之，衆服其審。南唐時，舉明經，爲集賢校理。

江南平，授千乘簿，改國子監丞、崇文院檢討。將南郊，彗星見，宰相趙普問鎬。鎬曰：「當祭而日食，猶廢祭，况彗見如此乎？」普言於太祖而罷其禮。翌日，遷著作佐郎，累遷虞部員外郎。太宗問：「西漢賜予多用黄金，而近代不能，何也？」鎬曰：「當漢時，佛事未興，故金甚賤。」太宗以爲然。

真宗即位，有司舉故事，上巳金明池習水戰，真宗以太宗忌月問鎬。鎬據唐憲宗朝奏議「禮有忌日，無忌月」，遂從之。景德初，置龍圖閣待制，首以鎬爲之。真宗幸澶淵，凱旋，遇懿德皇后忌日，疑軍中鼓吹，馳騎問鎬。鎬對曰：「武王載木主伐紂，前歌後舞，可據也。」王欽若勸真宗爲祥瑞以鎮服四夷，真宗疑焉，因問鎬：「河出圖，洛出書，果何事？」鎬遽對曰：「此聖人以神道設教耳。」真宗意遂決。議者謂祥瑞事啓自欽若，而成於鎬云。

真宗凡得古器異書，必詢之，皆能究其本末。令人檢閲，必其事在某書幾紙幾行，未嘗少忘。鎬雖春秋高，四鼓起誦《春秋》，遲明已數卷，日以爲常。久之，除龍圖閣直學士，積官至禮部侍郎。卒，年七十六〔四〕。子渥，孫杞。

杞字偉長，以鎬蔭補將作監主簿[五]，累遷太子中允，知建陽縣，除無名租萬計。閩人有老而生子者，父兄以其分貲，多不養之。杞上書立保伍以相伺察，由是稍絶其弊。性豪邁，遇事敢爲。稍遷至度支判官、虞部員外郎、京西轉運使。

廣西歐希範誘白崖山酋豪蒙趕反。希範，環州人也，嘗舉進士，應募討安化州蠻，因求録用。事下宜州，知宜州馮伸己言其妄，遂送全州編管。既而遁歸，與其族百餘人謀舉兵，殺伸己以叛。乃殺牛建壇場，祭天神，推蒙趕爲帝，而自爲神武定①國令公，破環州以攻桂管。

朝廷授杞刑部員外郎、直集賢院，爲廣西路轉運安撫使。杞至宜州，得州人吴香及獄囚區世宏往説其酋豪。杞乘其怠而擊之，攻破白崖等砦及其五峒，斬首千餘級[六]。復環州，焚其山林積聚。蒙趕等大恐，隨香出降，獨希範走荔波峒②。杞曰：「蠻依險阻，如捕猩猱，而吾兵苦暑難久，是進退遲速皆不可爲，故當務捐厚利以招之。蓋威不足以制，則恩不能以懷，此其所以數叛也。今吾兵雖幸勝，然蠻特叛而來③矣，豈真降者邪？若啖以利，後必復動。」乃給牛酒，爲大會環州，戮之坐中者凡六百餘人[七]。後三日，兵破荔波峒，擒希範至，並戮而醢之，以醢賜諸溪洞。於是御史梅摯言杞殺降，仁宗置而不問。徙兩浙路轉運使。

明年，徙河北。頃之，擢天章閣待制、知慶州。蕃酋孟香率千餘衆内附，夏人以兵索香，因劫邊户，掠馬牛。有詔責杞還之，杞言：「彼違誓舉兵，香不可與。」因移檄夏人，不償所掠，則香亦不可得。既而兵亦解去。未

①定：原作「帝」，據《隆平集》卷二〇、《長編》卷一四六、《太平治迹統類》卷九、《宋史》卷四九五《蠻夷傳》改。

②荔波峒：原作「荔枝峒」，據舒仁輝《〈東都事略〉與〈宋史〉比較研究》第二〇三頁及歐陽修《兵部員外郎天章閣待制杜公墓誌銘》（《歐陽文忠公集》卷三〇）、《隆平集》卷一三、《宋史》卷三〇〇《杜杞傳》改。下「荔波峒」同改。

③來：繆校作「束手」。叛：《兵部員外郎天章閣待制杜公墓誌銘》作「敗」，是。

幾，杞卒〔八〕。

杞博覽强記，通陰陽術，自推其數曰：「吾年四十六死矣。」卒如其言。

晁迥字明遠，澶州清豐人也。自其父佺①，始徙家彭門。迥少從學於王禹偁，舉進士，爲大理評事，稍遷太常丞。真宗在東宮，諭德楊礪稱其學行。及即位，宰相呂端、李沆又薦之，擢右正言、直史館。呂蒙正舉應賢良方正科，以迥方爲諫官，乃報罷。召試翰林，遷右司諫，擢知制誥。

雍王元份留守京師，除右諫議大夫，爲判官，遷翰林學士，同修國史，進承旨②。時朝廷方修禮文之事，每下詔，多出迥手。請解禁林，以爲工部尚書、集賢院學士，判西京留司御史臺。遷禮部尚書，以太子少保致仕。召燕太清樓，仁宗寵遇甚渥。其子宗慤知制誥③，亦與，人以爲榮。進太子少傅，召對延和殿，仁宗問《洪範》雨暘④之應，對曰：「比年災變仍發，此天所以警陛下。願陛下修飭王事，以當天心，庶幾轉亂而爲祥也。」迥感疾，絶人事，屏醫藥，具冠服而卒，年八十四〔九〕。贈太子太保，謚曰文元。

迥善吐納養生之術，通釋、老書，以經史傳致精意，爲一家之説。性樂易純固，服道甚篤，歷官臨事，未嘗挾情害人，真宗稱迥爲好學長者。楊億嘗謂：「迥所作書命無過褒，而得代言之體。」平生不喜術數之説，而術者嘗以三命語之。迥曰：「自然之分，天命也；樂天不憂，知命也；推理安常，委命也。何必逆計未然乎？」所

①佺：原作「儉」，據《宋史》卷三〇五《晁迥傳》及王珪《提點京東諸路州軍刑獄公事……晁君（仲衍）墓誌銘》（《華陽集》卷五〇）改。
②承旨：原作「丞旨」，據覆宋本、四庫本改。錢校：「進承旨：舊鈔本『承』作『丞』。此本凡『承』字有剜改痕者，原刻俱作『丞』。」
③制誥：原作「則詔」，據覆宋本、四庫本及《名賢氏族言行類稿》卷一八改。
④暘：原作「陽」，據覆宋本、四庫本及《名賢氏族言行類稿》卷一八改。

著有《翰林集》三十卷、《道院集》十五卷，其它著述又數十卷。子宗慤。

宗慤字世長〔一〇〕，以父任爲秘書郎。獻所爲文章，召試舍人院，除校勘。累遷祠部員外郎、知制誥，入翰林爲學士，兼龍圖閣學士、知開封府。

康定元年，拜右諫議大夫、參知政事。會朝廷以金飾胡牀及金器賜唃厮羅，宗慤言：「昔仲叔于奚辭邑而請繁纓，孔子以爲不如多與之邑。繁纓，諸侯之馬飾，聖人以爲不可輕與陪臣，乘輿之器，可賜外臣乎？必欲優其禮，加賜金帛可也。」慶曆二年，以疾免，除資政殿學士、給事中。未幾而卒〔一一〕，年五十八。贈工部尚書，謚曰文莊。

宗慤性敦厚，事父母至孝。篤於故舊，凡任子恩，皆先其族人。當制，甚愜人望。有文集四十卷。

孫奭字宗古，博平人也。幼好學，徙居鄆之須城①。舉九經及第，爲莒縣簿。改大理評事，爲國子監直講。太宗幸國子監，奭講《尚書·說命》，太宗甚悦。

真宗即位，爲諸王府直講〔一二〕，校正《九經正義》，除龍圖閣待制。奭以經術進，未嘗阿附取悦。真宗嘗問以天書，奭曰：「臣愚所聞『天何言哉』，豈有書也？」真宗知其忠，每容之。真宗命向敏中諭奭，令陳朝廷得失。奭上納諫、恕直、輕徭、薄斂四事，真宗頗施用其言〔一三〕。及將祀汾陰，奭上疏曰：

夫汾陰后土，事不經見。昔漢武帝將行封禪大禮，欲優游其事，故先封中嶽，祀汾陰，始巡幸郡縣，侵尋於泰山。今陛下既已東封，亟議西幸，臣竊以爲不可。

①須城：原作「項城」，據《宋史》卷四三一《孫奭傳》、卷八五《地理志一》並參舒仁輝《〈東都事略〉與〈宋史〉比較研究》第二〇二頁考證改。

又《周禮》圜丘方澤，所以郊祀天地於南北郊。漢初承秦，惟立五時以祀天，后土無祀，故武帝立祠於汾陰。自元、成以來，從公卿之議，徙汾陰后土於北郊，後之王者多不祀汾陰。陛下乃欲捨北郊而祀汾陰乎？唐以河東爲王業所起之地，故明皇幸河東，因祀后土，與本朝事異也。

比年以來，水旱相繼，陛下宜側身修德，以答天譴，豈宜徇姦回，遠勞民庶，忘社稷之大計，而事籥鼓之盤游。夫民，神之主也，是以先王先誠①民而後致力於神。今水旱作沴，饑饉洊臻，乃欲勞民事神，神其享之乎？

臣觀陛下必行此禮，不過如漢武帝、唐明皇刻石頌功而已，此虛名也。陛下天縱欽明，神資濬哲，固當追蹤三五，豈可效此虛名乎？而議者不過引開元故事，以爲盛烈，乃欲倡導陛下而爲之。臣愚竊所不取，願少賜清閒，以畢其說。

真宗遣内侍諭以若復有陳，具奏。奭又上疏曰：

陛下將幸汾陰，而京師民心弗寧，江、淮之衆困於調發，且土木之功未息，而奪攘之盜必興。昔黄巢出自凶饑，陳勝起於徭戍。隋煬帝勤遠略，而唐由是開基；晉少帝昧邊防，而耶律德光以之謀夏。今陛下俯從姦佞，遠棄京師，罔念民疲，不虞邊患，涉仍歲薦饑之地，修違經久廢之祠，又安知飢民之中無黄巢之劇賊乎？役徒之内無陳勝之大志乎？肘腋之下無英雄之窺伺乎？寰區之間無夷狄之覬覦乎？

陛下方祠后土，駐蹕河中，若虜倡②狂，忽及澶淵，陛下將何以待之？臣竊見奸臣以先帝寅畏天災，詔

①誠：四庫本及《宋史》本傳作「成」。
②倡：四庫本作「猖」。

停封禪，故贊陛下力行東封，以爲繼成先志也。先帝欲北平幽朔，西取繼遷，大勳未集，用付陛下，則未嘗獻一謀，畫一策，以佐陛下繼先帝之志，而乃卑詞重幣，求和於契丹，蹙國縻爵，姑息於保吉。謂主①辱臣死爲空言，以誣下罔上爲己任，而陛下信其諛言，輕勞聖駕。是陛下以祖宗艱難之業，爲佞邪僥倖之資，臣所以長嘆而痛哭也。

是時羣臣争言祥瑞，奭又上疏曰：「五載巡狩，《虞書》常典；觀民設教，《羲易》明文，何須紫氣黄雲始能封嶽，嘉禾異草然後省方？今乃野雕山鹿，並形奏簡；秋旱冬雷，率皆稱賀。將以欺上天，則天不可欺；將以愚下民，則民不可愚；將以惑後世，則後世不可惑。」疏入不報。

會將幸亳州，祠太清宫，奭又上疏曰：「臣觀陛下多效明皇所爲。且明皇非令德之君，觀其禍敗，足爲深戒。而陛下反希慕之，近臣知而不諫，豈非奸佞乎？方今外議籍籍，以陛下將幸亳州，臣願陛下鑒明皇之禍敗，不襲危亂之迹，豈特天下之幸，實亦社稷之福也。」真宗爲著《解疑論》以示羣臣。

奭以父老求典郡，出知密州。居二年，遷糾察在京刑獄。時立天慶、先天、降聖節，而天下設齋醮。奭又請裁省浮用，不報。出知河陽。及朱能獻《乾祐天書》，奭復上疏曰：

昔漢文成將軍以帛書飯牛，陽言牛腹中有奇書，殺視得書，天子識其手迹，斬之。後有五利將軍妄自言，多方②不讎，坐誅。漢武以能誅文成、五利，前史謂之雄材。先帝時有侯莫、陳利用者，始以方術暴得寵用，一旦發其奸，誅於鄭州。至今輿誦，謂之英③斷。

①主：原作「王」，據覆宋本、四庫本及《太平治迹統類》卷四改。
②多方：《宋史》本傳及《國朝諸臣奏議》卷三六作「方多」，是。
③英：原作「美」，據覆宋本、四庫本改。

唐明皇得《靈寶符》《上清護國經》《寶券》等，皆王鉷、田同秀等所爲。明皇不能顯誅，訹於邪説，曲奉鬼神，過崇妖妄。今日見老子閣上，明日見老子山中，大臣尸禄以將迎，端士畏威而緘默。既惑左道，即紊正經，民心用離，没不復振。暨禄山兆亂，輔國劫遷，老子寧肯禦兵？寶符安能排難？身危名辱，爲千古所笑。

今朱能所爲，頗類王鉷等。臣願陛下遠思漢武之雄材，近法先帝之英斷，中鑒明皇之召禍，庶幾災害不生，禍亂不作，享萬世無疆之休。

入爲給事中，以父年高乞侍養，得知兗州[一四]。召還，爲翰林侍讀學士。父喪去官，詔起復，兼龍圖閣學士。每講論上前，至前世亂君亡國之際，志在規諷，必反復言之。嘗畫《無逸圖》以進，請設便坐。初，五郊從祀不設席，尊不施冪；七祠時饗飲福一尊，不設三登，升歌不《雍》徹；冬至攝祀昊天上帝，外級止十位[一五]；饗先農在祈穀之前；上丁釋奠無三獻；宗廟不備二舞，奭皆援古奏正之。又以爲六天者名有六，其寔一帝。冬至，請罷祠五帝，大雩設五帝，而罷祠昊天上帝。事下有司議，不同而止。以老請致仕，復知兗州，拜禮部尚書，以太子少傅致仕。疾甚，徙正寢，屏侍妾，曰：「無令我死婦人之手。」卒，年七十二[一六]。贈左僕射，謚曰宣。

奭性方重，事親至篤孝。父亡，舐其面以代頮。嘗剟五經切於治道者，爲《經典徽言》五十卷，又撰《崇祀録》《樂記圖》《五經節解》《五服法度》[一七]。子瑜，官至天章閣待制。

馮元字道宗。三世仕嶺南，爲日官。劉鋹入朝，爲保章正[一八]。元少好學，崔頤正、孫奭授以五經大義。舉進士，爲江陰尉。

會詔擇明經補學官，自陳通五經。謝泌領銓筦，詰之曰：「古者治一經或至皓首，子能盡通之耶？」對曰：

「達者一以貫之。」泌喜其對，因問以疑義，隨輒辨析，遂以爲國子監直講。真宗召元講《易·泰卦》，元因推：「君道至尊，臣道至卑，而能上下交感，所以輔相天地，裁成萬物也。」真宗悦，除直龍圖閣。直閣官名，蓋始此也。

仁宗爲皇太子，擢右諭德。及即位，遷龍圖閣直學士兼侍講，判國子監。故事，國子監必宿儒典領，元與孫奭並命，輿議大服。未幾，爲龍圖閣學士，修《三朝正史》，遂入翰林爲學士。護葬章懿皇后於洪福院[一九]。及葬永定陵，發壙中有水，罷知揚州[二〇]。宰相王曾爲言元東宮舊臣，不宜以細故棄外。即召爲翰林學士侍讀[二一]，遷户部侍郎。卒，年六十三[二二]。贈户部尚書，謚曰章靖。

元性簡重，非慶弔未嘗通謁公卿。執親喪，自括髮至祥練，皆按禮變服。多識古今臺閣品式之事。所學長於《易》，嘗患先儒多失揚雄《太玄》之旨，獨唐王珪注爲稍近，爲《釋文》一篇，欲因王説補正之，然亦不能就也。

臣稱曰：邢昺、杜鎬、晁迥、孫奭、馮元，皆惇儒碩德，横經講道，發明古訓，使人主問學之益，融光顯著，宅天下而被四海者，皆其輔成之效也。鎬對上一言，遂成祥瑞之事，然鎬非求悦者也，特思之有未至爾。奭勁正挺特，忠言剴切，賢矣哉！

【箋證】

〔一〕應九經：《宋史》卷四三一《邢昺傳》作「舉五經」。

〔二〕四曰牛瘴：《宋史》本傳作「四曰畜災」，《長編》卷六七同《事略》。

〔三〕卒年七十九：《宋史》本傳：「（大中祥符三年）六月，上親臨問疾。……逾月卒，年七十九。」《長編》卷七三於大中祥符三年六月辛未(二十四日)載被病及身後事,《宋會要輯稿》禮四七之四亦載「大中祥符三年六月二十四日,翰林侍讀學士邢昺病篤,真宗親臨問」,綜上所言,可推斷邢昺卒於是年七月。而《會要》儀制一一之四載「翰林侍讀學士、禮部尚書邢昺」於大中祥符三年六月獲贈左僕射,又禮四一之四七更載「翰林侍讀學士、禮部尚書邢昺」卒於大中祥符六年六月。作「六年」誤,而《會要》「六月」與《宋史》「逾月」亦有一誤,疑《宋史》誤。

〔四〕卒年七十六:《宋史》卷二九六《杜鎬傳》:「(大中祥符)六年冬卒,年七十六。」

〔五〕以鎬蔭補將作監主簿:《宋史》卷三〇〇《杜杞傳》:「父鎬蔭補將作監主簿。」據本書《杜鎬傳》「子渥,孫杞」,則鎬當爲杞祖父。

〔六〕斬首千餘級:《宋史》本傳作「斬首百餘級」,歐陽修《兵部員外郎天章閣待制杜公墓誌銘》(《歐陽文忠公集》卷三〇)作「斬首數百級」。《事略》同《隆平集》卷一三作「斬首千餘級」。

〔七〕戮之坐中者凡六百餘人:《宋史》本傳作「伏兵發,誅七十餘人」。《兵部員外郎天章閣待制杜公墓誌銘》同《事略》。《隆平集》卷一三作「六百餘人悉誅之」,王瑞來《校證》引底本批校云:「《新編》作『誅七十餘人』。」

〔八〕未幾杞卒:《兵部員外郎天章閣待制杜公墓誌銘》:「皇祐二年五月甲子疾,卒於官,享年四十有六。」

〔九〕卒年八十四:《宋會要輯稿》禮四一之四六載晁迥卒於景祐元年九月。

〔一〇〕字世長:《隆平集》卷七、《宋宰輔編年録》卷四、《名賢氏族言行類稿》卷一八、《宋史》卷三〇五《晁迥傳》附《宗慤傳》並作「字世良」,疑「長」爲「良」之形誤。

〔一一〕未幾而卒:《長編》卷一三五慶曆二年四月乙亥載「資政殿學士、給事中晁宗慤卒」。

〔一二〕爲諸王府直講:《宋史》卷四三一《孫奭傳》作「真宗以爲諸王府侍讀」。

〔一三〕「真宗命向敏中諭奭」一節,《宋史》本傳在天禧三年朱能獻《天書》事敗之後。考《長編》卷七四繫「奭上納諫、恕直、輕徭、薄斂四事」於大中祥符三年十二月,《宋史》蓋誤。

〔一四〕以父年高乞侍養得知兗州：《宋史》本傳言「求解官就養，遷給事中，徙兗州」在「天禧中，朱能獻《乾祐天書》」之前，與《事略》異。考《長編》卷九三載「知河陽孫奭上疏言朱能」於天禧三年四月，又卷九七繫「給事中、知河陽孫奭再表求停官養父，上嘉納之。庚戌，命知兗州」於天禧五年二月，可證《宋史》敍次有誤。

〔一五〕外級止十位：《宋史》本傳作「外級止十七位」。

〔一六〕卒年七十二：《長編》卷一一二載「太子少傅致仕孫奭卒」於明道二年六月辛亥。

〔一七〕五服法度：《宋史》本傳作「《五服制度》」。

〔一八〕三世仕嶺南爲日官劉鋹入朝爲保章正：《宋史》卷二九四《馮元傳》：「高祖禧，唐末官廣州，以術數仕劉氏。傳三世至父邴，廣南平，入朝爲保章正。」《隆平集》卷一四：「三世爲僞漢日官，父邴從劉鋹入朝，爲保章正。」據此，《事略》「劉鋹」前當脱「父邴從」三字。

〔一九〕護葬章懿皇后於洪福院：「章懿」，當從《宋史》本傳「追册宸妃爲莊懿皇后」作「莊懿」，蓋追尊宸妃爲「莊懿」在明道二年，而改謚「章懿」在慶曆四年，見《宋史》卷一〇、卷一一《仁宗紀》。參舒仁輝《〈東都事略〉與〈宋史〉比較研究》第二〇二頁。

〔二〇〕罷知揚州：《宋史》本傳作「罷翰林學士，知河陽」，《隆平集》卷一四作「罷爲龍圖閣學士、知河陽」，宋祁《馮侍講元行狀》（《宋景文集》卷六二）作「（明道二年）十月，解翰林學士及侍講二職，出守河陽」「景祐二年春二月，至自河陽，改禮部侍郎兼翰林侍講學士」，則《事略》「揚州」當作「河陽」。

〔二一〕即召爲翰林學士侍讀：《宋史》本傳作「即召爲翰林侍講學士」，是。

〔二二〕卒年六十三：宋祁《馮侍講元行狀》：「四年春，病寢劇，告未滿三月，會小瘳，公自力造朝。未幾，病復甚，氣上逆，害言語。後四月戊戌，終於正寢。」據此，馮元卒於景祐四年閏四月二十六日。《長編》卷一二〇景祐四年五月壬寅朔載「翰林侍講學士兼龍圖閣學士、户部侍郎馮元卒」，當爲聞訃日期。

東都事略卷第四十七

列傳三十

楊億字大年，建州浦城人也。生之夕，其祖文逸夢一羽衣，自稱懷玉山人。覺而億生，有毛被其體，其長盈尺，逾月始墮。母口授以書[一]，隨即成誦。六歲學吟詩，七歲善屬文，年十一以童子召對，試詩賦五篇，下筆立成。太宗嘆異，以爲秘書省正字，制曰：「汝方在髫齡，不煩師訓，精爽神助，文字生知。越景絶塵，一日千里，予有望於汝也。」從祖徽之知許州，億往依焉。徽之間與語，嘆其學問該博，曰：「興吾門在汝矣。」

淳化中，命讀書秘閣，遷光禄寺丞。太宗觀華後苑，召命賦詩。明年，苑中曲宴，億復以詩獻。太宗詰有司不時召，對曰：「非貼職不與。」即以億直集賢院。真宗即位，拜右正言[二]。修《太宗實録》，凡八十篇[三]，而億獨成五十六卷。出知處州，召還，拜左司諫、知制誥。

咸平中，詔近臣議靈州棄守，億上疏曰：

臣聞漢武帝北築朔方郡，平津侯諫，以爲罷敝中國以奉無用之地，願罷之。賈捐之建議棄朱厓，當時公卿亦有異論，元帝罷衆多之説，下詔廢之，人頌其德。夫靈武之地，自繼遷叛命，横行沙漠，諸將出師，累年未嘗出一兵、馳一騎，敢與虜角。此靈武之存無益，明甚。平津所言罷敝中國以奉無用之地，正今日謂也。臣願陛下如元帝之棄朱厓而棄靈武，以息民力，以省餽運。

臣切見太祖命姚内斌領慶州，董遵誨領環州，二人所統之兵裁五六千而已，閫外之事一以付之，軍市之租不從中覆，用能士卒效命，羌夷畏威，朝廷無旰食之憂，疆埸無羽書之警。臣欲望陛下選用二三驍將，付以精兵一二萬人，以數縣租税給其用度，令分守邊郡，則繼遷可計日成擒矣。

景德初，同王欽若修《册府元龜》。大中祥符初，爲翰林學士。嘗以疾在告，真宗遣使挾太醫療之，億表謝。真宗批紙尾賜詩，有「副予前席待名賢」之句，其顧遇如此。

億於歷代典章制度，尤爲該洽；經傳子史百家之學，罔不通貫。爲文敏贍，數千百言，不加點竄。對客談笑，揮毫無滯。論治道，談世務，必稽古驗今，究切利病。厚風義，重名教，誘進後學，樂道人善，賢士大夫翕然宗之。然評品人物，黑白太明，亦以此取疾於人，而人多讒毁之者。

億嘗草《答契丹書》云「鄰壤交歡」，真宗自注其側云「朽壤、鼠壤、糞壤」，億遽改爲「鄰境」。明日，引唐故事，學士草制有所改爲不稱職，亟求罷。真宗語宰相曰：「楊億不通商量，真有氣性。」

及章獻后之立也，真宗欲得億草制，使丁謂諭旨。億難之，謂曰：「大年勉爲此，不憂不富貴。」億曰：「如此富貴，亦非所願也。」乃命陳彭年草制。億既頻忤旨，而王欽若、陳彭年深所讒毁。億嘗入直，夜召見禁中，命坐賜茶，從容顧問。久之，出文藁數篋以示億曰：「卿識朕書蹟乎？皆朕自起草，未嘗令臣下代作也。」億皇恐不知所對，頓首再拜而出，乃知讒言得行矣〔四〕。

億有别墅在陽翟，億母往視之。會母病，億不俟報而行，讒者以爲慢朝廷。億素體羸，至是以病聞，乃授太常少卿，分司西京。進秘書監，起知汝州。會加玉①皇聖號，召爲寶册參詳儀制副使。天禧二年，遷工部侍郎，知貢舉，坐譴降秘書監。母喪，詔起復，爲翰林學士。

①玉：原作「王」，據覆宋本、四庫本改。

億嘗代寇準草奏，請皇太子親政，斥丁謂等姦邪事。準既逐，億亦憂畏而卒[五]，年四十七。景祐元年，樞密使王晦叔上其事，仁宗嘉嘆，詔贈禮部尚書，謚曰文。有司舉故事，非嘗任二府及事東宮四品，無贈官。仁宗曰：「億爲國竭忠，有君子之大節，可拘以常典乎？」

億晚年頗留意釋典，有文集一百九十四卷，又别有《西崑訓倡》等集，又手録時人所作，爲《儒苑時文録》數十篇[六]。真宗嘗謂王旦曰：「億辭學無比，後學皆師慕之。文章有貞元、元和風格，自億始也。」旦曰：「後學皆師慕億，唯李宗諤久與之游，終不得其鱗甲。」謂其體弱不宗經典云。

劉筠字子儀，大名人也。舉進士，爲館陶尉，入爲秘閣校理。契丹内寇，真宗北巡，以筠爲大名府觀察判官，與修《册府元龜》。書成，轉左正言、直史館、修起居注。召試中書，遷左司諫、知制誥、史館修撰。出知鄧州，徙陳州，入爲翰林學士。

初，筠草丁謂、李迪罷相制，既而謂復留，命筠草制，筠不奉詔。謂再相時，真宗久疾，謂寖擅權。筠請補外，遂以右諫議大夫知廬州。仁宗即位，復召爲翰林學士，拜御史中丞。已而數以疾辭，進樞密直學士、知潁州。召入，復爲翰林學士承旨，同修國史兼龍圖閣學士，出知廬州。卒，年六十一[七]。

筠自景德以來，居文翰之選，與楊億齊名，當時號爲「楊劉」。三入禁林，三典貢舉，以策論升降天下士，自筠始也。性不苟合於時，臨事明達，而所治尚簡嚴云。

臣稱曰：文章之難，莫難於復古。億與筠皆以文名於世，然去古既遠，時尚駢儷，雖詞華之妙足以暢帝謨，而議論之粹亦足以謀王體。至於屬辭比事，用各有當，雖云工矣，而簡嚴典重之體，温厚深淳之氣，終有愧於古焉。夫欲維持斯文，使一變而復古，必得命世之大才而後可也。

戚綸字仲言，應天府楚丘人也。父同文字文約，幼孤，事祖母以孝聞。從邑人楊慤受經，慤隱居不仕，而以女弟妻同文。遇疾，因托以家事，同文爲葬其三世之未葬者。遭世喪亂，亦不復仕，且思見混一，遂以同文爲名。慤勉之仕，同文曰：「長者不仕，同文亦不仕。」聚徒講學，相繼登科者五十六人，踐臺閣者亦至十數。尚信義，喜周人急，所與交皆當世知名士。楊徽之因使至郡，多所酬倡。及卒，徽之與其門人謚曰「堅素先生」。應天府民有曹誠者，即同文舊居，廣舍百五十楹，聚書千餘卷，以延學者。真宗嘉之，賜名曰應天府書院云。同文長子曰維，仕至户部郎中。

綸，其次子也。篤於古學，喜談名教。舉進士，爲沂州簿[八]，徙知太和縣。同文卒，詔令起復。太和民險悍，好興訟，綸爲《諭民詩》五十篇，言近而易曉，老幼多傳之。坐鞠①獄失實免。久之，知永嘉縣，有惠政。

真宗即位，楊徽之薦其文學純謹，除秘閣校理。真宗初置龍圖閣待制，首以任綸。累遷兵部員外郎，掌吏部選事。方是時，祥文薦降，歌誦日興，綸恐流俗托朝廷嘉瑞事，詐爲神靈木石之異，幻惑愚衆，如少君欒大者，上疏極諫[九]，真宗嘉納之。遷户部郎中，直昭文館，擢樞密直學士，出知杭州。發運使胡則、李溥②惡其修潔，相與捃摭，徙知揚州，又徙徐州。遷左諫議大夫，代還，復知青州，改鄆州。復爲勸農使王遵誨所誣奏，謂其嘗訕朝廷，左遷岳州團練副使。改保静軍節度副使，又改太常少卿，分司南京。卒，年六十八[一〇]。

---

①鞠：覆宋本、四庫本作「鞫」。錢校：「鞫獄失實：舊鈔本作『鞠』，古字通用，剜改非。此本凡作『鞫』者，皆後來剜改。」

②李溥：原作「季浦」，據《隆平集》卷一三、《宋史》卷三〇六《戚綸傳》，參舒仁輝《〈東都事略〉與〈宋史〉比較研究》第二〇四頁考證改。

梁顥字太素，鄆州須城①人也。從王禹偁爲學，禹偁頗器之。舉進士，太宗召升殿，擢冠甲科，爲大名府觀察推官。遷右拾遺、直史館。始，趙昌言在大名，顥在幕府。昌言入爲樞密副使〔一一〕，坐翟馬周事罷，顥亦貶虢州司户參軍。起知魚臺縣，召還，復直史館，爲開封府推官。累遷左司諫、度支判官，同修起居注。

真宗幸大名，訪羣臣邊事，顥上疏曰：

陛下命將出師，乘秋備塞，大將傅潛奉明詔，握重兵，逗撓無謀，遷延翫寇，守陴閉壘，巽懦以自全，鋭卒精兵局束而不用。以至胡馬南牧，蹂踐河朔，此以賊遺陛下者也。陛下赦而不誅，則何以謝横死之民？黜而不戮，則何以恢用兵之略邪？

臣愚望陛下於邊將中擇有武勇謀略，取十人，人付騎兵五千，器甲全備，輕齎糧糗，逐水草於邊上，往復扞禦，不得入郡邑，亦不得一處相聚。遇有虜寇，隨時掩殺。仍令烽候相望，交相救應。緣邊州郡守城兵帥，即堅壁以待之。遇遊騎近城，掩殺虜寇，即城内量出甲兵援救。如此則乘城者不堅閉壘門，免坐觀於勝負；扞邊者不苟依郡郭，可行備於寇攘。雖非良籌，且殊膠柱也。

時論韙之。除知制誥，遷右諫議大夫，拜翰林學士，知開封府。卒，年四十二〔一二〕。

顥風姿粹美，强力少疾，閨門雍睦。與人交久而無改，士大夫多之。子固，繼世擢第一，爲直史館，早卒。固弟適，相仁宗，自有傳〔一三〕。

①須城：原作「項城」，據《長編》卷二六、《宋史》卷二九六《梁顥傳》、卷八五《地理志一》，並參舒仁輝《〈東都事略〉與〈宋史〉比較研究》第二〇四頁考證改。

孫何字漢公，蔡州汝陽人也。幼耆學，與丁謂齊名。王禹偁尤所題獎，以爲自唐韓、柳後，三百年有孫、丁也，時人謂之「孫丁」。舉進士，開封、禮部殿試俱第一，爲將作監丞，通判陝州。召入，直史館，遷秘書丞、京西轉運副使。歷右正言，改右司諫。

唐制，郊祀行慶，止進勳、階。五代肆赦，例遷官秩。宋興因之，未暇革也。何與起居郎耿望言其非制，真宗嘉納，遂定三年磨勘進秩之法，郊禮止加散官勳、爵。

真宗數訪以邊事，何請擇將帥於文武之内，參用謀臣；凡奏邊防，則宜陛見庭問，以防壅閼；緣邊州縣有合救援處，則督以軍令，聽其便宜；今虜騎充斥，糧運則宜輕齎疾驅。凡此，皆當今之急務也。時傅潛逗撓無功，何又請斬潛以徇。尋出爲京東、兩浙轉運使。

何辨急，頗事苛察，日有捶楚，州縣吏患之。乃求古碑字磨滅者紙本，揭之館中。何至，則讀其碑，辨識文字，以爪搔髮垢而嗅之，遂往往至暮，不復省録文案。又官屬罹譴罰者甚衆，故從者依憑其威，妄爲寒暑，所至騷然。加起居舍人。景德初，知制誥。卒，年四十四〔一四〕。有文集四十卷。弟僅。

僅字鄰幾。與何俱有名於時，兄弟皆以進士冠天下士，學者榮之。初爲舒州推官，復舉賢良方正科，策入第四等，授光禄寺丞、直集賢院。景德初，拜太子中允，爲開封府判官〔一五〕。擢右正言，知制誥。會永興擇守，宰相以僅爲諳練民政，乃命之。然僅純厚長者，治郡非所長也。

時真宗作玉清昭應宫，僅嘗遊驪山，作詩引用陳勝、禄山事以諷，爲讒者所譖，進其詩於真宗。真宗讀其首篇，有「朱衣吏引上驪山」之語，真宗曰：「僅，小器也，此何足夸？」遂棄不讀，而陳勝、禄山之語卒不得聞，人以爲幸。拜右諫議大夫、集賢院學士，知開封府。出知河中，遷給事中。卒，年四十九〔一六〕。

僅性端慤，中立無競，篤於儒學，士大夫推其履尚云。有文集五十卷。

【箋證】

〔一〕母口授以書：《宋史》卷三〇四《楊億傳》作「母以小經口授」，《隆平集》卷一三作「母口授以《孝經》」，王瑞來《校證》云：「宋承唐之慣例，將經書依文字多寡分爲大小經。……此作《孝經》者，蓋後世傳寫刊刻者不明唐宋之制而妄改。」

〔二〕拜右正言：《宋史》本傳作「超拜左正言」，《長編》卷四一至道三年四月辛亥載「著作郎、直集賢院楊億爲左正言」，《事略》蓋誤「左」爲「右」。

〔三〕凡八十篇：《宋史》本傳作「凡八十卷」，是。

〔四〕「及章獻后之立也」至「乃知讒言得行矣」：《續通志》卷三三四按語引之，云：「此二事，《宋史》本傳不載，但稱『欽若、彭年毁訾，而真宗不惑其説』，與《事略》異。」

〔五〕億亦憂畏而卒：《宋史》本傳：「（天禧四年）十二月卒，年四十七。」《長編》卷九六天禧四年十二月丁丑朔載「起復翰林學士楊億卒」。

〔六〕《儒苑時文録》數十篇：《宋史》本傳作「《筆苑時文録》數十篇」，《長編》卷九六作「《筆苑時文録》數十編」，《玉海》卷五四「宋朝集選」條載：「楊億集當世述作爲《筆苑時文録》數十編。」《隆平集》卷一三作「《儒苑時文録》數千篇」，「儒」「千」或爲臆改。

〔七〕卒年六十一：《長編》卷一〇六天聖六年八月戊寅載：「翰林學士承旨兼龍圖閣學士劉筠以龍圖閣學士知廬州。」「筠前嘗知廬州，愛其土，遂築室城中，駕閣藏前後所賜書，上爲飛白書，曰『真宗聖文秘奉之閣』。及再至，即營冢墓作棺，自爲銘刻之。後三歲，竟卒於書閣。」據此，劉筠當卒於天聖九年。

〔八〕舉進士爲沂州簿：《宋史》卷三〇六《戚綸傳》作「太平興國八年舉進士，解褐沂水主簿」，是。《事略》「州」字當作「水」。參舒仁輝《〈東都事略〉與〈宋史〉比較研究》第二〇四頁。

〔九〕「方是時」至「上疏極諫」：《續通志》卷三三四云：「按《宋史》本傳載綸疏辭，不若《事略》『方是時』數語能明上疏之意，今據纂入。」

〔一〇〕卒年六十八：《宋史》本傳：「（天禧）五年卒，年六十八。」《長編》卷九三天禧三年五月壬戌載「左諫議大夫、知鄆州戚綸責授岳州團練副使」，「後二年卒，家無餘貲」。

〔一一〕昌言入爲樞密副使：《宋史》卷二九六《梁顥傳》作「昌言入掌樞密」，《長編》卷二九載「樞密副使、工部侍郎趙昌言與鹽鐵副使陳象輿厚善，度支副使董儼、知制誥胡旦皆昌言同年生，右正言梁顥常在大名幕下，故四人者日夕會昌言第」，《事略》所載不誤。

〔一二〕卒年四十二：《宋史》本傳：「景德元年，權知開封。……六月，暴病卒，年九十二。」校點本校記引《容齋四筆》卷一四、《癸巳存稿》卷八，考證「九」乃「四」之誤。

〔一三〕自有傳：《梁適傳》，見本書卷六六。

〔一四〕卒年四十四：《宋史》卷三〇六《孫何傳》：「景德初，代還。……是冬卒，年四十四。」

〔一五〕爲開封府判官：《宋史》卷三〇六《孫何傳》附《孫僅傳》作「拜太子中允、開封府推官。……改本府判官，遷右正言」，是改開封府判官之前嘗爲推官，《事略》直接略過。

〔一六〕卒年四十九：《宋史》本傳：「天禧元年春正月卒，年四十九。」《長編》卷八九載「給事中孫僅卒」於天禧元年春正月己巳。

東都事略卷第四十八

列傳三十一

曾致堯字正臣，撫州南豐人也。舉進士，稍遷秘書丞，爲兩浙轉運使。諫議大夫魏庠知蘇州[一]，介舊恩以進，致堯劾其罪。太宗曰：「是敢治魏庠，可畏也。」徙知壽州，再遷主客員外郎，爲三司鹽鐵判官。是時，李繼捧以銀、夏五州來歸，其弟繼遷亡入磧中爲寇。太宗遂遣繼捧往招之，至則誘其兄以陰合，卒復圖而囚之。自陝以西，既苦兵矣。真宗初即位，欲以恩德來之，許還其地，使聽約束。致堯以謂繼遷反覆，不可予。繼遷已得五州，後二年，果叛，圍靈武。真宗知其才，欲以爲知制誥，召試矣，而宰相李沆不可，乃出爲京西轉運使。徙知壽州[二]。

西鄙兵久不解，命張齊賢爲經略使，以致堯爲判官，仍遷秩，賜以金紫。致堯因抗疏自陳，願不受章紱之賜。詔御史鞫其罪，黜爲黄州團練副使。知泰、泉、蘇、揚、鄂五州。坐知揚州日誤添月奉，貶監江寧府酒稅。卒，年六十六[三]。

致堯性剛率，喜言事，前後屢上章疏，詞多激訐。好纂録，所著有《仙鳧羽翼》三十卷、《廣中台志》八十卷、《清邊前要》《西陲要記》十卷、《爲臣要記》十五篇[四]。孫鞏、布、肇。布宰相，自有傳[五]。

鞏字子固。生而警敏，年十二能文。及冠，遊太學，歐陽修見其文而奇之，自是名聞天下。舉進士，調太平州司法參軍。召入，編修史館書籍，遷館閣校勘、集賢校理，爲《英宗實録》檢討官。通判越州，歷知齊、襄、洪、福、明、亳、滄州，進職直龍圖閣。

鞏爲治尚威嚴，其徙滄州也，過闕，神宗召見，勞問甚寵，遂留判三班院。鞏上疏議經費曰：

宋興，承五代之弊，六聖相繼，與民休息，故生齒既庶，而財用有餘。且以景德、皇祐、治平校之：景德户七百三十萬，墾田一百七十萬頃；皇祐户一千九萬，墾田二百二十五萬頃；治平户一千二百七十①萬，墾田四百三十萬頃。天下歲入，皇祐、治平皆一億萬以上，歲費亦一億萬以上。景德官一萬餘員，皇祐二萬餘員，治平并幕職②、州縣官三千三百餘員，總二萬四千員。景德郊費六百萬，皇祐一千二百萬，治平一千三百萬。以二者校之，官衆一倍於景德，郊之費亦一倍於景德。官之數不同如此，則皇祐、治平入官之門多於景德也；郊之費不同如此，則皇祐、治平用財之端多於景德也。誠詔有司案尋載籍，而講求其故，使官之數、入者之多門可考而知，而郊之費、用財之多端可考而知，然後各議其可罷者罷之，可損者損之。使天下之入如皇祐、治平之盛，而天下之用、官之數、郊之費皆同於景德，二者所省蓋半矣。

則又以類而推之，天下之費，有約於舊而浮於今者，有約於今而浮於舊者。其浮者必求其所以浮之自而杜之，其約者必本其所以約之由而從之。如是而力行，以歲入一億萬以上計之，所省者什之一，則歲有餘財一萬萬，馴致不已，至於所省者什之三，則歲有餘財三萬萬。以三十年通計之，當有餘財九億萬，可以爲十五年之蓄。自古國家之富，未有及此也。

①七十：曾鞏《議經費劄子》（《元豐類稿》卷三〇）、《國朝諸臣奏議》卷一〇三作「九十」，《長編》卷三一〇作「七十」。

②幕職：原作「職幕官」，據《文獻通考》卷四七及《元豐類稿》《國朝諸臣奏議》《長編》刪改。

古者言九年之蓄者，計每歲之入存什之三耳，蓋約而言之也。今臣之所陳，亦約而言之。其數不能盡同，然要其致必不遠也。前世於凋敝之時，尤能易貧而爲富，今吾以全盛之世，用財有節，其所省者一，則吾之一也；其所省者二，則吾之二也。前世之所難，吾之所易，可不論而知也。伏惟陛下沖静質約，天性自然，乘輿服器，尚方所造，未嘗用一奇巧。嬪嬙左右，掖庭之間，位號多闕，躬履節儉，爲天下先，所以憂閔元元，更張庶事之意，誠至惻怛，格於上下。其於明法度以養天下之財，又非陛下之所難也。

已而再上議曰：

陛下謂臣所言，以節用爲理財之要，世之言理財者，未有及此也，令①付之中書。臣待罪三班，案國初承舊，以供奉官、左右班殿直爲三班，立都知行首領之。又有殿前承旨班院，别立行首領之。端拱已後，分東西供奉，又置左右侍禁及承旨借職，皆領於三班。三班之稱亦不改。三班②吏員止於三百，或不及之。至天禧之間，乃總四千二百有餘。至於今，乃總一萬一千③六百九十，宗室又八百七十。蓋景德員數已十倍於初，而以今考之，殆三倍於景德。略以三年出入之籍較之，熙寧八年，入籍者四百八十有七，九年五百四十有四，十年六百九十，而死亡退免出籍者，歲不過二百人，或不及之，則是歲歲有增，未見其止也。

臣又略考其入官之繇，條於别記以聞，議其可罷者罷之，可損者損之，惟陛下之所擇。臣之所知者，三班也。吏部東西審官，與天下他費，尚必有近於此者，惟陛下試加考察，以類求之。使天下歲入億萬，而所省者什三，計三十年之通，當有十五年之蓄。夫財用天下之本也，使國家富盛如此，則何求而不得？何爲而

①令：原作「今」，據《長編》卷三一〇、《元豐類稿》卷三一《再議經費劄子》改。
②「三班」前，《長編》《元豐類稿》並有「初」字，是。
③一千：原作「六千」，與下文「殆三倍於景德」不合，據《長編》《元豐類稿》改。

不成也哉？

神宗頗嘉納之。久之，手詔中書曰：「五朝史事，宜付曾鞏。」遂以爲史館修撰，試中書舍人。遭母憂，卒，年六十五〔六〕。

鞏少孤，奉母孝，鞠養羣弟妹，甚友①愛，宦學婚嫁一出鞏力。平生耆書，家藏至二萬餘卷，手自讎對，雖白首不倦。又集古今篆刻爲《金石録》五百餘卷。有文集曰《元豐類藁》五十卷、《外集》十卷。所爲文章，開闔馳騁②，應用不窮，然言近指遠，要其歸必止於仁義。

初，與王安石友善，安石稱其文辭，以譬「水之江漢星之斗」。神宗嘗問鞏：「卿與王安石最蚤③，安石何如人？」鞏曰：「安石文學行誼不減揚雄，以吝，故不及。」神宗遽曰：「安石輕富貴，不吝也。」鞏曰：「臣謂吝者，安石勇於有爲，而吝於改過耳。」神宗頷之。吕公著嘗告神宗以「鞏爲人，行義不如政事，政事不如文章」，鞏以此不大用云。

肇字子開，舉進士，調黄巖簿。稍遷國史院編修官，進吏部郎中，又遷右司郎中。元祐初，擢起居舍人，拜中書舍人、實録院修撰。

太皇太后受册，遵章獻明肅皇后故事，御文德殿，肇言：「天聖二年，兩制定議皇太后受册於崇政殿，仁宗特詔有司改文德殿，蓋人主一時之制。今皇帝述仁宗故事，以極崇奉之禮，孝敬之誠，可謂至矣。臣切謂太皇太后

---

①友：原作「有」，據覆宋本、四庫本及《名賢氏族言行類稿》卷二九改。

②騁：原作「馳」，據覆宋本、四庫本及《長編》卷三一四改。

③此句，《名賢氏族言行類稿》卷二九作「卿交王安石最蚤」。「蚤」，覆宋本、四庫本作「密」。

當於此時特下明詔，揚皇帝孝敬之誠，而固執謙德，屈從天聖兩制之議，止於崇政殿受册，則皇帝之孝愈顯，太皇太后之德愈尊。兩誼俱得，顧不美與？」詔如其言。

蔡確謫新州，中書舍人彭汝礪草制，不奉詔，而諫官言汝礪實肇使之。時肇已除給事中，固辭，請外，以寶文閣待制知潁州，徙陳州，又徙應天府。入爲吏部侍郎，論南郊既去皇地祇位，而議者欲夏至遣冢宰攝事，則不復有親祭地祇之時，於事天則躬行，事地則遣官，非王者父天母地之義。又議明堂配帝，請復設五帝，與昊天上帝並祀。徙刑部侍郎，出知徐州。數月，徙江寧府。

紹聖初，知瀛州。時元祐士大夫皆流竄嶺表，最後謫前史官范祖禹等，以實録譏訕爲罪，而肇以嘗與修，降集賢院修撰、知滁州。歲滿，知泰州，又徙海州。

徽宗即位，復爲中書舍人。上疏言：「治道在廣言路，以言獎人，猶或畏縮；以言罪人，人將鉗口去矣。」會日食四月朔，故事當降詔求直言，徽宗命肇草詔。詔下，投匭者日千百人。元祐士大夫再以赦恩甄敍，或復舊職，典方面。肇奏：「生者蒙恩矣，死者未被聖澤也，請如寇準、曹利用故事，檢會臣僚貶死未經敍復者，還其所奪官職。」遷翰林學士兼侍讀。

諫官陳瓘以言東朝與政被謫，肇即上書以爲：「瓘昨者所論，臣雖不知其詳，以詔旨觀之，瓘言雖狂，其意則忠。何則？瓘以疏遠小臣，妄意宮闈之事，披寫腹心，無所顧避，此臣所謂狂也。皇太后有援立明聖不世之大功，有前期歸政過人之盛德，萬一有纖毫可以指議，則於清躬不爲無累。瓘以憂君之誠，陳預①防之戒，欲以開悟聖心，保全盛美，忘身爲國，臣子所難，此臣所謂忠也。以臣愚計，皇帝以瓘所言爲狂而逐之，皇太后以天地之

①預：原作「與」，據覆宋本、四庫本及楊時《曾文昭公行述》改。

量，察瓘之忠，特下手詔而留之，則兩誼俱得矣。」

兄布拜相，以親嫌除龍圖閣學士、提舉中太一宫，出知陳州，歷太原府、南京、揚州、定州。元祐士大夫再被降黜，肇請與俱貶，言者繼之，遂落職，謫知和州，徙知岳州。貶濮州團練副使，汀州安置，移台州。卒，年六十二〔七〕。

梅詢字昌言，宣州宣城人也。舉進士，爲利豐監判官，知仁和縣。咸平三年，與考進士於崇政殿。真宗過殿廬中，一見詢偉然以爲奇，召試中書，直集賢院。

是時，契丹數寇河北，李繼遷急攻靈州，真宗鋭於爲治。詢上書請以朔方授潘羅支，使自攻取，是謂以蠻夷攻蠻夷。真宗然其言，問：「誰可使羅支者？」詢自請行。真宗惜之，不欲使蹈兵間。詢曰：「苟活靈州而罷西兵，何惜一梅詢？」真宗壯其言，因遣使羅支。未至，靈州没於賊。召還，爲三司户部判官。於是屢言西邊事，真宗益器其材，欲以知制誥。宰相李沆以其躁競不可，乃已。其後繼遷卒爲潘羅支所困，而朝廷以兩鎮授德明，德明頓首謝罪，河西平。真宗亦幸澶淵，盟契丹，而河北之兵亦解，天下無事矣。

詢既見疏不用，流落於外幾二十年。初坐斷田訟失實，通判杭州。嘗知蘇、濠、鄂、楚、壽、陝六州，又爲兩浙、荆湖、陝西轉運使〔八〕，坐事貶池州。至天聖六年，復直集賢院，改直昭文館，知荆南府。召還，爲龍圖閣待制，以龍圖閣直學士知并州，進樞密直學士，遷左諫議大夫，入知通進銀臺司，改翰林侍讀學士，爲羣牧使。遷給事中，出知許州。卒，年七十八〔九〕。

詢素①有才，而好名喜進。既老，又病足，嘗撫其足詈之曰：「是中有鬼，不令我至兩府者，汝也。」有所愛

①素：原作「果」，據覆宋本、四庫本改。

馬，亦嘗撫其鞍曰：「我固命薄矣，汝豈無分被繡韉邪？」聞者笑之。堯臣，詢從子也，以詩知名，見《文藝傳》。

臣稱曰：曾致堯、梅詢有應用之才，而德弗稱。真宗雅器之，而李沆以爲浮薄，抑而不進，真宰用心，要當如是哉！罕與肇以文章被近用，爲時儒宗，學者仰之。布雖相，蓋可貶云。

錢昆字裕之，吳越國王倧之子也。隨俶歸朝，諸從子皆授官，獨昆與其弟易願從科舉，遂登進士第，累遷至三司度支判官。仁宗時，知廬、濠、泉、亳、梓、壽、許七州。爲治尚寬簡，官至右諫議大夫，以秘書監致仕。卒，年七十六[一〇]。昆善爲詩賦，又喜草隸，有文集十卷。弟易。

易字希白，年十七舉進士，御試三題，日中而就，言者以其輕俊而黜之。太宗語蘇易簡曰：「朕恨不與李白同時。」易簡曰：「有錢易者，李白才也。」太宗喜曰：「若然，當用唐故事召至禁林。」會①盜起劍南，不果用。復舉進士甲科，爲光禄寺丞，通判蘄州。上疏曰：「國之所重，莫先乎刑。刑不可不本於法，不本於法則黷，黷則暴，暴則下無所措手足矣。古之肉刑者，劓、黥、刖皆非死刑，而尚以爲虐而絶之。近代以來，非法之刑，斷截手足，鉤背烙筋，身見白骨而口眼猶動，四肢分落而呻痛未息，而謂嚴刑可戒於衆。臣愚以爲非法之刑，非所以助治也，惟陛下除之。」又舉賢良方正科，策入第四等，除秘書丞，通判信州。

真宗封泰山，獻《殊祥録》，遷太常博士、直集賢院。真宗祀汾陰，易修《車駕所過圖經》，轉祠部員外郎。坐

①會：原作「食」，據覆宋本、四庫本改。

事監潁州商税。歲中，知開封縣。真宗幸亳州，復修《所過圖經》，遂擢知制誥，遷翰林學士。卒，年五十九〔一一〕。易俊逸過人，爲文數千百言頃刻而就。又善行草書。有集一百六十卷、《壽雲總録》一百卷、《洞微志》十卷〔一二〕。子彦遠、明逸。

彦遠字子高，以父任爲太廟齋郎、大理寺丞。復舉進士，又舉賢良方正，策入等，由太常博士授祠部員外郎。彦遠因災異上疏曰：

陛下即位以來，内無聲色之娱，外無畋遊之樂，而前歲地震，今歲大旱，人心嗷嗷，天其或者以爲陛下備寇之術未至，牧民之吏未良，天下之民未安，故出譴告以示。陛下苟能欽天之戒，增修德業，則宗廟社稷之福也。

古者夷狄言語、衣服與中國不同，其來也不過驅老弱、掠畜産而已。今契丹據山後諸鎮，元昊盗靈武、銀、夏，衣冠車服①，子女玉帛，莫不如②之。往時，元昊内寇，出入五載，天下騷然。又③納款賜命，則被邊長吏不復銓擇，高冠大袍耻言軍旅。一日契丹負恩，乘利入塞，豈特元昊之比邪？又湖、廣蠻獠劫掠生民，調發督斂，軍須百出，三年於今，未聞尺寸之效。惟陛下念此三方之患，講長久之計，以答天戒，則天下幸甚。

遷起居舍人，直集賢院。卒，年三十七〔一三〕。子勰。

---

①車服：繆校作「文物」。
②如：繆校作「有」。
③又：《長編》卷一五九、《宋史》卷三一七《錢惟演傳》附《錢彦遠傳》作「及」，是。

明逸字子飛，亦舉賢良方正，父子三人皆中制科，世以爲盛。由殿中丞除太常博士，通判亳州，召爲右正言、直集賢院。明逸言事希陳執中、章得象之意，以排杜衍、范仲淹、富弼，由是三人者俱罷政事，遂爲時論罪之。進右司諫，同修起居注，遷知制誥、翰林學士，知開封府。坐尹京師無威望，又考獄囚涷墮足，以龍圖閣學士知蔡州。歷揚、青、鄆、曹四州，加端明殿學士、知秦州。召還經筵，爲翰林學士。御史言其文詞不足以備職禁林，罷爲端明殿學士兼龍圖閣學士。復翰林侍讀學士，知永興軍。代還，卒，年五十七〔一四〕。贈禮部尚書，謚曰修懿。

勰字穆父，以從父明逸任試將作監主簿，稍遷國子博士。舉賢良方正科，召試秘閣，不中，除知尉氏縣。元豐中，爲左司郎中，遷中書舍人。

元祐初，知開封府，遷給事中。復以龍圖閣待制知開封府，以繫囚別所遷就囹空，出知越州，易瀛州。明年，爲江淮荆浙路發運使，召爲工部侍郎，改户部，出知青州。未至，召拜户部尚書。八年，以龍圖閣直學士知開封府。

勰治京師有名。紹聖初，拜翰林學士兼侍讀。鄭雍爲左丞，以臺諫彈奏丐罷，勰當批答，有「羣邪共攻」之語，於是臺諫以勰爲欺誣，遂罷知池州。卒，年六十四〔一五〕。後入元祐籍云。

藻字醇老，吴越王鏐五世孫也。舉進士，又中制科。爲人清謹寡過，居守繩墨，爲治簡静。立朝無矯亢之節，亦不爲雷同，處勢利淡如也。人稱其長者。

英宗時，爲秘書校理〔一六〕。上書請太后還政。通判秀州。神宗時，稍遷直舍人院，同修起居注，擢知制誥，直學士院，除樞密直學士、知開封府。遷翰林侍讀學士。卒，年六十一〔一七〕。

【箋證】

〔一〕諫議大夫魏庠知蘇州：據《長編》卷三四載，魏庠在淳化四年爲左諫議大夫。「諫議大夫」前當補「左」字。然歐陽修《尚書户部郎中贈右諫議大夫曾公神道碑》(《歐陽文忠公集》卷二一)僅作「諫議大夫」，《事略》此傳蓋據《神道碑》。

〔二〕徙知壽州：據《尚書户部郎中贈右諫議大夫曾公神道碑》及《宋史》卷四四一《曾致堯傳》，此四字係涉上文而衍。

〔三〕卒年六十六：《宋史》本傳：「五年卒，年六十六。」《尚書户部郎中贈右諫議大夫曾公神道碑》：「大中祥符五年五月某日，卒於官，享年六十有六。」

〔四〕清邊前要：《宋史》本傳作「《清邊前要》三十卷」，卷二〇三《藝文志》二作「《清邊前要》五十卷」，卷二〇七《藝文志》六作「《清邊前要》十卷」。

〔五〕布宰相自有傳：《曾布傳》，見本書卷九五。

〔六〕卒年六十五：《長編》卷三三四元豐六年四月丙辰載「丁憂人前朝散郎、試中書舍人曾鞏卒」。曾肇《曾舍人鞏行狀》(《名臣碑傳琬琰集》中卷四九)：「元豐五年四月，擢試中書舍人，賜服金紫。九月，丁母憂。明年四月丙辰，終於江寧府，享年六十有五。」

〔七〕卒年六十二：《宋史》卷三一九《曾鞏傳》附《曾肇傳》：「(崇寧)四年，歸潤而卒，年六十一。」楊時《曾文昭公行述》(《楊龜山先生集》卷二九)：「魯公薨，翼日公亦不起，實大觀元年八月丙辰，享年六十一。」又《曲阜集》卷四載楊時撰《神道碑》：「大觀丁亥八月三日，卒於鎮江。生慶曆丁亥九月二日，享年六十一。」可見，《事略》「年六十二」當作「年六十一」，《宋史》記卒年不確。

〔八〕又爲兩浙荆湖陝西轉運使：《宋史》卷三〇一《梅詢傳》：「就徙兩浙轉運副使」，歐陽修《翰林侍讀學士給事中梅公墓誌銘》(《文忠集》卷二七)「又徙兩浙轉運使」，「運」下注「一有副字」。

〔九〕卒年七十八：《翰林侍讀學士給事中梅公墓誌銘》：「康定二年六月某日，卒於官。」王安石《翰林侍讀學士知許州軍州事梅公神道碑》（《臨川先生文集》卷八八）：「康定辛巳六月十日，公七十八，以其官卒。」

〔一〇〕卒年七十六：《隆平集》卷一四作「卒，年七十七」。

〔一一〕卒年五十九：《長編》卷三三淳化三年三月戊戌載：「會稽錢易，時年十七，日未中，所試三題皆就，言者指其輕俊，特黜之。」據此可推知錢易生於宋太宗太平興國元年（九七六），卒於宋仁宗景祐元年（一〇三四）。

〔一二〕壽雲總録一百卷：《隆平集》卷一四作「《壽雲總録》一百卷」。《宋史》卷三一七《錢惟演傳》附《錢易傳》作「《青雲總録》《青雲新録》」，疑「壽雲」爲「青雲」之誤。

〔一三〕卒年三十七：蘇頌《錢起居神道碑》（《蘇魏公集》卷五二）：「皇祐元年春，廷試進士，公爲編排官。……天不俾壽，年止五十七。以其年季冬寢病，某日終於司農之官舍。」據此，則彦遠當卒於皇祐元年十二月，年五十七。《事略》及《隆平集》卷一四「三十七」當爲「五十七」之誤。或謂彦遠卒於皇祐二年，蓋以《神道碑》「後二年，邕管有儂智高之變」（儂智高以皇祐四年反）而推定。然《神道碑》又言「以明年正月己酉葬開封汴陽鄉」，考皇祐二年正月己酉爲二十一日，而皇祐三年正月癸丑朔，無己酉日，可證「明年」指皇祐二年，由此可知彦遠當卒於皇祐元年季冬，與《神道碑》所述吻合。

〔一四〕卒年五十七：《宋史》卷三一七《錢惟演傳》附《錢明逸傳》：「熙寧四年卒，年五十七。」

〔一五〕卒年六十四：《長編》卷四九三紹聖四年十一月丙辰載「朝議大夫、知池州錢勰卒」。

〔一六〕爲秘書校理：《宋史》卷三一七《錢惟演傳》附《錢藻傳》作「爲秘閣校理」，是。「校」，原作「技」，兩字通，然校理爲官名，今統作「校理」。

〔一七〕卒年六十一：《長編》卷三二二元豐五年正月庚寅載「翰林侍讀學士、知審官東院錢藻卒」。

東都事略卷第四十九

列傳三十二

王欽若字定國，臨江軍新喻人也。祖郁，嘗官鄂州，家黄鶴樓，漢陽人望樓上若有仙景，一夕，欽若生。父仲華。欽若少孤，郁愛之。郁後爲濠州判官，嘗曰：「吾之後必有興者，其在吾孫乎？」

欽若舉進士甲科，爲亳州防禦推官，遷太常丞、理欠憑由司〔一〕，奏蠲乾德至咸平逋負千餘萬，釋繫囚三千餘人，以廣惠澤。召試學士院，真宗覽其文，謂輔臣曰：「欽若非獨敏於吏事，兼富於文辭。」遂以右正言知制誥，遷翰林學士，拜左諫議大夫、參知政事。

景德初，契丹入寇，欽若請行，以工部侍郎、參知政事判天雄軍。還朝，罷政事，特置資政殿學士以寵之。既久，又加大學士。三年，遷尚書左丞、知樞密院事。真宗既與契丹和，寇準之功也。契丹受盟而歸，準每有自多之色，雖真宗亦以自得也。欽若深害之，一日從容言於真宗曰：「澶淵之役，準以陛下爲投瓊，與虜博耳。錢輸將盡，盡出之謂之孤注。陛下，寇準之孤注也。且城下之盟，古人羞之，而陛下以爲功乎？」真宗愀然曰：「爲之奈何？」欽若知真宗厭兵，即謬曰：「陛下以兵取幽燕，乃可刷耻。」真宗曰：「河朔生靈始免兵革之禍，吾安能爲此？可思其次。」欽若曰：「惟有封禪泰山，可以鎮①服四海，誇示夷狄。然自古封禪，當得天瑞希世絶倫

---

①鎮：原作「填」，據覆宋本、四庫本及《長編》卷六七改。

之事，然後可爲也。」既而又曰：「天瑞安可必得，前代蓋有人力爲之者也。」真宗久之乃可。然王旦方爲相，真宗曰：「王旦得無不可乎？」欽若曰：「臣得以聖意諭旦，宜無不可。」欽若乘間爲旦言之，旦黽勉而從，然真宗意猶未決也。它日晚，幸秘閣，惟杜鎬方直宿，真宗驟問之曰：「古所謂河出圖，洛出書，果何事也？」鎬曰：「此聖人以神道設教耳。」其言適與真宗意合，真宗遂意決。於是天書降於左承天闕之上。

大中祥符初，泰山父老請封禪，遂爲經度制置使兼判兖州，又爲天書儀仗副使。天書再降泰山，欽若以聞，真宗謂輔臣曰：「朕五月十七日夜夢神人來言，當賜天書於泰山，秘不敢言，今果與夢協。」出欽若所上《天書再降祥瑞圖》以示百僚。欽若又言：「至嶽下兩夢神人，願增建廟亭。」真宗從之。封禪禮成，遷禮部尚書。祀汾陰，復爲天書儀仗副使，遷吏部尚書。明年，爲樞密使、同平章事。

初，真宗議立皇后，參知政事趙安仁謂：「劉德妃家世寒微，不如沈才人出於相門。」真宗雖不樂，亦不罪也。它日，與欽若論方今大臣之長者，欽若欲排安仁，乃譽之曰：「趙安仁，長者也。安仁昔爲故相沈倫所知，至今不忘舊德，常欲報之。」真宗默然，始有斥安仁之意矣。

安仁既罷，王旦欲引所善李宗諤參知政事，嘗以告欽若，欽若唯唯。宗諤家貧，禄廪不足以給婚嫁，旦前後資借甚多，欽若知之。故事，參知政事謝日，所賜之物幾三千緡，欽若因密奏：「宗諤負王旦私錢不能償，旦①欲引宗諤參知政事，得賜物以償己，非爲國計也。」明日，旦果以宗諤名聞，真宗不許。欽若因薦丁謂，謂遂參知政事。欽若與謂及劉承規〔二〕、陳彭年、林特交通，蹤跡詭異，時以「五鬼」目之。

七年，爲同天書刻玉使。馬知節與欽若同在樞府，知節惡其爲人，不相下，因詆其短，爭於上前，由是罷樞密

①旦：原作「且」，據四庫本及《長編》卷七八改。

使。八年，復爲樞密使、同平章事。天禧元年，上玉皇尊號，遷右僕射，尋拜左僕射兼中書侍郎、同平章事。

初，真宗欲相欽若，王旦曰：「欽若遭遇陛下，恩禮已隆，且兩府任用亦均。臣見祖宗朝未嘗使南人當國，雖古稱立賢無方，然必賢士乃可。臣位居元宰，不敢沮抑人，此亦公議也。」及旦罷，真宗始相欽若。三年，人有言其受金者，欽若於上前自辨，乞下御史臺覆①實。真宗不悅，曰：「國家置御史臺，固欲爲人辨虛實耳？」欽若皇恐，因求出藩。會商州捕得道士譙之易[三]，蓄禁書，能以術使六丁六甲神，而欽若贈之詩，故罷爲太子太保，尋判杭州。

逾年，復資政殿大學士、資善堂侍講，進司空。既而除山南東道節度使、同平章事、判河南府。以疾不俟報赴闕，降司農卿，分司南京。仁宗即位，復秘書監，改太常卿、知濠州，遷刑部尚書、知江寧府。天聖元年，復拜司空、門下侍郎、同平章事、昭文館大學士，進司徒，封冀國公。薨於位[四]，贈太師、中書令，謚曰文穆。

欽若嘗言：「少時過圃田，夜視天文有『紫微』字。又嘗於蜀褒城道中有通刺字，未暇視而與之相見，告欽若曰：『異日位宰相。』既去，視刺字，乃唐相裴度也[五]。」自此遂喜神異事，且撰文以紀之。朝廷有所興作，必委曲遷就，以合上意。真宗作《喜雪》詩，誤用旁韻，王旦欲白真宗，欽若曰：「天子詩可校以禮部格耶？」旦遂止。欽若退，遽密以聞。它日，真宗謂輔臣曰：「前日所賜詩，微欽若，幾爲衆所笑。」與楊億等同撰《策府元龜》[六]，有褒詔則自爲表謝，譴問則戒吏云第言億等，故馬知節面斥其姦罔。仁宗亦謂王曾曰：「欽若所爲，真姦邪也。」

五子皆夭，以從子寅亮爲後。欽若平日撰述，有《天書再降泰山祥瑞圖》《鹵簿記》《彤管懿範》《天書儀制》

①覆：繆校作「覈」。

《翊聖傳》《聖祖事迹》《羅天大醮儀》①《廣聞》《遷敍圖》《列宿萬靈朝真二圖》共數百卷〔七〕，多述神異之事云。

臣稱曰：帝王之功業，未始不成於艱難多事之時，而肆於安逸無事之日。真宗之初，北有契丹之强，西有繼遷之患，真宗既已馴服二虜，天下無事，欽若乃首爲天書之説，自是封禪之禮行，而祥瑞興矣。雖曰褒功頌德以歸美於上，是豈忠臣之所當然者與？聖人不畏多難，畏無難，詎可忽哉！

丁謂字公言，初字謂之②，蘇州人也〔八〕。嘗以文謁王禹偁，禹偁稱其文，與孫何比之韓、柳，名遂大振。既而何冠多士，而謂占第四，自以與何齊名，耻居其下，臚傳之際，殿下有言。太宗曰：「甲乙丙丁，合居第四，尚何言？」爲大理評事，通判渝州。逾年，直史館，爲福建路轉運使。初置龍焙，歲貢團茶。

咸平初，爲三司户部判官。峽路蠻擾邊，會分川、峽爲四路，謂領夔州路轉運使，措置蠻事，作誓刻石柱境上。其後又入寇，委其酋領討平之。居五年，入爲三司鹽鐵副使，擢知制誥。

契丹入寇，謂知鄆州。虜騎稍南，民大驚，趣楊劉③渡。舟人邀利，不時濟。謂斬死罪囚於河上，舟人懼，不復稽阻。又令廣旗幟，擊刁斗，聲振百餘里，於是契丹亟走。明年，召爲三司使，加樞密直學士。

大中祥符初，議封禪，未決，謂因言大計有餘，議遂定。謂機敏有智謀，在三司，案牘有④差，老吏不能曉者，

①羅天大醮儀：「大」原作「人」，據四庫本及《宋史》卷二八三《王欽若傳》改。
②謂之：繆校作「畏之」。
③楊劉：覆宋本、四庫本作「揚州」。
④有：繆校作「參」。

決以一言，皆中其理。朝廷每有營造，莫不兼領。凡奏祥瑞事，皆謂與王欽若與焉。

初，議建昭應宮也，真宗命謂經度。謂欲侈大其制，近臣多言其不可者，真宗以問謂，謂曰：「陛下富有天下，建一宮崇奉上帝，何所不可？且陛下未有皇嗣，建宮於宮城之乾地，正可以祈福。羣臣不知陛下此意，或妄有沮止，願以諭之。」既而王旦密上疏諫止其役，真宗諭之，如謂所對，旦遂不敢復言。

五年，拜户部侍郎、參知政事。明年，朝謁太清宮，爲奉祀經度制置使、判亳州。又爲天書刻玉副使，再遷兵部尚書。九年，除平江軍節度使、知昇州。天禧間，徙鎮保信，復以吏部尚書爲參知政事，改樞密使。寇準罷相，真宗既已相李迪，未幾亦拜謂同中書門下平章事、昭文館大學士。

真宗疾久，頗艱於語言，皇后與政。準爲相時，議欲請太子監國。準既罷，楊崇勳告内侍周懷政謀殺謂等，復用準。謂微服夜詣曹利用①謀之，遂誅懷政，貶準安州，再貶道州司馬。王曾爲參知政事，不平之，曰：「責太重矣。」謂熟視久之，曰：「居停主人勿復言，恐亦不免也。」曾蹴然而懼。

其後真宗欲令皇太子聽政，皇后裁制於内，以二府兼東宮官，遂加謂門下侍郎兼太子少傅。爲李迪斥其姦，遂與迪俱罷相。謂尋知河南府。内臣雷允恭者，嬖臣也，謂之進皆允恭之力。至是，允恭傳宣，以中書闕人，權留謂發遣，謂因此直入中書，召堂吏索文書閱之。來日，與羣工同奏事，真宗亦無語。衆退，獨留。及出，道過學士院②，謂傳詔召當直學士劉筠草復相制。筠曰：「命相必面得旨，果爾，今日必有召，制乃可爲也。」謂無如之何，乃命它學士草制[九]，遂拜左僕射、門下侍郎、同平章事兼太子少師。謂既復相，尋又加司空，封晉國公。

①曹利用：「曹」原作「之」，據覆宋本、四庫本及《龍川別志》卷上改。

②學士院：繆校作「集賢院」。

仁宗即位，章獻后臨朝，進司徒兼侍中，爲山陵使。允恭既有力於謂，謂德之，故遣允恭修陵域。允恭惑司天邢中和，妄言移皇堂於東南二十步。王曾具奏其事，以謂擅易陵寢，意有不善，語在《允恭傳》〔一〇〕。允恭既誅，謂罷相，爲太子少保，分司西京。謂次子玘與女冠劉德妙通，出入謂家。謂坐貶崖州司户參軍，玘除名，籍其家。自參知政事任中正等十數人皆坐貶。

始，寇準責①雷州時，謂與馮拯同在中書，謂當秉筆。初欲貶崖州，而謂忽自疑，語拯曰：「崖州再涉鯨波如何？」拯唯唯而已，謂乃徐擬雷州。至是謂貶，拯遂擬崖州云。

初，謂之復留也，貶李迪於衡州，宋綬知制誥，草謫詞，請其罪名，謂曰：「《春秋》無將，漢法不道，皆其事也。」詞既上，謂嫌其不切，多所改定。其言上前争議曰：「罹此震驚，遂至沉頓。」謂所定也。及謂貶，綬猶掌詞命，即爲之詞曰：「無將之戒，深著於魯經；不道之誅，難逃於漢法。」天下快之。

謂在朱崖凡五年，嘗以家財與土人商販，蠲其息。其人問所欲，謂曰：「欲煩齎家書至洛陽爾。」仍戒其人曰：「俟有中貴人至，與留守宴，即投之。」其人如教，留守得之大驚，不敢拆其書，遂奏之。乃謂作陳情表，假家書以達之也。其表敍其受遺册立之功，有云：「臣有彌天之罪，亦有彌天之功。」章獻與仁宗覽之惻然，遂徙雷州。又三年，徙道州。復秘書監致仕，居安州，又徙光州。卒，年七十二〔一一〕。

謂性憸巧，而善談笑〔一二〕。在朱崖，嘗問客：「天下州郡孰爲大？」客曰：「京師也。」謂曰：「不然。朝廷宰相作崖州司户參軍，則崖州爲大也。」聞者絶倒。先是，謂逐寇準，京師爲之語曰：「欲得天下寧，當拔眼中釘。欲得天下好，莫如召寇老。」及謂得罪，人以爲報云。

①責：覆宋本、四庫本作「謫」。

馮拯字道濟，河陽人也。少時以文謁趙普，普見而奇之，謂曰：「子位與壽，他日我若也。」舉進士，爲大理評事，通判峽州，稍遷度支判官。

淳化中，與尹黄裳、王世則、洪湛伏閤請立許王元僖①爲皇太子，太宗怒，出知端州。久之，徙鼎州，道改通判廣州。會母亡，請内徙，得知江州。入判三司度支兼侍御史知雜事。

時西北用兵，拯論：「大將王超、傅潛在定、瀛觀望翫寇，陛下不見杜重威之事乎？」後超等果以逗撓覆軍。擢樞密直學士，爲河東、河北安撫副大使。明年，以右諫議大夫同知樞密院事。景德初，改工部侍郎、僉書樞密院〔一三〕。真宗訪以邊事，拯以謂：「備邊之要，當須扼襟喉，據險隘，以制敵之衝。若於保州、威虜間，依徐河以布陳裹糧〔一四〕，其勢足以決勝。今防秋，請定州北唐河增屯軍馬至六萬爲大陳，邢州置都總管爲中陳，天雄軍鈐轄爲後陳，而罷莫州、狼山兩路屯兵。」從之。明年，爲參知政事，累遷工部尚書。引疾丐罷，以刑部尚書知河南府，除御史中丞。又以疾除户部尚書、知陳州。

真宗問王旦曰：「拯屢求閒郡，何也？」對曰：「馬知節嘗薄拯，拯志在旌節，不敢請大藩也。」明年，再知河南。天禧四年，入判都省，拜吏部尚書、同平章事，充樞密使。尋加左僕射、中書侍郎〔一五〕，居相位，兼太子少傅、集賢殿大學士，進左僕射，封魏②國公。

仁宗即位，遷司空兼侍中，與丁謂同爲相。謂獲坐，陰祈拯營救。時章獻欲殺謂，拯言：「上初即位，誅大

①元僖：原作「元禧」，據本書卷三《太宗紀》「皇子元僖封許王」及《宋史》卷二八五《馮拯傳》改。

②魏：覆宋本、四庫本作「祁」。《宋史》本傳及《名賢氏族言行類稿》卷一作「魏」。

臣，駭天下耳目。」謂得不誅而竄之朱崖，拯有力焉。謂既得罪，拯遂代謂爲司徒、昭文館大學士，充山陵使。拯嚴重①，中人傳宣至中書，未嘗與坐。上章請罷，拜武勝軍節度使兼侍中，判河南府。仁宗遣内人撫問，還奏其寢處皆儉素無他飾〔一六〕，仁宗因賜以衾裯及錦倚屏。然拯平居自奉極於侈靡也。卒，年六十六〔一七〕。贈太師、中書令，謚曰文懿。

【箋證】

〔一〕遷太常丞理欠憑由司：《宋史》卷二八三《王欽若傳》作「改太常丞、判三司理欠憑由司」，《隆平集》卷四作「真宗即位，欽若判三司理欠憑由司」。《事略》當脱「判三司」三字。

〔二〕劉承規：《宋史》本傳作「劉承珪」。

〔三〕譙之易：《隆平集》卷四同《事略》，而《宋會要輯稿》職官七八之一〇、《長編》卷九三、《容齋三筆》卷五、《宋宰輔編年録》卷三、《宋史全文》卷六均作「譙文易」。

〔四〕薨於位：《宋史》卷九《仁宗紀一》天聖元年十一月戊申：「王欽若卒。」《長編》卷一〇三天聖元年十一月：「司徒兼門下侍郎、平章事、冀國公王欽若既兼譯經使，始赴傳法院，感疾，亟歸。車駕臨門，賜白金五千兩。戊申，卒，皇太后臨奠出涕。」

〔五〕乃唐相裴度也：汪琬《東都事略跋》卷上：「《傳》末敍欽若嘗遇裴晋公事。按《孫公談圃》，夏竦父爲侍禁時，竦尚幼，有道士乞爲養子，父弗許。道士曰：『是兒有僊骨，不爾，位極人臣，但可惜墮落了。』愚謂二人憸險，必無成僊之理，此皆其門生故吏影響附會，如唐小説所紀李林甫、盧杞皆然，《傳》不當載。」

〔六〕策府元龜：《宋史》本傳作「《册府元龜》」，是。

①重：原作「軍」，據四庫本及《隆平集》卷四、《長編》卷一〇一、《宋史》本傳改。

〔七〕翊聖傳聖祖事迹羅天大醮儀廣聞遷敍圖列宿萬靈朝真二圖：《宋史》本傳作「《翊聖真君傳》」「《五嶽廣聞記》」「《列宿萬靈朝真圖》」。「二圖」之「二」當爲衍文。

〔八〕字公言初字謂之蘇州人：《宋史》卷二八三《丁謂傳》作「字謂之，後更字公言，蘇州長洲人」。

〔九〕乃命它學士草制：據《長編》卷九六載，草制者爲晏殊。《續通志》卷三二二《丁謂傳》注：「按《長編》載謂始傳詔召劉筠草復相制，筠不奉詔，乃更召晏殊。《龍川别志》《涑水記聞》皆以爲草制者錢惟演也。《御史臺記》及宋綬撰《劉筠墓志》則隱其名，曰『卒命他學士爲之』。《東都事略》同。此事《宋史》本傳不載，然於當日大有關係，不第爲知制誥諸人分守正與黨惡也。因考諸書而備録之。」

〔一〇〕語在允恭傳：《雷允恭傳》，見本書卷一二〇。

〔一一〕卒年七十二：《宋史》本傳：「明道中，授秘書監致仕，居光州，卒。」《長編》卷一二〇景祐四年四月己亥載「光州言秘書監致仕丁謂卒」。

〔一二〕謂性儉巧而善談笑：汪琬《東都事略跋》卷上：「《沂公筆録》：晉公嘗言：『古今所謂忠臣孝子，皆不足信，乃史筆緣飾，欲爲後代美談也。』言者心聲，謂本傾邪小人，平生不知忠孝爲何事，忠臣孝子爲何人，故宜有此無忌憚語。世所傳《晉公談録》，乃出於丁氏門客之手，中間多述謂之美事，此則緣飾無疑耳。」

〔一三〕僉書樞密院：《宋史》卷二八五《馮拯傳》作「簽書樞密院事」，《事略》當脱「事」字。

〔一四〕依徐河以布陳裹糧：「徐河」，《長編》卷五五、《玉海》卷一四三、《宋史》本傳作「徐、鮑河」，是。

〔一五〕尋加左僕射中書侍郎：《宋史》本傳作「拜右僕射兼中書侍郎」。下文言「進左僕射」，此當從《宋史》作「右僕射」。《長編》卷九六天禧四年十一月庚午載「樞密使、同平章事馮拯爲右僕射、中書侍郎兼少傅」，可爲證。

〔一六〕還奏其寢處皆儉素無他飾：汪琬《東都事略跋》卷上：「《國老談苑》：『拯姬媵頗盛，在中書，密令堂吏市珠絡，自持爲遺。或未允所售，出入懷之，有及三四夕者。』斯其鄙妄可知，顧臨殁時，猶欲以儉素欺人主，用心如此，無怪乎爲馬知節所薄也。又，太祖嘗令内夫人問范質疾，質家器皿不具，内夫人奏知，即令翰林司送果子牀、酒器十副以賜之，因謂質曰：『卿何自苦如此？』質奏曰：『臣向在中書，門無私謁，所與飲皆貧賤時親戚，安用器皿？因循不置，非力不足也。猥蒙厚賜，頗涉近名。』云云。斯則去拯遠甚，可謂賢宰相矣。」

〔一七〕卒年六十六：《宋史》卷九《仁宗紀一》天聖元年閏九月己亥：「馮拯卒。」《長編》卷一〇一：「馮拯病，不能赴河陽。己亥，卒。遣入内都知藍繼宗致奠。贈太師、中書令，謚文懿。」

東都事略卷第五十

列傳三十三

曹利用字用之，趙州人也[一]。其父諫，明經及第，至右補闕[二]，換崇儀使。利用少有志節，讀書略通大義。以諫遺恩授殿前承旨，轉右班殿直、鄜延路走馬承受公事。

景德初，契丹南牧，真宗用宰相寇準計，親御六軍度河，兵始交而斃其貴將撻覽。契丹有求和意，朝廷知之，是時利用適奏事行在，以利用使於兵間。真宗欲召問以觀其志，於是樞密使王繼英曰：「利用言，儻得奉君命，雖死無所避。」即日授閤門祇候，假崇儀副使，奉書以行。真宗曰：「契丹如貪歲賂，乃國家細事。或求關南之地，當以理絕之。」利用對曰：「虜若妄有所求，臣不敢生還。」真宗壯其言。利用見虜，果首及關南地，利用曰：「若歲求金帛以助軍乏，尚恐大臣議或不同。割地之議，死不敢聞。」其政事舍人高正始曰：「舉國而來，不得關南，止得金帛，誠愧見國人。」利用曰：「若爾，則兩國之兵未有休時矣。」虜度不可屈，遂決通好之議，而與報使韓杞同至。復致書幣以往，許其和好，仍歲遺銀絹三十萬。

使還，真宗在帷宮方進食，未之見，使內侍問所遺。利用曰：「此幾事，當面奏。」真宗復使問之曰：「姑言其略。」利用終不肯言，而以三指加頰。內侍入曰：「三指加頰，豈非三百萬乎？」真宗失聲曰：「太多。」既而曰：「姑了事，亦可耳。」帷宮淺迫，利用具聞其語。既對，真宗亟問之，利用再三稱死罪，曰：「臣許之銀絹過多。」真宗曰：「幾何？」曰：「三十萬。」真宗不覺喜甚。利用之行也，面請所以遺虜者，真宗曰：「必不得已，雖百萬可也。」寇準謂利用曰：「雖有旨許百萬，若過三十萬，當斬汝。」至是果以三十萬成約而還。擢東上閤門使、忠州刺史。

四年，宜州軍校陳進反，命利用爲廣南安撫使。賊平，遷引進使，累遷嘉州防禦使、鄜延路兵馬總管。大中祥符七年，拜樞密副使。久之，加宣徽北院使，改同知樞密院，遂知院事。天禧中，拜樞密使，加同平章事。皇太子權聽軍國事，議令輔臣兼東宮官。真宗出制書榻前，宰相李迪面斥丁謂姦邪，利用、馮拯皆有朋黨。利用曰：「以片文遇主，臣不如迪；若捐軀入不測之虜，迪不如臣。」卒以利用兼太子少保，進右僕射，封韓國公〔三〕。

仁宗即位，加左僕射兼侍中、武寧軍節度使，進封魯國公〔四〕。天聖三年，加司空。國朝故事，敍班以宰相爲首，親王次之，使相又次之。初，曹彬爲樞密使兼侍中，位在宰相李沆下。及王曾拜平章事，利用爲樞密使兼侍中，乃令利用班曾上，然中外深以爲失。至是，曾拜首相，曾與利用告謝，而利用爭班。閤門屢請班首姓名，曾抗聲曰：「但言宰相王曾以下告謝。」班始定，而利用寖不說。時張知白爲次相，見其不平之意，終推利用班其上。仁宗令樞密副使張士遜勉諭之。五年，改封鄆國公〔五〕。明年，改鎮保平。又明年，其從子左侍禁汭爲趙州監押，趙人告其逆謀，遂罷，以本官兼侍中判鄧州。及汭誅，降左千牛衛上將軍〔六〕、知隨州。又坐私貸景靈宮公用錢，貶崇信軍節度副使，房州安置。至襄州，内臣楊懷敏逼使自縊，以暴疾①卒聞，年五十九〔七〕。

利用既居大位，遂肆②驕縱。章獻臨朝，威震天下，利用奏事簾前，頗不祗肅，或以指爪擊帶鞓，左右指以示

①暴疾：覆宋本、四庫本作「疫暴」。

②肆：原作「四」，據覆宋本、四庫本改。

章獻曰：「利用在先帝時，敢爾耶？」章獻雖銜怒，然亦嚴憚之，稱「侍中」而不名。利用多裁抑貴戚、宦官，而親舊或乘間獲進，故不免禍。既死，人或以爲冤。贈太傅，謚曰襄悼。

張耆〔八〕，開封人也。年十一，事真宗於潛邸。及真宗即位，授西頭供奉官。擢供備庫副使、帶御器械。咸平中，契丹犯邊，耆爲天雄軍、鎮州①、定州鈐轄。契丹圍望都，耆率諸將從間道往。至則城已陷，遂與虜戰，身被數創，擒其一將。會王繼忠没於陳，耆言：「天道方利用兵先人，有奪人之心，宜悉師以伐胡。鬭土强國，在此舉矣。」遷昭州團練使，爲并代路鈐轄。召對承明殿，真宗曰：「朕欲守澶州橋，而難其人，汝能爲朕行乎？」乃以爲駕前西面鈐轄，又爲東面鈐轄。

耆嘗受人金，或言其事，降供備庫使、潞州兵馬都監。久之，遷團練使，改英州防禦使。從真宗東封，除齊州防禦使、殿前都虞候〔九〕。是時盛興宫室，人皆争奉符瑞，丁謂、王欽若主其事，無敢議者。耆毅然謂：「土木之役，不足以承天意。」遷相州觀察使、馬軍都指揮使。從祀汾陰，授威塞軍節度使、宣徽南院使、樞密副使。天禧三年罷，判河陽。居久之，除同平章事、判陳州。歷定國、河陽三城、武寧、鎮安、淮南五鎮，判壽州，徙河陽。

天聖三年，拜樞密使，封岐國公〔一〇〕。耆初名旻，至是改焉。加右僕射兼侍中〔一一〕，又進封鄧國公。又歷泰寧、山南東道、昭德三鎮〔一二〕。章獻崩，加左僕射，改鎮護國，出判許州，徙②襄、鄧二州，進封徐國公〔一三〕。又徙河陽、許、陳、壽等州，以太子太師致仕。其子得一知貝州，妖卒王則反，不能死，又爲之用，既而坐誅。而耆鬱鬱

①鎮州：繆校云「衍『州』字」。
②徙：覆宋本、四庫本作「遷」。

不得志，卒，年七十五〔一四〕。贈太師兼侍中，謚曰榮僖。

耆爲人有智數，真宗嘗使讀《論語》《左氏春秋》，又賜以《宸戒》二十條及《聖政紀》《册府元龜》，故通知傳記，至於星曆術數之學，無不傳習。其言邊事或象①緯變見多中。章獻在壽邸時，嘗出寓其家，故臨朝待耆尤所優寵，賜第省西，凡七百楹。後言者以樓下瞰郊社，乃毁之。前後賜予不貲，欲其財之不出，故爲曲欄②，積百貨，與羣婢貿易。其有疾者，親診視，收其藥直。御諸子嚴，一見之即出之外舍，然供饋僚屬頗厚也。

耆之諸子得一，既以背叛誅，而誠一復以凶惡著。誠一任樞密院副承旨時，嘗開耆之棺槨，掠取財物，解父所繫排方犀帶。後任觀察使，爲諫官論列，責官而卒。曾孫叔夜、克戩、克公，各别有傳〔一五〕。

楊崇勳〔一六〕，其先薊州③人也。父全美，仕太宗爲殿前指揮使。崇勳少以父任爲東西班承旨〔一七〕，給事東宫。真宗即位，授左侍禁〔一八〕，累遷至四方館使。

寇準罷相，真宗寢疾，仁宗在東宫，入内都知周懷政謀奉真宗爲太上皇，傳位於仁宗，而復相準。崇勳告其事，遂誅懷政，擢崇勳鄧州觀察使，辭不拜。以内客省使、桂州觀察使兼羣牧使。屬天下久罷兵，有言鬻廐馬者，崇勳曰：「馬者，兵之用而戰之備也。雖無事，其可去耶？」議遂格。仁宗立，拜彰德軍留後、知陳州，爲殿前都虞候。遷馬步軍都指揮使、振武軍節度使〔一九〕。

①象：原作「衆」，據四庫本及《隆平集》一〇《張耆傳》改。

②欄：原作「攔」，據四庫本、繆校及《隆平集》卷一〇改。

③薊州：原作「蘇州」，據宋祁《楊太尉行狀》「公之曾高，燕薊人也」及《宋史》卷二九〇《楊崇勳傳》並參舒仁輝《〈東都事略〉與〈宋史〉比較研究》第二〇五頁「疑『蘇州』爲『薊州』之誤刊」改。

崇勳嘗詣中書白事，屬雨，崇勳穿泥鞾登政事堂。宰相王曾劾其失，詔送宣徽院問狀。翌日，曾請傳詔釋其罪。章獻后問其故，曾曰：「崇勳武臣，不知朝廷之儀。舉奏者，宰臣所以振紀綱；寬釋者，人君所以示恩德。如此則仁愛歸於上，而威令肅於下矣。」徙鎮鎮南，拜宣徽北院使、樞密副使〔二〇〕。又徙定武、山南東道二鎮，拜樞密使。明道二年，加同平章事，以河陽三城節度使判陳州。

崇勳既加使相，而論者以爲寵太過，周懷政之弟懷信訟崇勳誣告其兄，乃罷平章事、知壽州。慶曆二①年，契丹將渝盟，以崇勳判冀州〔二一〕。既而老不任事，徙判成德軍，又徙鄭州。以左衛將軍致仕〔二二〕，改太子太保。卒，年七十〔二三〕。贈太尉，有司謚曰恭密，詔更爲恭毅。

崇勳口給狡桀，喜中傷人，而於御軍頗有法云。

臣稱曰：曹利用奉使虜廷，有勞國家，驟膺柄用，權震人主，而不能以謙自牧，卒罹不測之禍。天道福善而禍淫，可不信哉？耆、崇勳材質庸下，致位將相，蓋出幸會云。

【箋證】

〔一〕趙州人：《宋史》卷二九〇《曹利用傳》作「趙州寧晉人」，是。

〔二〕至右補闕：《宋史》本傳作「仕至右補闕」，是。

〔三〕封韓國公：《宋史》本傳闕載，《長編》卷九八乾興元年二月甲辰載「樞密使曹利用韓國公」。

①二：覆宋本、四庫本作「三」。

〔四〕進封魯國公：《宋史》本傳闕載，《長編》卷一〇二天聖二年十一月辛亥載「曹利用改封魯國公」。

〔五〕五年改封鄆國公：《宋史》本傳闕載，《長編》卷一〇六天聖六年三月壬子載「利用改保平節度使，進封鄆國公」。《事略》記封鄆國公在五年，或誤。

〔六〕降左千牛衛上將軍：《宋史》本傳作「謫左千牛衛將軍」，《隆平集》卷一〇作「改上將軍」，《宋會要輯稿》職官六四之二八載天聖七年二月十四日，「左千牛衛上將軍、知隨州曹利用責崇信軍節度副使，房州安置」。當以「上將軍」爲是。

〔七〕以暴疾卒聞年五十九：《長編》卷一〇七天聖七年閏二月辛卯載：「宦者多惡曹利用，必欲置之死。楊懷敏護送利用，行至襄陽驛，懷敏不肯前，且以語逼之。利用素剛，遂自經死，懷敏乃奏利用暴卒。」

〔八〕張耆：《隆平集》卷一〇、《宋史》卷二九〇《張耆傳》作「張耆字元弼」。《事略》漏書其字。

〔九〕除齊州防禦使：《宋史》本傳作「遷絳州防禦使」。

〔一〇〕封岐國公：《宋史》本傳闕載，《長編》卷一〇六天聖六年三月壬子載「張耆改泰寧節度使，封岐國公」。

〔一一〕加右僕射兼侍中：《宋史》本傳作「加尚書左僕射」。考《長編》卷一一一明道元年八月丙辰載「樞密使、山南東道節度使、同平章事張耆加右僕射」，當以「右僕射」爲是。

〔一二〕又歷泰寧山南東道昭德三鎮：《續通志》卷三二五《張耆傳》校注：「按《東都事略》載耆爲泰寧、山南東道、昭德三鎮節度，並在拜樞密使後，其爲河陽三城節度則在拜樞密使之前，與《宋史》本傳互異。」

〔一三〕進封徐國公：《宋史》本傳繫於知「許、陳、壽等州」之後，與《事略》互異。

〔一四〕卒年七十五：《長編》卷一六四慶曆八年六月壬午載「太子太師致仕、徐國公張耆卒」。

〔一五〕曾孫叔夜克戩克公各别有傳：《張叔夜傳》《張克戩傳》，見本書卷一一一；《張克公傳》，見本書卷一〇五。

〔一六〕楊崇勳：《宋史》卷二九〇《楊崇勳傳》作「楊崇勳字寶臣」，宋祁《楊太尉行狀》（《景文集》卷六一）亦言「字寶臣」，《事略》漏書其字。

〔一七〕崇勳少以父任爲東西班承旨：《宋史》本傳作「崇勳以父任爲東西班承旨」，《楊太尉行狀》作「公年十一，以父故補東班承旨」，疑《事略》《宋史》並誤。

〔一八〕授左侍禁：《宋史》本傳作「遷右侍禁」，《楊太尉行狀》作「授右侍禁」，《事略》蓋誤「右」爲「左」。

〔一九〕馬步軍都指揮使：《宋史》本傳、《楊太尉行狀》並作「殿前都指揮使」。

〔二〇〕徙鎮鎮南拜宣徽北院使：「宣徽北院使」，《宋史》本傳、《楊太尉行狀》並作「宣徽南院使」，疑《事略》誤「南」爲「北」。「徙鎮鎮南」，《宋史》本傳置「樞密副使」後，云「又歷鎮南、定武軍、山南東道三鎮節度使」，《續通志》卷三二五《楊崇勳傳》校注：「按《宋史·宰輔表》及《東都事略》載崇勳爲鎮南軍節度使在拜宣徽使之前，與《宋史》本傳互異。」

〔二一〕以崇勳判冀州：《宋史》本傳作「復拜同平章事、判定州」，《楊太尉行狀》作「乃授公同中書門下平章事，依前河陽三城節度使、判定州兼真定府定州等路駐泊馬步軍都部署」。《事略》作「冀州」，誤。

〔二二〕以左衛將軍致仕：《宋史》本傳、《楊太尉行狀》並作「左衛上將軍」，《事略》脱「上」字。

〔二三〕卒年七十：《楊太尉行狀》：「以五年閏五月二十四日，疾終於清平坊之私第。」《長編》卷一五六慶曆五年閏五月庚戌載「太子太保致仕楊崇勳卒」。

東都事略卷第五十一

列傳三十四

李迪字復古[一]，濮州鄄城人也[二]。少從柳開學爲古文，開曰：「此公輔器也。」舉進士第一，除將作監丞，通判徐州。代還，直史館，爲開封府發解官。真宗東封泰山，以迪通判兖州。既而坐前發解舉人失當，降監海州鹽税①。明年，以右司諫知鄆州。再遷吏部員外郎，爲三司鹽鐵副使，遂知制誥。真宗幸亳州，爲留守判官。亳升節制，以迪知亳州。代還，知永興軍，尋除陝西都轉運使，召爲翰林學士。

是時，知秦州曹瑋數言唃廝囉欲内寇，請益兵，不遣，乃求罷。真宗問誰可代之，迪曰：「非瑋莫能制也。陛下重發兵，得非將上玉皇聖號耶？陝西諸郡兵自可以益之。」真宗因問以陝西兵數，對曰：「臣爲轉運使時，以方寸小策②記兵及糧，以備調發。今猶置佩囊中。」真宗令探取之，因給紙札，令迪悉上合存留及調塞下數以進。真宗曰：「不意頗、牧在吾禁中矣。」未幾，唃廝囉寇邊。復召問，對曰：「瑋必克。」後數日，捷報至，真宗曰：「卿何料之審也？」迪曰：「彼舉兵遠來，此堅壁待之，是以知其必勝爾。」

歲薦饑，三司調用不給。真宗召問所以濟之之策，迪對曰：「祖宗置内藏庫，欲攻取西北，且備凶年。今邊

①海州鹽税：繆校作「海門税」。
②策：繆校及《宋史》卷三一〇《李迪傳》作「册」。

無費，儻以佐國用，則庶幾天下財利寬，而民不加賦矣。」真宗爲大發内庫金繒賜三司。又言：「方東封時，嘗詔車駕所過毋伐木除道。及祀汾亳以來，土木之役不可勝紀。今旱蝗之起，殆天所以儆戒於陛下也。願罷諸不急之費。」真宗嘉納。天禧元年，拜給事中、參知政事。

東宫建，以迪爲太子少傅，迪辭以太宗時未嘗立保傅，遂止兼賓客，加禮部侍郎。寇準罷相，真宗欲相迪，迪固辭。一日，對滋福殿，皇太子出拜上前曰：「蒙以賓客爲宰相。」真宗顧迪曰：「復何辭耶？」乃拜吏部侍郎兼太子少傅、同中書門下平章事、集賢殿大學士。

真宗不豫，令皇太子總軍國事[三]。首相丁謂獨請皇太子止決常務，他皆聽旨，迪固争不可。謂曰：「即上躬良已，何以處之？」迪曰：「太子出則撫軍，入則監國，古之制也。」力争不已。自是皇太子止於資善堂聽事，餘皆聽旨，謂益擅權，至除吏不以聞。迪語同列曰：「迪起布衣至宰相，安能徇權臣以取容乎？」時二府並進秩，乃遷迪中書侍郎兼尚書左丞。故事，宰相無作左丞者。謂又欲進所善林特爲詹事，迪不可。又欲以爲樞密副使兼賓客，迪又不可。至上前斥謂擅權不法事，願與謂俱罷，且言：「寇準無罪，不當黜。」因格前制不下。於是謂罷爲吏部尚書，迪罷爲户部侍郎。翌日，謂知河南府，迪鄆州。謂尋復留，貶迪衡州團練副使。謂竄，起爲秘書監、知舒州，徙江寧府，又徙青、兖二州，復兵部侍郎、知河南府。

朝京師，章獻明肅皇后謂迪曰：「卿不欲吾與國事，吾今保養天子至此，如何？」迪曰：「臣不知太后有至德也。」章獻喜，以尚書左丞知河陽。明道元年，遷工部尚書。章獻崩，召爲資政殿大學士，判尚書都省。未幾，復拜同中書門下平章事、集賢殿大學士。迪再相，自以受不世之遇，盡心輔佐，知無不爲，於是吕夷簡忌之。景祐二年，罷爲刑部尚書、知亳州。迪謂人曰：「迪不自量，恃聖主之知，自以爲宋璟，而以吕公爲姚崇，其待我乃如是邪！」改知相州，尋爲資政殿大學士、翰林侍讀學士，留京師。因奏吕夷簡結荆王元儼，爲除門僧惠清守闕鑒義。

詔鞫之，乃迪在中書時所行，降太常卿、知密州，復刑部尚書、知徐州，改户部尚書、知兗州，復資政殿大學士。是時，元昊反，契丹背盟，迪請臨邊，拜彰信軍節度使、判天雄軍，徙青州。引老，以太子太傅致仕。卒，年七十七〔四〕。贈司空，謚曰文定。三子：東之附傳，徽之、補之仕至列大夫。

東之字公明〔五〕，以父任爲將作監主簿，除館閣校勘，遷直集賢院，擢天章閣待制，以集賢院學士判西京留司御史臺。英宗即位，富弼薦東之學行，遷龍圖閣直學士兼侍讀，累遷工部尚書，拜太子少保致仕。再遷太子少師。卒，年七十八〔六〕。謚曰懿靖。

東之性簡易，詳練本朝故事，與人交必盡情實云。

王曾字孝先，青州益都人也。幼孤，鞠於仲父宗元。里人張震，有道之士也，曾從之學，謂有將相之器。甫冠，舉進士第一，爲將作監丞，通判齊州〔七〕。代還，直史館。

景德初，契丹始修好，所致書以南北朝冠國號之上。曾言：「春秋外夷狄，爵不過子。今與抗稱兩朝，非外夷狄之意①。」真宗嘉之。擢右正言，知制誥。天書降，詔作玉清昭應宮，規創萬②楹，廷臣莫有言者。曾列五害，願省損制度。奉使契丹，而迓者邢祥辯給，好以氣陵人，稱本國宗支皆賜鐵券。曾曰：「大臣反側，賜鐵券以安其心，何爲及宗支哉？」祥大慙。

①「意」字下，繆校有「業已遣使，弗果易」七字。
②萬：原作「方」，據覆宋本、四庫本及宋祁《文正王公墓誌銘》改。

大中祥符六年，爲翰林學士。一日，真宗晚坐承明殿，召對，命謁者諭之曰：「思卿甚，故不及御朝服，毋謂朕慢卿也。」初，違制之法，無故失率坐徒二年。曾知審刑院，請分故失非親被制書者，止以失論。真宗不悅曰：「如是不復有違制者。」曾曰：「如陛下言，亦無復有失者矣。」自是違制遂分。九年，以右諫議大夫參知政事〔八〕。時王欽若挾祥瑞迎合人主意，陰排異己者，真宗怒責：「大臣當傅會國事，何遽自異耶？」曾曰：「君從諫謂明，臣盡忠謂義。陛下不知臣不肖，使待罪政府，臣知義而已，不知異也。」及欽若爲相，乃以禮部侍郎罷曾政事。頃之，知應天府。天禧間①，民訛言有妖若飛帽搏人，自京以南皆驚恐。曾夜開里門，捕倡言者，民乃定。徙天雄軍，復爲參知政事，再遷吏部侍郎兼太子賓客。仁宗即位，遷禮部尚書。

方真宗不豫也，有諷皇后謀稱制者，曾密語后戚錢惟演曰：「今太子②決政資善堂，天下固已屬望，而劉氏遂欲稱制，以疑百姓。公獨不見呂、武之事乎？」惟演悟，不敢異議〔九〕。及真宗崩，丁謂欲皇太后對近臣決政事，皇帝獨朔望見羣臣，庶務悉令入內押班雷允恭晝可於禁中。曾曰：「天下者，太祖、太宗之天下，非劉氏之天下，奈何使兩宮異處，柄歸宦者？禍端兆矣。」乃奏請如東漢舊制，太后坐右，垂簾同聽政。謂與允恭改皇堂抵罪，參知政事任中正言於仁宗曰：「謂被先帝顧命，請如律議功。」曾曰：「謂不忠，無足議。」於是謂貶崖州，中正而下十數人隨亦廢黜。

是時，中外洶洶，曾正色立朝，姦邪懼焉。未幾，拜中書侍郎、同中書門下平章事、集賢殿大學士，遷門下侍郎兼户部尚書、昭文館大學士。逾年，進吏部尚書。嘗請用孫奭、馮元勸講殿中，又自采聖賢事迹會解用爲規③

①間：覆宋本、四庫本作「初」，《宋史》卷三一〇《王曾傳》作「中」。
②太子：原作「天子」，據四庫本及《宋史》本傳改。
③會：繆校作「繪」；規：繆校作「勸」。

戒。曾薦參知政事呂夷簡才望可當政柄，章獻未用。曾奏曰：「臣言呂夷簡而未用，以臣度太后之意，不欲其班在樞密使張耆之上耳。且耆一赤脚健兒，豈容妨賢如此？」章獻曰：「固無此意，行且用矣。」夷簡遂拜相。

章獻與政久，稍通請托，曾力裁制，忤章獻意。及章獻受册，供帳天安殿，曾執不可，於是改文德殿，章獻滋不悦。玉清昭應宫災，章獻有再興葺意，曾又以爲不可。乃罷相知青州〔一〇〕，徙天雄軍，拜彰德軍節度使。魏人愛其政，生祠之。改鎮天平，同平章事，判河南府。景祐元①年，召拜樞密使。明年，拜右僕射兼門下侍郎、同平章事、集賢殿大學士，封沂國公。是時，呂夷簡爲昭文相，專決事。曾與夷簡議論多不協，力求去，以左②僕射出知青州。既入謝，改判鄆州，加資政殿大學士。由宰相罷政而帶職，自曾始。

曾前後輔政十年，處天下事，審而中禮。性儉素，居家人不見其喜愠之色。在上前開陳處可，辨博有餘。每廣朝大會，盛服玉③色，郎謁者視進止，如有尺寸。士大夫服其清修，莫敢干以私者。嘗云：「大臣執政，不當收恩避怨。」故其言曰：「恩若己出，怨將誰歸？」聞者嘆服。薨，年六十一〔一一〕。贈侍中，謚曰文正。

皇祐中，曾弟子融言：「臣兄曾事章聖，興諸生，不十年總大政，其後拜玉几下，聞顧命。章獻聽政，臣兄確然秉正，勤翊王家，大業以安。陛下幸詔詞臣勒銘隧石，誠得天筆篆額，敷賁前人，死且不朽。」因以唐明皇所題裴耀卿碑額上之，仁宗乃御篆「旌賢碑」三字賜其家。其後踵爲故事。治平中，以曾配享仁宗廟庭。

子融〔一二〕，初用曾奏爲將作監主簿，又舉進士，獻所爲文章，召試集賢院，爲三司判官，以直龍圖閣知河陽、

①元：原作「二」，據本書卷五《仁宗紀》景祐元年八月庚午「王曾樞密使」及《宋史》本傳並參舒仁輝《〈東都事略〉與〈宋史〉比較研究》第二〇六頁考證改。

②左：覆宋本、四庫本作「右」，係妄改。《宋史》本傳亦作「左僕射」。

③玉：覆宋本、四庫本作「正」，係妄改。

荆南府。遷天章閣待制，爲三司副使。子融以材自奮，籍籍爲聞人。遷工部侍郎、集賢院學士、知兖州，不赴。以刑部侍郎致仕。卒，年八十一。

子融初名暭，字子融。及趙元昊反，乃請改今名。嘗集本朝禮爲《禮閣新編》五十卷，又論次五代事爲《唐餘録》六十卷。

臣稱曰：章獻擁幼君制天下，時大臣怙權，乘之以逞，曾毅然奮忠，臨大節而不可奪，卒使帝室尊榮，禍亂不作，可謂社稷之臣矣。夫賢者以身爲天下用，而安危繫焉。曾佩安危之寄，功烈光明，何愧於古？宜仁宗之旌異云。

張知白字用晦，滄州清池①人也。父鸞，爲鹽亭令。知白幼好學，鸞喜曰：「大吾門者子矣。」遂不復仕。知白舉進士，爲静戎軍解州推官、定武軍掌書記、河北節度判官[一三]。

咸平中，西北未寧，中外多言兵事，知白奏疏言王者當奉時令、茂功典、省刑罰及取士之制數千言，真宗異之。召試舍人院，擢右正言。出知劍州，復召試中書，拜直史館。

江南旱，命知白安撫。及還，授京東轉運使。周伯星見，百官稱賀，知白獨以爲：「人君當修德以應天，星之見何所繫焉？」因極陳治道之要。真宗曰：「知白在外，而乃心朝廷，可謂知所職矣。」陝西饑，命知白按巡。尋

①清池：原作「青池」，按滄州治清池縣，見《元豐九域志》卷二，《事略》誤刊作「青池」，據《宋史》卷三一〇《張知白傳》及卷八六《地理志二》，並參舒仁輝《〈東都事略〉與〈宋史〉比較研究》第二〇六頁考證改。

知鄧州，拜龍圖閣待制，知審官院。

知白以朝廷重内職，輕外官，引唐李嶠議，建請選臺閣分典藩郡，仍自請補外，真宗不許。知白固請，乃以知青州。還朝，求領國子監。真宗曰：「知白倦於處劇耶？」宰相言：「知白更踐中外，未嘗爲身謀。」乃擢右諫議大夫、御史中丞，拜給事中、參知政事，遷工部侍郎。

是時，王欽若爲相，與知白議論多不合，以疾辭位，罷爲翰林侍讀學士、知大名府，徙南京。至是，欽若分司南京，衆謂知白必報之，而知白待之加厚，論者多之。徙知亳州。仁宗即位，召入爲樞密副使。天聖二年，拜工部尚書、同中書門下平章事、集賢殿大學士。

知白在相位，重名器，無毫髮私。雖貴顯，清約如寒士。六年，薨於位[一四]，贈太傅、中書令，謚曰文節。

【箋證】

[一]字復古：《隆平集》卷五作「字復吉」，「吉」當爲「古」之形誤。《宋史》卷三一〇《李迪傳》、張方平《文定李公神道碑銘》（《樂全集》卷三六）均作「字復古」。

[二]濮州鄄城人：《宋史》本傳：「其先趙郡人，後徙幽州。曾祖在欽避五代亂，又徙家濮。」

[三]真宗不豫令皇太子總軍國事：汪琬《東都事略跋》卷上：「《聞見録》：真宗不豫，迪與宰執宿内殿，八大王元儼以問疾留禁中不肯出，執政患之。偶翰林司以金盆貯熱水，曰：『王所須也。』迪取案上墨筆攪水中盡黑，王見之大驚，意其有毒，上馬去。如此，則元儼有覬覦天位之意，仁宗得立，皆迪功也。及考《道山清話》，御藥李從吉者，自言文定族人。仁宗既即位，從吉使其徒以文定攪水事言於上，上曰：『安有是事？若八大王見盂中黑水，便不會根究翰林司？且渲筆在熱水中也，則甚計策。當時却是孃孃留在禁中，明日即去，直無是事。』云云。仁宗語最英明，當屬從吉妄傳，邵氏所載，非實録。」

〔四〕卒年七十七：《文定李公神道碑銘》：「慶曆七年冬十一月壬子，元老、太子太傅致仕隴西公薨於京師。」

〔五〕東之字公明：《宋史》卷三一〇《李迪傳》附傳作「柬之」，《長編》亦作「柬之」，《事略》覆宋本據以剜改作「柬之」。舊鈔本及四庫本則作「東之」； 宋刻原本「東之」凡四見，無一刻作「柬之」，而下卷張士遜祖漢陽王則刻作「柬之」。且《文定李公神道碑銘》作「東之」，《隆平集》卷五亦作「東之」，宋人文集作「東之」者亦多見。故遵從原刻，不作校改，書此存疑。《續通志》卷三三六《李迪傳》校注：「按《東都事略》載迪三子，長柬之，次徽之、補之。其肅之、承之、及之三人，皆迪從子也，有肅之等附傳可據。《宋史》本傳並作迪子，蓋誤，今改。又《事略》所載『柬之』，《宋史》《隆平集》俱作『東之』。」《續通志》所據即爲《事略》覆宋本。

〔六〕卒年七十八：《宋史》本傳：「熙寧六年卒，年七十八。」《長編》卷二四五熙寧六年五月丁巳載「太子少師李柬之卒」。

〔七〕通判齊州：《宋史》卷三一〇《王曾傳》作「通判濟州」。宋祁《文正王公墓誌銘》（《宋景文集》卷五八）作「初命將作監丞，通治濟陽」，濟陽即濟州，治鉅野。《事略》誤作「齊州」。

〔八〕以右諫議大夫參知政事：《宋史》本傳作「遂以右諫議大夫參知政事」。《長編》卷八八大中祥符九年九月丙午載「以翰林學士陳彭年爲刑部侍郎、王曾爲左諫議大夫，權御史中丞張知白爲給事中，並參知政事」，《宋宰輔編年録》卷三載「曾自翰林學士、兵部侍郎、知制誥遷左諫議大夫除（參知政事）」，《宋史》卷二一〇《宰輔表》亦作「左諫議大夫」。《事略》及《宋史》本傳蓋誤「左」爲「右」。

〔九〕王曾密語錢惟演事，《宋史》本傳云：「曾密語惟演曰：『太子幼，非宮中不能立。加恩太子，則太子安；太子安，所以安劉氏也。』」《續通志》卷三三六《王曾傳》校注：「按《東都事略》及《宋名臣言行録》載真宗不豫時，有議請劉氏稱制者，曾語惟演曰：『太子天下屬望，今欲稱制以疑百姓，獨不見武后之事乎？』與《宋史》本傳異。」

〔一〇〕乃罷相知青州：《宋史》本傳作「會玉清昭應宮災，乃出知青州」。《宋宰輔編年録》卷四作「知袁州」，誤。《宋會要輯稿》職官七八之一四作「王曾罷爲吏部尚書、知兗州」，《宋史》卷九《仁宗紀一》、卷二一〇《宰輔表》並作「知兗州」。考《長編》卷一〇天聖七年六月甲寅載：「門下侍郎、兼吏部尚書、平章事王曾罷爲吏部尚書、知兗州。」「會玉清昭應宮災，曾以使領不嚴，累表待罪，乃罷相出守。尋改青州。」則是先罷知兗州，旋改青州。

〔一一〕薨年六十一：《隆平集》卷五作「卒年六十」。《宋史》本傳：「寶元元年冬，大星晨墜其寢，左右驚告，曾曰：『後一月當知之。』如期而卒，年六十一。」《長編》卷一二二寶元元年十一月戊午載「鄆州言資政殿大學士、左僕射王曾卒」。

〔一二〕子融：《宋史》卷三一〇《王曾傳》附傳作「子融字熙仲」。

〔一三〕河北節度判官：《宋史》卷三一〇《張知白傳》作「累遷河陽節度判官」，是。《長編》卷五三咸平五年十一月庚申載「河陽節度判官清池張知白」上真宗論時政一疏，「召試舍人院，除左正言」。

〔一四〕六年薨於位：《長編》卷一〇六天聖六年二月壬午載「工部尚書、平章事張知白卒」。

東都事略卷第五十二

列傳三十五

張士遜字順之，光化軍人也[一]。唐漢陽王柬之之後。生百日始能啼。舉進士，爲鄖鄉①簿，遷射洪令。歲旱，禱白崖山神，即雨。士遜立，須雨足乃去。蜀人異之。轉運使檄士遜治鄖，射洪民遮道，馬不得去，乃聽還。改襄邑令，又知邵武縣。除御史臺推直官，遷監察御史。

當貢舉，初用糊名法，士遜試諸科爲巡鋪，白主司有親戚在進士中，願引避，不聽。因自言，真宗是之。自是舉人與試官有親嫌者，皆移試別所。江南轉運使缺，中書進擬數人，真宗自除士遜焉。士遜謁王旦於政事堂，自言驟領使職，願聞善教。旦從容曰：「朝廷榷利至矣。」士遜起謝。既去，旦語人曰：「此轉運使識大體。」其後士遜所至，每思旦言，不敢妄有興建也。徙廣東。當是時，天下置天慶觀，士遜言：「今營造競起，遠近不勝其擾，請因諸舊觀爲之。」詔如其請。

移漕河北。久之，遷爲壽春郡王友，除直史館。初，宰相將除士遜翊善、記室，真宗曰：「翊善、記室，府屬也，王皆受拜。今王尚少，宜命士遜爲友，令王答拜。」又爲王府諮議參軍。仁宗爲皇太子，遷右諫議大夫兼右庶子，又爲賓客，遷樞密直學士。既而兩府大臣皆領東宫官，遂换太子詹事。

①鄉：原作「卿」，據覆宋本、四庫本改。

天禧五年，擢拜樞密副使，累遷尚書左丞。張知白薨，仁宗謀相，王曾薦呂夷簡，曹利用薦士遜，章獻亦欲相士遜，拜禮部尚書、同中書門下平章事。明年〔二〕，趙州上曹汭變。汭，利用從子也，官鄉郡，所爲不法。時内侍有忌利用者，陰毁之於中。仁宗以問執政，士遜曰：「此獨不肖子爲之爾，利用大臣，宜①不知狀。」利用既得罪，士遜亦罷知江寧府。王曾復薦呂夷簡可相，遂以夷簡代士遜。

居二年，朝京師，除定國軍節度使、知許州。復拜中書侍郎兼刑部尚書〔三〕、同平章事、集賢殿大學士。呂夷簡罷相，進士遜門下侍郎、昭文館大學士，爲章獻明肅皇后、章懿皇后山陵使。先是，百官皆詣洪福院上章懿皇后謚册，已而入慰。士遜乃與同列過樞密使楊崇勳園飲，百官立庭中以俟，日中不至，爲御史所彈，罷爲左僕射、知河南府。復拜呂夷簡爲相，而崇勳亦罷，以使相守河陽。他日同入謝，仁宗見士遜班崇勳下，即除山南東道節度使、同平章事，改判陳州，徙河南。呂夷簡罷相，仁宗用王隨、陳堯佐爲相。明年，隨、堯佐罷，復拜士遜門下侍郎兼兵部尚書、同平章事、昭文館大學士，封郢國公。

元昊叛，嫚書始聞，朝廷爲之忿然，士遜即議絶和問罪。時西邊弛備已久，人不知兵，識者以爲憂。既而和事一絶，元昊遂入寇，西鄙用兵。士遜議揀輦官爲禁軍，於是輦官皆諠訴待漏院。士遜上馬將朝，而遮道不得進，馬駭墮地。士遜年老不自安，乃七上章請老，優拜太傅，進封鄧國公致仕。宰相謝事，自士遜始也。仁宗因復召呂夷簡爲相。士遜就第②十年而薨，年八十六〔四〕。贈太師、中書令，謚曰文懿。仁宗欲臨奠，左右言其日庚戌，仁宗曰：「朕以師臣復何避？」文彦博曰：「陛下過於唐太宗辰日哭張公謹遠矣。」

---

①宜：原作「壹」，據覆宋本、四庫本及《長編》卷一〇七、《宋史》卷三一一《張士遜傳》改。
②第：原作「弟」，據覆宋本、四庫本及《宋史》本傳改。

始，士遜七歲喪母，養於其姑。姑亡，徒跣扶匶，仁宗爲追封爲南安郡君。陳堯佐罷參知政事，有挾怨言其欲反者，又有誣諫官陰附宗室者，士遜言：「憸言動揺朝廷，若一開姦萌，則臣亦不能自保矣。」仁宗悟，置告者於法，誣諫官事亦寢。

爲相時，曹利用憑寵自恣而不能正，時誚之爲「和鼓」。惡參知政事程琳多異議，御史中丞孔道輔不附己，欲並逐之。知開封府鄭戩發琳令府吏馮士元市第事，士遜揣知仁宗有不悦之意，道輔適至中書，謂曰：「上顧程公厚，今爲小人所誣，曷見上爲明辨之。」道輔不知士遜賣己也，遂言於仁宗。仁宗疑以朋黨，琳及道輔於是俱被黜。士遜又嘗納女口於宫中，侍御史楊偕劾其罪，且曰：「此盧杞、李林甫之所不爲也。」

然士遜爲人寬厚，亦有過人者。一日，仁宗語士遜曰：「人言范仲淹嘗欲乞廢朕，朕但未見其章疏爾。」士遜曰：「陛下既未見其章疏，不可以空言加罪，望陛下訪之。」積十數請，仁宗曰：「竟未之見也。然爲朕言之者多矣。」士遜力爲辨其不然，仁宗意乃解。其後士遜歸老，啓國於鄧，仲淹適守鄧州。士遜還鄉，仲淹置酒高會。明日，士遜復置會，揮金①甚盛，時人榮之。

吕夷簡字坦夫，河南人。祖龜祥，嘗知壽州，遂以家焉。夷簡，大理寺丞蒙亨之子，而宰相蒙正之猶子也。夷簡擢進士，又舉制科，嘗通判通、濠二州。往河北按行水災，還奏曰：「今田器有筭，非所以重本也。請除之。」真宗納其言。自是天下農器皆免筭。

時王曾爲知制誥，一日至中書見宰相王旦，旦謂曾曰：「君識吕夷簡否？」曾曰：「不識也。」它日復問，曾

①揮金：繆校作「陳列」。

曰：「嘗訪之士大夫，人多稱其才者。」旦曰：「此人器識遠大，君其善交之。異日，當與君對秉鈞軸。」曾曰：「公何以知之？」旦曰：「吾亦不識夷簡，但以其奏請得之。」曾曰：「奏請何事？」旦曰：「如不稅農器是已。」既而擢提點兩浙刑獄。方是時，大建宫觀，南方①伐材木，期會嚴峻，至有死者，則以其亡命捕繫其子。夷簡上疏請緩其程役。又方冬水涸，民苦於輓運，宜須河疏通，以卒送之。真宗以夷簡爲有憂國愛民之心，可其奏。除侍御史知雜事。

寇準知永興軍，擿巨姦，徙湖南，有過闕而上變事者，夷簡曰：「此必有以使之，宜勿問，益徙之遠方。」真宗從之。改起居舍人，擢知制誥。西蜀饑，出爲安撫使，除龍圖閣直學士、知開封府。雷允恭擅移皇堂，而丁謂庇之，命夷簡與魯宗道乘傳按視，盡得其迹。及允恭盜陵中金寶狀聞，允恭誅而罷謂相，乃以夷簡爲給事中、參知政事。

自祥符以來，崇奉天書，設官置使，典司其事，儀衛物采甚盛。夷簡建議請納天書於陵中，而官司儀衛悉罷。夷簡處事類如此。真宗既祔廟，章獻后欲神主復日，悉陳其平生服翫。夷簡奏曰：「太后於先帝喪祭之禮，曲盡尊奉，此雖至誠至孝之道，然未足以報先帝。惟遠姦邪，進忠直，推心待下，克己抑謙，愛惜民財，拔擢時彦，使邊鄙寧謐，人物庶富，皇帝德業日茂，太后壽樂無憂，此乃報先帝之大節也。」

仁宗嘗問輔臣：「四方奏獄來上，不知所以裁之，如之何則可？」夷簡曰：「凡奏獄必出於疑，疑則從輕可也。」仁宗深以爲然。終仁宗之世，疑獄一從於輕。故事，輔臣因郊恩遷官，夷簡與同列豫辭之，遂著爲令。天聖七年，以户部侍郎拜同中書門下平章事、集賢殿大學士。時王曾爲首相，與夷簡同列，果如王旦之言。

①南方：覆宋本、四庫本作「尚方」。然《宋史》卷三一一《吕夷簡》正作「南方」。

曾嘗從容與夷簡具道且語，皆嗟嘆以爲不可及。玉清昭應宫災，曾因是罷相。章獻意欲復修，夷簡固請罷之，以答天戒。拜昭文館大學士，進吏部侍郎，監修國史。

章懿皇后上仙，夷簡因奏事簾前曰：「聞夜中有宫嬪亡者。」章獻即起，挽仁宗入内。有頃獨坐，謂夷簡曰：「一宫人死，相公何與？」夷簡曰：「臣待罪宰相，内外事無不當與。」章獻怒曰：「相公欲離間吾子母耶？」夷簡曰：「太后它日不欲保全劉氏乎？太后不以劉氏爲念，則臣不敢言；若尚念劉氏也，喪禮宜從厚。」章獻悟，乃曰：「宸妃也。」夷簡曰：「宸妃之薨，當斂以后服，實以水銀。」司天承章獻之意，且言歲月葬未利，夷簡黜其説，乃發哀成服，備禮以葬。章獻有旨，令鑿内城垣以出神柩。夷簡遽求對，言其鑿垣非禮，宜開西華門以出。章獻使内侍羅崇勳諭夷簡曰：「向夷簡道，豈意卿亦如此也。」夷簡曰：「臣爲宰相，朝廷大事理當廷争。」因正色謂崇勳曰：「宸妃誕育聖主，而送終之禮如此，異日治今日之事，莫道夷簡不曾説來。」崇勳大懼，馳以告章獻，於是始從其言。

大内災，宫門晨未闢，輔臣請對。仁宗御拱辰門樓[五]，百官拜樓下，獨夷簡不拜。仁宗遣問其故，曰：「宫庭有變，願一見上。」仁宗爲舉簾見之，然後拜。初，章獻后養荆王子於禁中，既長矣，夷簡請出之。章獻欲與仁宗伴讀，夷簡曰：「皇帝富於春秋，非親儒學之臣，則恐無以輔導聖德。」即日命還邸中。章獻崩，夷簡上疏請正朝綱，塞邪徑，禁貨賂，辨佞壬，絶女謁，疏近習，罷力役，節冗費，言甚剴切。

章獻既崩，或疑章懿之喪，仁宗遣李用和發其葬視之，容貌如生。使者馳入奏，仁宗於章獻神御前焚香泣告曰：「人言其可信邪？」先是，章懿之葬，命晏殊撰志文，殊謂后無子。至是仁宗親政，殊爲參知政事。一日，内出志文以示夷簡曰：「先后誕育朕躬，殊爲侍從，安得不知？」夷簡曰：「宫省事秘，殊之不審，理容有之。然方章獻臨御，若明言先后實生聖躬，可乎？」仁宗默然。良久，命出殊守金陵，明日以爲遠，改守南都。夷簡輯睦二宫、保全大臣如此。明道二年，罷爲武勝軍節度使、同平章事、判陳州，期以半歲召還。是歲復入爲門下侍郎兼吏部尚書、同平章事、昭文館大學士兼修國史。

郭后與尚美人、楊美人争寵，尚氏有侵后不遜語，后不勝忿，起批其頰，仁宗自起救之，誤傷仁宗頸。仁宗大怒，内侍閻文應①白仁宗以爪痕示執政大臣，而謀之夷簡，遂欲廢后。仁宗疑之，夷簡曰：「光武，漢之明主也，郭后止以怨懟坐廢。况傷乘輿乎？」夷簡將廢后，請敕有司無得受臺諫章奏。於是御史中丞孔道輔、右司諫范仲淹帥臺諫詣閤門請對。須臾有旨，令臺諫詣中書。夷簡即貶出道輔等，后遂廢。其後仁宗欲立民間女陳氏爲后，夷簡力止之。

景祐二年，封申國公。夷簡嘗建議立州郡學校，又因郊禮授宗室子以環衛官，建睦親宅，增教授員，置大宗正以總之。始，王曾薦吕夷簡爲相，未幾曾罷，夷簡爲首相。及王曾復相，夷簡專决政事，曾不能平，因對斥夷簡嘗納賂市恩。仁宗以問夷簡，夷簡請置對，曾亦請罪求去。遂以曾知鄆州，亦除夷簡鎮安軍節度使、同平章事、判許州，徙天雄軍。未幾，復入爲右僕射兼門下侍郎、同平章事、昭文館大學士。慶曆元年，拜司空，封許國公。二年，兼判樞密院事，改兼樞密使。

自西鄙用兵，劉平死於陳，黄德和誣平降賊，詔腰斬德和。議者以朝廷使宦者監兵，主帥節制不得專，故平失利，乞罷監兵。仁宗以問夷簡，夷簡曰：「不必罷，但擇謹厚者爲之。」仁宗委夷簡擇其人，夷簡曰：「臣待罪宰相，不與中官私交，無由知其賢否。願詔押班保舉，有不職與同罪。」仁宗許之。翌日，都知押班叩首乞罷監兵，於是士大夫嘉夷簡之有謀。

①閻文應：原作「楊文應」，據覆宋本、四庫本及本書卷一二〇《閻文應傳》改。

契丹兵壓境，范仲淹奏乞城京師以備狄。衆是其説，唯夷簡以爲非，曰：「雖有契丹之虞，設備當在河北，奈何遽城京師，以示弱乎？使虜深入而獨固一城，天下殆矣。」乃建議北都，因修其城池，增置守備，示親征之意。且曰：「此子囊城郢計也。」卒建北京，識者韙之。

契丹遣劉六符等來議和親，夷簡奏曰：「蕃國求和親，漢、唐所不免。徐議所以答之者耳，無深憂也。」仁宗然之。及六符至殿，上讀書如平日，無所問。六符失色，咨嗟而出。至殿門幄次，曰：「事已漏矣。」由此有司與之評議無甚難，遂不復求昏，而朝廷許增歲幣，與之再和。

以疾辭位，拜司空、平章軍國重事。仁宗憂之，乃剪髭賜之以療疾。夷簡薦范仲淹、富弼、韓琦、文彦博、龐籍、梁適、曾公亮等可大用，因再引退。拜司徒，固請老，以太尉致仕。薨，年六十六〔六〕。贈太師、中書令，謚曰文靖。

夷簡爲相，方章獻臨朝，内外無間言，天下晏然，夷簡之力爲多。王曾家請篆其墓碑，仁宗慘然思夷簡，書「懷忠碑」三字賜之。治平中，配享仁宗廟庭。子公綽、公弼、公著、公孺。公著位宰相，自有傳〔七〕。

公綽字仲裕，少補將作監丞，知陳留縣，累遷史館修撰。夷簡薨，知制誥，拜龍圖閣直學士、知永興軍，徙秦州。召爲龍圖閣學士、知開封府。歲餘，除翰林侍讀學士。龐籍罷相，公綽亦出知徐州，徙河陽。留侍經筵，未拜而卒〔八〕，年五十七。方夷簡在相位，士大夫喜進者頗附之，故事多涉干請者。

公弼字寶臣，以父任爲將作監簿〔九〕，累遷至直史館、河北轉運使。在部四年，蠲冗賦及民負債不能償者數百萬計，而官用亦饒。仁宗知其能，擢天章閣待制，爲都轉運使，進龍圖閣直學士、知開封府。

初，夷簡薨，仁宗思之。一日，公弼奏事，仁宗目送之，語輔臣①曰：「公弼甚似其父。」拜樞密直學士、知渭州，徙延州。還爲羣牧使，進樞密直學士、知成都府〔一〇〕。公弼至，人以爲少威斷，會營卒犯法當杖，不肯受，曰：「寧請劍死。」公弼再三諭之，不從，乃曰：「杖，國法，不可不受；劍，汝所請，亦不汝違命。」杖而後斬之。

復召爲羣牧使，權三司使。英宗在藩邸，嘗得賜馬，給使吏以爲不善，求易之，公弼不可。至是，公弼奏事已，英宗曰：「朕往在宫中，卿不與朕易馬，是時朕固已知卿矣。」逾月，拜樞密副使。

神宗即位，遷刑部侍郎、樞密使。公弼上疏以謂：「人君不可以聖自尊，當用晦以接下。方今之病，在於知人之難，而虚文無實，尤不可不察。」陳升之議衛兵年四十以上稍不中程者，量減請受，徙之淮南。公弼謂：「既使之去土，又減其常廪，於人情未安。且事體甚大，未易遽行也。」神宗以沙門島罪人數多即竄還，議立法，且欲復行肉刑。公弼以爲不可，上疏曰：「臣伏見韓絳嘗奏乞用肉刑，今日陛下亦以爲然。絳又言：『假如折一支，去一指，有何不可？況堯、舜尚用之。』此徒信②古之論，不適時變。自漢文感一婦人之言，罷肉刑而天下歸仁，逮今千有餘年。一旦暴行之，駭四海之觀聽。況古雖③有肉刑之法，在堯、舜之世亦未嘗行之。《書》曰：『象以典刑，流宥五刑。』堯、舜之世，用流以寬五刑也。若四凶者止以④流，則五刑無所施焉。臣願陛下上法堯、舜，下體漢文，無取迂儒好古之論。陛下病今之犯刑者衆，臣願擇守臣，宣布惠愛，使民各得其所，則民不犯上矣。今不究其本而徒更其刑辟，臣恐民心一駭而動，雖欲全撫之，未易安也。」神宗納之。

---

①輔臣：覆宋本、四庫本作「宰相」。
②信：原作「言」，據覆宋本、四庫本及《國朝諸臣奏議》卷九九改。
③雖：原無，據覆宋本、四庫本及《國朝諸臣奏議》卷九九補。
④以：覆宋本、四庫本及《諸臣奏議》作「於」。

王安石①變更祖宗法度，公弼數言宜務安静，又與韓絳議論多不協。從孫嘉問，小人也，竊公弼論事奏草以示安石。於是罷爲觀文殿學士、户部侍郎、知太原府，以疾請知鄭州。是時，王韶方取洮、河，神宗恐韶生事，欲使公弼帥秦鳳，拜宣徽南院使、判秦州。疾作乞還，道除河陽。未至，更拜西太一宫使。卒，年六十七〔一一〕。贈太尉，謚曰惠穆。

公孺字稚卿，以父任爲奉禮郎，稍遷判吏部南曹。仁宗見其占對詳雅，以爲可用，累官右諫議大夫，爲陝西都轉運使。時朝廷已復綏州，遣使議守與棄，久不决，以公孺往鄜延，與郭逵議定。公孺至，則與逵請存綏州，且具三年儲偫。久之，以龍圖閣直學士知鄆州。元祐初，爲秘書監，遷刑部侍郎、知開封府。擢户部尚書，請老，提舉醴泉觀以卒〔一二〕。公孺清儉，不妄言笑，與人寡合云。

臣稱曰：宰相之位，必得人而後可以持其權。蓋位者，君子行道之具，而權者，因以爲利用也。得其位，用其權，而道於是乎可行。夷簡相仁宗，策功立名，有益於世。方其主治喪之禮，則其見遠矣；消監兵之策，則其意深矣；請建都之議，則其謀偉矣。斯善持宰相之權者與？噫！夷簡誠有絶人之才，故能達權而應變。然其功最大者，乃在於處仁宗母子之際，使人無可乘之隙，消患於未萌，制治於未亂。朝廷以之安静，公卿士大夫亦賴以無禍，此其所以有後也哉！

①王安石：「王」原作「主」，據覆宋本、四庫本改。二本又於「王」字補「時」字。

【箋證】

〔一〕光化軍人：《宋史》卷三一一《張士遜傳》：「祖裕嘗主陰城鹽院，因家陰城。」胡宿《太傅致仕鄧國公張公行狀》（《文恭集》卷四〇）云「公本系清河」，「後榜陰城曰軍，光化是也」。《元豐九域志》卷一：「乾德三年，以穀城縣陰城鎮建光化軍。」

〔二〕「張知白薨」至「明年」：上文言「天禧五年，擢拜樞密副使」，則「明年」似指乾興元年。然張知白薨於天聖六年二月，張士遜「拜禮部尚書、同中書門下平章事、集賢殿大學士。明年罷相，遷刑部尚書、知江寧府」，故應於「張知白薨」前補「天聖六年」，行文方稱嚴謹。

〔三〕復拜中書侍郎兼刑部尚書：《宋史》本傳：「明道初，復入相，進中書侍郎兼兵部尚書。」《太傅致仕鄧國公張公行狀》云：「（天聖）十年，拜刑部尚書、行中書侍郎、同中書門下平章事。」《長編》載，明道元年二月「知許州、定國節度使張士遜爲刑部尚書、平章事」，十一月「加中書侍郎兼兵部尚書」（卷一一一），明道二年四月「中書侍郎兼兵部尚書、平章事、集賢殿大學士張士遜加門下侍郎、昭文館大學士、監修國史」（卷一一二）。據此，則《事略》「兼刑部尚書」當作「兼兵部尚書」爲妥。

〔四〕薨年八十六：《太傅致仕鄧國公張公行狀》：「皇祐元年正月己酉晡後薨，年八十六歲。上聞而震悼，詰旦，車駕臨奠。」仁宗於次日庚戌本命日臨奠，傳爲美談，《長編》卷一六六及《宋史》本傳並載其事。宋祁《張文懿公士遜舊德之碑》（《宋景文集》卷五七）謂「皇祐元年正月己未薨於第」，「己未」當爲「己酉」之誤。

〔五〕拱辰門：《宋史》卷三一一《呂夷簡傳》同作「拱辰門」，《長編》卷一一一作「拱宸門」。《宋會要輯稿》儀制一三之一四載大中祥符五年閏十月八日，避聖祖諱改「大內玄武門爲拱宸」（《長編》卷七九作「拱辰門」），《會要》《長編》多作「拱宸門」，當以「拱宸門」爲正。

〔六〕薨年六十六：《長編》卷一五二慶曆四年九月戊辰載「鄭州言太尉致仕、許國公呂夷簡卒」。

〔七〕公著位宰相自有傳：《呂公著傳》，見本書卷八八。

〔八〕留侍經筵未拜而卒：《宋史》卷三一一《吕夷簡傳》附《吕公綽傳》：「遷右司郎中，未拜，卒。」《長編》卷一七九至和二年五月載：「先是，久不雨，帝問翰林侍讀學士吕公綽何以致雨，公綽曰：『獄久繫則旱。』帝親慮獄，已而大雨。時公綽受命知河陽，既數月。乙丑，詔留侍經筵。」王珪《吕公墓誌銘》（《華陽集》卷五一）：「過都，留侍經席。至和二年十月，遷右司郎中。未拜命，疾革，是月十四日以訃聞，賜其誥於家，年五十七。」《事略》言「留侍經筵，未拜而卒」，不妥。

〔九〕以父任爲將作監簿：《宋史》卷三一一《吕夷簡傳》附《吕公弼傳》：「賜進士出身。」范鎮《吕惠穆公公弼神道碑》（《名臣碑傳琬琰集》上卷二六）：「初以蔭補將作監主簿，累至大理寺丞，召試禁林，賜進士出身。」

〔一〇〕進樞密直學士知成都府：前言「拜樞密直學士」，此言「進樞密直學士」，必誤。檢《吕惠穆公公弼神道碑》云「俄除樞密直學士、知益州，辭不拜，留充羣牧使」，旋以樞密直學士知渭、延二州，「復入爲羣牧使、判尚書兵部，提舉醴泉觀，進龍圖閣學士、知成都」，則「進樞密直學士」當爲「進龍圖閣學士」之誤。

〔一一〕卒年六十七：《吕惠穆公公弼神道碑》：「熙寧六年三月辛亥，東平吕公薨於管城之第。」

〔一二〕提舉醴泉觀以卒：元祐五年三月壬辰載「龍圖閣直學士、正議大夫吕公孺卒，贈右光禄大夫」。

東都事略卷第五十三

列傳三十六

魯宗道字貫之，亳州人也〔一〕。少孤，苦學，以文謁戚綸，綸器異之。舉進士，爲定遠尉，又爲海鹽令。疏治東南舊港口，導海水至邑下，人以爲利，號「魯公浦」。

天禧元年，詔兩省置諫官六員，不兼他職，考所言以爲殿最。宗道與劉燁同選，自通判河陽擢爲右正言。諫章由閤門始得進而罕賜對，宗道請得面論事而上奏通進司，自是爲故事。因言：「守宰與民至近，而未有區別能否，豈朝廷所以爲民之意？今除一知州、補一縣令，雖有庸暗，有司無敢擯斥。舉天下親民之官，黷貨害政，什常二三；介然自守，孜孜政事，什無一二。欲裕民美化，可冀乎？昔漢宣帝除刺史守相，必親見而考察之。今命知州、通判、知縣，雖未暇親見，宜令中書試以言而察其應對，設以事而問其施爲，才與不才，得以進退之。縣令，其命銓曹倣此施行。庶幾得良守宰，助宣聖化。」真宗嘉納之。

仁宗爲皇太子，除右諭德。時天書降乾祐山中，宗道上疏曰：「天道福善禍淫，不言示化。人君①政得其理，則作福以報之；失其道，則出異以戒之，又何有書哉？臣恐姦臣肆謀誕妄，以惑聖聽也。」逾年，遷左諭德。

真宗一日遣中使召之，至其家，俟之久方從酒家還。使者曰：「即②上訝來遲，其將何詞以對？」宗道曰：

①人君：覆宋本、四庫本作「仁君」。
②「即」字下，繆校有「召對」二字。

「第實言之。」中使曰：「然則當得罪。」宗道曰：「飲酒人之常情，欺君臣子之大罪也。」中使嗟嘆而去。真宗果問，使者具如宗道之言。真宗問宗道：「何故私至酒家？」宗道謝曰：「有故人自鄉里來，臣家貧乏杯盤，故就酒家觴之也。」真宗善其無隱，自是有大用之意。以直龍圖閣奉使契丹。

仁宗即位，章獻明肅皇后同聽政，除宗道龍圖閣直學士，判流内銓。宗道在選調久，頗患銓格繁密而曲爲銓吏之姦弊，至是多釐革之。凡科條闕次，悉揭示廡下，人以爲便。雷允恭擅移山陵，詔宗道與吕夷簡按視。還，拜右諫議大夫、參知政事，遷禮部侍郎。章獻問宗道：「唐武后何如主？」對曰：「武后幾危社稷，唐之罪人也。」章獻默然。時有上書請立章獻七廟者，章獻以問輔臣，宗道力以爲不可，曰：「若立劉氏七廟，如嗣君何？」章獻與仁宗將同幸慈孝寺，欲以大安輦前行，宗道曰：「婦人有三從之義，在家從父，既嫁從夫，夫没從子。」章獻乃從後行。

宗道在政府，裁抑僥倖，不肯以名器私人。時樞密使曹利用有所憑恃，肆爲驕横，宗道屢折之。凡貴戚近習，莫不斂迹。天聖七年，薨於位[二]。贈兵部尚書，謚曰肅簡。

薛奎字宿蓺①，絳州正平人也。父化光，善命術，奎生，知其必致公輔。舉進士，爲隰州推官，徙儀州。是時靈武用兵，州郡皆發兵夫，調軍食。奎部至鹽州下虎砦，會久雨粟多腐，因謂轉運使盧之翰曰：「今粟不可食，願令民還州，償所食。」之翰欲劾奏之，奎徐曰：「用兵連年，人罷轉餉，今幸軍食有餘，安用此以徒困百姓哉？」之翰意解，聽民還，所在感悦。既久，悉奏除之。知莆田縣，又知長水縣，徙知興州。向敏中薦其才，爲

①宿蓺：原作「伯蓺」，據《隆平集》卷七、《宋史》卷二八六《薛奎傳》，並參舒仁輝《〈東都事略〉與〈宋史〉比較研究》第二〇七頁考證改。

殿中侍御史，出爲陝西轉運使〔三〕。坐失舉免，起通判陝州。天禧元年，河北蝗，命奎安撫。改淮南轉運副使〔四〕，遷江淮發運使，疏真揚漕河，廢三堰，舟楫便之，歲以八百萬而食京師。擢三司副使，坐與三司使争事，改直昭文館、知延州。

仁宗即位，擢龍圖閣待制、知開封府。以嚴爲治，肅清京師。拜御史中丞，上疏論擇人求治，崇節儉，屏聲色，凡數事，仁宗深嘉納。嘗館伴契丹使蕭從順，從順言：「漢使至契丹，皆見太后，今請入見。」奎曰：「皇太后垂簾聽政，雖本朝臣子，亦未嘗見也。」乃不敢請。或讒奎漏禁中語，授集賢院學士、知并州，改秦州，又改樞密直學士、知益州。上元節，與僚吏夜會佛廟，有戍卒殺人於市，市人皆走，奎密遣捕之，而坐客莫有知者。爲政明決，蜀人以張詠比之。召爲龍圖閣學士、三司使〔五〕，未幾，拜參知政事，遷給事中。

仁宗嘗謂輔臣曰：「臣之事君，嘗見有始而無終者。」奎曰：「保終始者，豈獨臣下？如唐開元勵精爲治，而天下晏然。及其既久，放意荒侈，以至大亂，此不可不監也。」仁宗深納之。時邊吏言契丹將大入寇，輔臣俱言擇將備邊之策，奎獨曰：「契丹畏誓而貪利，且無隙以開其端，其必不動。不宜失持重之勢，而使其可窺。」已而卒無事。他日，仁宗顧奎曰：「果如公言。」

奎與王晦叔俱嘗守蜀，而皆有名，至是同爲執政。一日，奏事已，因語蜀事，晦叔曰：「臣在蜀時，有告戍卒反，執而斬之於營門，遂無事。」奎曰：「臣在蜀，亦有告戍卒反者，叱出之，亦無事。」

明道二年，章獻謁太廟，欲被天子袞冕，臣下依違不決。奎不可，且曰：「太后必欲被袞冕見祖宗，不知作男子拜耶，女子拜耶？」乃止。及章獻崩，仁宗見羣臣，泣曰：「太后疾不能言，而猶數引其衣，若①有所屬，何

①若：覆宋本、四庫本作「必」。

也？」奎遽曰：「其在黻冕也，然服之何以見先帝乎？」仁宗大悟，卒以后服斂。因言：「内侍羅崇勳輩，久用事於中，不斥之，恐偕以爲亂。」崇勳等卒被逐。是時大臣皆罷，獨留奎，且倚以爲相。而苦喘疾，數辭位，罷爲户部侍郎、資政殿學士、判都省。卒，年六十八〔六〕。贈兵部尚書，謚曰簡肅。

奎持身端重，不苟合。真宗時，數宴大臣，至有霑醉者，奎諫曰：「陛下勤心萬務，而簡乎燕幸。今天下誠無事，而飲樂無度，又大臣數被酒，無威儀，非所以爲朝廷重。」真宗善其言。及輔仁宗，謀議無所避。尤善知人，范仲淹、龐籍、明鎬在下位時，奎皆以公輔許之，卒如其言。

王曙字晦叔，河南人也。隋文中子弟績之後，名同英宗御諱，故以字稱。舉進士，爲鞏縣簿。又舉賢良方正入等，授著作郎，知定海縣，通判陳州。與修《册府元龜》，以工部員外郎充龍圖閣待制，改右諫議大夫、河北轉運使。部吏受賕失舉，劾罷，知壽州，改淮南轉運使，知開封府。加樞密直學士、知益州。爲政嚴平而不可犯，人以比張詠，爲之謡曰：「蜀守之良，前張後王。惠我赤子，而無流亡。何以報之，俾壽而昌。」召爲給事中、太子賓客。寇準被罪，晦叔即其壻也，落職，知汝州，責郢州團練副使。

天聖四年，復給事中，知永興軍。召入，爲御史中丞。屬玉清昭應宫災，守衛者皆繫御史獄。章獻后臨政，謂晦叔曰：「此人火，非天災，必戮守衛者。」晦叔上疏謂：「玉清之興，不合經義。先帝信方士邪巧之説，蠹耗財用無紀。今天焚①之，乃戒其侈而不經也，不當復建。」仁宗及章獻悟，薄前守衛者罪，於是修宫議亦寢。

七年，以工部侍郎參知政事。明道二年，以疾免，除資政殿學士、知陝州。遷吏部侍郎，徙河陽、河南府。召

①焚：覆宋本、四庫本及《宋史》卷二八六《王曙傳》作「災」。

入，爲樞密使。景祐元年，加同中書門下平章事，薨於位〔七〕，年七十二。贈太保、中書令，謚曰文康。

晦叔方嚴簡重，有大臣體。以時尚奢侈，躬自節儉，食無兼味，廐唯瘦馬，天下推其賢焉。子益柔。

益柔字勝之，少力學，爲光禄寺丞。尹洙見其文曰：「贍而不流，制而不窘，未可量也。」爲人伉直尚氣，喜論天下事。元昊叛，上備邊選將之策。杜衍使河東，益柔寓書言：「河外兵饟無法，非易帥臣與轉運使，則邊鄙不寧。」因條其可任者，與衍意合。衍薦於朝，除集賢校理〔八〕。蘇舜欽以祠神會客事除名，會者悉逐。而言者又謂益柔作《傲歌》，坐奪職，監復州酒税。久之，爲開封府推官，改三司鹽鐵判官。

熙寧初，因轉對言：「置相不可不審，賢才必兼優乃可用，如不得已，寧先賢後文①。」詔三司判官各陳所知，益柔獻崇儉、制田、均税三策。歷知制誥兼直學士院，遷龍圖閣直學士，除秘書監。出知蔡、揚、亳州、江寧、應天府。卒，年七十二〔九〕。

蔡齊字子思，其先洛陽人也。曾祖綰，爲膠水令，凡九年而卒，子孫因家焉。齊少孤，好學，李迪見其文，謂有大志。舉進士，冠甲科。真宗觀齊舉止端雅，顧輔臣寇準曰：「得人矣。」特詔金吾給騶從。狀頭給騶從，自齊始也。除將作監丞，通判兖州，徙濰州，除直集賢院，遷右正言。

仁宗即位，改右司諫，同修起居注兼侍御史知雜事。河陽錢惟演請曲賜軍士特支，齊言：「天子新即位，惟演連姻太后，不宜私請一州，以售己惠，摇撼衆心。」遂不許。改三司户部副使，使契丹還，知制誥、翰林學士，加

①文：繆校作「才」。

侍讀學士。

章獻后出金繒修景德寺①，命齊爲記。内侍羅崇勳主營寺事，使人陰謂齊曰：「趣爲記，當參知政事矣。」齊曰：「此言何爲至於我哉？」故遲之。崇勳怒，讒於章獻，遂以龍圖閣直學士知河南府，改密州。章獻諭宰相取所撰記，始上之。徙知應天府，除御史中丞。章獻遺誥②以楊太妃爲太后，同議軍國事。閤門趣班賀，齊毅然曰：「太子③明聖，奉太后十餘年，今始躬親萬事，以慰天下之心，豈宜女后相繼稱制？且自古無有。」固止不可班。太妃卒不與政，止稱太后於宮中。復爲龍圖閣直學士，擢三司使，拜樞密副使。

交趾虐其部人，有款宜州自歸者八百餘人，議者亦以爲叛人不可納。齊曰：「彼去暴而歸有德，宜納之，給荆、湖間田使自營。若遣去，必不復還本部。若散山谷，當爲後患。」不從。後數年，果爲亂。

惟演諂附丁謂，作《樞密直學士題名記》，輒不列寇準於其間，而碑刻云「逆準不書④」，齊言於仁宗曰：「寇準社稷之臣，忠義聞於天下，豈可令姦黨厚誣？」仁宗遂令磨去。

仁宗欲立陳氏女爲皇后，齊力争罷之。遷禮部侍郎、參知政事。邊臣言契丹祭天於幽州，以兵屯境上。輔臣議備邊計，齊以謂契丹必不敢渝約。既而邊奏果無警。與宰相吕夷簡論事不合，罷爲户部侍郎。久之，出知潁州。卒，年五十二〔一〇〕。謚曰忠肅，改曰文忠。

齊精學博聞，寬大沈默，善知人，如龐籍、段少連等，皆所薦也。有子早卒，以從子延慶爲嗣。其後有子曰

①寺：原作「侍」，據覆宋本、四庫本改。
②誥：覆宋本、四庫本作「語」，朱校本作「誥」。
③太子：覆宋本、四庫本作「天子」。
④不書：原作空格，據覆宋本、四庫本及《宋史》卷二八六《蔡齊傳》補。

延嗣。

延慶字仲遠。初補太常寺丞祝，復舉進士，累遷京東、陝西路提點刑獄。神宗即位，爲同修起居注，擢天章閣待制、秦鳳路都轉運使，進龍圖閣直學士。

初，王韶進兵河州，賊徼其歸路，延慶亟以兵赴救。賊解，韶全師而還。韶既得河岷，入奏，延慶攝帥事。會上元張燈，西賊乘間伏兵北關下，遣使僞來請内屬，謀舉火爲内應。延慶覘知，斬首以徇，北邊伏兵惶駭宵遁。知成都府，移帥涇原。初，茂州舊無城，惟植鹿角利築城。既而蠻酋訴稱：「城基我地，乞罷築。」不許，蠻遂叛。延慶坐區處失宜，降天章閣待制。嘗得《安南九軍法》讀之〔一一〕，謂諸將曰：「漢、蕃兵馬未整，幸今無事，可依此團結，以備調發。」乃以正兵弓箭手人馬團爲九將，合百隊，分四部爲左右前後，而隊有駐戰、拓戰之別，步騎器械，每將皆同。又以蕃兵人馬爲別隊，各隨所近分隸諸將。諸將之數，不及正兵之半，所以制之也。處老弱於城砦，使漢、蕃不相雜，所以防其變也。書成，上之。會鄜延亦分畫兵將，延慶條上鄜延所奏未便者，神宗是之。召還，知開封府，旋除翰林學士。以言者罷知滁州，移洪州，復龍圖閣待制，帥高陽。閱歲，復龍圖閣直學士，移定武。哲宗即位，除工部侍郎，改吏部以卒〔一二〕。

延慶有學問，平居簡默，遇事能別白是非，所至有惠政。初，齊既得子延慶，自陳歸宗，籍所有付之，無一毫私焉。

臣稱曰：烏虖！天胙明德，鎮撫其社稷，則有剛毅不回之士立乎其朝。且山有猛獸，木無斧斤之害；水有蛟龍，魚無網罟之厄。國家有剛毅之士，則姦邪無睥睨之心，威見於外也。宗道沮立廟之請，奎爭服冕之議，晦叔寢修宮之役，齊却臨朝之謀①，陳善閉邪，有大臣節，真可謂剛毅不回之士也哉！

【箋證】

〔一〕亳州人：《宋史》卷二八六《魯宗道傳》作「亳州譙人」。

〔二〕天聖七年薨於位：《隆平集》卷六：「天聖七年薨於位，年六十四。」《長編》卷一〇七天聖七年二月庚申朔：「禮部侍郎、參知政事魯宗道卒。」

〔三〕出爲陝西轉運使：《宋史》卷二八六《薛奎傳》同，歐陽修《資政殿學士尚書户部侍郎簡肅薛公墓誌銘》（《歐陽文忠公集》卷二六）作「出爲陝西轉運副使」。

〔四〕改淮南轉運副使：《簡肅薛公墓誌銘》作「淮南轉運使」，《長編》卷九〇天禧元年十二月壬辰載「淮南轉運使薛奎」。《隆平集》卷七言「天禧初，自淮南轉運副使疏真揚漕河」，誤。

〔五〕召爲龍圖閣學士三司使：《簡肅薛公墓誌銘》作「入拜龍圖閣直學士、權三司使」。

〔六〕卒年六十八：《簡肅薛公墓誌銘》：「景祐元年八月庚申，公薨於家，年六十有八。」

〔七〕薨於位：尹洙《文康王公神道碑銘》（《河南先生文集》卷一二）：「景祐元年秋八月壬戌，樞密使、同中書門下平章事王公薨於位，天子震悼。」

〔八〕衍薦於朝除集賢校理：《宋史》卷二八六《蔡齊傳》附《蔡延慶傳》作「范仲淹未識面，以館閣薦之，除集賢校理」。《續通志》卷三二三《王益柔傳》校注：「按《東都事略》作以杜衍薦除集賢校理，前知介邱縣，由衍等以學術政事薦。集賢校理之除，州（則）由

①謀：覆宋本、四庫本作「議」。

仲淹以館閣薦也。《事略》蓋誤并二事爲一爾。」

〔九〕卒年七十二：《長編》卷三七八元祐元年五月庚午：「龍圖閣直學士、通議大夫、知應天府王益柔卒。」

〔一〇〕卒年五十二：《長編》卷一二三寶元二年夏四月辛巳：「潁州言户部侍郎蔡齊卒。」

〔一一〕安南九軍法：《宋史》卷二八六《蔡齊傳》附《蔡延慶傳》作「《安南行軍法》」，《長編》卷二九七亦作「《安南九軍法》」。

〔一二〕改吏部以卒：《長編》卷四三九元祐五年三月辛未：「龍圖閣直學士、中大夫、吏部侍郎蔡延慶卒。」

東都事略卷第五十四

列傳三十七

夏竦字子喬，江州德安人也。其父承皓，太宗時上《平晉策》，補右侍禁。後與契丹戰，没於河朔。竦以死事恩授丹陽簿，上書乞應制舉，其略曰：「邊障多故，羽書旁午，而先臣承皓殞身行陳。陛下録臣孤幼，任之州縣，唯陛下辨而明之。陛下以枕石漱流爲達，則臣世居市井；陛下以金榜丹桂爲材，則臣未忝①科第；陛下以鳩杖鮐背爲德，則臣始逾弱冠；陛下以荷戈控弦爲勇，則臣生不綿②歷。若陛下令臣待詔公車，條問急政，對揚紫宸，指陳時事，猶可與漢、唐諸儒方轡並馳而較其先後矣。」真宗頗嘉之。

既中制舉，擢光禄寺丞，通判台州。召入，爲直集賢院，遷右正言。真宗幸亳州，爲東京留守推官。仁宗封慶國公，宰相王旦薦竦才，遂命教慶國公書。未幾，同修起居注。是時，參知政事丁謂請釃金水河作后土祠，三司使林特欲治玉清昭應宫複道，發運使李溥欲致海上巨石，爲三神山於會靈觀池中。君臣争言符瑞，竦獨抗疏以爲不可，其事遂寢。及大臣領玉清昭應宫使，以竦爲判官，竦由是附會神怪，僥倖進取，遂遷知制誥。

初，竦與妻楊氏不睦，楊氏訟其過，左遷知黄州，徙鄧州，又徙襄州。歲饑，發公廪，募富人出粟，嘗全活數萬

①忝：朱校本作「參」。
②綿：繆校作「經」。

人。徙壽州，歷安、洪二州。洪俗信巫，有疾輒屏去親屬，飲食衣藥悉聽於神，死者甚衆。竦索部中，得巫一千九百餘家〔一〕，毁其淫祠以聞。朝廷詔江、淮以南皆嚴禁絶。

天聖三年，丁母憂。是時，章獻明肅皇后聽政，宰相王欽若素與竦厚善，乃微服至京師圖進取。欽若主之，遂起復知制誥。奉使契丹，竦辭不行，其表有「父没王事，身丁母憂。義不戴天，難下穹廬之拜；禮當枕塊，忍聞夷樂之聲」等語，當時謂其四六爲精絶。明年，爲翰林學士兼侍讀，又兼龍圖閣學士，遂拜右諫議大夫、樞密副使，遷參知政事。與宰相吕夷簡不協，改樞密副使，累遷尚書左丞。

章獻崩，罷爲禮部尚書、知潁州，徙青州，又徙應天府。後二年，以户部尚書入爲三司使。元昊叛，拜泰寧軍節度使〔二〕、知永興軍，改鎮忠武，知涇州。明年，爲陝西經略安撫招討使、判永興軍。進宣徽南院使，與陳執中共事多不合，徙鄧州〔三〕。仁宗遣使問攻討元昊之策，竦言：「太宗時，李繼遷擾邊，命李繼隆等五路出討，卒無功而還。真宗時，唯戒邊吏嚴斥候以備之。今元昊略有河外之地，貿易華夷，其勢非特繼遷比也。雖然，其欲僭竊名號者，不過要市朝廷爾。天下久不見兵革，一旦遽議深討，臣未見其可也。願下令諸將，虜即入寇，毋得與戰。彼既絶中原賜予，又喪其緣邊和市，可坐待其弊也。」時議者多不以爲然，於是徙判河中府。

慶曆二年，徙蔡州，召拜樞密使。諫官、御史皆言：「竦姦邪，在陝西怯於用兵，今用之，則邊將之志墮矣。」凡十八疏，遂罷。言者不已，以吏部尚書知亳州。明年，加資政殿大學士。又明年，復宣徽南院使、河陽三城節度使、判并州。又明年，拜同中書門下平章事、判大名府。又明年，召以爲相。制下而言者又言：「竦嘗與宰相陳執中不協，不可共事。」遂改樞密使，封英國公。

未幾，親事官夜入禁中，將爲亂，皇城司皆坐譴逐，内侍楊懷敏領入内都知如故，言者又以竦結懷敏而曲庇之。是日，京師無雲而震者五，仁宗召翰林學士張方平謂曰：「夏竦姦邪，以致天變如此，宜草制出之。」遂罷知河南府。皇祐元年，加侍中，移鎮武寧，改封鄭國公。明年，以疾求歸。卒於京師〔四〕，年六十七。贈太師、中書令，賜謚曰文正。考功以竦行不應謚，改曰文莊。

竦少好學，自經史、百氏、陰陽、律曆之書無所不通，善爲文章，朝廷大典策屢以屬之。所至立保伍之法，盜賊不發，閭里怗然。性素貪，多商販部中。喜離間僚屬，以鉤致其事。雖待家人，亦不以誠，故時以姦邪目之。子安期，官至龍圖閣直學士。

范雍字伯純，世居河東。其曾祖仁恕，從孟氏入蜀爲相。祖從龜①，從昶歸朝，爲左屯衛將軍。父德隆，爲供奉官，葬河陽，因家焉。

雍②舉進士，爲洛陽簿。天禧中，爲京東、河北轉運使。時兩河宿兵，大賈轉粟而下，獲利甚厚。雍移他郡緡錢市糴於德、棣間，運以餉邊，頗減横費。徙京西路，入爲三司户部副使，擢龍圖閣待制、陝西都轉運使。召還，又以爲安撫使，除右諫議大夫，權三司使，加龍圖閣直學士。

天聖六年，拜樞密副使。玉清昭應宫災，章獻皇后有再葺之意，雍言：「先朝竭天下之力而作之，今火出非意，豈非天之譴乎？如又將葺之，民不堪命矣。」章獻悟，乃止。章獻崩，罷爲户部侍郎、知陝州。既至，又改永興軍，徙河陽。以資政殿學士知河南府，遷吏部侍郎。

元昊叛，拜鎮武軍節度使、知延州。一日，元昊驅衆十萬至城下，雍令石元孫出戰，又召劉平來援。通判計

①從龜：原作「龜」，脱「從」字，據《宋史》卷二八八《范雍傳》、范鎮《范忠獻公雍神道碑》（《名臣碑傳琬琰集》上卷二六）補。
②雍：朱校本同，覆宋本、四庫本作「以」。

用章固執以衆寡不敵無輕舉，雍不從。二將既戰殁，雍左遷户部侍郎、知安州。復吏部侍郎、知河中府，拜資政殿學士、知永興軍，遷左丞，加大學士。雍在永興，全城浚池，言者以爲驚擾，詔止其役，雍匿詔而趣成之。明年，葛懷敏敗於定州①，邠、岐之間皆恐，惟永興人心怗然。復知河南，遷禮部尚書。卒，年六十八〔五〕。贈太子太師，謚曰忠獻。

初，雍在延州，辟計用章爲通判。用章，臨邛人也，以進士起家，稍遷至秘書丞。既從雍辟，嘗請修城壘，備器械，乞朝廷加兵選將，以圖討賊。若不以爲意，恐朝廷之憂，關輔之禍，非年歲可弭。雍不以爲然。及元昊以兵圍城，二將陷陣，都監黄德和奔還。雍召用章問以策，用章曰：「用章屢獻言矣，而公不用，今惟有一死以報國爾。然城中老幼無辜，皆公陷之至此。若令同爲血肉，是公上負天子，下負百姓。」雍怒，拂衣而起。至晚，又召用章問計。用章曰：「惟有死爾，尚何言？」會其夜雪大作，賊遂退。雍挾用章陷百姓之言，而誣以罪，用章遂竄雷州。其後，范仲淹經略延州，知用章以忠獲罪，奏雪於朝。田况亦以爲言，起監隨州酒。明年，復故官。用章後知冀州，終都官員外郎。

雍子宗傑，至兵部員外郎、直史館。孫子奇，紹聖間爲吏部侍郎、寶文閣待制。子奇之子坦，政和中爲户部侍郎。

程琳字天球，永寧軍博野人也。舉服勤詞學科中選，授泰寧軍節度推官。召試，除直集賢院。仁宗即位，爲三司户部判官。契丹使來，以琳爲接伴。使言皇太后當遣使通書北朝，琳以爲禮不可通問，拒

①定州：繆校作「定川」。

止之，使者屈。時修《真宗實録》，而起居注闕，命琳追修。書成，遂修起居注，知制誥。天聖五年，琳館伴契丹使蕭蘊、杜防。蘊出坐圖謂琳曰：「中國使至契丹坐位高，契丹使至中國坐位下，請升之。」琳曰：「此真宗皇帝所定，不可改也。」防曰：「大國之卿，可乎？」琳曰：「南北兩朝，安有大小？」防不能對。仁宗令與宰相議，或曰：「此特細事爾。」將許之，琳以謂「許其小必①啓其大」，力争之，乃已。

拜右諫議大夫，權御史中丞，改樞密直學士、知益州。上元張燈，先戒火備曰：「有火即救之，勿以白。」已而果有火，吏如琳教不以白，而隨即救止，終燕人無知者。有告振武軍變者，監軍以白琳，琳曰：「軍中動息，我自知之，苟有謀，不待告者。可使告者來。」而告者卒不至。蜀人歲爲社以祀灌口神，琳曰：「往時不誅李順，故②大亂。」乃捕爲首者戮之。或以琳殺人，以爲蜀人恐且亂矣，仁宗遣使視之，使者還言蜀無事。召知開封府。禁中火，下府使治之，琳曰：「此天災也，不可以罪人。」仁宗爲緩其獄，卒無死者。遷龍圖閣學士，守御史中丞。久之，爲翰林侍讀學士，復知開封府。明③年，爲三司使。時議者患④民税多目，吏得爲姦，欲除其名而合爲一。琳曰：「合而没其名，一時之便，後有興利之臣必復增之，是重困民也。」累遷吏部侍郎。

景祐四年，拜參知政事。時元昊叛，猶遣使入朝，議者欲誅其使。琳曰：「古者兵交，使在兵間，不可。」其後使益驕，議者又以爲言，琳曰：「始不誅，以罪有在也。今既驕，誅之宜矣。又何患⑤耶？」議者又欲重賄唃

①必：原作「心」，據覆宋本、四庫本及《宋史》卷二八八《程琳傳》改。
②故：原作「既」，據覆宋本、朱校本、四庫本及《隆平集》卷八改。
③明：朱校本同，覆宋本、四庫本作「期」。《名賢氏族言行類稿》卷二八作「明」。
④患：原作「尽」，據覆宋本、四庫本及《名賢氏族言行類稿》卷二八改。
⑤患：原作「尽」，據覆宋本、四庫本及《宋史》本傳改。

斯囉，使討元昊，因以其地與之。琳曰：「使唃氏有其地，是去一元昊，得一元昊也。曷若用間，使二羌不相合，豈不爲中國之利乎？」寶元二年，鄭戩知開封府，發琳使府吏馮士元抑孀婦市第及買女奴，責光禄卿、知潁州。已而徙青州，又徙大名府。復尚書左丞，爲資政殿學士。

時建北京，内侍皇甫繼明典營造宫室，欲侈大其制，琳以爲方事備邊，又困民以土木，不可。繼明數有論奏，仁宗遣一御史視其曲直，御史直琳，遂罷繼明。遷工部尚書，加資政殿大學士、河北安撫使，拜武昌軍節度使、知永興軍。明年，拜宣徽北院使、判延州。

元昊死，諒祚立，尚①幼，三大將分治其國。或請授三將節度使，以分弱其勢，琳曰：「幸人之喪，非所以示大信於夷狄，不如因而撫之。」議者以爲失機會。皇祐元年，拜同中書門下平章事、知大名府。琳持重不撓，前後守魏十年，魏人愛之。改鎮武勝，又徙鎮安。卒於鎮[六]，年六十九。贈中書令，謚曰文簡。

琳爲人嚴深，長於政事。平時議論，不少下人。至朋僚故舊飲酒笑歌，不復有勢位之間。然性嗇於財，而厚自奉。當章獻聽政時，琳嘗獻《武后臨朝圖》[七]。及章獻崩，仁宗在邇英謂侍臣曰：「琳心行不佳。」而琳竟大用云。

臣稱曰：以天下爲度者，不以我之私而藏怨焉。昔漢文既立，修代來功，而謂朱虚侯初謀立齊王，故詘其功。夫名寬大長者，莫如漢文也，猶不忘朱虚之怨，况其他乎？當仁宗之初，章獻在御，而琳乃以《武后臨朝圖》爲獻，尊崇母后，以求容悦。及仁宗親政，非特無怨，而竟用琳，出入將相幾二十年。

①尚：原作「上」，據覆宋本、四庫本及《隆平集》卷八改。

非仁宗之盛德，亦豈能容之？世稱仁宗可比漢文，此則過之矣。

姜遵字從式，淄州人也〔八〕。舉進士，爲蓬萊尉。嘗知廬陵縣，召爲監察御史，遷殿中侍御史。遵與知吉州高惠連有隙，惠連言遵前在廬陵受賄，請逮治。詰遵往對，卒無狀，猶降通判延州。入爲侍御史。青州大姓麻氏，其富冠四方。契丹之寇澶淵也，兵至臨淄，麻氏率莊人千餘據堡自保，鄉里賴之全濟者甚衆。虜退，麻氏斂器械盡輸官，留什二三以衛其家。家既富饒，宗族横於齊。麻士瑶有孫姪懦弱，士瑶恐其分財，幽餓而死。遵發其事，因索其家，獲兵器及玉小印，乃奏：「麻氏大富，縱横臨淄，齊人懼伏①。私蓄禁兵，刻玉寶，將圖不軌。」詔按實誅之，麻氏遂衰，而遵由是以擊搏知名。知邢州，徙滑州，爲京西轉運使，復入爲侍御史知雜事。逾年，爲三司副使，以右諫議大夫知永興軍。章獻皇后嘗營建浮圖，遵毁漢、唐以來碑碣代磚甓，躬督成之，因獲進用。天聖七年，召拜樞密副使〔九〕，遷給事中。卒，年六十八〔一〇〕。贈吏部侍郎。

遵爲吏尚嚴，故所莅必震肅云。

趙稹字表微，宣州宣城人也〔一一〕。舉進士，爲安定軍判官〔一二〕。稍遷殿中侍御史、開封府判官、益州路轉運使。稹至部，事無大小，悉心咨訪，有平允之稱。召爲侍御史知雜事，改鹽鐵副使，拜集賢院學士、知益州。坐市錦寬縱落職，知同州，徙鳳翔、京兆，復爲集賢院學士，加樞密直學士、知并州，累遷刑部侍郎。

①懼伏：繆校作「皆懼服」。

章獻后臨朝既久，劉美有婢出入禁中，積厚結之。天聖八年，遂爲樞密副使。明道二年，罷爲尚書左丞、知河中府，以太子少傅致仕。卒，年七十六〔一三〕。贈太子太保，謚曰僖質。

【箋證】

〔一〕得巫一千九百餘家：《宋史》卷二八三《夏竦傳》作「竦索部中得千餘家」，王珪《夏文莊公竦神道碑銘》（《華陽集》卷四七）作「凡得千九百餘家」。

〔二〕泰寧軍節度使：《宋史》本傳及《夏文莊公竦神道碑銘》均作「奉寧軍節度使」，疑是。

〔三〕徙鄧州：《宋史》本傳作「徙屯鄜州」，《夏文莊公竦神道碑銘》作「判永興軍，又詔進屯鄜州」。

〔四〕卒於京師：《長編》卷一七一皇祐三年九月乙卯：「武寧節度使兼侍中夏竦卒。」《夏文莊公竦神道碑銘》：「皇祐三年秋……其薨，蓋九月乙酉也，享年六十七。」按是年九月己酉朔，無乙酉日，「乙酉」當作「己酉」。《長編》所記「乙卯」，或爲聞訃改謚之日。

〔五〕卒年六十八：范鎮《范忠獻公雍神道碑》（《名臣碑傳琬琰集》上卷二六）：「慶曆六年正月丁亥，以疾薨於位，享年六十有八。」

〔六〕卒於鎮：歐陽修《程公神道碑銘》（《歐陽文忠公集》卷二一）：「至和三年閏三月七日己丑，薨於陳州之正寢，享年六十有九。」

〔七〕琳嘗獻武后臨朝圖：汪琬《東都事略跋》卷上：「《傳》末言琳獻《武后臨朝圖》以媚章獻。按《聞見録》亦載此事，但爲《武后七廟圖》，又諱琳姓名，止稱某公，且言『某公死，某受潤筆帛五千端，作碑誌極其稱贊，天下無復有知其事者矣』，蓋指歐陽公也。《六一居士集》有《程公神道碑文》，又有《誌銘》。又《梁溪漫志》云：『凡碑誌，或被旨而作，或因其子孫之請，揚善揜惡，理亦宜然。至於是是非非，則自有公論。歐陽公一世正人，而謂受帛五千端，人不信也。』竊謂歐陽公既不得已作《碑文》，則《誌銘》雖不作亦可。」

〔八〕淄州人：《宋史》卷二八八《姜遵傳》作「淄州長山人」，是。

〔九〕天聖七年召拜樞密副使：《隆平集》卷一〇作「天聖六年樞密副使」。《長編》卷一〇天聖六年三月癸丑：「以右諫議大夫、知永興軍姜遵爲樞密副使。」《宋宰輔編年録》卷四則繫於六年三月壬子。《事略》誤繫「七年」。

〔一〇〕卒年六十八：《長編》卷一〇九天聖八年九月乙丑：「樞密副使、給事中姜遵卒。」

〔一一〕宣州宣城人：《宋史》卷二八八《趙稹傳》作「其先單父人，後徙宣城」，尹洙《趙公墓誌銘》（《河南先生文集》卷一三）作「單父人」。

〔一二〕安定軍判官：《宋史》本傳及《趙公墓誌銘》作「平定軍判官」。

〔一三〕卒年七十六：《長編》卷一二二寶元元年十月庚寅：「贈太子太保、謚僖質趙稹卒。」《趙公墓誌銘》云：「景祐四年，拜吏部尚書。五年，以疾請老。九月，拜太子少傅致仕。十一月一日，薨於河中，年七十六。」較《長編》所記卒日晚三天。

東都事略卷第五十五

列傳三十八

李諮字仲詢，臨江軍新喻人也。諮幼而父出其母，日夕泣涕求母還，乃至絶葷茹①，鄉里稱其孝。舉進士，爲大理評事，通判舒州，遷直集賢院，累擢知制誥、翰林學士。

仁宗即位，知開封府，權三司使。建言：「天下賦入有常，而用度日益滋，願一切裁節②之。」詔校一歲經費，減冗長者什之三。又：「以商人入粟邊郡，算茶與犀象〔一〕，爲虚實三估，坐耗官帑，請以實錢參紐。」初，商人有厚利，而諮照其姦蠹，一旦革之，怨謗滋起，而議者是非不一。諮請郡，遂除樞密直學士、知洪州。坐變茶法奪職，徙③知杭州，復以舊職知永興軍。衣冠子有恃蔭犯法者，悉杖之，境内肅然。徙知江寧府。

久之，復爲三司使。累官至禮部侍郎，拜樞密副使。又二年，加户部侍郎，爲知樞密院事。是時榷茶之法浸壞，乃詔諮與蔡齊更議之。諮以前變法獲罪固辭，不許。於是復用諮所變法，而官無濫費。諮性明達，周知世務，處劇若閑暇。在樞府，抑僥倖，號爲稱職。三班使臣，舊七年磨勘，李迪爲相，奏減二年。諮請自詔下經七年磨勘後，方用新制。事雖均，頗爲衆怨。卒於位〔二〕，年五十五。贈右僕射，謚曰憲成。

①「茹」字下，繆校有「素」字。
②節：朱校本同，覆宋本、四庫本作「抑」。
③徙：原作「徒」，據覆宋本、四庫本改。本卷「徙」多誤刻作「徒」，以下徑改。

盛度字公量，杭州餘杭人也。舉進士，稍遷至直史館、三司户部判官。契丹犯邊，數上疏論邊事。奉使陝西，參質漢、唐故地，繪爲《西域圖》以獻①。爲開封府推官〔三〕，坐決獄失實，謫監洪州税。起爲三司鹽鐵判官，遷知制誥。嘗奏事便殿，真宗問其所上《西域圖》，内出絹，命工別繪。度因言：「前已圖漢所置酒泉、張掖、武威、燉煌、金城五郡，比復究尋五郡之東南，自秦築長城，西起臨洮，東至遼碣，延袤萬里。有郡，有軍，有守捉，襟帶相屬，烽火相望，其形勢備禦亦至矣。唐始置節度使，後又以宰相兼領，用非其人。有河山之險而不能固，有兵甲之利而不能禦，豈不惜哉！」乃復繪其山川、道路、區聚、壁壘，爲《河西隴右圖》以獻。爲翰林學士、史館修撰。

會寇準罷，度以嘗交結周懷政，出知光州。丁謂用事，復貶和州團練副使。天聖初，起知筠州，徙虔州，又知徐、蘇、揚三州〔四〕，加集賢院學士。

初，度嘗上言，請復賢良方正科，密詔撰策題馳驛以聞。又請建四科以取士，且言：「經術之士，若典刑備舉，則政教流行，請設博通墳典達於教化科；堯試臣以事，不直②以言語、筆札求之，審官期於適用，請設才識兼茂明於體用科③；今戎警未除，調邊勞戍，必資良帥④，以集事功，請設軍謀宏遠堪任將帥科；獄市之繫，民命所繫，若推按失實，則枉情傷生，請設曉法律能按章覆科。」後亦取其材識兼茂明於體用科，與賢良方正能直

①西域圖以獻：繆校作「爲圖以儗西域之形勢」。
②直：繆校作「宜」。
③科：繆校作「可」。
④帥：原作「師」，據覆宋本、四庫本及《長編》卷一〇七改。

言極諫科並行。復爲翰林學士、史館修撰兼龍圖閣學士。

明道中，詔度與御史中丞王隨及三司詳定在京並外三十一州軍禁解鹽地分，聽商旅入錢算鹽。度言通商有五利，遂施行之。尋授承旨兼端明殿學士、翰林侍讀學士。

景祐二年，拜參知政事。時王曾、吕夷簡爲相，度與宋綬、蔡齊並參知政事，曾與齊善，而夷簡與綬善，惟度不得志於二人。至是，曾、夷簡求退。一日，仁宗問度曰：「王曾、吕夷簡力求退，何也？」度對曰：「二人腹心之事，臣不得而知。陛下詢二人以孰可代者，則其情可察矣。」仁宗果以此問曾，曾薦齊；又問夷簡，夷簡薦綬。於是四人者俱罷政，而度獨留，遷知樞密院事，即拜武寧軍節度使。坐令開封府吏馮士元强取其鄰所賃官舍，爲鄭戩所發，罷爲尚書右丞、知揚州。徙蔡州，加資政殿學士、知應天府，以太子少傅致仕。卒，年七十四〔五〕。贈太子太保，謚曰文肅。

度好學，家居讀書，未嘗釋手。真宗嘗命與李宗諤、楊億、王曾、李維、舒雅、任隨、石中立同編《通典》《文苑英華》〔六〕。所著有《愚谷集》《中書制集》《銀臺集》《翰林制集》〔七〕。天禧三年，郊恩赦文許舍人、給事中、諫議大夫母封郡太君，而學士不與。度時官兵部郎中，因請進封其母，自是學士官未至諫議者，皆得封。度多猜險，僚吏皆畏其傾，不敢妄語言。肌體豐大，艱於起拜，有拜之者，俯伏不能興，或至詬駡，其褊戾如此。

王曮字揔之，趙州臨城人也。七歲喪父，哀毁過人。及長，狀貌奇偉。館於王化基之門，宋湜見而妻之以女。宋氏親族或侮易之，化基曰：「後三十年，曮富貴矣。」舉進士，爲婺州觀察推官。代還，真宗見而異之，特轉著作佐郎，稍遷至三司鹽鐵副使。

章獻臨朝，龍圖閣待制馬季良建言：「京師賈人常以賤價售京師茶鹽交引，請官置務收市。」季良挾章獻姻家，有司莫敢忤其意者。鬷曰：「與民競利，非國體也。」執不可，遂罷之。

後以樞密直學士知益州，戍卒有夜焚①營、脅軍校爲亂者，鬷潛遣兵環其營，下令曰：「不亂者斂手出門，無所問。」於是衆皆出。命軍校指亂者，得十餘人，戮之。及明，人皆不知也。其爲政有大體，不爲苛察，蜀人愛之。拜右諫議大夫、同知樞密院事。寶元元年，除參知政事。明年，遷工部侍郎、知樞密院事。又明年，以西師不利，議刺鄉兵，久而不能決，遂出知河南府。

始，曹瑋在定武謂鬷曰：「公不十年，必總樞柄。當是時，西邊有警，公宜善備之。」鬷曰：「若如君言，何以教我？」瑋曰：「頃趙德明嘗以馬博易於中國，怒其人息微，欲殺之。德明子元昊方十餘歲，諫曰：『以馬資鄰國，已失計矣。今更以貨殺邊人，則誰肯爲我用乎？』瑋聞其言，私念之曰：『此子欲用其人矣，是必有異志。異日德明死，此子爲邊患必矣。』計其時，正當公總樞柄之日，公宜勉之。」鬷殊未以爲然也。至是，元昊叛，鬷竟以處置失宜罷去。

鬷在河南，每對僚吏嘆瑋之明識。鬷卒[八]，年六十四。贈户部尚書，謚曰忠穆。

王博文字仲明，曹州濟陰人也。年十六，善屬文，應舉開封府，以回文詩百篇投試卷，場屋中謂之「王回文」。召試舍人院，除安豐簿，遷殿中侍御史。詔博文按朱能《乾祐天書》，連逮者衆。博文爲治首惡，脅從者皆得減死論。爲開封府判官，丁母憂。

始，博文幼喪父，其母張氏再適韓氏。及博文在朝，謂母子無絶法，遂請得以恩封之。又謂：「古之爲父後

---

①焚：原作「楚」，據覆宋本、四庫本改。

者不爲出母服，以廢宗廟祭也。今喪者皆祭，無害於行服。」乃請解官持服。

入爲三司户部判官，累遷龍圖閣待制、權三司使。與内侍羅崇勳鞫曹汭獄於真定府，博文知章獻怒曹利用，及汭誅，議者或謂博文文致之。知開封府，進龍圖閣直學士、知秦州，徙鳳翔府，又徙永興軍。改樞密直學士，復知秦州。

沿邊軍民逃入蕃部，擒至者予之錦袍、銀帶、茶綵，間有自歸而爲蕃部所得，亦不能免，坐法皆斬。博文遣習事者持信紙密招之，至則驗而貸其罪，免死者衆。景祐元年，除龍圖閣學士，再知開封府。久之，知真定府，遷給事中。歲餘，召爲三司使，拜同知樞密院事。凡三十六日而卒，年六十六〔九〕。子疇。

疇字秉彝〔一〇〕，以父任爲將作監主簿。復舉進士，爲太常博士。翰林學士宋祁提舉諸司庫①務，舉疇爲之屬。時有宦官在職，疇辭曰：「翰林先進，疇恐不得事之，然耻以朝士大夫而爲閹人指使也。」遂不就。賈昌朝舉疇編修《唐書》。

慶曆中，仁宗獵近郊，疇言十事以諫。召試，直秘閣。至和中，爲開封府推官，又爲判官。宦者李允良疑人毒死其叔父，訴請發棺驗視。疇獨曰：「驗而無實②，是無故暴人尸，此安知非允良有姦？」既而窮治，果引伏，與叔家有怨。爲三司度支判官，修起居注，知制誥，以右諫議大夫爲御史中丞，遷給事中。

英宗疾既稍愈，未出，疇請以時御朝，又請朝謁祠廟。會大臣亦請，英宗從之，自是遂聽政。遷翰林學士，居數月，拜禮部侍郎、樞密副使。於是知制誥錢公輔言：「疇資淺望輕，在臺素餐，不可以大用。」英宗既用疇，而

①庫：原作「軍」，據覆宋本、四庫本改。
②實：原作「宕」，據覆宋本、四庫本及《宋史》卷二九一《王博文傳》附《王疇傳》改。

黜公輔。疇在位五十五日而卒〔一一〕，年五十九。贈兵部尚書，謚曰忠簡。

張觀字思正〔一二〕，絳州人也〔一三〕。中服勤詞學科，擢爲第一，爲將作監丞、通判解州。吏坐臧，以失舉責監河中府税。頃之，通判果州，改秘書郎，擢右正言、直史館、三司度支判官，同修起居注，改右司諫、知制誥，出知杭州。代還，知開封府。

觀爲人寬厚長者，然於吏事非所長。有犯夜者，觀乃問：「有人見否？」犯夜者曰：「固無人見也。」人傳以爲笑。景祐初，爲翰林學士，以給事中權御史中丞。觀舉文彦博爲御史，時以爲得人。寶元元年，拜同知樞密院事。後二年，罷知相州，除資政殿學士，徙澶州。京東路舊止通安邑鹽，而瀕海禁私煮，觀知鄆州，請弛其禁，歲免黥配者不可勝計。

久之，復爲御史中丞。以父居業年高，請便郡，進觀文殿學士、知許州，遷尚書左丞。觀性至孝，初爲秘書郎，而父方爲幕職官，觀以官回授其父，朝廷從其請。居業官至太府卿，觀在許以憂去官，哀毁過甚，既練而卒〔一四〕，年六十六。贈吏部尚書，謚曰文孝。

觀平生未嘗草書，因自爲詩曰：「保心如止水，爲行見真書。」仁宗嘗飛白「清」字賜之。

鄭戩字天休，蘇州吴縣人也。舉進士，爲奉禮郎、僉書宣德軍節度判官〔一五〕。召試，爲集賢校理、直史館，同修起居注，知制誥。訓詞深雅，時謂「常、楊不逮」也。

遷龍圖閣直學士、知開封府。府吏馮士元素奉權貴，戩發其姦利事，流之於海島，於是參知政事程琳、知樞密院盛度皆坐黜。康定元年，權三司使，拜右諫議大夫、同知樞密院事，改副使。是時陝西用兵，戩請巡邊，以圖破羌之策，大臣忌之。明年，以資政殿學士知杭州。浚治西湖，民賴其利。徙鄆州，又徙永興軍。

未幾，爲陜西經略安撫招討使，巡邊至鎮戎軍，趣蓮花堡。天寒，與將佐置酒高會。元昊方擁兵近塞，會暮塵起，有報賊騎至，戩曰：「此必諸將按邊回爾，非賊騎也。」已而果然。元昊謂其下曰：「我已遣人使稱臣，朝廷何爲復用此公護諸將？」其欽畏如此。及疆事少寧，還知永興軍。

初，劉滬建議築水洛城，以通秦、渭援兵，戩因令滬與董士廉督其役。會戩罷四路，而宣撫使韓琦、知渭州尹洙皆以爲地在生羌間，恐城未就而寇至，因令罷役。滬等不聽，乃械送德順軍制獄。戩力爭於朝，卒城之。

進資政殿大學士、知并州。時契丹與元昊交兵，仁宗遣使問戩，戩對：「夷狄相攻，中國之利也。」乃益修邊備，以防戎人侵軼。遷吏部侍郎，拜宣徽北院使、奉國軍節度使。卒，年六十三〔一六〕。贈太尉，謚曰文肅。

戩初以文章有聲場屋間，性强毅明峻，意所欲必行之。衣冠子有豪縱犯法者，必法外黥配，餘皆惕息云。

任布字應之，河南人也。後唐宰相圜四世孫。舉進士，爲安肅軍判官。因上言河北利害，且謂虜必大入，請飭邊備。未幾，果有澶淵之役，真宗奇之。

擢提點荆湖南路刑獄，權三司鹽鐵判官。坐與徐奭試開封進士而奭潛發封卷視之，責監鄂州税務〔一七〕。徙知宿鄧建三州〔一八〕、梓州路轉運使，召還，爲户部判官，遷江淮發運使。入爲三司鹽鐵副使，出知真定府。

有議欲省兵河北者，布言：「今西北二虜包藏禍心，以窺伺中國，未可以弛備。」改知天雄軍，遷集賢院學士、知許州，進龍圖閣直學士，徙澶州，復知真定府。慶曆元年，召拜樞密副使。明年，罷知河陽，以太子少保致仕。再遷太子少師。始，布歸休洛中，作五知堂，以知恩、知道、知命、知足、知幸也。卒，年七十八〔一九〕。贈太子太傅，謚曰恭惠。

布性純約，方輔政時，其子遜嘗上書歷詆大臣，亦以其父爲不才，御史魚周詢因疏布曰：「不才之迹，其子具知。」然議者以遜詆父爲不孝，而周詢又引其語以逐布爲不知體云。

【箋證】

〔一〕算茶與犀象：《長編》卷一一五、《宋史》卷二九二《李諮傳》作「算茶與犀象緡錢」，是。

〔二〕卒於位：《長編》卷一一九景祐三年十二月丙寅：「户部侍郎、知樞密院事李諮卒。」

〔三〕爲開封府推官：《宋史》卷二九二《盛度傳》作「爲開封府推官」。

〔四〕又知徐蘇揚三州：「徐」，《宋史》本傳作「滁」。

〔五〕卒年七十四：《長編》卷一三二慶曆元年七月丙辰載「資政殿學士、尚書右丞、知應天府盛度爲太子少傅致仕，度尋卒」，注云：「度卒在八月辛巳。」

〔六〕同編通典：《宋史》本傳作「同編《續通典》」，卷二〇七《藝文志》六著録「宋白、李宗諤《續通典》二百卷」，卷二六五《李宗諤傳》云「嘗預修《續通典》」，則以「同編《續通典》」爲是。

〔七〕所著有愚谷集中書制集銀臺集翰林制集：《隆平集》卷七作「所著有《愚谷集》《中書制集》《銀臺集》《翰林制集》《樞中集》」，《宋史》本傳作「有《愚谷》《銀臺》《中書》《樞中》四集，又有《中書》《翰林》二制集」。《事略》漏載《樞中集》。

〔八〕戩卒：《長編》卷一三一慶曆元年二月戊戌（十九日）：「河南府言工部侍郎王戩卒。」周延讓《宋故贈户部尚書謚忠穆太原王公墓銘》（謝飛、張志忠：《〈王戩墓誌〉〈江氏墓誌〉考》，《文物》二〇〇八年第二期，第七三頁）則載王戩卒於「辛巳春二月癸巳」（慶曆元年二月十四日）。

〔九〕凡三十六日而卒年六十六：《隆平集》卷一〇：「寶元元年，同知樞密院事。二十六日而薨，年七十。贈吏部侍郎。」《長編》卷一二二寶元元年四月癸酉：「給事中、同知樞密院事王博文卒。」又言「與陳執中並命位樞密，凡三十六日死」。《長編》卷一二一、《宋宰輔編年録》卷四載王博文、陳執中「並同知樞密院事」在寶元元年三月戊戌朔，至四月癸酉爲三十六日，《隆平集》誤。

〔一〇〕字秉彝：《隆平集》卷一〇、《宋史》卷二九一《王博文傳》附《王疇傳》作「字景彝」，歐陽修《集古録》卷一〇亦稱「王景彝」，疑《事略》誤「景」爲「秉」。

〔一一〕疇在位五十五日而卒：《隆平集》卷一〇：「治平元年，樞密副使。至二年二月，共五十五日而薨，年五十九。」《長編》卷二〇四治平二年二月癸卯：「樞密副使、禮部侍郎王疇卒。」《長編》卷二〇三、《宋宰輔編年録》卷六載「疇樞密副使」在元年十二月丙午，至次年二月癸卯實得五十八日，史言「五十五日」，與《長編》所載不合。

〔一二〕字思正：《隆平集》卷一〇作「字思政」。

〔一三〕絳州人：《宋史》卷二九二《張觀傳》作「絳州絳縣人」，是。

〔一四〕既練而卒：《長編》卷一六九皇祐二年閏十一月戊午：「河南府言前觀文殿學士、尚書左丞張觀卒。」

〔一五〕僉書宣德軍節度判官：《宋史》卷二九二《鄭戩傳》作「簽書寧國軍節度判官事」。胡宿《文肅鄭公墓誌銘》（《文恭集》卷三六）云：「釋褐太常寺奉禮郎，簽宣德軍節度判官，親嫌移宣城。」宣城即宣州，以寧國軍爲軍額。

〔一六〕卒年六十三：《長編》卷一六七皇祐元年十一月壬寅：「并州言宣徽北院使、奉國節度使鄭戩卒。」《文肅鄭公墓誌銘》：「皇祐五年冬十一月甲子，有宋儒帥宣徽北院使、奉國軍節度使鄭公薨於并。……年六十二。」

〔一七〕責監鄂州税務：《宋史》卷二八八《任布傳》作「降監鄧州税」。《長編》卷九二天禧二年十一月丁亥條載「開封府、國子監、太常寺發解官皆坐薦舉不實，責監諸州酒税。屯田員外郎、判度支勾院任布鄧州」。《事略》「鄂州」當爲「鄧州」之誤。

〔一八〕徙知宿鄧建三州：《宋史》本傳作宿、越、建三州。

〔一九〕卒年七十八：《長編》卷一七三皇祐四年十一月戊辰：「知河南府、太子少師致仕任布卒。」

東都事略卷第五十六

列傳三十九

王隨字子正，河陽人也〔一〕。舉進士，爲將作監丞、通判同州。代還，直史館，出爲京西轉運使〔二〕。時隨父母在洛中，京西乃其所部也。真宗賜詩寵其行，復以羊酒、束帛使過家爲壽①，時人榮之。徙淮南，召還，爲侍御史知雜事，擢知制誥。隨於詞命非所長也，出知應天府，徙揚州。未幾，除知開封府。仁宗爲皇太子，拜右庶子。周懷政得罪，隨坐假與白金，落知制誥，改給事中、知杭州。復降爲秘書少監、知通州。

久之，復給事中，遷龍圖閣直學士、知秦州。秦人多畜逃卒，或忤意，則執以求恩獎，故坐法衆。隨至，下令能自歸者免，仍隸舊籍，由是多所全活。徙河南府，入爲御史中丞，遷翰林學士〔三〕。明道二年，除户部侍郎、參知政事。景祐中，進吏部侍郎、知樞密院事，遂拜門下侍郎、同中書門下平章事、昭文館大學士。與陳堯佐同在中書，議事輒不合，無大臣體。以災異，援漢故事請罷，除彰信軍節度使、同平章事、判河陽。卒，年六十七〔四〕。贈中書令，謚曰章惠。

隨外若方嚴，而所治常失於寬。性善佛，慕唐裴休之爲人，仍學其書，然不逮也。

①壽：原作「之」，據覆宋本、四庫本改。

章得象字希言，世家泉州。高祖仔鈞①，事閩爲建州刺史，遂居浦城。其夫人練氏，有智識。仔鈞嘗出兵，二將後期，欲斬之，夫人救之得免。二將後仕南唐爲將，攻破建州。時仔鈞已死矣，夫人居建州，二將遣使厚以金帛遺夫人，並以一白旗授之，曰：「吾屠城，夫人植旗於門，吾以戒士卒勿犯也。」夫人反其金帛，並旗弗受，曰：「君幸思舊德，願全此城。必欲屠之，吾家與衆俱死耳，不願獨生。」二將感其言，遂不屠城，君子知其後必大。母嘗夢登山，遇神人授以玉象。及生，復夢庭積象笏，因名得象。舉進士，爲大理評事、知歸化縣[五]。稍遷直史館、三司度支判官、知制誥，爲翰林學士，進承旨。

景祐三年，拜同知樞密院事。寶元元年，以户部侍郎、同中書門下平章事、集賢殿大學士。仁宗謂曰：「先太后臨朝，羣臣邪正，朕皆默識之。卿清忠無所附麗，故大用也。」元昊反，命兼樞密使。明年，拜工部尚書，爲昭文館大學士、監修國史。慶曆五年，拜鎮安軍節度使、同平章事、判陳州，封郇國公，徙河南府。以疾引年，守司空致仕。卒，年七十一[六]。贈太尉、侍中，謚曰文憲。後知制誥王洙言得象謚同周公，改謚曰文簡。

得象性簡重，在翰林十二年，怡然自得。章獻后嘗遣内侍至院，必正色嚴待之，未嘗交一言。居相位八年，親戚子弟皆抑而不進。然陝西用兵，吕夷簡、晏殊、杜衍、范仲淹、富弼更秉政，得象默默不能有所爲。夷簡既薨，殊、衍、仲淹、弼亦去位，而得象爲相如故，卒以老辭位云。

①仔鈞：原脱「鈞」字，據《宋史》卷三一一《章得象傳》、楊時《章端叔墓誌銘》（《楊龜山先生集》卷三五）、《名賢氏族言行類稿》卷二六，並參舒仁輝《〈東都事略〉與〈宋史〉比較研究》第二〇八頁考證補。下同補。

晏殊字同叔，撫州臨川人也。七歲善屬文，號神童。景德初，張知白安撫江西，薦之，得召試。又試詩、賦、論，殊自言：「臣嘗私習此賦，不敢隱。」真宗異之，因試以它題。以爲秘書省正字，置之秘閣，使得悉讀秘閣書。明年，復獻所爲文，召試中書，爲集賢校理。

連丁家艱，真宗即其家起復。仁宗封昇王，以殊爲記室參軍。仁宗爲皇太子，爲舍人，擢知制誥，除翰林學士，爲左庶子。真宗每所諮訪，多以方寸小紙細書問之，由是參與機密。凡所對，必以其槀進，示不洩，真宗以謹密稱之。

章獻明肅皇后權聽軍國事，宰相丁謂、樞密使曹利用各欲獨見奏事，無敢決其議者。殊建言：「羣臣奏事太后者，垂簾聽之，皆無得見。」議遂定。拜右諫議大夫兼侍讀學士。天聖三年，以禮部侍郎爲樞密副使。上疏論張耆不可爲樞密使，由是忤章獻旨，坐以笏擊伖①折其齒罷。留守南京[七]，興學校，延范仲淹以教授諸生。天下興學，自殊始。召拜御史中丞，改資政殿學士、兼翰林侍讀學士，爲三司使，復拜樞密副使，未幾[八]，改參知政事。

章獻謁太廟，有請服袞冕者，章獻以問殊，殊以《周官》后服對。初，章懿后上仙，殊撰志文，謂后無子。及仁宗親政，以殊知江寧府，未行，改亳州，徙陳州。復召爲御史中丞，又爲三司使，知樞密院事，拜樞密使，加同中書門下平章事。慶曆三年，遂②以刑部尚書居相位，充集賢殿大學士，仍兼樞密使。

自殊復召用，而趙元昊反，師出陝西，天下弊於兵。殊數建利害，請罷監軍，無以陣圖授諸將，使得應敵爲攻

①伖：即奴也，歐陽修《晏公神道碑銘》作「僕」。覆宋本、四庫本作「耆」，舒仁輝《〈東都事略〉與〈宋史〉比較研究》第二〇八頁已辨其誤。
②遂：原作「逐」，據覆宋本、四庫本及《宋史》本傳、《晏公神道碑銘》改。

守，及制財用爲出入之要，皆有法。仁宗悉施行之。又請出宮中無用之物以佐邊費，而財賦之職悉歸有司。及居相府，時范仲淹、韓琦、富弼皆進用，至於臺閣，多一時之賢。仁宗既厭西兵，閔天下困弊，奮然有意，遂欲因羣材以更治，數詔大臣條天下事。方施行，而小人、權倖皆不便。

四年秋，諫官孫甫、蔡襄彈奏殊撰章懿皇后志文事，因言殊役官兵治邸舍，懷安苟且，無向公之心，遂罷，以工部尚書知潁州。殊既以事罷，而仲淹等亦相次罷去。徙知陳州，又徙許州，遷户部尚書，拜觀文殿大學士、知永興軍。徙河南府，以疾請歸京師訪醫，留侍經筵，提舉萬壽觀。卒[九]，年六十五①。贈司空兼侍中，謚曰元獻②。

殊性剛峻，遇人以誠，雖處富貴，奉養如寒士，罇酒相對，歡如也。當世賢士大夫，如范仲淹、孔道輔、歐陽修等皆出其門[一〇]。其擇壻，又得富弼、楊察。爲文贍麗，應用無窮，尤工風雅，才有餘思，其篤學，老而不倦。有文集二百四十卷，又集古今文章，爲《集選》二百卷[一一]。

杜衍字世昌，越州會稽人也[一二]。父遂良，尚書度支員外郎。衍幼孤[一三]，及長，舉進士，爲揚州觀察推官，知平遥縣，通判晉州，知乾州。安撫使以衍治行之優，命攝守鳳翔，二州之民争挽之。遷河東、京西路提點刑獄，知揚州，河東、陝西轉運使。入爲户部副使，進天章閣待制，出知荆南府，徙河北都轉運使，遷樞密直學士、知天雄軍[一四]，召拜御史中丞。

①五：覆宋本、四庫本作「三」。
②獻：原作空格，據覆宋本、四庫本及《宋史》本傳補。

會有詔與三司使副擇吏人能否而升降之，有欲以事中衍者，且揚語於外曰：「衍奏請盡黜諸吏。」吏僅千餘人詣衍第，諠譁不可抑。明日入對，願窮治，即推吏首惡抵於罪。衍復以樞密直學士知永興軍〔一五〕，遷龍圖閣學士、知并州，又徙永興〔一六〕。

時西鄙用兵，勞於調發，至破產不能給。衍爲之區處計較，量物有無貴賤，道里遠近，寬其期會，使得次第輸送。而車牛芻秣，宿食來往，比他州省費什六七。召知開封府。康定元年，以刑部侍郎同知樞密院事，改副使。陝西兵久不解，詔夏竦議攻守計。竦列二策以上，衍用守策。與宰相議不能①得，請免，不許。慶曆三②年，爲吏部侍郎、樞密使。

范仲淹嘗出衍門下，時爲參知政事，數爭事上前，衍無慍色，而仲淹益敬服之。會契丹駙馬劉三嘏③避罪來歸，邊臣欲以官縻之，諫官亦有請。衍以謂本朝與契丹結好久，不可以生事，還之。四年，拜同中書門下平章事兼樞密使、集賢殿大學士。

衍爲相，與富弼、韓琦、范仲淹同革弊事，以修綱紀。而衍尤抑絶僥幸，凡内降恩澤者，一切不與。每積至十數，必面納之。仁宗嘗謂諫官歐陽修曰：「外人知衍封還内降耶？吾居禁中，有求恩澤者，每以衍不可告之而止者，多於所封還也。」由是僥幸寖不説。

衍多知本朝故實，善决大事。初，邊將議欲大舉以擊夏人，韓琦亦以爲可舉，衍爭以爲不可，兵後果不得出。

①能：繆校作「相」。
②三：原作「二」，據覆宋本、四庫本及歐陽修《杜祁公墓誌銘》改。
③劉三嘏：原作「劉三蝦」，繆校作「劉三碬」，據《長編》卷一五二、《宋史》卷三一〇《杜衍傳》及歐陽修《論劉三嘏事狀》（《歐陽文忠公集》卷一〇七）改。

契丹與夏人争銀甕族，大戰黄河外，而雁門、麟、府皆警。范仲淹使河東，欲以兵從。衍以爲契丹必不來，兵不可妄出。後契丹卒不來。

其壻蘇舜欽監進奏院，集妓樂以祠神，爲御史劾奏。又集賢校理王益柔作《傲歌》，語涉指斥，欲下御史按罪。衍謂：「羅織獄今起都下矣。」執不可。又諫官孫甫言：「丁度面求進用，請屬吏。」衍不爲置對。又范仲淹、富弼偕出宣撫，言者隨攻之，仁宗欲罷二人，而衍又執以爲不可，遂疑其朋黨，以尚書左丞出知兗州。衍爲相，凡百日而罷去。

明年，上章願上印綬，乃以太子少師致仕。議者謂故相一上章而得請，以東宫三少致仕，非故事。蓋宰相賈昌朝疾之故爾。衍謝事十餘年，累遷太子太師，封祁國公。

衍清介，舊無居第。既退，方葺舍南都，出入如平日，無軒冕者。好吟詩，晚喜草書，臨終戒後事皆有法。作遺疏千餘言，其略云：「勿以久安而忽邊防之戒，勿以既富而輕財用之原。」又請早建儲副，以安天下心。卒，年八十[一七]。贈司徒兼侍中，謚曰正獻。

臣稱曰：事有矯拂於人之情，而吾獨不愧於中者，公而已。衍相仁宗，抑僥幸，修紀綱，而固以至公，一時怨府，有所不恤也。昔姚、宋罷斜封官，而開元之盛實歸之。衍亦多封還内降，而仁宗賴以絶濫進之階。慶曆之光明俊偉，衍與有力焉。烏虖！衍之賢，其知爲治之體者與？其得爲相之道與？

【箋證】

[一]河陽人：《隆平集》卷五、《宋史》卷三一一《王隨傳》作「河南人」。

〔二〕出爲京西轉運使：《宋史》本傳作「京西轉運副使」，《長編》卷七四載「上作詩賜京西轉運副使王隨父母」，《事略》脱「副」字。

〔三〕遷翰林學士：《長編》卷一一一、《宋史》本傳並作「翰林侍讀學士」，是。

〔四〕卒年六十七：《長編》卷一二三寶元二年春正月己酉：「河陽言彰信節度使、同平章事王隨卒，贈中書令，謚章惠，後改文惠。」

〔五〕知歸化縣：《宋史》卷三一一《章得象傳》作「知玉山縣」，宋祁《文憲章公墓誌銘》（《景文集》卷五九）：「咸平五年，舉進士，授大理評事、知邵武軍歸化縣，以喪未赴。服除，用大理丞爲信州玉山縣。」

〔六〕卒年七十一：《長編》卷一六四慶曆八年六月丙申：「司空致仕章得象卒。」

〔七〕坐以笏擊伎折其齒罷留守南京：《宋史》卷三一一《晏殊傳》：「坐從幸玉清昭應宫，從者持笏後至，殊怒，以笏撞之折齒，御史彈奏，罷知宣州。數月，改應天府。」《續通志》卷三三七《晏殊傳》校注：「按《東都事略》作『殊以笏擊張耆折其齒』，非從者也。考《長編》所載與《宋史》本傳同，諫官曹修古等劾其忿躁無大臣體，故罷之。」《事略》取材自歐陽修《晏公神道碑銘》（《歐陽文忠公集》卷二二），不言「罷知宣州」，徑云「留守南京」。

〔八〕未幾：《隆平集》卷五、《宋史》本傳及《晏公神道碑銘》並作「未拜」，《事略》誤作「未幾」。

〔九〕卒：《長編》卷一七八至和二年正月丁亥：「觀文殿大學士、兵部尚書晏殊卒。」

〔一〇〕如范仲淹孔道輔歐陽修等皆出其門：《宋史》本傳及《晏公神道碑銘》無「歐陽修」。

〔一一〕爲集選二百卷：《宋史》本傳作「爲《集選》一百卷」，《晏公神道碑銘》作「二百卷」。

〔一二〕越州會稽人：《宋史》卷三一〇《杜衍傳》及歐陽修《杜祁公墓誌銘》（《歐陽文忠公集》卷三一）作「越州山陰人」，是。

〔一三〕衍幼孤：汪琬《東都事略跋》卷上：「《石林燕語》：公本遺腹子，其母後改適河陽人。公爲前母子不容，因逃河陽依其母，傭書濟源。其事頗與范文正相類。及考歐陽公所作誌銘，則言公家故饒財，諸父分産，以所得悉與昆弟之貧者。然則《燕語》所載非實録。」

〔一四〕遷樞密直學士知天雄軍：《宋史》本傳作「以右諫議大夫知天雄軍」，《長編》卷一一六載「樞密直學士、右諫議大夫、知天雄軍杜衍爲御史中丞」。

〔一五〕復以樞密直學士知永興軍：《宋史》本傳作「遷尚書工部侍郎、知永興軍」，《杜祁公墓誌銘》作「拜樞密直學士、知永興軍」。《長編》卷一一八景祐三年三月戊戌載「御史中丞杜衍罷爲工部侍郎、樞密直學士、知永興軍」。

〔一六〕遷龍圖閣學士知并州又徙永興：《宋史》本傳作「徙并州」「加龍圖閣學士」「寶元二年，遷刑部侍郎，復知永興軍」，《杜祁公墓誌銘》作「徙知并州，遷龍圖閣學士，復知永興軍」。《長編》卷一二四寶元二年八月甲子記「徙知并州、龍圖閣學士、工部侍郎杜衍知永興軍，加刑部侍郎」，最明晰。

〔一七〕卒年八十：《杜祁公墓誌銘》：「公以嘉祐二年二月五日卒於家。」

東都事略卷第五十七

列傳四十

宋綬字公垂，趙州①平棘人也。父皐，直集賢院。綬幼聰警，其外祖楊徽之器愛之，以徽之遺恩授太常寺太祝。年方十五，召試中書，真宗奇其文，聽於秘閣讀書。久之，召試學士院，爲集賢校理，與父皐同在館閣，世以爲榮。

真宗祠太清宫，以綬僉書亳州判官事。入爲左正言，建言：「比歲下赦令釋逋負，稽期未報者六十八州、軍，請諸路選人校之，限半月以聞。」於是脱械繫三千二百人，除逋負數百萬〔一〕。擢知制誥，爲翰林學士兼侍讀。

章獻皇后命綬擇前代文字可以贊孝養、補政治者以上，遂録唐謝偃《惟皇戒德賦②》、《孝經論語節要》、唐太宗所撰《帝範》、開元臣僚所獻《政典》《君臣正理論》上之〔二〕。同修國史。章獻稱制既久，仁宗未嘗獨對羣臣，綬請：「令中書、樞密院，非軍國大事及大除拜，皆前殿取旨，臣僚亦只前殿對。」由是忤章獻意，改龍圖閣學士，出知應天府。

章獻崩，仁宗記其忠，且欲大用之，爲宰相張士遜所抑，復入翰林爲學士，兼侍讀。詔綬定章獻明肅、章懿二

①趙州：原作「隨州」，平棘爲趙州屬縣，見《宋史》卷八六《地理志二》，據繆校及《隆平集》卷七、《宋史》卷二九一《宋綬傳》改。
②賦：原作「武」，據繆校及《隆平集》卷七改。

后祔廟禮，綬援《春秋》考仲子之宫、唐儀坤故事〔三〕，請別立章懿廟，建名奉慈，以安神主。仁宗從其議。加端明殿學士〔四〕。端明殿，後唐初置學士，太平興國中爲文明殿學士，未幾殿災重建，改曰文德，遂不復置學士，至是又置焉。綬言：

帝王之御下，在乎握威柄、明功罪①，二者必自天子出。一紀以來，政出簾箔之間②。今陛下方躬親萬務，聽斷有祖宗英風。天下延頸跂踵，渴見聖政，而刑政號令未見勝於垂簾之日，豈非三事大臣未能盡輔佐之道耶？

頃者除授恩澤，多所希望，而因緣邪幸者遂取升擢，議③者以爲恩出太后而不由陛下。自親政以來，恩寵雖行，議者又云悉出大臣。蓋大臣公爲朋黨，罔冒天聽，朋黨相結，其害實甚。或窺測上旨，密令陳奏；或附會己意，以進退人。大臣市恩以招權，小人趨利以售進，此風浸長，有蠹邦政④。

太宗嘗云：「國家若無外憂，必有内患。外憂不過邊事，皆可豫防。唯姦邪無狀，若爲内患，深可懼也。」真宗亦云：「唐朝朋黨猶⑤盛，漸不可制，以至帝室衰弱。」願陛下思祖宗之訓，念王業艱難，整頓紀綱，正在今日。

仁宗大感悟。明道二年，張士遜罷，遂爲參知政事。

---

①在乎握威柄明功罪：《隆平集》卷七作「在乎總握威柄，賞罰二者」。
②間：原作「門」，據繆校及《隆平集》卷七改。
③議：原脱，據《隆平集》卷七、《長編》卷一一三補。
④邦政：繆校作「政紀」。
⑤猶：《隆平集》《長編》並作「尤」，是。

章惠皇后營建道觀，諫官、御史皆言：「近詔罷修寺觀，而復有此興造，是詔令數更也。」仁宗曰：「此太后自出奩中物爾。」綬因曰：「是豈知太后所爲？但見忽興土木，違近詔爾。太祖常謂，唐太宗受人諫疏，直詆其罪，曾不爲耻，豈若自不爲之，而使人無言。望陛下深監皇祖之言，常防外廷之議。」初，尚美人出宫，而左右有以茶商陳氏女入宫者。綬因間見曰：「陛下乃欲以卑賤者正位中宫乎？」會樞密使王曾、宰相吕夷簡以爲不可，屢論列上前，卒罷之。

時仁宗春秋方盛，天下無事，綬言曰：「自古守成之君，必兢兢抑畏，不忘顧省。人心逸於久安，患害生於所忽，故立防於無事之際，銷禍於未萌之前。若事至而後應，不亦殆與？臣猶①願飭勵羣司，交修庶職，勿以治平自怠，勿以纖微不戒，則可以保至尊而享洪業矣。臣又切惟御下之道有三：臨事尚乎守，當幾貴乎斷，兆謀先乎密。守則不可移，斷則不可惑，密則不可變。是三者，治亂安危之所繫，願陛下欽之念之。至若朝務清夷，深居閒燕，亦願陛下愛養聖躬，節宣所欲。夫四時聲味，所以調適六氣，乃克和平，自然擁百靈之休，享無疆之福，豈不美哉！」

景祐四年，罷爲尚書左丞、資政殿學士，留侍經筵。明年，加大學士、知河南府。俄召知樞密院事，遷兵部尚書，改參知政事。未幾而卒[五]，年五十。贈司徒兼侍中，謚曰宣獻。

綬資性孝謹，清介寡言。經史百家，莫不通貫。家藏書二②萬卷。楊億嘗稱其文淳麗，尤善詞賦，自以爲不及也。綬筆札精妙，仁宗嘗取其所書藏禁中。初，仁宗郊祀，綬嘗攝太僕卿，陪玉輅顧問，儀物典故，占對辯洽，

①猶：《長編》卷一一五、《國朝諸臣奏議》卷二〇《乞勿以治平自怠》、《宋史》本傳等均無此字，《事略》蓋從《隆平集》卷七補之。
②二：繆校作「幾」。

撰《鹵簿圖》以進。所著有《文館》、《記事》、《外制》、《禁林》甲乙、《秘殿》、《遺札》七集〔六〕。子敏求。

敏求字次道，由秘書省正字歷館閣校勘，坐赴蘇舜欽進奏院會，出爲僉書集慶軍判官。時修《唐書》，以敏求爲編修官，復校勘。累擢知制誥，修撰《仁宗實録》。

英宗在殯，有言宗室可嫁娶者，敏求以爲不可。既逾年，又有言者，敏求言：「宗室義服，變服而練，可以嫁娶矣。」以前後議異降秩一等，出知絳州。《實録》成，遷右諫議大夫。

復知制誥，在職六年。王安石用事，以御史中丞吕公著嘗奏論青苗之害，罷中丞。敏求當制，而安石改制進呈，敏求即請解職，未聽。李定自秀州判官除御史裏行，敏求又封還其詞頭曰：「御史之官，舊制須兩任通判方許奏舉，後以資任相當者少，始許舉通判未滿任者。今定自幕職便處以糾繩之地，臣恐弗循官制之舊，未厭羣議。」再請解職，遂罷。久之，爲史館修撰、集賢院學士，遷龍圖閣直學士，修國史。卒，年六十一〔七〕。

敏求敏於記問，文章質重，訓詞誥命，皆有程範。朝廷典故，士大夫疑議，多就取正而後決。著《書闈》前後集、《西垣制辭》、文集凡四十八卷，《東京志》《河南志》《長安志》《三川官下録》《春明退朝録》《韻類次宗室譜》又五十二卷，補唐武、宣、懿、僖、昭、哀六世實録百四十八卷。敏求以力學被遇朝廷，有文命事，未嘗不在選中。父子繼世掌史，時以爲榮。

李若谷字子淵，徐州豐人也。少孤遊洛下，因葬其考妣於緱氏而占籍焉。舉進士，調長社尉。累遷兵部郎中、三司户部判官。

奉使契丹，章獻明肅皇后同聽政，奉使者辭於庭下，例升殿受旨，若谷辭已即趨出。章獻怒，遂不遣。出知荆南府，駐泊都監王蒙正，章獻姻家也，恃勢爲姦利，若谷以法繩之。徙知潭州。州有盜，阻洞庭之險，劫舟殺人，投尸湖中。前此捕獲，多減死配隸他州，久復逸歸，爲患滋甚。若谷至，潛使人擒之，條其前後罪狀，磔於市，盜遂息。

徙知滑州，又知延州。夏人遣使來，前守多延之堂上，若谷獨廡下飲食之。知壽州。安豐芍藥陂，孫叔敖所創，爲南北渠，溉田萬頃餘。陂因旱歲多侵耕其間，雨集將盈，則盜决之。陂涸，失灌溉之利者甚衆。若谷因陂决，獨調瀕陂之民，使之全築，自是無盜决者。加集賢院學士、知江陵府，進龍圖閣直學士、知河南府。

改樞密直學士、知并州。并州自昔未有學，若谷始建學於文宣王廟。州多降胡，間常爲盜，若谷命集累犯者，以三人爲保，有犯則並坐，悛者則久而釋之。

以龍圖閣學士知開封府〔八〕。景祐五年，拜參知政事。嘗言：「近歲風俗澆薄，駕朋黨之説以汙善良。君子小人，各有氣類，今一概以朋黨名之，忠良恐懼，臣亦無以立朝矣。」仁宗然之。又言：「轉運使、提點刑獄失按所部官受臧，類降差遣。且監司所部甚廣，巡按不過留三二日，蓋未能遍察也。苟州郡密發一臧吏先聞朝廷，則監司不可勝黜。」自是轉運使、提點刑獄再不覺察部内官受臧，則降黜之。

康定元年，以耳疾辭位，罷爲資政殿大學士、提舉會靈觀。宫觀置提舉，自若谷始也。明年，以太子少傅致仕。卒，年八十〔九〕。贈太子太傅，謚曰康靖。

若谷質厚，長於治民，所至郡邑，人多見思。一子淑。

淑字獻臣。始年十三〔一〇〕，獻其所爲文，授試校書郎。天禧三年，除館閣校勘。天聖中，擢史館修撰。上《時政十議》：一曰國體，二曰災旱，三曰言事，四曰大臣，五曰擇官，六曰貢舉，七曰科選，八曰閱武，九曰時令，十曰入閤。

其《議國體》曰：「今災沴既頻①，賦入有限，用度不足。恩賜或濫，吏員滋多，甄別殊少。近臣暫出外任，若欲自留，有固辭而罷者；進不滿望，或不即拜，有中路而易者。願陛下號令一出②，要在必當；官職一授，勿復再改。至於國用未足，濫官未澄，冗兵疲馬，横賜之類，願命近臣知治體者，準三朝出入之數而撙節之。」《議災旱》曰：「頻歲以來，亢陽爲孽，民多艱阨，歲不順成。《洪範》曰：『僭，常暘若。』謂爵命僭差，號令迭改。今遣間使，推存救之澤，農服田畝，無國家贍食之理。臣願陛下修人事以應天變，不然，徒匱國力，未足以弭民災也。」

《議言事》曰：「臣聞先朝有劉驥者，輕爲奏疏，先帝語左右曰：『此人言多捭闔，期在必行，而近僞亂真，詞旨易辨。』驥嘗枉法受賂，古人察言觀行，正爲此也。願陛下於進退之際，防邪僻之人。」

《議大臣》曰：「今歲兩府遷易頗頻，其於政體，似③傷簡静。太祖初定天下，用周朝二相六年，始以趙普代之，凡十一年，始代以薛居正、沈倫。太宗嗣位，唯一盧多遜，後六年復用趙普。是後十八年中，雖三四易相，然所用者李昉、宋琪、吕蒙正、張齊賢、吕端而已。當是時，進則盡忠，退則修省，蓋進退皆出睿斷也。真宗景德以前，命相惟張齊賢、李沆、向敏中、吕蒙正、畢士安、寇準六人。其後任王旦十二年，向敏中再相亦十年，此二人在位之日，非有疑似之嫌，誠信任無間，而不重以權故也。蓋權太重則難以久居，言易入則得以譖愬。真宗④嘗謂

①頻：原作「瀕」，據四庫本及《隆平集》卷七、《長編》卷一一四改。
②出：原作「授」，據《隆平集》《長編》改。
③似：朱校本、四庫本同，覆宋本作「以」。
④真宗：《長編》作「太宗」。

宰臣曰：『今四方無虞，與卿等守祖宗經制，最爲急務。』此任相之大體也。」

《議擇官》曰：「太平興國初，文武朝官班簿纔二百人。咸平初，已四百人。天聖元年，遂逾千人。去歲覃恩，以臣料之，又軼天聖之數矣。先朝嘗諭審官、流内銓主判，若灼有能績，爲衆所稱者，密以名聞①，當特旨升擢。願陛下引對之際，一如先朝故事行之。其老疾懦庸，間以退黜，庶有所懲勸矣。」

《議貢舉》曰：「皇朝開寶以前，歲取士不過三十人，經學不過五十人。自克復僞國，吏員益衆，始有廷試廣收人之制。願陛下約今歲吏部闕官之數，爲來年入等之準。」

《議科選②》曰：「吏部故事，選人格限③未至，能試判三節，謂之拔萃。止用疑案古義，觀其能否，詞美者優以授職，此有司銓品之式。陛下親御軒陛，審覈課試，非其稱已，願罷此科。又禮部茂材異等，求出類之俊，頗聞鄉薦不獲，始來應書。望更爲嚴制，以革僥冒。」

《議閱武》曰：「《開寶通禮》有四時講武儀，國初疆埸未平，多親閱試，按礮角射。太平興國間，築臺楊村，備大閱之禮。咸平初，闢場東武原，發卒會射。其後再幸飛山教場，躬親訓練。今兵革不試三十年矣，士不聞鉦鼓之聲，人不識行伍之列。願陛下按《通禮》，厲兵講事而躬閱之。」

《議時令》曰：「開元定禮，有明堂及太極殿五時讀令之議。冠服佩玉，悉從方色，月令不順，則五沴應之。近歲氣序繆戾，水旱不節。天應以異，固當變而修正。願陛下申命有司，以氣至之日，集百官讀時令於天安殿，至尊升堂，近臣伏聽，上下交儆，以凝庶績。」

①名聞：原作「召聞」，據《隆平集》《長編》改。覆宋本、四庫本作「召問」。
②科選：《隆平集》作「科遷」，《長編》作「制科」。
③限：原作「退」，據《隆平集》《長編》改。

《議入閤》曰：「唐自寶曆之後，至五代猶或講求。施及聖朝，太祖五行其禮，多御崇元殿。備殿中金吾諸仗，設待制，復轉對官。崇元，即今天安殿也。乾德之後，改御大明殿，即今集英殿也。太宗三行其禮，別定①新制，就文德殿廷增設黃麾仗。真宗亦三行之。其禮之廢，向逾二紀，願因盛時，遵復其制。」

景祐初，知制誥。自是五除翰林學士，兩以人言不拜；而三授端明殿、翰林侍讀、龍圖閣學士，亦皆再兼。嘗知許、滑二州，又知開封府，以吴育言其在府任用吏改知鄭州，徙河陽。淑初在鄭州作《周陵》詩，有「倒戈」之句，議者謂淑引喻失當，乃復自翰林出知應天府。

淑請侍養，許之。丁父憂，服除，復入翰林。諫官包拯、吴奎言：「淑知應天府日，親老及陳乞侍養，無奉親之寔，有謀身之端。嘗作《周陵》詩，語涉怨懟。昔②轅固與黃生争論於景帝前，及湯、武革命之事，而帝深惡之，蓋以其非所宜言也。且陛下事章獻皇后，於母子之際，無纖毫之間，而淑誌吕夷簡墓，又有『牝雞司晨』之語，實累上德。」遂罷。繼丁母憂，服除，又入翰林，爲御史中丞張昇論奏，除知河中府。累官户部侍郎，卒，年五十八〔二〕。贈尚書右丞。

淑聰悟過人，博學强記，詳練典故，與修《國朝會要》《三朝訓鑒圖》《閤門儀制》，所著文集共百餘卷。

【箋證】

〔一〕脱械繫三千二百人除逋負數百萬：《長編》卷九二天禧二年八月乙未條載相關數目：「凡六十八州、軍，共六百七十三萬貫石斤

①「别定」上原衍「禮」字，據《隆平集》《長編》删。四庫本作「復」。

②昔：原作「者」，據四庫本改。

兩，計三千二百餘人。」

〔二〕政典君臣正理論：《隆平集》卷七作「《聖典》三卷、《君臣正理論》三卷」。

〔三〕唐儀坤故事：《宋史》卷二九一《宋綬傳》於「儀坤」下有「廟」字，是。《續通志》卷三二六《宋綬傳》校注：「按《宋史》本傳作『坤儀廟』，考《新唐書・后妃傳》及《文獻通考》載，睿宗景雲元年，別立廟曰儀坤，以享昭成皇后。至開元中，肅明皇后亦依前儀坤廟安置。」

〔四〕加端明殿學士：《宋史》本傳：「始置端明殿學士，以命綬，綬固辭。」《續通志》卷三二六《宋綬傳》校注：「按《宋史・太宗本紀》，太平興國五年，改端明殿學士爲文明殿學士，以程羽爲之。程羽實爲文明殿學士，非端明殿學士也。《職官志》載仁宗『明道二年，改承明殿爲端明殿，復置端明殿學士，以翰林侍讀學士宋綬爲之』。宋稱端明殿學士，則自此始，故史稱『始置』。」

〔五〕未幾而卒：《長編》卷一二九康定元年十二月癸卯：「兵部尚書、參知政事宋綬卒。」

〔六〕所著有文館記事外制禁林甲乙秘殿遺札七集：《隆平集》卷七亦言「七集」。考《宋史》卷二〇八《藝文志》七載「宋綬《常山秘殿集》三卷，又《託車集》五卷、《常山遺札》三卷」，《通志》卷七〇著録「宋綬《文館集》五十卷，又《託居集》三卷」，又著録「《常山禁林甲乙集》十卷」，則似《禁林甲乙》獨爲一書，而「七集」中當有《託居集》（「託車」或爲「託居」之誤）。

〔七〕卒年六十一：范鎮《宋諫議敏求墓誌銘》（《名臣碑傳琬琰集》中卷一六）：「元豐二年四月甲辰，龍圖閣直學士、右諫議大夫、史館修撰、修國史、宗正寺修玉牒官、判秘閣、權判尚書都省、提舉醴泉觀公事宋公終於位。」

〔八〕以龍圖閣學士知開封府：《宋史》卷二九一《李若谷傳》作「進尚書工部侍郎、龍圖閣學士、知開封府」，《長編》卷一二一寶元元年三月戊戌朔「龍圖閣學士、工部侍郎、權知開封府李若谷，並爲參知政事」，《宋宰輔編年録》卷四、《宋史》卷二一一《宰輔表》俱作「權知開封府」，疑《事略》《宋史》本傳並脱「權」字。

〔九〕卒年八十：《長編》卷一六六皇祐元年六月戊子：「太子少傅致仕李若谷卒。」

〔一〇〕始年十三：《宋史》卷二九一《李若谷傳》附《李淑傳》作「年十二」，《隆平集》卷七作「年十三」。考李淑嘉祐四年（一〇五九）

卒，年五十八，則當生於咸平五年（一〇〇二）。真宗至亳謁太清宫在大中祥符七年（一〇一四），時淑年十三，《宋史》誤。

〔一一〕卒年五十八：《長編》卷一八九嘉祐四年四月壬申：「河中府言端明殿學士兼翰林侍讀學士、龍圖閣學士、户部侍郎、集賢殿修撰李淑卒。」

東都事略卷第五十八

列傳四十一

韓億字宗魏，其先真定靈壽人也，後徙開封之雍丘。少力學，舉進士，爲大理評事、知洛城縣〔一〕，爲治有聲。真宗幸澶淵，以億掌機事，通判陳、澶二州〔二〕。時河决屬邑，億集瀕河丁夫就伐茭①，親督築，不賦於民而河患平。真宗嘗覽其文，欲召試，以親嫌知洋州。

有富民李甲，喪兄而迫嫁其嫂，又誣從子爲他姓，而并其貲産。嫂訟之十餘歲，吏受賂不得直。億按舊牘，獨未嘗證以乳醫，億密致乳醫以驗決，衆皆詘服。知相州，坐事降通判大名府。召入爲殿中侍御史，淮南、兩浙安撫使，除開封府判官，改河北轉運使。

丁謂忌曹瑋威名，斥知萊州，慮其或拒命，乃以億馳往代收其兵，欲以中億，蓋億亦謂所不喜也。既而瑋奉詔徙知青州，召爲侍御史知雜事、知臨江軍。吴植托所親納金於宰相王欽若，有詔下臺窮治。植既除名，欽若釋不問。三司更茶法，歲課不登，億承詔劾之，由丞相而下當坐失當之罰，其不撓如此。

除龍圖閣待制，奉使契丹。時副使者，章獻外姻也，妄傳皇太后旨於契丹，諭以南北歡好、傳示子孫之意，億

①伐茭：原作「伐芰」，據《隆平集》卷七「就伐薪茭」改。覆宋本、四庫本作「民役」。此句，蘇舜欽《太子太保韓公行狀》原作「集瀕河丁壯，就伐薪藁」，《隆平集》改作「就伐薪茭」（一本作「芰」），《事略》再從誤本删「薪」留「芰」。

初不知也。契丹主問億曰：「皇太后即有旨，大使何獨不言？」億對曰：「本朝每遣使，皇太后必以此戒之，非欲達於北朝也。」契丹主大喜曰：「此兩朝生靈之福也。」人謂副使既失辭，而億更以爲恩意，甚推美之。

頃之，出知亳州，以樞密直學士知益州。故事，歲首官出米六萬碩以濟貧民[三]。當歲儉，億先期數倍賑之，故民不大乏。又疏江流，溉民田數千頃，至今以爲利。還，拜御史中丞，上言：「維、茂二州，地接羌夷，蕃部歲鬻馬，今置官場永康非便，謂宜徙場沉黎境上，以絶其覘兩川之意。」楊、尚二美人以罪斥去，仁宗復欲召入，億言：「唐武氏已出居感業寺，復召入宫，終爲唐室之禍。」乃已。

景祐二①年，除工部侍郎、同知樞密院事。億言：「天下承平之久，武備不戒，請二府各舉才任將帥者數人，稍試用之。」唃廝囉與元昊相攻，已而來獻捷，朝廷議以唃廝囉爲節度使。億曰：「二虜皆外臣，今不能諭令解仇，而因捷以奬之，豈所以綏御四夷之道哉？」固執不可，遂已。

四年，爲户部侍郎、參知政事。億見天下諸路有奏，擿拾官吏小過，輒顔色不懌，曰：「今天下太平，聖上之心，雖昆蟲草木皆欲得所。夫仕者，大則望爲公卿，次亦望爲侍從，職司二千石[四]，其下亦望京朝、幕職，奈何錮之於聖世？」其持心如此。以災異仍②發，罷知政事，除禮部侍郎、知應天府，加資政殿學士，徙成德軍，改澶、亳二州，遷尚書左丞。以太子少傅致仕。卒[五]，年七十三③。贈太子太保，謚曰忠憲。

億方重有守，治家嚴肅，雖燕居未嘗見其惰容。八子：綱、綜、絳、繹、維、縝、緯、緬，而絳、縝位宰相，維門下侍郎。

①二：原作「四」，據《隆平集》卷七、《長編》卷一一六、《宋史》本傳，並參舒仁輝《〈東都事略〉與〈宋史〉比較研究》第二〇九頁考證改。
②仍：覆宋本、四庫本作「數」。
③三：原作「二」，據《隆平集》卷七及張方平《忠憲韓公神道碑銘》、蘇舜欽《太子太保韓公行狀》改。

綜字仲文。始以父任入官，舉進士，爲集賢校理，擢同修起居注。使於契丹，契丹主以其父子仍世奉使，酌酒勸之。綜亦起勸，契丹主亦離席酬之。既還，宰相陳執中以爲生事，出知滑州。後復起居注，擢知制誥。綜嘗館伴虜使，虜人欲稱北朝，綜曰：「自古未有建國而無號者。」虜使慙，遂不復言。卒，年四十六〔六〕。綜子宗道，元祐初爲户部侍郎、寶文閣待制。

絳字子華，少力學，以父任爲大理評事。舉進士甲科，爲太子中允、通判陳州，遷直集賢院、同知太常禮院。故事，享太廟，百官前期習儀廟中，絳言其非禮，遂徙就尚書省。

爲開封府推官，男子冷青自言其母嘗得幸掖庭，有娠而出，生青。開封捕得，以爲狂人，流汝州。絳以青惑衆，非所宜，追青窮治。蓋其母嘗執役宫禁，嫁民冷緒，生一女，乃生青，遂論棄市。

遷户部判官，除右正言。道士趙清貺出入宰相龐籍家，以賄敗。開封府杖之，道死，事連籍。絳奏請窮治，於是籍與開封尹吕公綽皆坐謫。修起居注，召試知制誥。故事，郊祀，天子親閱警場，絳曰：「致齋而觀鼓吹，非禮也。」仁宗從之。請外，出知河陽，召判流内銓。李仲昌議開六塔，而績用弗成。以絳安撫①河北，絳劾仲昌首議，費②國虐民，遂竄南方。使還，遷龍圖閣直學士，拜翰林學士。

仁宗遣使祈嗣於茅山，絳因上疏：「願放掖庭宫人之無用者，及限内臣養子，以重絶人之世。」即日出宫人

①安撫：繆校作「宣撫」。
②費：繆校作「蠹」。

數百，詔裁定内臣養子令。遷右諫議大夫、御史中丞，絳劾宰相富弼以張茂實爲先帝子而引用管軍，將謀不軌，遂家居待罪。於是臺諫言絳論事不當，罷知蔡州。未幾，以翰林侍讀學士知慶州，加端明殿學士、知成都府。召還，遷户部侍郎、知開封府。浹日，除三司使，俄拜樞密副使。神宗嘗問天下遺利，絳請盡地力，因言差役之弊，害農業，傷民財，願更定其法。神宗嘉之，役議自此始矣。遂領制置三司條例司，與王安石共事，拜參知政事。

夏人犯環慶，絳請行，即拜陝西宣撫使，治兵鄜延。遣偏將种諤出青澗，趨銀州，破撫寧、開元諸帳，築囉兀等城，自高奴通河東塞。詔兼河東宣撫使，即軍中拜同中書門下平章事、昭文館大學士。遂出麟府兵徑虜中，會囉兀城下，破賊馬户川，斬首千級。已而撫寧堡失守，夏人急攻囉兀城，慶州卒叛，言者罪絳，遂罷相，知鄧州。

始，朝廷面授絳攻守二策，絳選蕃兵馬七軍，命諸將分領之。又選募軍配卒及盜賊亡命爲奇兵，用种諤謀，欲取横山，使將兵城囉兀，雪中築撫寧堡，調發倉猝，關陝騷然。絳駐延州，命諸將並聽諤節制，又命蕃官王文諒自慶州出討，環慶路聽文諒節制。絳得空名告身宣敕及錦袍銀帶，撫納降附至邊，盡召蕃官蕃部，厚犒之，軍士怨望；又奪騎兵馬，曰：「此輩不能戰。」以與蕃部，有抱馬首號泣者。夏人出兵争撫寧堡，陷之，又攻囉兀城。絳命諸路出師牽制，慶州兵再出，遂作亂。朝廷憂之，乃罷兵而棄囉兀、撫寧云。

徙[①]知許州，加觀文殿學士。明年，進大學士、知大名府。熙寧七年，復拜同中書門下平章事，監修國史。絳繼王安石爲相，請置局中書，鉤考用度以均節邦計，事多留滯不决。逾月，以疾辭位，除觀文殿大學士、禮部尚書、知許州，徙太原府，拜建雄軍節度使、知定州，又領西太乙宫使。絳乞納節，遂拜金紫光禄大夫、觀文殿大學士。復領建雄軍節度使、知河南府，移鎮鎮江，封康國公，加開府儀同三司、判大名府。告老，拜司空致仕。薨，

①徙：原作「從」，據覆宋本、四庫本改。

年七十七〔七〕。贈太傅，謚曰獻肅。

絳莊重有體，遇事敢爲。與人交，久而益信之。喜延接士大夫，始與王安石善，其後頗異，因數稱薦司馬光可大用云。子宗師，元祐中爲兵部侍郎。

維字持國，幼篤志問學。以父任爲將作監主簿，非其好也，闔門不仕。宰相文彦博薦維好古耆學，安於①靜退。富弼帥河東，辟掌機宜文字。又薦爲史館檢討，知太常禮院。

祫享，下禮官集議東嚮位。維議以爲：「尊祖之道，禮之大者有三：於廟則百代不遷，於天地之祭則爲配主，至於祫享則位東嚮。商以契，周以后稷，其毁廟之主皆出於太祖之後，故其禮順。後世太祖之上復有追崇之廟，故其禮疑，所以議論不一。然大抵不過三義：一則直推見廟最尊之祖爲先，即唐顔真卿、韓愈以獻祖居東嚮之位是也；一則以追崇之祖别廟而祭，全太祖之尊，即漢之太上皇、魏之處士、晉之府君、唐之獻懿是也；一則以太祖尚在，昭穆虚位以待，自魏、晉以訖於隋、唐及本朝故事是也。推崇②最尊之祖，既非始封有功之君，親盡則毁，於聖人制禮之意，殆恐不然。别廟而祭者，雖有變禮，未可遽行於今。惟虚東嚮之位以待太祖，於禮近可。宜如祖宗故事，虚東嚮之位便。」

先是，温成皇后立廟用樂，維上疏：「乞詔有司議廟制，有不如禮者，一切裁去，以明陛下不私後宫、專奉祖宗之意。」陳執中薨，請謚，維議以謂：貴妃張氏薨，治喪皇儀殿，追册位號，建廟用樂，此執中不忠之大者，宜謚

①於：原作「冷」，據繆校及《宋史》卷三一五《韓維傳》改。

②推崇：覆宋本、四庫本作「惟崇」，韓維《議祫享虚東向位狀》（《南陽集》卷二二）作「推」，「崇」字當爲衍文。

曰榮靈。詔謚曰恭，維言：「責難於君謂之恭，臣之議，執中正以不恭。」遂乞罷，以秘閣校理通判涇州。

神宗封淮陽郡王，以維爲記室參軍，遷直集賢院。神宗遇維甚厚，嘗與論天下事，語及功名。維曰：「聖人功名，因事始見，不可有功名心。」神宗拱手稱善。維嘗采東平樂善之語以獻。時爲潁王擇妃，維上疏以謂：「潁王卜族授室，宜歷選勳望之家，審擇淑哲之媛，考古納采問名之義，以禮成之，不宜苟取華色而已。」遷起居注，侍邇英講。

英宗方免喪，簡默不言，維上疏曰：「邇英閣者，陛下燕閒之所也。侍於側者，皆獻納論思之臣；陳於前者，非聖人之經則歷代之史也。御燕閒則可以留漏刻之永，對侍臣①可以極咨訪之博，論經史則可以窮仁義之道、成敗之原。今禮制終畢，臣下傾耳以聽玉音。《語》曰：『時然後言。』陛下之言，此其時也。臣雖不敏，請秉筆以俟。」遷右正言、知制誥，知通進銀臺司，修撰《仁宗實録》。

御史吕誨等論濮安懿王稱親得罪，維請追還前詔。既而誨等降黜敕命不由門下封駁，維言：「罷黜御史，事關政體，而不使有司與聞，紀綱之失，無甚於此。宜追還誨等敕命，由銀臺司使臣得申論議，以正官法。」不從，遂闔門待罪。有旨舉臺官，維舉吕誨、范純仁。

潁王爲皇太子，以維兼右庶子。神宗即位，除龍圖閣直學士。御史中丞王陶彈擊宰相韓琦不押常朝班，以爲跋扈。陶罷中丞，爲翰林學士。維言：「宰相跋扈，王法所當誅也。御史中丞之言是，則宰相安得無罪？若其非是，則御史中丞安得止罷臺職而已。今爲翰林學士，是遷也。願廷對羣臣，使是非兩判。」遂請郡，得知汝州。召還，修《英宗實録》，兼侍講。

①臣：原作「側」，據覆宋本、四庫本及《南陽集》卷二三《乞詢問講讀臣寮狀》改。

初，英宗即位，祔仁宗主而遷僖祖，及神宗即位，復還僖祖而遷順祖。維上疏請如故，語在《元絳傳》①。爲翰林學士、權知開封府，遷翰林侍讀學士，充羣牧使。孔文仲對策入等，以直言罷黜。維言：「陛下無以文仲爲一賤士爾，黜之何損。臣恐賢俊由此解體，忠良結舌，阿諛苟合之人將窺隙而進，則爲禍有不勝言者矣。」除端明殿學士、知襄州，徙許州。數月，復除翰林學士承旨兼侍讀學士。

時京師旱，維上疏曰：「陛下憂閔旱災，損膳避殿，此乃舉行故事，恐不足以應天變。願陛下痛自責己，下詔廣求直言，以開壅蔽。大發恩令，有所蠲免，以和人情。」後數日，又上疏曰：「近日畿内諸縣督責青苗錢甚急，往往鞭撻取足，至伐桑爲薪以易錢貨。旱災之際，重罹此苦，若夫動甲兵，危士民，匱財用於荒夷之地，朝廷處之不疑，行之甚鋭。至於蠲除租税，寬裕逋負，以救愁苦之良民，則遲遲而不肯發。望陛下自奮英斷行之，過於養人，猶愈於過而殺人也。」神宗命維草詔求直言。詔出，人情大悦，是日乃雨。

兄絳入相，援故事乞補外，以端明殿學士、龍圖閣學士、知河陽，坐議免行錢不合，落端明殿學士。逾年，復職，知許州，進資政殿學士，提舉崇福宫。

神宗崩，維赴闕臨〔八〕。宣仁聖烈皇后遣使降手詔勞問，維對曰：「治天下之道，不必過求高遠，止在審識人情而已。識人情不難，以己之心，推人之情，則可見矣。大凡貧則思富，苦則思樂，困則思息，鬱則思通。陛下誠能常以利民爲本，則民富；常以憂民爲心，則民樂矣。賦役非人力所堪者，去之則勞困息矣；法禁非人情所便者，蠲之則鬱塞通矣。推此而廣之，盡誠而行之，則神孫觀陛下之法，不待教而自成聖②德；賢士聞陛下之

①元：覆宋本、四庫本作「兄」。錢校：「語在兄絳傳：舊鈔本作『元絳』。《元絳傳》在八十一卷，詳載僖祖廟祧復事。若韓之兄絳即在本卷，並無一語及僖祖事。剜改謬甚。」

②成聖：原作「聖成」，據四庫本及《長編》卷三五七、《南陽集》卷二六《進答宣問劄子》改。

風，不煩諭而争宣忠力矣。」既又言六事：一曰青苗斂散之法，二曰免役除寬剩之數，三曰坊場依祖宗法不可添長，四曰罷市易，五曰斂保馬，六曰禁錢幣。

起知陳州，召赴闕，除兼侍讀，提舉中太一宫，加資政殿大學士。維言：「先帝以夏國主秉常受朝廷爵命，而國母擅行囚廢，故興兵問罪。今國母死，秉常復位，所爲恭順，有藩臣禮，宜復還其故地，以成先帝聖恩。」因陳兵之不可不息者有三，地之不可不棄者有五。

元祐元年，爲門下侍郎，議者欲廢《三經義》，維謂宜與先儒之説並行，不必廢。二年，以資政殿大學士知鄧州，改汝州，知潁昌府。告老，以太子少傅致仕，加太子少師。後坐元祐黨，降左朝議大夫，再責崇信軍節度副使，均州安置。諸子乞盡歸其官，聽父居故里，許之。元符初，復左朝議大夫。卒，年八十三〔九〕。

縝字玉汝，以父任爲將作監主簿。復舉進士，稍遷太常博士。前此武臣不執親喪，縝建言：「三年之服，古今通制。晉襄墨縗，事出一時。」遂著令，自崇班以上，聽持服。

知洋州，代還，爲殿中侍御史，言參知政事孫抃保身持禄，抃遂罷免。陝西轉運副使薛向赴闕秉議〔一〇〕，右府輒畫旨改賜章服，縝以右府越職，中書不論奏，虧損國體。劉永年以外戚除防禦使，縝復言：「武臣正任以上，非有勳績不許遷。今遷永年，何也？内侍史志聰私役皇城親從，布列宿衛，所以奉至尊，戒不虞也。使宦者得私役，則禁衛之嚴弛矣。」仁宗爲罷向與永年，而正志聰之罪。遷侍御史。

英宗即位，爲淮南轉運使，移河北。會夏國使至，報諒祚亡，秉常立，求封册。朝廷以上即位，西人不入賀，數犯邊，遣縝赴西驛責問來使。神宗謂執政曰：「朕選用韓縝，得人矣。」改陝西轉運使，移河東，除直舍人院。以兄絳執政，改集賢殿修撰，爲鹽鐵副使，拜天章閣待制、知秦州。指使傅勍夜被酒，誤隨入州宅，縝令軍校以鐵裹杖箠死。勍妻持血衣，撾登聞鼓院以訴。落職，分司南京。秦人語曰：「寧逢乳虎，莫逢玉汝。」其酷如此。久之，復天章閣待制，爲河北都轉運使，知瀛州。熙寧七年，北虜遣泛使蕭禧議代北地界，禧行，命縝報聘。使還，除知開封府。明年，禧再至，復命館伴，與禧往河東，據圖分畫，卒以分水嶺爲界。使還，除羣牧使，遷右諫議大夫、龍圖閣直學士。官制行，易太中大夫，拜同知樞密院事，遷知院事。

哲宗即位，拜尚書右僕射兼中書侍郎，與蔡確同秉政。縝素不平確與章惇、邢恕等妄貪定策之功，誣罔太皇太后。及確爲山陵使，縝於簾前具陳確姦狀，由是東朝與外廷備知之。裕陵復土，確使還，欲進用其屬高遵惠，又以張璡爲郎官、韓宗文爲館職。宣仁以問縝，縝曰：「遵惠，太皇太后之族，璡乃璪之弟，而宗文臣之姪，擢任非次，則是君臣各私其親也。」乃止。

縝相未期年，諫官孫覺、蘇轍、王覿、御史劉摯論縝「操心深嶮，才鄙望輕，士大夫初不以輔相期之。在先朝奉使無狀，割地七百餘里以遺北虜，邊人怨之。不可使居相位」。章數十上，除光禄大夫、觀文殿大學士，出知潁昌①府，移守永興軍、河南府。歲餘，拜武安軍節度使、知太原府，徙鎮奉寧，知潁昌。請老，除中太一宮使、觀文殿大學士，以太子太保致仕。卒，年七十九〔一〕。贈司空。

縝外事莊重，所至以嚴稱。雖出入將相，而寂無功烈，厚自奉養，清議非之。

臣稱曰：昔袁安未曾以臧罪鞫人，史氏以其仁心足以覃乎後昆；韓億不悦擿人以小過，而君子

①潁昌：原作「穎昌」，據錢校改。錢校云：「出知潁昌府：應從水旁作『潁』。本書中『潁』誤作『穎』者不可枚舉。」「元益案：此條亦係勞氏補校。」

知其後必大，皆盛德事也。億有子位公府，而行各有適：絳適於同，維適於正，縝適於嚴。烏虖，維其賢哉！

【箋證】

〔一〕知洛城縣：《宋史》卷三一五《韓億傳》作「知永城縣」，是。張方平《忠憲韓公神道碑銘》（《樂全集》卷三七）、蘇舜欽《太子太保韓公行狀》（《蘇學士文集》卷一三）作「知亳州永城縣」。

〔二〕通判陳、澶二州：《太子太保韓公行狀》作「改大理寺丞、通判陳州，尋移通判鄆州」，《忠憲韓公神道碑銘》作「通判陳州，徙單州」。碑、狀及《宋史》本傳均未及通判澶州，疑《事略》誤。

〔三〕歲首官出米六萬碩以濟貧民：《太子太保韓公行狀》作「每歲官糶粟六萬石與貧民」。「歲首」，覆宋本、四庫本作「歲當」。

〔四〕二千石：《宋史》本傳作「一千石」。

〔五〕卒：《太子太保韓公行狀》：「（慶曆）四年八月十五日，薨於京師之里第，享年七十三。」

〔六〕卒年四十六：張方平《韓君墓誌銘》（《樂全集》卷三九）：「皇祐四年五月暴疾不起，年四十五。」

〔七〕薨年七十七：范純仁《司空康國韓公墓誌銘》（《范忠宣公集》卷一五）：「元祐二年三月二日，薨於第，享年七十有七。」李清臣《韓獻肅公絳忠弼之碑》（《名臣碑傳琬琰集》上卷一〇）既言「元祐三年三月，贈太傅韓獻肅公之柩至京師」，又言「元祐三年九月三日薨於寢」，前後矛盾。考《長編》卷四〇九元祐三年三月丙辰（九日）載「鎮江軍節度使、守司空、開府儀同三司致仕、康國公韓絳卒」，與《宋史》卷一七《哲宗紀一》所載「韓絳薨」日相同，則《韓獻肅公絳忠弼之碑》「九月三日」當爲「三月九日」之誤，《司空康國韓公墓誌銘》所載卒年當屬誤刊。

〔八〕維赴闕臨：《宋史》卷三一五《韓維傳》作「赴臨闕庭」。

〔九〕卒年八十三：《宋史》本傳：「元符元年，以幸睿成宫復右朝議大夫。是歲卒，年八十二。」覆宋本、四庫本及《名臣碑傳琬琰集》下卷一七《韓侍郎維傳》亦作「年八十二」。然《南陽集》卷末附《行狀》稱：「元符元年，哲宗幸睿成宫，復左朝議大夫。十一月二十五日，薨於家，享年八十有三。」《事略》亦有所據。

〔一〇〕陝西轉運副使薛向赴闕秉議：《宋史》卷三一五《韓縝傳》作「權陝西轉運副使薛向赴闕，樞密院輒晝旨除爲真」，《長編》卷一九六等亦記薛向「權陝西轉運副使」，是《事略》「陝西轉運副使」前當脱「權」字。

〔一一〕卒年七十九：《宋史》本傳：「紹聖四年卒，年七十九。」《長編》卷四八八紹聖四年五月辛未：「觀文殿大學士、守太子太保致仕韓縝卒。」

東都事略卷第五十九上

列傳四十二上

范仲淹字希文，唐相履冰之後。其先邠州人也，後徙蘇州〔一〕。祖贊時，仕錢氏爲秘書監。父墉，從錢俶歸京師後，爲武寧軍掌書記以卒。仲淹二歲而孤，母貧無依，改適長山朱氏，故冒朱姓，名説。舉進士，爲廣德軍司理參軍，始歸迎其母以養。

仲淹少有大志，於富貴貧賤、毀譽歡戚一不動其心，而慨然有志於天下。嘗自誦曰：「士當先天下之憂而憂，後天下之樂而樂。」此其志也。爲楚州糧料院，母喪去官。自言不敢以一身之戚而忘天下之憂，乃上書宰相，極論天下事，所言皆執政時所施行者也。宰相王曾見而奇之。晏殊知應天府，表掌府學。及終喪，乃歸宗，易今名。時晏殊在京師，薦一士爲館職，曾謂殊曰：「公知范仲淹，捨不薦而他薦乎？公宜更薦范仲淹也。」殊從之，遂用爲秘閣校理。

章獻明肅皇后①欲以元日御會慶殿，太常具儀，請天子率百官獻壽。仲淹上疏言：「王者父天母地，若奉親於内，則有家人禮。今稱觴殿下，是以天子北面行人臣事，抑尊損威，不可爲後世法。」殊謂仲淹曰：「此豈君所當言邪？」仲淹抗言曰：「仲淹受公誤知，常懼不稱，爲知己羞。仲淹所言，正論也，公反以爲罪乎？」

①獻：原作「憲」，據覆宋本、四庫本及《宋史》卷三一四《范仲淹傳》改。「皇后」，當從《宋史》作「太后」。

殊懟，無以應。仲淹又上疏請太后復辟，以爲：「陛下擁扶聖躬，聽斷大政，日月持久。今皇帝春秋已盛，睿哲明發，臣願陛下保慶壽於長樂，卷收大權，還上真主，以享天下之養。」遂出通判河中府。久之，仁宗記其忠，召爲右司諫。

章獻崩，言事者希旨多言章獻時事，仲淹諫曰：「太后受托先帝，保佑聖躬，始終十年[二]，未見過失。宜掩其小故，以全大德。」章獻有遺命以太妃楊氏爲皇太后，參決軍國事。仲淹上疏言：「太后，母之名號也，未聞因保育而代立者。今一太后崩，又立一太后，天下且疑陛下不可一日無母后之助。」由是罷其册命。

歲饑，出使安撫東南，所至除淫祀，賑乏絶。民有食烏昧草者，擷草以進，請示六宮貴戚，戒其侈心，因陳八事以諫。會郭皇后廢，仲淹上書諫，不報。與御史中丞孔道輔合諫官、御史伏閤諫，仁宗遣中貴人諭令詣中書。宰相吕夷簡曰：「廢后自有典故。」仲淹曰：「相公不過引漢光武勸上耳，此乃光武失德，何足法？自餘廢后，皆前世昏君所爲，主上躬堯、舜之資，而相公奈何更勸之效昏君所爲，豈不爲聖明之累乎？」明日，留百官揖宰相廷争，至待漏院，有詔出知睦州。徙蘇州。歲餘，拜天章閣待制，召還，益論事無所避。

知開封府。仲淹明敏通照，決事如神，京師謡曰：「朝廷無憂有范君，京師無事有希文。」仲淹言：「洛陽險固，而汴州四戰之郊，急難則居洛，太平乃都汴。今洛宫本備巡幸，可漸廣儲蓄，繕修之。」又言：「古之治亂，繇用人得失，此宰相之職也。」爲《百官圖》以獻，曰：「任人各以其材，而百職修。堯、舜之治，不過此也。」因指其進退遲速次序曰：「如此可以爲公，可以爲私，陛下不可以不察。」又獻四論：一曰《帝王好尚》，二曰《選賢任能》[三]，三曰《近名》，四曰《推變》[四]。其大指言治亂繫所任，區別而進退左右，人主①之權也，不可以委臣下。

①「人主」前，繆校有「又」字。

仁宗因而質於宰相吕夷簡，夷簡以爲仲淹離間君臣，至交論上前。坐落職，出知饒州。余靖上疏言：「仲淹嘗言，陛下母子夫婦之間尚加優容，今以一言觸大臣，遽至黜逐，非朝廷福。」尹洙亦自訟與仲淹義兼師友，且嘗被論薦，請從降黜。歐陽修移書諫官高若訥，責其不言。若訥繳奏之，靖等悉坐貶，當時謂之「四賢一不肖」，一不肖指若訥也。後徙潤、越二州。

趙元昊反，仁宗知仲淹材兼文武，復天章閣待制、知永興軍。夏竦爲陝西招討使，進仲淹龍圖閣直學士以副之。是時延州諸砦失守，東西四百里無藩籬，人心危恐，乃以仲淹知延州。仲淹析州兵爲六將，將三千人，訓練齊整，使更禦賊。諸路皆用以爲法，賊聞之，第戒曰：「無以延州爲意。今小范老子腹中自有數萬兵甲，不比大范老子可欺也。」「大范老子」謂雍也。又築青澗城以阨寇衝，墾田二千頃，復承平、永平廢砦，屬羌歸業者數萬户。時議諸路進討，獨仲淹固守鄜延不從。及元昊遣人遺書以求和，仲淹以謂無事請和難信，且書有僭號，不可以聞，乃自爲書令去僭號，告以逆順成敗之説，甚辯，見《西夏事》中。元昊復有書不遜，仲淹焚其書不以聞，坐奪一官，知耀州。未逾月，徙慶州。分陝西爲四路，以仲淹爲環慶路經略安撫招討使。

仲淹上攻守二策，仁宗報之曰：「閲所奏二策，思慮精密矣。然將帥士卒累衄，氣未甚振，若幸於或勝，恐非良謀。備有克獲，又煩守備。若乃勤於訓練，嚴加捍禦，遠設斥候，制其奔衝，俟時而動，庶以養鋭持久。卿宜深體朕意，與諸帥協心并力，互相應援，或有便宜密奏。」仲淹又言：

西戎背德，卿大夫争進計策，而未能副陛下憂邊之心。且議攻者謂守則示弱，議守者謂攻必速禍，是二者之議，卒不能合也。臣前在延安，初則請復諸砦，爲守禦之備；次則幸其休兵，輒遣一介，示招納之意。朝廷以羣言之異，未垂采納。今臣領慶州，日夜思之，乃知攻有利害，守有安危，何則？攻其遠則害必至，攻其近則利亦隨；守以土兵則安，守以東①兵則危。臣所謂攻宜取其近而兵勢不危，守宜圖其久而民力不匱，招納之策可行於其間。今奉詔俾嚴加捍禦，俟時而動，與鄰道協心而共圖之。又睹赦文，謂彼無騷動，我不侵掠。臣恐賊寇一隅，遠在數百里外，應援不及，須②爲牽制之策，以沮賊③氣。願朝廷於守策之外，更備攻術。有備而不行，豈當行而無備也。

臣前嘗遣人入界，通往來之問，或更有人至，不可不答。朝廷先降密旨，令往復論議，歲年之間，當有成事。且自古兵馬精勁，西戎之所長也；金帛富庶，中國之所有也。禮義不可化，干戈不可取，則當任其所有，勝其所長，此霸王之術也。

仁宗嘉其議。

慶曆二年，改邠州觀察使，不拜。州之西北有砦，據後橋川，南通鳳州、華州池〔五〕，北接白豹、金湯，種落强悍而善耕，久不能城。仲淹一日擁兵出，諸將不知所向。軍至柔遠，始號令告其地處，所往築城。至於板築之用，大小畢具，而軍中初不知。賊以騎三萬來争，仲淹戒諸將：戰而賊走，追勿過河。已而賊果走，追者不度，而河外果有伏。賊失計，乃引去。於是諸將皆服，以爲不可及④。詔賜名曰大順城。環州屬羌明珠、滅臧二族，兵各萬餘人，皆附賊。仲淹又請復細腰城、葫蘆⑤泉諸砦，招致二族以扼賊。又復近羌千三百餘帳。

---

①東：繆校作「客」。
②須：繆校作「又頗」。
③賊：繆校作「軍」。
④不可及：繆校作「神不可測」。
⑤蘆：原作「盧」，據繆校及《隆平集》卷八、《宋史》本傳改。

葛懷敏之敗定川也，關中民竄匿山谷，乃率部下兵赴援，而募兵關中，人心始安。仁宗聞定川之敗，頗以西方爲憂，謂近臣曰：「若得仲淹出援，涇原可無慮矣。」及聞其出師，甚喜。進樞密直學士、右諫議大夫，尋拜陝西四路安撫緣邊招討使。

仲淹待諸吏，必使畏法而愛己，所得賜賚，皆以上意分賜諸將，使自爲謝。諸蕃質子縱其出入，無一人逃者。蕃酋來，召之臥内，屏人徹衛，與語不疑。仲淹與韓琦俱有威名，軍中爲之語曰：「軍中有一韓，西賊聞之心骨寒；軍中有一范，西賊聞之驚破膽。」居三歲，士勇邊實，恩信大洽。乃決策謀取横山，復靈武，而元昊數遣使來請和。初，西人籍爲鄉兵者十數萬，既而黥以爲軍，惟仲淹所部刺其手。仲淹去，兵罷，獨得復爲民。仲淹在邊，其所施設，去而人德之，與守其法，不敢變也。

自仲淹坐吕夷簡貶，羣士大夫各持二人曲直。夷簡患之，凡直仲淹者，皆指爲黨，或坐竄逐。及夷簡復相，仲淹再起被用，於是歡然相得，戮力平賊，天下兩賢之。召拜樞密副使。頃之，與韓琦出巡邊，爲陝西宣撫使。未行，改參知政事，而以琦代使陝西。

會盗起淮南，知高郵軍晁仲約度不能禦，諭軍中富民出金帛，具牛酒，使人迎勞，且厚遺之。賊悦，徑去。事聞①，富弼時在樞府，議欲誅仲約以正軍法，仲淹欲宥之。弼曰：「盗賊公行，守臣不能戰，又不能守，而使民醵錢遺之，法所當誅也。」仲淹曰：「郡縣兵械足以戰守，遇賊不禦，而又賂之，此法所當誅也。今高郵無兵無械，雖仲約之義當勉力戰守，然事有可恕，戮之恐非法意也。」仁宗從之，仲約由此免死。

仲淹在政府，欲放《周官》以六卿事分委輔相，而自領兵、刑之任。仁宗方鋭意政事，仲淹每進見，仁宗必以

①聞：原作「問」，據覆宋本、四庫本改。

太平責之。仲淹嘆曰：「上之用我者至矣，然事有先後，而革弊於久安，非朝夕可也。」既而再賜手詔，趣使條天下事。又開天章閣召見，賜坐，詢以世務。仲淹言：「天下之治，莫若守宰得人。欲守宰得人，宜先擇轉運、按察使。」又云：「取士不可以不根行實而先詞華，圭田不均則不足以養廉吏，農桑不課則民失業，詔令屢更則下不信。」又請復府兵以宿衛京師，并縣邑以寬徭役，又欲減五品以上任子例。明年，與韓琦列上《禦邊四策》。既欲改制，故忌之者衆，而僥倖者不悅，因出爲河東、陝西宣撫使，而富弼亦出按治河北道。改資政殿學士、知邠州。以疾請知鄧州，加給事中、知杭州，再遷户部侍郎，徙青州。疾甚，請潁州，未至，卒，年六十四〔六〕。贈兵部尚書，謚曰文正。所著《丹陽集》二十卷、《奏議》十七卷。

仲淹爲人，外和内剛，樂善泛愛。喪其母時尚貧，終身非賓客食不重味。臨財好施，意豁如也。及退而視其私，妻子僅給衣食。姑蘇之范，皆疏屬，而置義莊以周急之。天下想聞其風采，賢士大夫以不獲登其門爲耻。下至里巷及夷狄，皆知其名字。邠①、慶之民與屬羌，皆繪像生祀之。其卒也，仁宗甚悼惜之。子純佑、純仁、純禮、純粹。純佑有行義，以疾廢於家。

臣稱曰：仲淹之語憂樂，信所謂有一言而可以終身行之者，雖聖人復起，不易斯言矣。方其爲書以遺宰相，慨然有興王道、致太平之意。故其治民、馭軍、執政，皆無易此書者。得非致君謀國之略素已定於胸中與？石介頌之曰：「維仲淹、弼，一夔一契。」是誠知言哉！

①邠：原作「鄧」，據繆校及《長編》卷一七二、《宋史》本傳改。

【箋證】

〔一〕後徙蘇州：《宋史》卷三一四《范仲淹傳》作「遂爲蘇州吴縣人」。

〔二〕保佑聖躬始終十年：《宋史》本傳作「調護陛下者十餘年」，自真宗去世（一〇二二）至章獻太后去世（一〇三三）實爲十一年，《事略》《隆平集》卷八言「十年」，乃約舉成數。

〔三〕選賢任能：《范文正公集》卷五有《選任賢能論》。

〔四〕推變：《長編》卷一一八、《太平治迹統類》卷一〇、《宋史全文》卷七下並作「推委」，是。《范文正公集》卷五有《推委臣下論》。《事略》從《隆平集》卷八改作「推變」。

〔五〕南通鳳州華州池：《續資治通鑑長編》卷一三五有「合水、華池、鳳川、平戎、柔遠、德靖六寨」之名，《宋會要輯稿》兵一四之一七稱「慶州東路華池、鳳川等鎮」，疑「鳳州、華州池」當作「鳳川、華池」。

〔六〕卒年六十四：富弼《范文正公仲淹墓誌銘》（《名臣碑傳琬琰集》中卷一二）：「皇祐四年夏五月二十日甲子，資政殿學士、户部侍郎范公以疾薨於徐。」《長編》卷一七二皇祐四年五月丁卯：「資政殿學士、户部侍郎范仲淹，以疾求潁州，詔自青州徙，行至徐州卒。」

東都事略卷第五十九下

列傳四十二下

純仁字堯夫，以父任爲太常寺太祝。中進士第，初知武進縣，又知長葛縣，皆不赴。仲淹遣之，純仁曰：「純仁豈可重於禄食而輕去父母邪？」及仲淹卒，始出仕，以著作佐郎知襄城縣，爲政有惠愛。簽書許州觀察判官，知襄邑縣。縣有牧地，衛士倚以暴民田①，純仁取一人杖之。牧地初不隸縣，有詔劾純仁。純仁言養兵當先恤農，朝廷是之，釋不問。且聽牧地隸縣，自純仁始。

治平中，擢江東轉運判官，召爲殿中侍御史。時方議濮王典禮，宰相韓琦、參知政事歐陽修等議欲尊崇〔一〕，而翰林學士王珪等議宜如先朝追贈期親尊屬故事。純仁言：「陛下受命仁宗而爲之子，與前代受策入繼之主異，宜如王珪等議。」繼與御史呂誨等更論奏，不聽。於是還所授告敕，家居待罪。既而内出皇太后手書，尊王爲皇，夫人爲后。純仁復言：「陛下以長君臨御，奈何使命出房闈，異日或爲權臣矯托之地，非人主自安計。」尋詔罷追尊，起純仁就職。純仁請出不已，遂出通判安州，徙知蘄州。歷京西提點刑獄、京西陝西轉運副使。召還，除兵部員外郎，遷起居舍人、同知諫院。

神宗厲精求治，任用王安石，多所變更。純仁言：「驟變法度，人心不寧。《書》曰：『怨豈在明，不見是圖。』願陛下圖不見之怨。」神宗問：「何謂圖不見之怨？」純仁曰：「古人所謂『天下之人不敢言而敢怒』者是

①倚以暴民田：繆校作「牧馬以踐民稼」。

也。」又論富弼在相位不當以疾自爲形迹，吕誨不當罷御史中丞，李師中不可守邊，薛向不可任發運使；向行均輸法於六路，必將掊克生民，斂怨基禍。又言：「道遠當馴致，事大難速成。人材不可遽求，積弊不可頓革。自古人君欲事功亟就，必爲憸佞所乘，不可不察。」既而劉琦、錢顗以論安石同時罷御史，純仁言：「琦等一言柄臣，遽以罪去。今在廷阿附者已衆，奈何更以法驅之？」益指切安石。神宗察其忠，章弗下，而純仁闔門請去，乃罷諫院，留修起居注。

純仁又申中書，以爲：「安石欲求近功，忘其舊學，捨堯舜知人安民之道，講五霸富國强兵之術。尚法令則稱商鞅，言財利則背孟軻。鄙老成爲因循之人，棄公論爲流俗之語。」謂曾公亮「年高不退，廉節有虧」，謂趙抃「心知其非，而詞辨不及」。中書以狀進，又落修起居注，出知河中府。徙成都府路轉運使，坐失察僚佐燕游，左遷知和州，徙邢州。未至，加直龍圖閣、知慶州。入見，神宗問純仁兵法邊事，對曰：「非臣所習也。」懇辭邊任，不許。屬郡流人道慶稱冤，按得冤狀。郡將种詁誣訟純仁挾情變獄，詔移獄北郡，出御史治之。純仁就逮，郡人數萬號泣遮道，久乃得去。獄成，純仁坐奪職，知信陽軍。徙齊州，丐罷，提舉西京留司御史臺。再知河中，復直龍圖閣、知慶州，擢天章閣待制。召還，充侍講，除給事中。

時哲宗、宣仁后共政，司馬光入朝，首改差役法。純仁聞之，謂人曰：「此事當熟講而緩行，不然，滋爲民病。且宰相職在求人，變法非所先也。」力爲光言之。是時，初改熙寧按問自首法，純仁奏立文太深，又言：「四方奏讞大辟坐死者，視舊數倍，非先王寧失不經之意。」明年，進吏部尚書。數日，拜同知樞密院事。

初，純仁①請罷兵棄地，因使歸所掠漢人，執政持之未決。至是乃申前議，又請歸一漢人予十縑，事皆施行。

①「純仁」下，繆校有「與議西夏」四字。

邊臣俘蕃酋鬼章以獻，純仁請誅之塞上，以謝邊人，不聽。言者攻呂惠卿、章惇、鄧綰，純仁爲救解，因言：「臣嘗爲綰誣奏坐黜，今日所陳，恐録人之過太甚，實繫國體。」宣仁后嘉納，因下詔書：「前日希合附會之人，一無所問。」學士蘇軾發策問，爲言者所攻，韓維罷門下侍郎，補外。純仁奏：「軾無罪，維盡心國家，不可因譖言黜。」元祐三年，拜右僕射兼中書侍郎。諫官王覿坐論朋黨貶，純仁復爲辨君子小人朋黨之異〔三〕，因極言前世朋黨之禍，並録歐陽修《朋黨論》以進。

知漢陽軍吴處厚傳致蔡確安州所爲詩上之，爲謗訕，臺諫趨和，欲致之重辟。純仁獨於簾前開陳：「方今聖朝宜務寬厚，不可以語言文字之間曖昧不明之過，誅竄大臣。今日舉動，宜與將來爲法，此事甚不可開端也。」左相呂大防奏：「蔡確黨人甚盛，不可不問。」純仁面奏以爲：「朋黨難辨，却恐誤及善人，此事正宜詳審。」繼上疏曰：「朋黨之起，蓋因趣①向異同。同我者，謂之正人；異我者，疑爲邪黨。既惡其異我，則逆耳之言難至；既喜其同我，則迎合之佞日親。以至真僞莫知，賢愚倒置②，國家之患，率由此也。至如王安石，止因喜同惡異，遂至黑白不分，至今風俗猶以觀望爲能。後來柄臣，固合永爲商鑑。今責蔡確，不必推治黨人，旁及枝葉。臣聞孔子曰：『舉直錯諸枉，能使枉者直。』則是舉用正直，可以化枉邪爲善人，不仁者自當屏迹矣。何煩分辨黨人，或恐有傷仁化。」執事議蔡確責命也，太師文彦博欲置之嶺嶠，純仁謂大防曰：「此路自乾興以來，荆棘近七十年，吾輩開之，恐自不免。」大防不敢言，唯左丞王存與純仁相協，純仁與存上前論之益堅。既又上疏極論，且云：「蓋如父母之有逆子，雖天地鬼神不能容貸，父子至親，主於恕而已。若處之必死之地，則恐傷恩。臣之區

①趣：覆宋本、四庫本作「趨」。
②錢校：「賢愚倒置　此有剜改痕，疑宋本只通用『到』字，鈔本亦從俗加人旁。」

區，實在於此。」確卒貶新州。純仁亦力求罷，乃以觀文殿學士知潁昌府。逾年，進大學士、知太原府。夏人犯邊，純仁自劾，有詔貶官一等，徙知河南，再徙潁昌。召還，復拜右僕射。純仁前爲相時，有司請復河故道，二三大臣主其議。純仁以爲壅之使高，必難成功。朝廷爲出近臣行視，還奏如純仁言，乃止。純仁既罷，而河役復興。及純仁再相，復遣使按行，不能易前説，然主議者必欲成之。後雖暫歸故道，已而復決，人力爲之敝。純仁於事無所回，同列或病之。會左相呂大防以楊畏爲諫議大夫，純仁以畏非端士①，不可。由是乞罷政，不許。

宣仁后寢疾，一日召純仁謂曰：「卿父仲淹，可謂忠臣。在章獻明肅皇后垂簾時，唯勸明肅盡母道；明肅上賓，唯勸仁宗盡子道。卿父仲淹，可謂忠臣，卿當似之。」純仁泣曰：「敢不盡忠。」哲宗親政，純仁因勸哲宗遴擇執政、臺諫，且言：「仁宗朝委任執政，而臺諫實參論議，可以爲法，然不可用非其人。」哲宗嘉納之。

蘇轍以《論②殿試策題》引漢武昭爲言，哲宗怒擬非其倫，貶汝州。轍不敢自明，純仁獨前奏：「武帝雄材大略，史無貶詞。況轍所論，事與時也，非論人也。」哲宗意稍解。轍平日與純仁多異，至是乃服。時士大夫觀望，多詆元祐之政，純仁言：「章獻明肅皇后崩，仁宗以言者多斥垂簾時事，下詔禁止。望陛下稽仿而行，以戒薄俗。今狂妄詆訐者已多，容之則累聖孝，懲之則恐塞言路。不若以詔書禁約，一遵仁宗故事。」

全臺言蘇軾③行呂惠卿告詞，訕謗先帝，黜知英州。純仁上疏曰：「熙寧法度，皆惠卿附會王安石建議，不副先帝愛民求治之意。至垂簾之際，始用言者，特行貶竄，今已八年矣。言者多當時御史，何故畏避，不即納忠。而今乃有是奏，豈非觀望邪？」御史來之邵言高士敦任成都鈐轄日不法事，又論蘇轍所謫太近。純仁言：「之

①士：原作「事」，據覆宋本、四庫本及《宋史》卷三五五《楊畏傳》改。
②論：覆宋本、四庫本作「論」，《欒城後集》卷一四作「擬」。
③蘇軾：覆宋本、四庫本作「蘇轍」，誤。

邵爲成都路監司，士敦有犯，自當按發。轍與政累年，之邵已作御史，亦無糾正。今乃繼有二奏，其情可知。」

哲宗既召章惇爲相，純仁於是請罷，復以觀文殿大學士加右正議大夫知潁昌府，徙河南府，又徙陳州。章惇用事，吕大防等數十人皆貶竄〔三〕。明堂肆赦，惇先疏大防等終身不徙，純仁上疏申理曰：「大防等年老疾病，不習水土，炎荒非久處之地，而又憂虞不測，何以自存？臣曾與大防等共事，多被排斥，陛下之所親見。臣之激切，只是仰報盛德。向來章惇、吕惠卿雖爲貶謫，不出里居，臣尚曾有言，深蒙陛下開納。陛下以一蔡確之故，常軫聖念。今趙彦若已死貶所，將不止一蔡確矣。願陛下斷自淵衷，將大防等引赦原放。」疏奏，忤惇意，遂落職知隨州。

明年，以武安軍節度副使永州安置。純仁諸子聞韓維謫均州，其子以其父執政日與司馬光議論不合，得免行，亦欲以純仁昔與光議役法不同爲言求歸。先白純仁，純仁曰：「吾用君實薦以至宰相，昔同朝論事不合則可，汝輩以爲今日之言則不可。有愧心而生者，不若無愧心而死。」諸子乃止。

徽宗即位，即日遣中使勞問。初授光禄卿，分司南京，道復右正議大夫、提舉崇福宫。不數月，以觀文殿大學士、中太一宫使召，方倚爲相，而純仁以目疾固辭，許還潁昌里第。徽宗每對輔臣以不及見純仁爲恨，而純仁臨終亦以宣仁后誣謗未明爲恨也①。口占遺表②，有云：「惟宣仁之誣謗未明，致保佑之憂勤不顯，皆權臣務快於私忿，非泰陵實謂之當然③。」命其門人李之儀次第之。純仁④卒，時年七十五⑤〔四〕。贈開府儀同三司，謚曰

---

①也：繆校：「衍『也』字。」

②「遺表」下，繆校有「呼諸子，命門生李之儀次第之。其略云：蓋嘗先天下而憂，期不負先臣之學。此先臣所以教子，而微臣資以事君」四十三字。

③「當然」下，繆校有「又云『未解畺場之嚴，幾空帑藏之積，有城必守，得地難耕』，凡八事」二十五字。

④「純仁」下，繆校有「建中靖國改元之旦，受家人賀。明日，熟寐而」十七字。

⑤「七十五」下，繆校有「詔賻白金三十兩，敕許洛給其葬，御書碑額曰『世濟忠貞』」二十二字。

忠宣。

純仁性夷易寬簡，常曰：「吾平生好學，得之忠恕二字而已。」歷事四世無間言。自爲布衣至宰相，廉儉如一。所得奉賜，皆以廣義莊。前後任子恩，多先疏族。没之日，幼子五孫猶未官。有文集五十卷。

純仁既卒，蔡京用事，小人傅會言純仁遺表子正平與李之儀撰造，以爲非純仁意。正平與之儀皆下御史獄，正平羈管象州，之儀羈管太平州。初，蔡京欲結后戚，故奏展向氏墳，事下開封。正平爲開封尉，往按視其地，以民田不可奪，府以其言聞，京坐贖金。由此恨正平，故誣以罪。其後正平遇赦得歸，遂不復仕云。

臣稱曰：純仁忠厚仁恕，宰平天下，不澄不撓，人莫能窺其際，而其愛君憂國之心，凜然有仲淹之風。噫！使熙寧用其言，則元祐無改更之患；元祐行其説，則紹聖無黨錮之禍。孟子謂「仲尼不爲已甚者」，臣於純仁見之矣。

純禮字彝叟，以父蔭爲秘書省正字，稍遷三司鹽鐵判官，以比部員外郎知遂州，除户部郎中、京西路轉運副使。入爲吏部郎中，遷左司①，又遷太常少卿、江淮②荆浙等路發運使。以光禄卿召，遷刑部侍郎、給事中。純禮凡所封駁，正名分紀綱，皆國體之大者。起居舍人張耒先在病告，中書省録③黄不候參假，令供職，純禮批敕謂：「耒既能供職，豈不能朝見？壞禮亂法，所不當爲。」一時爲之聳動。復拜刑部侍郎，以天章閣待制、樞密都

①「左司」下，繆校有「史」字。
②「江淮」上，繆校有「改」字。
③録：繆校作「刷」。

承旨知亳州，提舉明道宫。

元符三年，以龍圖閣直學士知開封府。前尹以刻深爲治，純禮曰：「寬猛相濟，聖人之訓。今處深刻之後，若益以猛，是以火濟火也。方務去前政之苛，猶①慮未盡，何寬之爲患邪？」除禮部尚書，遂拜尚書右丞。侍御史陳次升乞除罷言者並自内批，不由三省進擬，右相曾布力争不能得，乞降黜。純禮徐進曰：「次升所陳，不過防執政引用親黨及罷黜不附己者耳。言之者無罪，聞之者足以戒，何用深責之也？」

吕惠卿告老，徽宗以問執政，執政請許之。純禮謂：「惠卿前二府位節鉞，豈不存朝廷體②貌？雖其人不足留，所重者國體也。」罷知潁昌府，尋除端明殿學士、提舉崇福宫。崇寧初，落職，試少府監、分司南京，徐州居住。又責授静江軍節度副使，徐州安置，移單州。五年，復左朝議大夫、提舉鴻慶宫。卒，年七十六〔五〕。

純粹字德孺〔六〕，以門功③稍遷至贊善大夫，爲檢正中書刑房公事。以事出知滕縣，遷提舉成都府等路茶場，擢陝西轉運判官，陞副使。進直龍圖閣，爲京東路轉運使、知慶州。

時夏人不庭，純粹謂：「諸路策應，舊制也。自徐禧罷策應，若虜兵大舉，一路攻圍，力有不勝，而鄰路拱手坐觀，其不拔者幸爾。謂宜修明戰守救援之法。」朝廷是之。

元祐中，除寶文閣待制。初，神宗問罪夏人，取其安疆、葭蘆、浮圖、米脂四砦，又取蘭州。至是議分畫疆界，趙卨在延州，純粹在慶州，以爲得之無益於中國。純粹請以虜所陷官吏、丁夫歸朝廷，而以所削之地給賜之。於

①猶：原作「尤」，據覆宋本、四庫本改。
②體：原作「射」，據覆宋本、四庫本改。
③門功：繆校及《宋史》卷三一四《范仲淹傳》附《范純粹傳》作「門蔭」。

是還以四砦，而夏人服。是時，兄純仁以書與純粹論邊事云：「大略與柴車争逐，明珠與瓦礫相觸，君子與小人鬬力，中國與夷狄較勝負，不唯不可勝，兼亦不足勝。雖勝，非也①。」入爲户部侍郎，出知延安府。

哲宗親政，用事者欲開邊釁，以純粹棄地爲非，降直龍圖閣，復以寶文閣待制知熙州。時方經略西羌，乃改純粹知鄧州、河南府、滑州。坐元祐黨落職，謫均州居住。

徽宗即位，起知信州，復以舊職帥延安。又知永興軍，尋以言者落職，知金州、提舉鴻慶宫，鄂州居住。又責常州别駕，鄂州安置。會赦，復領祠。久之，以右文殿修撰提舉太清宫，復徽猷閣待制。俄致仕，卒，年七十餘。

純粹聰明，下不能欺。在京東時，會蘇軾自登州召還，與軾同建募役之議，軾謂純粹講此事尤爲精詳。爲帥端重有體，間諜明功罪，當恩威兼用，邊人畏服焉。

【箋證】

〔一〕參知政事歐陽修等議欲尊崇：汪琬《東都事略跋》卷上：「歐陽公《濮議》，文字最佳，獨所援漢、魏五君則非是。堯夫言『陛下受命仁宗而爲之子，與前代定策入繼之主異』，此不易之論也。公乃概指異議者爲小人，又爲之作《憎蠅》詩，亦稍褊矣。」

〔二〕純仁復爲辨君子小人朋黨之異：汪琬《東都事略跋》卷上：「《玉照新志》：吕汲公、梁況之、劉器之定王介甫親黨，自吕吉甫、章子厚而下三十人，蔡持正親黨，自安厚甫、曾子宣而下十人，榜之朝堂。范淳父以爲殲厥渠魁，脅從罔治。忠定太息曰：『吾輩將不免矣。』按：此舉實爲多事。其後蔡元長當國，立元祐黨碑，牽連者逾此十倍。嗟乎！士大夫無論君子小人，苟一旦失足朋黨，則往往圖快目前，而不思國家異日之禍，彼此操戈，相尋不已，遂致蹙社稷而覆之，是蓋古今一轍也。」

①「非也」上，繆校有「亦」字。

〔三〕吕大防等數十人皆貶竄：汪琬《東都事略跋》卷上：「《晁氏客語》：紹聖初，籍定元祐黨，止數十人，世號精選。其後泛濫，人以得與爲榮，而議者不以爲當也。然則朝廷賞罰與士大夫議論趨向相反，國家安得不亡？」

〔四〕純仁卒時年七十五：《宋史》卷一九《徽宗紀一》建中靖國元年正月癸酉：「范純仁薨。」

〔五〕卒年七十六：《宋宰輔編年録》卷一一：「（崇寧）五年八月，左朝議大夫、提舉南京鴻慶宫范純禮卒。」

〔六〕純粹字德孺：《續通志》卷三三九《范純粹傳》作「字德儒」。

東都事略卷第六十

列傳四十三

陳從易字簡夫，泉州晉江人也。舉進士，爲嵐州團練推官，再調彭州軍事判官〔一〕。王均反，從易攝州事，有謀殺①監兵欲從亂者，從易捕②其首斬之。及綿、漢相繼陷，而均移書至州，從易即命焚之以安衆，然亦戒其家僮聚薪堂後，曰：「吾力不足以守，則死於此矣。」改著作佐郎、知邵武軍，遷太常博士，與修《歷代君臣事迹》〔二〕。遷監察御史，歷殿中侍御史，改直史館，出知虔州。坐失舉送，宰相寇準素惡之，出知吉州，後爲湖南轉運使。準貶道州，或謂曰：「可忘盧陵之命邪③？」準至，從易以故相禮敬之，言者爲慙。徙知江陵府，又知慶州。入爲左司郎中、知制誥。與楊大雅同在西掖，時謂之「楊陳」。遷左諫議大夫，進龍圖閣直學士、知杭州。卒，年六十六〔三〕。

王欽若素善從易，嘗謂人曰：「吾數日不見簡夫，輒忽忽不懌。」及廢居睢陽，親舊無敢見者。從易赴湖南，往見之，欽若曰：「無乃爲君累乎？」留數日而去。所著有《泉山集》二十卷、《中書制藁》五卷、《西清奏議》三卷。

①「謀殺」下，繆校有「兵馬都」三字。此句，《宋史》卷三〇〇《陳從易傳》作「彭人謀殺兵馬都監以應之」。

②捕：原作「推」，據覆宋本、四庫本改。

③可忘盧陵之命邪：繆校作「可報盧陵之命矣」。「忘」，覆宋本、四庫本作「志」。

楊大雅字子政〔四〕，杭州錢塘人也。初名侃，後避真宗藩邸名而更之，唐靖恭虞卿之後。虞卿孫承休，唐天祐初爲吴越策禮副使，因家錢塘。大雅，承休四世孫也。舉進士，真宗時召試學士院，又上書自薦，乃直集賢院。久歷外官，直集賢院者二十七年不遷〔五〕，有出其後者，往往致榮顯。或笑其違世自守，大雅嘆曰：「吾不學乎世，而學乎聖人，由是以至此。吾之所有，不敢以薦於人，而嘗自獻乎天子矣。」天聖四年，以久次遷集賢殿修撰，與陳從易並命知制誥。居二歲，拜右諫議大夫、集賢院學士，出知亳州。卒，年六十九〔六〕。所著有《大隱集》五十卷〔七〕、《職林》二十卷、《兩漢博聞》十二卷。

李垂字舜工，聊城人也。由進士第，上《兵制》《將制書》。自湖州録事參軍召爲崇文校勘，累遷修起居注。丁謂執政，權傾天下，垂未嘗往謁。或問其故，垂曰：「謂爲宰相，不以公道副天下望，而恃①權怙勢。觀其所爲，必遊朱崖，吾不欲在其黨中。」謂聞而惡之。罷知亳州，遷晉、絳二州。還朝，或謂曰：「舜工文學議論稱於天下，諸公欲用爲知制誥。但宰相以舜工未曾相識，盍一往見之？」垂曰：「趨炎附熱，看人眉睫，以冀推輓乎？道之不行，命也。」執政知而惡之。出知均州。卒，年六十九〔八〕。

子仲昌，稍知名，然鋭於進取。嘗獻計修六塔河，無功，自殿中丞責英州文學參軍，卒②。

①恃：覆宋本、四庫本作「持」。

②「卒」字下，繆校有「於官」二字。

燕肅字穆之，青州人也〔九〕。少聰警。舉進士，爲鳳翔觀察推官，知臨邛縣。又知考城，通判河南府。召爲監察御史，遷殿中侍御史，提點廣西刑獄，徙廣東，知越、明二州。入爲定王府記室參軍，擢龍圖閣待制、知審刑院。

先是，天下疑獄雖聽奏，而州郡懼得罪不敢讞，故冤獄常多。肅建請諸路疑獄皆聽讞，有不當者釋其罪，自是全活者衆。判太常寺，建議考正雅樂，自肅始。改龍圖閣直學士、知潁州，徙鄧州，以禮部侍郎致仕。卒，年八十〔一〇〕。

肅多巧思，以創物大①智聞天下。嘗造指南車、記里鼓二車及欹器以獻，又作蓮花漏，世服其精。肅所至刻石以記其法。子度，官至右諫議大夫。

胥偃字安道，潭州長沙人也。少好學，柳開見其所爲文而器之，曰：「子異日必有名於天下。」舉進士，授大理評事、通判湖州，稍遷太常丞，修起居注、知制誥。久之，遷翰林學士，知開封府。

忻州地震，偃言：「至陰之盛所致也。蓋臣者君之陰，婦者夫之陰，夷狄者中國之陰。今朝廷政令不專出上，而後宫外戚恩澤日益蕃滋，陽不勝陰之效也。加以夷狄間多内侮，宜選將練師以防侵軼之患。」

其後，元昊朝貢不至，復上疏以爲：「即誅之太暴，非聖人謹於用兵之意也。謂宜遣一介之使，問其不臣之狀，待其辭屈而後加誅焉，則王師出爲有名矣。」西邊用兵，士卒親屬留京師有犯法抵死者，仁宗不忍使就刑，言者或欲置毒飲食中令得自死，偃以爲不可，力諫止之。卒，年五十七〔一一〕。

①大：繆校作「之」。

始，偃未仕時，其家初有田數十頃。偃既貴，遂以予族人。初，天下圭田無月日之限，争者稍衆。偃請限水田以四月終，陸田三月終，因著爲令。嘗與謝絳試中書，吏大臣有私屬者，偃不發視其牘而焚之，曰：「發而言之，不亦傷刻薄乎？」

司馬池字和中，陝州夏縣人也。少好學，推家財數十萬與其諸父。嘗奏名禮部，將入試殿廷，一日心動不能寐，曰：「吾母素多疾，能無恙否？」及至内門，徘徊不能入，蓋母亡爲友人所匿也。因語其友，而友止告以聞有疾，池遂號慟而歸。後舉進士，爲永寧簿。

盛度守光州，池爲光山令。大内火，詔諸州市竹木，州期以三日畢輸，池以土不産，轉市鄰郡，非三日可得。度怒甚，既而光山爲諸邑先。池於民有信，而民不俟於催督也。曹利用薦爲羣牧判官，辭不就，朝廷固授之。其後利用貶，其黨畏罪，多從而毁之，獨池在朝明利用之枉。除開封府推官，爲中貴人所沮，乃出知耀州，爲利州路轉運使、知鳳翔府。

召知諫院，表懇免，仁宗曰：「人皆耆進，池獨耆退，何也？」加直史館，復知鳳翔。有疑獄上讞，大理輒復下，掾屬皇恐，池曰：「長吏者政事所係〔一二〕。」乃獨承其罪，有詔勿劾。岐陽鎮巡檢夜飲富民家，所部卒執之而俾爲文約，不敢復督士卒，而後釋其縛。池捕首惡誅之，巡檢亦坐廢。爲侍御史知雜事，嘗言：「陝西用兵無宿將，劉平好自用，必誤大事。」卒如其言。更三司副使，遂以天章閣待制知河中府，改同州，徙杭州。江鈞、張從革爲兩浙轉運使，惡池捃摭其事，條奏之，降知虢州。池未謫，聞吏有盗官銀，稱爲鈞償私費，而從革之姻犯税，陰遣人私請，或謂可以此報，池獨不較，人以爲長者。徙晉州，卒，年五十三〔一三〕。子光，位宰相，自有傳〔一四〕。

孔道輔字原魯，初名延魯，孔子四十五世孫。舉進士，爲寧州推官〔一五〕。道士治真武像，有蛇穿其前，郡將帥其屬往奠拜之。道輔持笏碎蛇首而去，一郡皆驚。知曲阜縣。

天聖九年，爲右正言，上書請太后歸政天子，而廷奏樞密使①曹利用、御藥羅崇勳罪狀。當是時，崇勳操權利而利用悍强不遜，内外憚之②。使契丹，虜主酌以大巵曰：「天寒，飲此可以致和氣。」道輔曰：「不和固無害。」既還，言者以爲生事，且開虜釁。他日，仁宗問之，對曰：「契丹新爲黑水所破，勢甚蹙。平時漢使至，多以言相侮，臣恐③其益慢中國，故答以此言。」仁宗然之。除龍圖閣待制，糾察在京刑獄，坐糾事失當，出知鄆州，徙青州。入判流内銓，出知許州，徙應天府。除右諫議大夫、御史中丞。

皇后郭氏廢，道輔率諫官、御史伏閣請對，仁宗令至中書。宰相吕夷簡曰：「廢后有漢、唐故事。」道輔曰：「大臣當導君以堯舜，而漢、唐失德，可爲法邪？」夷簡色沮。明日請對，不得入，遂出知泰州。徙徐州、兖州，進給事中、龍圖閣直學士，復入爲御史中丞。

開封府吏馮士元坐獄，語連大臣，故移其獄。御史劾士元罪止於杖，且多更赦，而執政又以爲④道輔爲大臣道地，出知鄆州。道輔性鯁直，遇事無所避。再入臺，僦郭贄舊宅。宅近太廟，而言者爲出入傳呼，則神不寧，詔令徙宅。道輔嘆曰：「險⑤人之言入矣。」既以士元事罷，憤惋而卒〔一六〕，年五十四，然天下莫不以直道許之也。

①「樞密使」下，繆校有「尚」字。
②「罪狀」至「憚之」：繆校作「皆竊弄天子威權，中外憚之，不早斥去，無以清朝廷」。
③恐：原作「志」，據覆宋本、四庫本改。
④又以爲：繆校以「爲」爲衍字，王安石《給事中贈尚書工部侍郎孔公墓誌銘》（《臨川先生文集》卷九一）作「又以謂」。
⑤險：繆校及《宋史》卷二九七《孔道輔傳》作「憸」。

子宗翰。

宗翰字周翰，始以父任爲將作監主簿，復舉進士。宗翰氣貌渾厚，奉親孝。王珪在翰林舉御史，司馬光知諫院敕薦士，皆以宗翰應詔。嘗爲夔峽路轉運判官、京東路提點刑獄，知蘄、密、陝、揚、洪、兖六州〔一七〕。元祐初，除司農少卿，遷鴻臚卿。

先聖之後襲公爵以奉祠事，其後或領官他州，至有以爵爲尉而廷參郡守者，宗翰以爲言。詔改衍聖公爲①奉聖公，承襲者即除寄禄官，不領他職，給廟學田萬畝，賜監書，置學官以誨其子弟。除刑部侍郎。卒，年六十〔一八〕。

段少連字希逸，開封人也。其母夢鳳集於家廷②，而少連生。舉服勤詞學科，知崇陽縣。崇陽劇邑，自張詠後未有繼者，少連治文仍出其右。當章獻皇后臨朝，爲御史臺推直官，上疏論戚里恩濫，章獻怒，責監漣水軍酒税。起爲通判天雄軍，召入爲殿中侍御史。

郭皇后廢，少連與諫、臺官伏閤不得對，孔道輔、范仲淹謫出，少連等止各罰金。少連上疏曰：

臣因義激心，以職獲譴，天容地載，蒙幸何深。然理有所未伸，情有所未達，鬱悒之志，不得不盡陳之。道輔、仲淹與臣等議皇后不宜廢，是以羣詣殿閣上疏，而執政進説，使臣等不獲面對。道輔、仲淹出守外郡，

①爲：原作「南」，據《長編》卷三八九、《宋史》卷二九七《孔道輔傳》附《宗翰傳》改。《續通志》卷五三七《孔宗翰傳》校記：「按《東都事略》云：仁宗封孔子後爲衍聖公，哲宗時改爲奉聖公，徽宗時復爲衍聖公。」

②廷：四庫本及《宋史》卷二九七《段少連傳》作「庭」。

臣等蒙罰，中外皆以爲非陛下之意，特宰執假天威以斷來者之說。

不報。又上疏曰：

臣伏準戒諭，自今不得羣詣殿門請對。且伏閤上疏，自有故事。昔唐陽城王仲舒伏閤雪陸贄之枉，崔元亮叩殿陛理宋申錫之冤。今陛下未忍廢黜皇后，而兩府列狀議降爲妃，諫官、御史敢廢伏閤之事乎？陛下深惟道輔、仲淹等所言，爲阿黨乎？爲忠亮乎？

不報。又上疏曰：

高明粹清，凝德無累，天之道也。然氛祲蔽翳，晦明偶差，乃陰陽之沴爾。象天德者，君之體也；治陰陽者，臣之職也。陛下秉一德，臨萬方，有生之類，莫不浸其德澤。氛祲蔽翳，偶差晦明，以累聖德，蓋大臣重祿而不諫，小臣畏罪而不言。臣獨何人，敢貢狂瞽哉？誠以秉愛君之心，切痛陛下履仁聖之具美，乏骨鯁之良輔，因成不忍之忿，以稽不遠之復。臣是以瀝肝膽，披情素，爲陛下廓清氛祲蒙翳之累。

《易》曰：「夫夫婦婦而家道正，正家而天下定。」《詩》云：「刑於寡妻，御於家邦。」若然，則修化者莫不自內而刑外也。去年十二月，二府大臣晚出，民間喧傳皇后被譴而入道矣，又傳降爲妃而離宮矣。在外莫知其過失，無不驚嘆。且皇后有罪，黜則告宗廟，廢則爲庶人，安有陰行臣下之議者乎？且皇后有小過，可降爲妃；則臣僚之婦有小過，亦當廢爲妾乎？臣等赴中書時，輔弼之臣備言皇后有妬忌之行，始議入道，終降爲妃。兼云有上封者①恐皇后不利於聖躬，故修高垣，置在別館。臣等備陳中外之議，請復皇后位號，以安民心。翌日詔出，乃云：「中宮有過，掖廷具知，特示含容，俾自循省，供給之間，一切如故。」臣未

①者：繆校作「皆」。

審①在別館爲妃乎？爲后乎？詔書不言，安所取信。皇后事陛下一紀，而輔臣倉卒以降黜之議惑宸聽，而臣下循默，無敢爲陛下言者。臣所謂氛祲蔽翳以累聖德，豈虛言哉？蓋臣職有曠爾。

夫皇后動摇，有大不可者二，執政之臣獨不念之？內外臣僚以至戚里，豈不萌覬覦之心，欲進其女，以希②選納，或事寵愛，以結內援，使陛下惑女色而亂紀綱③。紀綱一亂，變故以生，社稷可得安乎？斯大不可者一也。陛下凡舉事爲萬世法，苟有掖廷爭寵遂行廢后，則何以書史策而示子孫乎？斯大不可者二也。臣願詔皇后歸宮，復其位號，杜絶非間，待之如初。天地以正，陰陽以和，人神共歡，豈不美哉！陛下苟爲邪臣所沮，不行小臣之議。臣恐高宗王后之枉，必見於他日；宫闈不正之亂，未測於將來。惟陛下察之。

不報。改開封府判官、直集賢院，出爲兩浙、淮南、陝西轉運使〔一九〕。駙馬都尉柴宗慶縱其下擾民，少連即劾奏之。入兼侍御史知雜事，逾月，爲三司度支副使，擢天章閣待制、知廣州，進龍圖閣直學士、知涇州，徙渭州。卒，年四十六〔二〇〕。

少連質直自任，遇事無大小決遣如流，不爲權勢所屈。其卒也，仁宗甚嘆惜之。

蔣堂字希魯，常州宜興人也。舉進士，爲楚州團練推官。嘗知臨川縣，通判眉州。久之，知泗州，召拜監察御史，遷侍御史。禁中火，有司請究火所起，多引宫人屬吏。堂言：「陛下宜責躬修德，以應天變，豈可歸咎④宫

①審：原作「富」，據覆宋本、四庫本改。
②希：原作「布」，據覆宋本、四庫本改。
③綱：原作「結」，據覆宋本、四庫本改。
④咎：原作「各」，據覆宋本、四庫本及《宋史》卷二九八《蔣堂傳》改。

人邪？殆非所以畏天譴也。」仁宗於是悉赦原之。郭皇后廢，與御史中丞孔道輔等極論不可，又請對，不許。未幾，出爲江東轉運使，徙河南〔二一〕，兼發運使。歲薦部吏二百人，或謂曰：「一有謬舉，且得罪，何以多爲？」堂曰：「拔十得四五〔二二〕，亦足以報國矣。」坐失按舉，降知越州。州有鑑湖，溉田八千頃，前此爲郡者聽民自占，既而多爲豪右所不便，水利浸耗。堂條上所不便，奏復之。徙蘇州，入爲鹽鐵副使，安撫梓夔路，拜天章閣待制、制置發運使〔二三〕。知洪州、應天府，又知杭州。

遷樞密直學士、知益州。漢文翁石室在孔子廟中，堂因廣其舍爲學宮，選屬官與鄉老之賢者以教諸生，士人翕然稱之。徙知河中府，復知杭、蘇二州，以禮部侍郎致仕。卒，年七十五〔二四〕。

堂爲人修潔，遇事不少屈。好學工文詞，延譽後進如不及，尤耆作詩云。

彭乘字利建，益州華陽人也。舉進士，授漢陽軍判官。與同年生登相國寺閣，顧望鄉關，皆有從官之樂，乘獨悵然曰：「親老矣，安敢捨晨昏之奉而圖一身之榮乎？」翌日，奏乞侍養以歸。有薦其文行者，召試，除館閣校勘，固辭還家。

用寇準薦，復召試爲校勘，遷秘書丞、集賢校理。求便親①，得知普州。舊制，蜀人不許赴蜀官，特恩自乘始。父卒，既葬，甘露降墓柏上，人以爲孝感。其後修注闕，中書擬人，乘在選中。仁宗曰：「彭乘，恬退之士也。」遂用之。及召見，諭以見用之意，乘對曰：「臣生孤遠，蒙被近用，已過分矣。」仁宗嘉之，擢知制誥，知開封府，爲翰林學士。卒，年六十五〔二五〕。

①「親」字上，繆校有「侍」字。

乘重厚寡言，性純孝，不喜事生産。家聚書萬卷，多乘手自校正，然其爲文少工也。

趙師民字周翰，青州臨淄人也。九歲能爲文，舉進士第，復還鄉里不仕。孫奭薦爲兖州教授〔二六〕，遷國子監直講、崇政殿説書，又遷宗正丞。陝西用兵，上治道十五事，改天章閣待制、同知宗正事。除龍圖閣直學士、知耀州。民有盜鐵禁者，師民曰：「鄣其利而罪之，是罔民也。」一切不問。代還，復判宗正。卒，年六十九。師民經行淳懿，然舉止疏野〔二七〕。其爲文章清麗繁縟，而又詳練故事，爲士大夫所稱。子彦若。

彦若字元考，以父任爲將作監主簿。博覽善記，事父孝。年十八，舉賢良方正，召試中選，射策不入等，知千乘縣。用大臣薦爲秘閣校勘，遷集賢校理，通判淄州。有縱火僞①印者，法當死。彦若曰：「在律犯罪，親年九十無兼養，聽讞。」與太守解賓王議異，遂獨劾奏，得減死。賓王慊之，因訟彦若不詣郡，坐謫監單州酒税。逾年還館，稍遷知宗正丞。宗廟薦新，中秋用菱蔄，不經，易以蒲白。彦若曰：「蒲春始生，可食，秋則過時，不可以薦。」乃據引經傳，改從春獻。除國史院編修官，修起居注。元豐中，召試中書舍人，當草制而執政避家諱易其詞，彦若奏曰：「臣迹雖孤，而志不可奪。」改右諫議大夫，坐侵越御史論事，徙秘書監。

哲宗即位，爲龍圖閣待制、知亳州，移陳州。召還，提舉萬壽觀兼侍讀，遷兵部侍郎兼實録院修撰，權②禮部尚書，拜翰林學士。以子累罷爲寶文閣學士，提舉萬壽觀。紹聖初，以彦若與修《神宗實録》，貶安遠軍節度副

①僞：繆校作「傷」。
②權：覆宋本、四庫本作「擢」。

使、澧州安置。卒於貶所，年六十三〔一八〕。後與元祐黨。有文集五十卷。

【箋證】

〔一〕再調彭州軍事判官：「判官」，《宋史》卷三〇〇《陳從易傳》作「推官」。

〔二〕與修歷代君臣事迹：《宋史》本傳作「預修《册府元龜》」，是。四庫本《册府元龜考據》云：「景德二年九月丁卯，命資政殿學士王欽若、知制誥楊億修《歷代君臣事迹》」，「凡八年而成」，「詔題曰《册府元龜》」。《長編》卷六一載令王欽若、楊億修《歷代君臣事迹》，卷二〇八又載「命龍圖閣直學士兼侍講司馬光編《歷代君臣事迹》」（後賜名《資治通鑑》）。從易預修者爲《册府元龜》。

〔三〕卒年六十六：《隆平集》卷一四作「卒年六十」。《乾道臨安志》卷三：「天聖八年五月癸亥，以左諫議大夫、知制誥陳從易爲龍圖閣直學士、知杭州。《從易本傳》：字簡夫，泉州人。九年正月，卒於官。」

〔四〕字子政：《宋史》卷三〇〇《楊大雅傳》作「字子正」。歐陽修《諫議大夫楊公墓誌銘》（《歐陽文忠公集》卷六一）作「字子正」。

〔五〕二十七年：《宋史》本傳作「二十五年」，《諫議大夫楊公墓誌銘》作「二十七年」。

〔六〕卒年六十九：《諫議大夫楊公墓誌銘》：「明道二年四月十日，以疾卒於州之正寢，年六十有九。」

〔七〕大隱集五十卷：《隆平集》卷一四、《宋史》本傳作「《大隱集》三十卷」，《事略》「五」或爲「三」之誤。

〔八〕卒年六十九：尹洙《李公墓誌銘》（《河南先生文集》卷一七）：「年六十九，以明道二年六月二十五日疾終於武當。」

〔九〕青州人：《宋史》卷二九八《燕肅傳》作「青州益都人」，是。

〔一〇〕卒年八十：《圖畫見聞誌》卷三：「公以壽終於康定元年，贈太尉。」

〔一一〕卒年五十七：歐陽修《與刁景純書》（《歐陽文忠公外集》卷一八）宋人校記：「按：内翰胥偃以寶元二年八月卒。」

〔一二〕長吏者政事所係：「係」，《長編》卷一一四、《宋史》卷二九八《司馬池傳》作「繇」，《隆平集》卷一四作「係」。

〔一三〕卒年五十三：《隆平集》卷一四作「卒年六十三」，龐籍《天章閣待制司馬府君碑銘》（光緒《山西通志》卷一九四）：「慶曆元年十一月癸未，以疾終於郡治之安静堂，享壽六十三。」《事略》「五」當爲「六」之誤。

〔一四〕子光位宰相自有傳：《司馬光傳》，見本書卷八七上。

〔一五〕爲寧州推官：《宋史》卷二九七《孔道輔傳》作「爲太平州推官」，張宗益《宋守御史中丞贈太尉孔公後碑》（《闕里志》卷二四）稱「釋褐彭原幕，時年二十七」，王安石《給事中贈尚書工部侍郎孔公墓誌銘》（《臨川先生文集》卷九一）作「補寧州軍事推官」，則《事略》所載不誤。

〔一六〕憤惋而卒：《給事中贈尚書工部侍郎孔公墓誌銘》：「公以寶元二年如鄆，道得疾，以十二月壬申卒於滑州之韋城驛，享年五十四。」

〔一七〕知蘄密陜揚洪兗六州：《宋史》卷二九七《孔道輔傳》附《宗翰傳》作「知虔州，……歷陜、揚、洪、兗州」。

〔一八〕卒年六十：《長編》卷四一二元祐三年六月丁酉：「刑部侍郎孔宗翰爲寶文閣待制、知徐州。宗翰以疾求補外也。翌日，宗翰卒。」

〔一九〕出爲兩浙淮南陜西轉運使：《宋史》本傳作「出爲兩浙轉運副使」。范仲淹《龍圖閣直學士工部郎中段君墓表》（《范文正公集》卷一四）亦作「兩浙轉運使」。

〔二〇〕卒年四十六：《龍圖閣直學士工部郎中段君墓表》：「未行感疾，以寶元二年八月初四日，終於廣州之黄堂，年四十六。」

〔二一〕徙河南：《宋史》卷二九八《蔣堂傳》作「徙淮南」，是。胡宿《吏部侍郎蔣公神道碑》（《文恭集》卷三九）：「至江東數月，會朝廷廢江淮發運使，均歲漕錢帛之數，取辦六路，以公爲淮南轉運使，兼發運使。」《事略》「河南」當爲「淮南」之誤。

〔二二〕拔十得四五：《宋史》本傳作「十得二三」。

〔二三〕制置發運使：《宋史》本傳作「江淮制置發運使」，《吏部侍郎蔣公神道碑》作「充江淮發運使」，《事略》脱「江淮」二字。

〔二四〕卒年七十五：《吏部侍郎蔣公神道碑》：「尚書禮部侍郎致仕蔣公，以皇祐六年三月辛酉，考終於吴郡靈芝坊私第。」

〔二五〕卒年六十五：《宋會要輯稿》禮四四之一五載「翰林學士彭乘」卒於皇祐元年九月，「賜其家白金二百兩」。

〔二六〕孫奭薦爲兖州教授：《宋史》卷二九四《趙師民傳》作「孫奭辟兖州説書」。

〔二七〕師民經行淳懿然舉止疏野：《宋史》本傳：「師民淳静剛敏，舉止凝重。」二書互異。

〔二八〕卒於貶所年六十三：《長編》卷一七五皇祐五年八月辛酉：「御崇政殿，策試賢良方正能直言極諫太常寺太祝趙彦若。彦若所對疏濶，下有司考，不中等而罷之。」《事略》言其「年十八，舉賢良方正」，則彦若當生於景祐三年（一〇三六）；享年六十三，則當卒於元符元年（一〇九八）。《宋會要輯稿》職官七六之六一載元符三年五月二十三日「故責授安遠軍節度副使、澧州安置趙彦若，追復龍圖閣學士、中大夫」。

東都事略卷第六十一

列傳四十四

張亢字公壽，濮州人也〔一〕。舉進士，爲廣安軍判官。嘗通判鎮戎軍，亢言：「元昊喜誅殺，勢必難制，宜爲邊備。」又論西北攻守之計。既而契丹聚兵幽、涿間，遂擢如京使、知安肅軍。亢因言：「虜主孱而歲歉。方藉金帛之賜，特懼中國見伐而爲此爾①，決不敢動。」

元昊反，爲涇原、鄜延路兵馬鈐轄，徙并代都鈐轄。是時，夏人已破豐州，圍府州，方解去，屯琉璃堡，縱遊騎擾邊，麟、府閉壘不敢出。亢至，命開關縱民出入。時雖有禁卒數千，皆畏怯無鬬志，乃募役卒取敢戰者，得數百人，使擊賊。有以首級獻者，亢以錦袍衣之。禁卒慙，始請效死。亢度其可用，命擊琉璃堡，遂破之。明年，亢築建寧砦，度夏人必至。虎翼軍驍勇，夏人所畏；而萬勝軍疲怯，夏人易之。亢更其兩軍旗幟。夏人果出，争亟趨萬勝而先犯之，遂大潰，斬首二千餘級。不逾月，遂築清塞、百勝、中候、建寧、鎮川五砦，而麟、府之路始通。亢復奏以所通特一徑，請更增並邊諸栅，以安河外。議未下，會契丹渝盟，徙知瀛州，遷果州團練使。除引進使，爲并州副總管。

---

①爾：繆校作「舉」。

夏人與契丹戰河外，范仲淹宣撫河東，因奏①使亢知代州，就總前議增築事。不閱時，諸砦成，蕃、漢歸者數千户，歲減戍卒萬人。復知瀛州，亢言城小而人衆，請廣以東南關，爲緩急備。夏竦爲帥，惡其不附己，沮止其役。然卒城之，如亢議。

時契丹遣汎使僥求諸事，沿邊皆警，每遣諜者，厚以金帛，無吝惜。亢間處便坐，有弟子行首入曰：「願屏人白事。」亢慢駡久之，弟子行首曰：「所白幾事也。」亢爲屏人，問其事，乃曰：「公用錢如糞土，何故？」亢曰：「何與汝事？」曰：「公所與非其②人，如我乃可與耳。」亢復慢駡久之。弟子行首曰：「我非與公劇，我之姊有女甚姝麗，爲虜騎掠去，今幸於虜主，日夜居帳中，時相皆事之〔二〕。今遣人有所市，公善結之，虜中情僞如指掌也。」亢曰：「所市何物？」曰：「某大王納婿，須紫竹鞭，公所執可與也，及餘所市物非一。」亢悉從之，自是虜中動静必告。時邊城多警，每一挂搭，所費不訾③，唯高陽獨否。

徙知渭州，領眉州防禦使。轉運使奏亢擅減三郡郊賜物估直，遂奪防禦使。久之，復防禦使，遷客省使，知懷州。坐與鄰守會境上，降曹州鈐轄，改秘書監。未幾，復客省使、眉州防禦使，爲徐州總管。卒，年六十三〔三〕。亢輕財好施，不拘小節，宴犒過侈，雖市易猶不能給。然軍政嚴整，所至有風力，蕃、漢多圖其像而祀之。仁宗念其功，特贈遂州觀察使。

种世衡字仲平，放之兄子也。以放蔭爲將作監主簿，嘗知武功、澠池縣，通判鳳州。王蒙正爲守，蒙正，章獻

①因奏：原作「因葵」，據《隆平集》卷一九改。覆宋本、四庫本作「招討」。
②其：原作「兵」，據覆宋本、四庫本及《長編》卷一三六改。
③訾：四庫本作「貲」。「訾」通「貲」。

后姻家也，所爲不法。嘗私於世衡，世衡不從。乃誘王知謙者，使訟世衡而陰爲之助。世衡坐流竇州。初，知謙犯法當徒，亡命。會赦，知謙乃出。世衡曰：「汝欲倚赦，我豈無赦邪？」即論如法。知謙既爲蒙正所誘，世衡遂坐責，久之，徙汝州，監徐州酒〔四〕。

遷太子中舍，簽判鄜州，建築青澗城，以謂其左可致河東粟，其右可捍延安，其北可圖銀、夏。換内殿崇班、知城事，開營田二千頃，又募商賈，貸以緡錢〔五〕，使通貨賄。青澗初無水，穿井百五十尺，至石，乃曰：「能屑石一畚者，酬百錢。」居數日，及泉，民甚賴之。

爲鄜延路兵馬都監，遷洛苑使、知環州〔六〕。蕃部有牛家族①奴訛者崛强，未嘗出見郡官，聞世衡至郡，郊迎。詰朝往勞其族，晨興，雪三尺，左右曰：「地險不可行。」世衡曰：「吾方結諸羌以信，可失期邪？」比至，奴訛大驚曰：「前此未嘗有官至此，公乃不我疑邪？」率其族拜馬前，因請内屬。凡邊民有過則校②之射，四發二中者釋其罪。兩辭③疑而不決者，亦因射中否而與決之。境内之民，因多善射者。臨邊數年，積穀通貨，撫養士卒，得其死力。

遷東染院使、環慶路兵馬鈐轄。環、慶之間屬羌，有明珠、滅臧、康奴三族最大，撫之則驕不可制，攻之則險不可入，常爲原州患。其北有三川通西夏，三川之間有古細腰城。范仲淹宣撫陝西，命世衡與知原州蔣偕共城之。世衡以錢募戰士，晝夜板築，旬日而成。乃召三酋，諭之以「官築此城，爲汝禦寇」。三族既出其不意，又援路以絶，因而服從。城既成，而世衡卒〔七〕，年六十一。

①「家族」下，繆校有「首」字。
②校：原作「杖」，據覆宋本、四庫本改。《隆平集》卷一九、《宋史》卷三三五《种世衡傳》作「使」。
③兩辭：繆校作「廷鞫」。

世衡所至有恩信，間出奇以濟幾事。其在青澗也，嘗遣王嵩入賊境，召與之飲，謂曰：「虜若得汝，考掠求實，汝不勝痛，當以實告邪？」嵩曰：「誓死不言。」世衡曰：「先試之。」乃縛於庭而掠之數百，嵩不屈。世衡曰：「汝真可也。」王嵩者，本青澗僧，世衡察其可使，誘令冠帶，因出師，以賊級與之，白於帥府，授以三班借職。

時元昊使其妻之兄弟甯令、舅野利旺榮及剛浪凌分將左右廂兵，最用事。世衡使嵩齎書遺以棗及畫龜，欲其早歸，以離間之。旺榮知見侮，笑曰：「吾素奇种將軍，今何兒女子見識？」度嵩別有書，索之。嵩佯目左右，既而答以無有。旺榮乃封其信上元昊，鎖嵩囚於地牢。一日，召入一官寺，聽事廣楹皆垂班竹箔，綠衣小童立其左右，嵩意元昊宮室也。少頃，箔中有人出，詰責嵩。嵩對如前，乃命曳出誅之。嵩大號，且言曰：「始，將軍遣嵩遺旺榮書，戒不得妄泄，今不幸空死，不了將軍事。」箔中急使人追問之，嵩具以對。乃褫衲衣，取書以入，命嵩就館。元昊於是始疑旺榮，乃釋嵩囚，而使旺榮遺邊將書送嵩還。嵩既還，而旺榮已報死矣。

世衡知謀將①行，因欲並間剛浪凌。又欲②致祭境上，作文書於版以弔，多述旺榮與剛浪凌相結有意，本朝悼其垂成而失。其文雜紙幣，伺有虜至，急爇之以歸。版字不可遽泯，虜人得之以獻元昊，剛浪凌無以自明，亦得罪。元昊既失二將，始悟爲世衡所賣，遂稱臣。

世衡又嘗以非罪怒一蕃落將，杖其背，屬爲之請，莫能得。其人杖已，即奔元昊，元昊甚親信之。歲餘，盡洞得其機事以歸，衆乃知世衡用爲間也。

羌酋有蘇息慕恩者，部落最强，世衡皆撫而用之。嘗夜與慕恩飲，出侍姬以佐之③。既而世衡起入內，潛於

---

①將：原爲空，據覆宋本、四庫本補。
②欲：繆校作「爲」。
③之：繆校作「酒」。

隙中伺之，慕恩竊與侍姬戲。世衡遽出掩之，慕恩慙懼請罪，世衡笑曰：「君欲之邪？」即以遺之，由是得其死力。諸部有貳者，使慕恩討之，無不克。及卒，羌酋臨者數日，青澗及環人圖其像而祀之。世衡八子，詁、諤、誼知名〔八〕。孫師道、師中自有傳〔九〕。

詁字大質，少慕從祖放爲人，不事科舉。父世衡欲乞蔭補官，詁辭以推諸弟。杜門讀書，時稱小隱君。世衡卒，詁上其父反間羌酋之功，朝廷贈世衡成州團練使，以詁爲天興尉。

神宗即位，以太子中允簽書慶州判官。以近臣薦，易西京左藏庫副使、涇原路都監，知原州。羌人犯塞，詁禦之，遂城熙寧砦於鎮戎之北。又破羌人於折薑會，以功遷左藏庫副使，爲兵馬鈐轄。元豐中，王師西伐，詁知鎮戎軍。熙河旋師兵十萬道境上，須芻糧，僚佐以他路爲言，詁曰：「王師也。」遽命餉之。以西上閤門使知鄜州，告老，提舉上清太平宫。卒，年七十。

詁爲人明達樂善，宗族稱孝。弟諤取綏州，以擅興兵繫獄，詁乞納官贖罪。世衡嘗以汝陽田二十頃遺其友人張問，問既顯達，復歸其田，詁固辭不受，士論美之。問，元祐中爲給事中。

諤字子正，以父世衡蔭補三班奉職，易文資，稍遷國子博士。以名將子，材智可任，改左藏庫副使、鄜延路都監，知青澗城。

銀夏監軍司牙吏史屈子托言嵬名山來報内附，諤即上聞。不俟報，募可使者間道通蠟書於嵬名山，與屈子定計，領所部期日會於銀州。諤起所部蕃、漢兵會於懷遠砦，移折繼世赴銀、夏應接，長驅入綏州。夜度大理水，駐師離思曲。厥明，屈子及諸酋長脅嵬名山開門迎納，折繼世亦領兵會於師，招納酋長三百、户萬五千、口四萬五千、勝兵萬、孳畜十二萬五千，遂築綏州城。言者交論諤擅興生事，下吏，貶秩①四等，安置隨州。命韓琦廢綏州，琦請因而留之，乃以爲綏德城。

韓絳宣撫陝西，召諤與計事，除鄜延路都監、知青澗城。遷皇城副使，爲鈐轄。折繼世首議修囉兀城，絳命諤節制麟府，委以便宜招納。築囉兀二十九日而成，分兵守之。諤還軍綏德，夏人急攻囉兀。會慶州軍叛，詔罷西師，棄囉兀城，諤責汝州團練副使、安置潭州，再貶賀州別駕，移單州，又移華州。

閱三歲，韓絳訟諤前功，復禮賓副使、知岷州。董氈將鬼章聚兵於洮、岷，諤以輕兵襲擊於鐵城，加引進副使。李憲措置熙河邊事，分兵爲七軍，諤將左軍，自岷州出塞，收洮州，遷東上閤門使、文州刺史，移知涇州，徙鄜延路副都總管。諤上言：「秉常爲其母梁氏所囚。兵事尚神，可急因本路九將兵，裹糧擣其巢穴。」諤入對，大言曰：「夏國無人，秉常孺子，臣請持臂而來耳。」神宗壯之，乃以諤爲鄜延路經略安撫副使，諸將悉聽諤節制。軍次綏德城，遣諸將出塞。朝廷罪諤輕出，命還師延安，令聽王中正節制。夏人聚兵於夏州，諤自綏德城出塞，至米脂城，夏人堅守三日未下。賊以八萬衆來援，諤大敗之。捷書聞，神宗大喜，遣使撫諭曰：「昨以卿急於滅賊，恐或妄進，爲一方憂，欲俾王中正節制進止。今乃能功先諸路，朕甚嘉之。自今可不受中正節制。」諤以千人守米脂，進銀、石、夏州，盡橫山之地，不見虜。會詔班師，乃還。遷鳳州團練使、龍神衛四廂都指揮使，諤言：「賊巢雖未覆滅，若據有橫山，則興、靈將無所恃以爲食，河南之地可不戰自屈。」遣子朴上其策。

會朝廷復欲進城橫山，遣徐禧、李舜舉至鄜延計議邊事。諤入對，言曰：「橫山亘袤千里，沃壤實②稼，人物

①「貶秩」上，繆校有「詔」字。
②實：繆校作「宜」。

勁悍善戰，多馬且有鹽鐵之利，夏人恃以爲生。其城壘皆據險隘，足以守禦。興功當自銀州始，其次遷宥州於烏延，又其次修夏州。三郡鼎峙，則橫山之地已囊括其中。又其次修鹽州，以據兩地之利。如此，則橫山强兵戰馬、山澤之利盡歸中國。其勢居高，俯視興、靈，可以直覆巢穴。又其次修折薑會，以盡橫山之地。」會禧先至延州，奏乞趣諤還。諤在道，禧已與沈括定議進城山界，多與諤始謀異。乃奏留諤居守延州。言者論諤前者進兵出塞，不由西路保安，直趣興、靈，而迂路出綏德，老師費糧。降文州刺史。

始，諤本意身任統帥，謂成功在己，而①爲禧、括所外。既而賊圍永樂，諤以守延爲名，據城觀望，永樂遂陷。神宗始②除諤知延州。卒，年五十七〔一〇〕。

諤殘忍好殺，士卒有犯者，立而劈之。虜亦畏其敢戰，故數有功。自熙寧初，諤首興邊事，再討西夏，皆諤始謀，卒致永樂之敗云。

子朴，爲將亦有聲，以功遷至皇城使、知洮州。蕃賊叛，朴提援兵素③隊以往，賊出不意，血戰良久。賊益兵，朴戰没。

誼字壽翁，倜儻有氣節。少力學，舉進士，於六經百氏略通其意。熙寧初，兄詁召對，因問其世家，以誼爲三班奉職。從高遵裕收復洮、岷、疊、宕，遷左班殿直。山後羌叛，誼率兵討平之，遷内殿崇班。久之，爲熙河路第七部將〔一一〕。諸道進兵討靈武，以誼副左軍。師還，遷西京左藏庫副使。

①而：繆校作「不意」。
②始：覆宋本、四庫本作「就」。
③素：繆校作「數」。

明年，奉使青唐。青唐遣鬼章候誼境上。鬼章取道回遠，欲以地廣夸使者。誼習知山川，因語之曰：「爾跳梁溚蹄間，謂我不知爾國遠近邪？」命趣便道，鬼章慙怒，以兵脅之。誼辭氣不動，卒從便道與俱。使還，爲熙河路兵馬都監。

元祐初，知岷州。鬼章青宜結久爲熙河邊患，遂合從爲寇。誼破之，俘鬼章青宜結以獻。遷西上閤門使，徙知廓州〔一二〕。夏人將犯延安，帥趙卨以誼統制諸將。賊聞誼至，皆潰，鄜延人謂「得誼勝强兵二十萬」。爲熙河蘭岷路鈐轄、知蘭州。蘭與通遠皆絶塞，中間堡鄣不相接，質孤、麻子川田美宜稼，皆棄不耕。誼請城納迷堡、李諾、大柳平、結珠龍扼其要害，募民耕植，以省饋運。於是城李諾平，凡二十四日而成，賜名定遠。遷東上閤門使。明年，進保州團練使。紹聖初，再知蘭州。卒，年五十五。

誼莅軍嚴肅，令一下，雖死不敢避。遇敵，度不可勝不出，出輒取勝。爲政務先去惡，雖戎馬間，所至興學禮儒士。所得任子恩，先及其兄弟之子云。

臣稱曰：用兵非戰勝克復之難，而養民勞來安集之難。譬之疾病之人，以藥石攻病，人人能之。至於節起居飲食，愛護元氣，使根本牢固，精神强明，則類多不能。故用兵如用藥，養民如養元氣。世衡繼世爲將，號有智謀①，所謂能以藥而攻病者。至於愛護元氣，以圖養民之方，豈能盡知之哉②？

①謀：覆宋本、四庫本作「識」。

②「知之哉」下，繆校有「然品優劣於三子：詁宜濟之以猛，諤宜克之以柔，若誼也雖未爲盡善，賢於二兄遠矣」三十三字。

劉滬字子濬，保州保塞人也。父文質，連州刺史。文質十六子，涣、滬有聞。涣字仲章，以父任爲將作監主簿，監并州倉。天聖中，章獻明肅皇后同聽政。涣謂天子年加長，乃慨然上書請太后還政。章獻震怒，議黥面配白州，吕夷簡、薛奎力救之得免。章獻崩，擢涣爲右正言。郭后廢，涣與孔道輔、范仲淹等伏閤請對，坐贖金，以累出爲通判磁州，徙知遼州。

元昊入寇，涣誓以死捍邊，加直史館。元昊納款，以功遷陜西轉運使。積官至工部郎中、知滄州。换吉州刺史、知保州，徙登州，遷單州團練使、知冀州，爲秦鳳路總管。擊羌有功，遷憲州防禦使，累加鎮寧軍留後，知澶州。以工部尚書致仕。涣有才氣，遇事敢爲，鋭於進取。及致仕久，頗恨悔。卒，年八十〔一三〕。

滬頗知書傳，深沉寡言，有智略。少以父任爲三班奉職，稍遷右侍禁。韓琦、范仲淹薦其才武，擢閤門祗候。嘗爲瓦亭砦監押，權靖邊砦，破穆寧生氐。西南去略陽二百里，中有城曰水洛川，地平土沃，有水銀、銀、銅之利。環城族帳多聚漢民之逋逃者，自曹瑋在秦州時嘗經營，久之不能得。滬密使説其城主鐸厮那令内附。會四路招討使鄭戩行邊，滬遂召鐸厮那及戎落尊屬來獻結公、水洛、露羅甘地，乞冠帶爲屬户。戩許之，因令滬以兵往受地。既而氐情中變，滬深入無援，獨以千人擊潰氐①兵數萬。其酋請服，因盡驅隸麾下，通秦渭路。遷内殿崇班。

戩以牙兵遣著作佐郎董士廉助築，涇原帥尹洙檄令罷役，不從，益增板趣役。召之屢，亦不至，洙令狄青械滬及士廉付獄。戩雖已罷四路，而論奏不已，朝廷遣使往視之，乃復以滬訖役，而任以城事。既成，猶坐違帥臣命降一官。頃之，又以爲鎮戎軍西路巡檢，復内殿崇班。首發瘍②，卒〔一四〕。水洛③居人留葬，而立廟城隅，

①氐：繆校作「水洛」。
②「瘍」下，繆校有「疽」字。
③「水洛」上，繆校有「於」字。

歲時祀之。

【箋證】

〔一〕濮州人：《宋史》卷三二四《張亢傳》作「家於臨濮」。韓琦《眉州防禦使張公墓誌銘》（《安陽集》卷四七）云「其先濮州臨濮人」，「逮嘉魚葬於宋，故今爲宋人」。

〔二〕時相皆事之：「時」，《長編》卷一三六作「將」，是。

〔三〕卒年六十三：《眉州防禦使張公墓誌銘》：「嘉祐六年六月二十九日，以疾卒，時年六十三。」《宋會要輯稿》儀制一一之二六：「客省使、眉州防禦使張亢，嘉祐六年十月贈遂州觀察使。」

〔四〕監徐州酒：《宋史》卷三三五《种世衡傳》作「監隨州酒」，范仲淹《東染院使种君墓誌銘》（《范文正公集》卷一三）作「主隨州榷酤」。《事略》「徐州」當爲「隨州」之誤。

〔五〕貸以緡錢：「緡」，《宋史》本傳及《東染院使种君墓誌銘》均作「本」，是。故《墓誌銘》下文言「速其流轉，歲時間其息十倍」。

〔六〕遷洛苑使：《宋史》本傳及《東染院使种君墓誌銘》均作「洛苑副使」，《事略》當脱「副」字。

〔七〕而世衡卒：《東染院使种君墓誌銘》：「城成而疾作，以慶曆五年正月七日甲子啓手足，神志不亂，享年六十一。」

〔八〕世衡八子詁諤誼知名：「詁」，《東染院使种君墓誌銘》及《長編》卷二一五等、《宋會要輯稿》職官六一之一二、《宋史》本傳均作「古」。而《事略》《隆平集》卷一九均作「詁」，蓋因「世衡八子」後七子皆從言旁故也。

〔九〕孫師道師中自有傳：《种師道傳》《師中傳》，見本書卷一〇七。

〔一〇〕卒年五十七：《長編》卷三三四元豐六年四月辛亥：「龍神衛四廂都指揮使、文州刺史种諤卒。」

〔一一〕爲熙河路第七部將：《宋史》卷三三五《種世衡傳》附《種誼傳》作「至熙河副將」。

〔一二〕徙知廓州：《宋史》本傳作「徙知鄜州」。

〔一三〕卒年八十一：《長編》卷二九一元豐元年八月乙卯：「工部尚書致仕劉涣卒。」

〔一四〕首發瘍卒：《長編》卷一六〇慶曆七年五月己丑：「水洛城都監、内殿崇班、閤門祗候劉滬卒。」《隆平集》卷一九：「卒，年四十八。」

東都事略卷第六十二

列傳四十五

王德用字元輔，超之子也。超有傳〔一〕。始，超爲懷州防禦使，補德用爲牙内都指揮使。超率兵六萬伐李繼遷，出綏、夏。德用時年十七，從爲先鋒，破賊於鐵門關，進師烏白池。他將失道，超不進。德用以精兵五千轉戰三日，賊遂卻。乃領衆要其歸路，距夏州五十里，下令曰：「敢亂行者斬。」一軍肅然。超亦爲之按轡，繼遷引避之，以功授内殿崇班。

德用以將家子宿衛真宗，爲内殿直、殿前左班都虞候、捧日左廂指揮使，累遷英州團練使。仁宗即位，改博州團練使、知廣信軍，徙冀州，積官至步軍副都指揮使、桂福二州觀察使。是時，章獻后猶臨朝，有詔補一軍吏。德用曰：「補吏，軍政也，吏敢挾詔書以干吾軍？」執不與。章獻固欲與之，德用固不與。章獻崩，有司請衛士坐甲者，德用以爲故事無有爲太后喪坐甲，又不奉詔。明道二年，拜簽書樞密院事，遂爲副使。明年，以奉國軍留後同知院事。又明年，領安德軍節度使。又明年，加宣徽南院使。寶元二年，罷爲武寧軍節度使。

初，翰林學士蘇紳嘗疏德用宅枕乾岡、貌類藝祖者，既而御史中丞孔道輔又以紳之言劾奏之，降左千牛衛上將軍、知隨州〔二〕。德用疏言：「宅枕乾岡，陛下所賜；貌類藝祖，父母所生。」既貶黜，士皆爲之懼。德用舉止言色如平時，惟不接賓客而已。久之，徙知曹州，而孔道輔卒。客有謂德用曰：「此害公者也。」德用愀然曰：「孔公以職言事，豈害我者？可惜朝廷亡一直臣。」於是言者甚愧。

復保静軍留後、知青州。未行，而契丹聚兵境上，乃拜德用保静軍節度使、知澶州。契丹使其臣劉六符來聘，德用迓之。六符曰：「比歲大熟，非仁政所及邪？」德用曰：「明天子在上，豐年乃其常爾。」時契丹來求關南故地，詔德用會議二府。德用入奏言：「臣愚無狀，願陛下假臣二十萬兵，得先士卒以當匈奴，臣不勝大願。」仁宗不許。德用曰：「陛下即不忍勞民，姑以金繒啖之，以全舊好。」卒如其言。復宣徽南院使、判成德軍，徙判定州，又徙陳、孟二州。召還，復判相州，拜同中書門下平章事、判澶州，徙鄭州，封祁國公，還爲會靈觀使。已而復判鄭州，徙澶州，改鎮集慶，封冀國公。以太子太師致仕，復起爲河陽三城節度使、同平章事、判鄭州。皇祐六年，拜樞密使，徙封魯。

是時，仁宗以富弼爲宰相，是歲契丹使者來，德用與之射。使者曰：「天子以公典①樞密，而用富公爲相，得人矣。」仁宗聞之，賜德用弓一、矢五十。嘉祐元年，復請老，爲景靈宮使，徙鎮忠武。卒，年七十九〔三〕。贈太尉、中書令，謚曰武恭。

德用善射，軍政明而士心附，所至有威名。居家約易，不事娛燕，禄賜多周施諸族云。

夏守贇字子美，并州榆次人也。父遇，以軍校死王事。守贇幼孤，真宗在襄邸，憐之。及即位，授右侍禁，遷供奉官。真宗幸大名，康保裔與賊戰没，其部下畏誅，誣其降賊。令守贇往察之，乃變服入軍中，得其實。蓋保裔送客，卒與虜遇，援兵不至而死。真宗因恤其家。守贇事真宗，官至保信軍留後。

仁宗即位，歷步軍馬軍殿前都指揮使，拜建武軍節度使，歷鎮鎮東、保大、定國、鎮海，召拜同知樞密院

①典：原作「與」，據覆宋本、四庫本改。

事〔四〕。劉平、石元孫敗，内侍黄德和誣告平等降賊。守贇力辨其枉，引康保裔事以爲質。既而德和果以辨詐服罪。未幾，自請討賊，遂换宣徽南院使、陝西經略安撫招討使。守贇性怯寡謀，士卒不附，乃駐軍河中，又屯鄜州。朝廷以其子隨爲招討副使，而以守贇知樞密院事。隨道卒，守贇丐罷，除天平軍節度使、判澶州，以疾徙相州。明年，判瀛州。卒，年六十六〔五〕。贈太尉，謚曰忠僖。子隨。

隨字君正，始以父任補殿直〔六〕，累遷邠州團練使，進秦州防禦使。元昊反，爲鄜延路總管〔七〕。元昊爲書及錦袍、銀帶投境上，以遺金明、李士彬，且約以叛。候人得之，諸將皆疑士彬，隨獨曰：「此行間爾。」乃召與飲，厚撫而遣之。士彬感泣而去。守贇位右府，除耀州觀察使、知亳州①。又知河中府，爲陝西沿邊招討副使。時隨已病，或勸須疾愈乃行，隨曰：「邊事方急，而可以疾辭乎？」次陝州而卒〔八〕，年四十三。贈昭信軍節度使，謚曰莊恪。

郭承祐〔九〕，開封人也。娶華王元偁女，授供奉官〔一〇〕。稍遷至衛州防禦使、知澶州〔一一〕，入爲龍神衛四廂都指揮使、真定府定州等路副都總管。諫官歐陽修、余靖言其非才，改知相州。明年，爲相州觀察使、步軍都指揮使，出爲澶州都總管，拜建武軍節度使、殿前都指揮使〔一二〕。

除宣徽南院使，出判應天府，徙亳州。諫官、御史劾奏承祐在應天擅留上供米及擬翰林所用器，出入狂僭，落宣徽使，徙知許州。轉運使蘇舜元薦其有將帥材，其政如龔、黄，仁宗謂大臣曰：「承祐庸人，而外臺薦之如

①亳州：原作「毫州」，據覆宋本、四庫本改。下同改。

此，何所取信哉？」改知鄭州，未行，卒，年五十九〔一三〕。贈太尉，謚曰密。

承祐性驕侈狡獪，所至多興作爲煩擾。又好言事，指切人過失，時謂之武諫官云。

許懷德〔一四〕，開封祥符人也。其父均，仕至磁州團練使。懷德長六尺餘，少以父任爲東西班殿侍，累遷殿前副指揮使〔一五〕。

寶元初，陝西用兵，懷德爲鄜延路副總管。賊以三萬騎圍永平砦〔一六〕，懷德止率勁兵千餘人突圍，破之。已而賊有出陳前據鞍慢罵者，懷德引弓射之，應弦而斃。未幾，賊攻延州，懷德領兵間道出其不意，左右奮擊，賊遂解去。遷鳳州團練使。

以賊破塞門砦不赴援，降寧州刺史。除龍神衛四廂都指揮使，累遷武信軍留後、殿前副都指揮使，拜寧遠軍節度使。坐冒認從妹別産，出知亳州，徙徐州。復爲殿前都指揮使〔一七〕，歷鎮保寧、建雄。懷德宿衛十四年，數以老乞身，復自言：「臣年至矣，不爾，爲御史①所彈，不得善罷。」仁宗不許。

懷德雖老習軍旅之事，然戰功所可見者一二，特以遭時承平，故安坐以保寵禄。故事，節度使移鎮加恩，皆再表辭。懷德既加恩，又移鎮，共爲表謝，翰林學士歐陽修以爲慢朝廷，詔以修章示懷德。懷德雖悚息謝②罪，而終不復進表，仁宗亦不加責也。卒，年八十四〔一八〕。贈侍中，謚曰榮毅。

---

①史：原作「大」，據覆宋本、四庫本及《宋史》卷三二四《許懷德傳》改。

②謝：原作「並」，據覆宋本、四庫本及《隆平集》卷一九改。

狄青字漢臣，汾州西河人也。家世爲農。青年十六時，其兄素與里人號鐵羅漢者鬬於水濱，至溺殺之。保伍方縛素，青適餉田見之，曰：「殺羅漢者，我也。」人皆釋素而縛青。青曰：「我不逃死，然待我救羅漢，庶幾復活。若決死者，縛我未晚也。」衆從之，青默祝曰：「我若貴，羅漢當蘇。」乃舉其尸，出水數斗而活，人咸異之。

初爲騎馬小底[一九]，後隸拱聖軍，選爲散直。元昊叛，擇衛士從①邊，以青爲延州指使。青勇於臨敵，嘗爲先鋒，前後二十五戰，中流矢者八。每戰，飾以銅面具，敵人望之如神[二〇]。嘗破金湯城，略宥州，屠咙咩、歲香②、毛奴、尚羅等族，燔積聚數萬，收族帳二千三百③，生口五千七百。又城橋子谷，築長安保砦[二一]，以功遷至泰州刺史、涇原路總管[二二]。仁宗聞其在陝西數戰勝，欲召見問其方略，會虜寇平原[二三]，仁宗命圖形以進。及元昊稱臣，西鄙休兵，入爲捧日天武四廂都指揮使、惠州團練使。歷步軍殿前都虞候、眉州④防禦使、馬步軍副都指揮使，拜彰德軍節度使、知延州[二四]。皇祐四年，擢樞密副使。

廣源州蠻儂智高反。智高，蠻商之子。其母阿儂，左江武勒之族，轉至交趾，適儻猶州知州儂全福，無子。全福爲交趾所虜，阿儂改適蠻商，生智高。長，遂殺其父。阿儂又爲特磨道儂夏卿之妻。智高聚兵入寇，初陷邕州，遂僭稱南天國，號仁惠皇帝，稱其母阿儂爲皇太后，建元啓歷。阿儂凶悍有謀，耆小兒肉，間以具庖食。智高用其計，遂自邕攻橫、貴、龔、封、藤、梧、端、康州，所至驅劫軍民，衆至數萬，乃進圍廣州。

①從：原作「術」，係誤刻，覆宋本、四庫本作「從」，今據《宋史》卷二九〇《狄青傳》改。
②香：原脱，據《隆平集》卷一一、《宋史》本傳及余靖《宋故狄令公墓銘》補。
③三百，原作「二百」，按《宋史》本傳及余靖《宋故狄令公墓銘》、王珪《狄武襄公神道碑銘》並作「三百」，舒仁輝《〈東都事略〉與〈宋史〉比較研究》第二一一頁認爲「《事略》載收族帳數誤少一百」，據改。
④眉州：原作「宥州」，據《宋史》本傳及《狄武襄公神道碑銘》，並參舒仁輝《〈東都事略〉與〈宋史〉比較研究》第二一二頁考證改。

朝廷以孫沔、余靖爲安撫使，久未奏功。仁宗以南方爲憂，青慨然請行，且言：「臣起行伍，非戰伐無以報國。願得蕃落騎兵數百，益以禁卒，當羈賊首至闕下。」仁宗壯其言，遂除宣徽南院使、宣撫荆湖南北、經制廣南盗賊事。青至，合沔、靖之兵，自桂林次賓州，召廣西鈐轄陳曉〔二五〕，按其遇賊不戰之罪，並殿直袁用等三十一人悉誅之〔二六〕，軍士震恐。遂下令止具十日糧，明日絶崑崙關，出歸仁鋪，先布陳成列，而賊以覘者之誤來獨後，遂失險，乃悉衆逆戰。前鋒孫節戰死山下，而賊勢方鋭。青躬執白旗麾騎兵，出其不意，賊衆大潰，斬首二千二百級，獲僞官五十七人。智高夜縱火焚城而遁。詰朝，青入按城中，獲金帛鉅萬、牛馬數千，築京觀城之北隅，招復俘脅者七千二百，使還其家。初，所獲有衣繢金龍者，衆謂爲智高，青曰：「安知其非詐邪？吾寧失智高，朝廷不可誣也。」

智高既遁奔大理國，其母阿儂潛歸特磨道，依其夫①儂夏卿，收殘衆得三千餘人，復將入寇。有石鑑者，世居邕州，諜知其動息，遣峒丁入特磨道掩襲，擒阿儂及智高一弟二子，並檻送京師。阿儂年六十，朝廷始欲存之，以俟智高之降。及智高已爲大理國所殺，故悉封戮都市。青還朝，復爲樞密副使，遂拜樞密使。在樞府四年，言者謂青家數有光怪，以護國軍節度使、同平章事知陳州。未幾而卒〔二七〕，年五十。贈中書令，謚曰武襄。

青爲人恭密寡言，其計事必審中機會而後發。行師正部伍，明功罪，雖敵在前，士卒無敢後先者，故所向有功。韓琦、范仲淹特器遇之。又與尹洙善，嘗從洙議兵，洙以謂有古良將才。後洙以貶死，青懷知己，常周恤其家。熙寧元年，神宗思青勳烈，自爲文遣使祭之。

臣稱曰：爲將之道有三：曰智，曰威，曰權。夫智與威係乎將之所能，而權者出乎君之所任。有

①夫：原作「本」，據覆宋本、四庫本改。

所能之威、智，而無所任之權，則智不足以使人，而威不足以服衆，又何足以任天下之事者哉！蓋有智矣，必俟乎權，可以施其智；有威矣，亦必俟乎權，可以奮其威。觀狄青之討智高也，可謂能施其智而奮其威，以取勝於當世者矣。然青之所以能若是者，由仁宗專任而責成之也，是得君之權者也。況使不得君之權以便其事，則安可以有功？烏虖！爲將而具三者，則可以爲名將矣。

張孜，開封人也〔二八〕。初名茂實，字濟叔，避英宗藩邸名改焉。父景宗①，以宦者事真宗。孜以父任爲三班奉職。仁宗爲皇太子，以孜給事春坊，轉殿直。

仁宗即位，爲閤門祗候，累遷供備庫副使〔二九〕，領恩州團練使、真定路鈐轄〔三〇〕，知莫、貝、瀛三州。轉運使張昷之奏罷冀、貝驍捷軍士上關銀鞵錢，事下孜議，孜言：「此乃界河策先鋒者，緩急以爲先登，不可絶其常賜。」朝廷亦以爲然，昷之猶執不已，遂奏罷保州雲翼銀鞵錢，而軍人皆怨，殺官吏，據城以反。

慶曆中，復知貝州。契丹渝平，朝廷以富弼使北，而孜副之，卒復舊好而還。以勞遷西上閤門使、知瀛州，拜單州團練使、龍神衛四廂都指揮使、并代總管〔三一〕。自兵興，河東用鐵錢，盜鑄者其法弊壞，乃更三當一，軍中所用不足，相率叩府，閉門不納，幾亂矣。孜獨策馬從數卒往喻之，皆散去。遷濟州防禦使，又遷桂州觀察使，爲侍衛步軍副都指揮使，遷昭信軍留後、馬軍副都指揮使。召還，或叩孜馬首爲不順語，執以聞。事下有司，叩馬者實病心。事既明，猶以言者故罷兵柄，除寧遠軍節度使，出知潞州，移知陳州。復爲馬軍副都指揮使，徙鎮集慶。又坐販易公使而所使卒殺人，罷知曹州。卒，年六十七〔三二〕。贈太尉，謚曰勤惠。

①宗：原脱，據《宋史》卷三二四《張孜傳》及鄭獬《贈太尉勤惠張公墓誌銘》補。

郭逵字仲通，本邢州人也。父斌，徙家於雒。逵少以父任爲殿侍，隸范仲淹麾下。善騎射，倜儻有氣節。遷右侍禁，爲真定府監押。

保州雲翼軍亂，擁兵馬都監韋貴據城叛。兵馬監押侍其臻爲賊所留，李昭亮討之不能下，因遣逵。逵故與臻同事仲淹，徑至城下，取紫佩囊示之。臻曰：「是非昔事范公物邪？」臻與貴即再拜曰：「願君登城相見。」逵登城徑入，開諭禍福。既而臻、貴悔，欲害逵，衆蔽之得免。臻、貴自剄，衆遂降。以功遷閤門祗候、知鎮戎①軍。秦鳳路通古渭州，逵受詔赴援，三戰三勝，遂拔其城。副吴奎使契丹，會虜主受尊號，逵與奎入覲。使還，黜爲汾州都監。

五谿蠻彭仕羲叛〔三三〕，以逵知澧州，大破仕羲於桃花州。遷禮賓使、知邵州。武岡蠻反，逵討平之。知廣信軍，遷六宅使，累遷容州觀察使。仁宗山陵，以逵掌宿衛，遷殿前都虞候。出爲涇原路副都總管，遂拜同僉書樞密院事。未幾，以僉書出爲陝西宣撫使。

神宗即位，遷静難軍留後，除宣徽南院使、判鄆州。至鄆七日，徙帥延州。時种諤誘夏國首領嵬名山降，遂取綏州②。朝廷以諤擅興生事，欲棄之。逵謂：「棄綏州，則示弱於夷狄矣。」諒祚死，夏人來請綏州，逵言不可許。未幾，夏人以重兵寇邊，逵使人諭之，即遁去。改雄武軍留後。

夏人襲慶州，逵遣將破之於金湯。韓絳宣撫陝西，用种諤言將取横山，逵曰：「諤狂生也，朝廷以家世用之，

①鎮戎：原作「鎮武」，據《長編》卷一七五及范祖禹《郭將軍逵墓誌銘》改。
②綏州：原作「鄆州」，據下文「棄綏州」及繆校、《宋史》卷二九〇《郭逵傳》、范祖禹《郭將軍逵墓誌銘》改。

過矣。他日敗國事①，必此人也。」於是與絳議不叶。絳奏逵沮軍，召還朝。慶州兵亂，關中騷然，乃命逵知永興軍。至則徹守備，而人情乃安。徙知秦州。王韶開熙河，逵案其不法，遂徙知渭州。朝廷遣蔡確鞫之，謂逵誣罔，落宣徽使、知潞州。未幾，知太原府，復宣徽使。

交趾李乾德陷邕、廉州，詔逵討之。神宗問所以平交趾者，逵曰：「兵難喻②度，願馳至邕管。」上方略，遂復邕州。師進次富良江，又破之，獲賊將洪真太子者，於是乾德降。而逵以重兵壓富良江，與交人止一水之隔。逵逗遛不進，坐責左衛將軍、西京③安置，復左屯衛大將軍致仕。起知潞州，未幾，復廣州觀察使、知河中府。請老，拜左衛上將軍〔三四〕。卒，年六十七〔三五〕。贈雄武軍節度使。

【箋證】

〔一〕超有傳：《王超傳》，見本書卷四二。

〔二〕降左千牛衛上將軍：《宋史》卷二七八《王超傳》附《德用傳》及《長編》卷一一四及歐陽修《武恭王公神道碑銘》（《歐陽文忠公集》卷二三）並作「右千牛衛上將軍」，《事略》「左」當爲「右」之誤。

〔三〕卒年七十九：《隆平集》卷一一作「卒年七十八」，《宋史》本傳作「卒年七十九」。王安石《魯國公贈太尉中書令王公行狀》（《臨川先生文集》卷九〇）：「嘉祐九年，進封魯國公，以年老求去位……是歲，公年七十八矣，明年二月辛未，公以疾薨。」《武恭王公神道碑銘》所載略同，則是嘉祐元年德用年七十八，而卒於「明年二月辛未」，當年七十九，《事略》蓋從《隆平集》而誤作「七十

①敗國事：繆校作「生事召釁，上耗國帑，下竭民脂，塗炭生靈，敗乃公事者」。

②喻：繆校作「遥」。

③西京：原作「西凉」，據《長編》卷二八三、《宋史》本傳及《郭將軍逵墓誌銘》改。

八」，今據《宋史》及《行狀》《神道碑銘》改。

〔四〕召拜同知樞密院事：《宋史》卷二九〇《守贇傳》作「召知樞密院事」，《長編》卷一二三亦載「鎮海節度使夏守贇知樞密院事」，《事略》誤衍「同」字。

〔五〕卒年六十六：《長編》卷一三七慶曆二年六月丙子：「瀛州言宣徽南院使、天平節度使夏守贇卒。」

〔六〕始以父任補殿直：《宋史》卷二九〇《夏守恩傳》附《夏隨傳》作「以父蔭爲茶酒班殿侍，遷右班殿直」，是。

〔七〕爲鄜延路總管：《宋史》本傳作「爲鄜延路副都總管」，《長編》卷一二三作「副都部署夏元亨」（元亨後以元昊嫌名改名「隨」），則《事略》當脱「副都」二字。

〔八〕次陝州而卒：《長編》卷一二八康定元年秋七月壬申：「陝州言陝西副都部署兼緣邊招討副使、耀州觀察使夏隨卒。」

〔九〕郭承祐：《宋史》卷二五二《郭從義傳》附《承祐傳》作「承祐字天錫」，《事略》漏書其字。

〔一〇〕授供奉官：《宋史》本傳作「授西頭供奉官」，是。

〔一一〕衛州防禦使：《宋史》本傳作「衛州刺史」。

〔一二〕殿前都指揮使：《宋史》本傳作「殿前副都指揮使」。

〔一三〕卒年五十九：《長編》卷一七一皇祐三年十一月己酉：「許州言保静節度使郭承祐卒。」

〔一四〕許懷德：《宋史》卷三二四《許懷德傳》作「許懷德字師古」，《事略》漏書其字。

〔一五〕累遷殿前副指揮使：《宋史》本傳作「累擢至殿前指揮使」。

〔一六〕永平砦：《宋史》本傳作「承平砦」，《長編》卷一二五作「承平寨」。《事略》「永」當作「承」。

〔一七〕復爲殿前都指揮使：《宋史》本傳作「復爲殿前副都指揮使」，是。《事略》此脱「副」字，下文當從《宋史》補「進都指揮使」五字。

〔一八〕卒年八十四：《長編》卷一九五嘉祐六年十二月甲午：「殿前都指揮使、建雄節度使許懷德卒。」

〔一九〕初爲騎馬小底：《隆平集》卷一一作「初爲騎御馬小底」，《宋史》卷二九〇《狄青傳》作「初隸騎御馬直」，卷一九四《兵志》有「騎御馬直闕小底」「騎御馬直小底」。《事略》「騎馬小底」係省稱，未見他書記載，當作「騎御馬直小底」。

〔二〇〕敵人望之如神：《續通志》卷三二五《狄青傳》校記：「謹按《通鑑輯覽》御批：青猛鋭善戰，所向披靡，乃其勇略使然，非被髮面具足以制勝。史家豔稱其事，洵爲駕奇失實。」

〔二一〕築長安保砦：《隆平集》卷一一作「築招安等堡寨」，《宋史》本傳作「築招安、豐林、新砦、大郎等堡」，余靖《宋故狄令公墓銘》（《武溪集》卷八）、王珪《狄武襄公神道碑銘》（《名臣碑傳琬琰集》上卷二五）所載同《宋史》。《事略》「築長安保砦」當作「築招安等堡砦」。

〔二二〕以功遷至泰州刺史涇原路總管：「泰州」，《長編》卷一三八、《宋史》本傳及《宋故狄令公墓銘》作「秦州」，《狄武襄公神道碑銘》作「泰州」，《隆平集》卷一一作「澶州」，當以「秦州」爲是。「涇原路總管」，《宋史》本傳作「涇原路副都總管、經略招討副使」，《宋故狄令公墓銘》作「涇原路兵馬副部署」，《狄武襄公神道碑銘》作「涇原儀渭兵馬部署、經略招討副使」，《長編》卷一三八作「涇原部署、涇原都監兼知原州」，後三日，「兼本路經略安撫招討副使」。

〔二三〕會虜寇平原：「平原」，《宋故狄令公墓銘》《狄武襄公神道碑銘》作「平涼」，《長編》卷一三八、《宋史》本傳作「渭州」。

〔二四〕拜彰德軍節度使知延州：「彰德」，《宋史》本傳及《宋故狄令公墓銘》《狄武襄公神道碑銘》作「彰化」，《長編》卷一七二作「彰信」。

〔二五〕召廣西鈐轄陳曉：「陳曉」，《宋史》本傳作「陳曙」，本書避英宗諱改「曙」作「曉」。汪琬《東都事略跋》卷上：「《傳》中武襄討儂智高，兵次賓州，斬逃將陳曉。曉本名曙，蓋避英宗廟諱也。按《東坡集》有一札柬廣西憲云：『故崇儀陳侯忠勇絶世，死非其罪，廟食西路，威靈肅然，願公與程之邵議，或同一削，乞載祀典。』然則武襄何故誅之？意是時軍政廢弛，特借曙以威衆耳。」

〔二六〕並殿直袁用等三十一人悉誅之：「三十一」，《宋史》本傳作「三十」，《隆平集》卷一一、《狄武襄公神道碑銘》作「三十二」，《宋朝事實》卷一六作「三十二」。

〔二七〕未幾而卒：《長編》卷一八五嘉祐二年三月庚子：「陳州言護國節度使、同平章事狄青卒。」《宋史》卷一二《仁宗紀四》嘉祐二年三月「癸卯，狄青卒」。

〔二八〕開封人：鄭獬《贈太尉勤惠張公墓誌銘》（《鄖溪集》卷二〇）作「開封祥符人」，是。

〔二九〕累遷供備庫副使：《宋史》卷三二四《張孜傳》及《贈太尉勤惠張公墓誌銘》並作「供備庫使」，《事略》疑衍「副」字。

〔三〇〕真定路鈐轄：《宋史》本傳同，《贈太尉勤惠張公墓誌銘》作「定州、潞州駐泊兵馬鈐轄」。

〔三一〕并代總管：《宋史》本傳作「并代副總管」，《贈太尉勤惠張公墓誌銘》作「并代馬步軍副都總管」，《事略》當脱「副」字。

〔三二〕卒年六十七：《贈太尉勤惠張公墓誌銘》：「嘉祐八年十二月庚辰，集慶軍節度使、檢校司空、知曹州張公薨於郡之正寢。」

〔三三〕五谿蠻彭仕羲叛：「五谿蠻」，范祖禹《郭將軍逵墓誌銘》（《名臣碑傳琬琰集》中卷一三）、李廌《郭宣徽祠堂記》（《濟南集》卷七）作「下谿蠻」，《長編》卷一八一言「下溪州蠻彭仕羲舉衆内寇」，《事略》「五」當作「下」。

〔三四〕拜左衛上將軍：《長編》卷四一八、《宋史》本傳、《郭將軍逵墓誌銘》並作「左武衛上將軍」，《事略》脱「武」字。

〔三五〕卒年六十七：《郭將軍逵墓誌銘》：「元祐三年十二月十四日，薨於西京嘉慶里第，享年六十有七。」《長編》卷四一八元祐三年十二月丙戌：「左武衛大將軍郭逵卒。」

東都事略卷第六十三

列傳四十六

丁度字公雅，開封祥符人也。祖顗，盡其家貲以置書〔一〕，至八千卷，且曰：「吾聚書多矣，必有好學者爲吾子孫。」父逢吉，爲光禄寺丞。度力學有守，登服勤詞學科，爲大理評事、通判通州。除直集賢院、同判太常禮院〔二〕。上書請「博延儒臣，勸講道誼，增置諫官，切劘治體，墾闢荒萊，安集流庸，以爲殿最」，章獻后善之。舊制，監司及藩鎮辭見，皆賜對。仁宗初即位，止令附奏。度言：「附奏非所以防壅蔽也。」又作《王鳳論》，諷章獻以檢外戚。歷知湖州〔三〕，爲京西轉運使。太史上言永昌陵有白氣，當徙陵以厭之。度奏：「陵寢，大事也，不可輕議。」乃止。除知制誥，入翰林爲學士，兼侍讀學士。

初，劉平、石元孫戰没，仁宗問禦邊計，度奏曰：「中國宜以智勝，難以力克。今當謹亭障，遠斥堠，控扼要害。」因上備邊十策，遷承旨。時西事未寧，知樞密院宋綬私忌不給假，度謂：「大臣給假宜如故，且無使外夷窺朝廷淺深。」仁宗從之。

爲羣牧使，上言：「天聖中，牧馬至十餘萬。其後，言者以天下無事，遂廢八監。陝西、河東歲市馬二萬二百，尤能補京畿塞下之闕。自用兵數年，所市馬比常歲特三之一。請下令河東、京東、京西、淮南籍丁壯爲兵處，有能蓄一戰馬者，與免二丁，仍不升户等，以備緩急。如此，則國馬蕃矣。」

久之，遷端明殿學士。仁宗問：「用人以資與才，孰先？」度曰：「承平時用資，邊事未平用才。」諫官孫甫論:「度此言,是自求柄用也。」仁宗曰:「度侍從十五年,數論天下事,未嘗及其私,豈有是哉?」因除工部侍郎、樞密副使。明年,改參知政事。

居頃之,衛士爲變,事連宦官楊懷敏。樞密使夏竦於上前請使御史與宦官同於禁中鞫之,不可滋蔓,令反側者不自安。度曰:「宿衛有變,事關社稷,此而可忍,孰不可忍?請付外臺窮治黨與。」争於上前。仁宗從竦言,度遂求解政事,罷爲紫宸殿學士。議者以紫宸非人臣所利①,改觀文殿學士、判尚書都省,積官至尚書右丞。卒,年六十四〔四〕。贈吏部尚書,謚曰文簡。

度性資純直,不事威儀,左右無姬侍。喜論時事,在經筵,仁宗呼爲學士而不名。嘗問以蓍龜占應事,對曰:「不若以古之治亂爲蓍龜也。」仁宗出欹器以示之,曰:「朕欲臨天下以中正。」對曰:「臣等亦願以中正事陛下。」在政府,一日召諸子謂曰:「王旦爲宰相十二年,卒之日其子猶未官。自今吾不復有請矣。」著《邇英聖覽》十卷、《龜鑑精義》十二卷〔五〕、《慶曆兵録》五卷、《編年總録》八卷。

吴育字春卿,建州建安人也。爲人明敏勁果,强學博卞②。舉進士甲科,授大理評事,知臨安、諸暨二縣,又知襄城縣。宗室多葬襄城,以中貴人典護,民患其擾。育請所須皆從官給,非特省費,民甚便之。舉賢良方正,策入三等。有國以來,制舉惟育入三等,前此未有也。

除著作郎〔六〕,直集賢院。通判蘇州,加太常禮院〔七〕。育言:「禮文殘缺,願詔諸儒裁定。」乃詔修禮書。故

①利:覆宋本、四庫本作「稱」。是句《宋史》卷二九二《丁度傳》作「紫宸非官稱所宜」。
②卞:繆校作「辨」。卞通辨,本書多作「卞」。

事，尚書省集議，在朝則先職，入省則先官，官卑而職高者，常托事不至。景祐中，遂罷兩制。清望有議而不集，非所謂①求至當者也。乃請使異席不②相壓，則適中矣。衆議是之。爲三司判官、知諫院。

趙元昊反，慢③書始聞，朝廷爲之忿然。張士遜爲相，即議絶和問罪。時西邊弛備已久，人不知兵，識者以爲憂。元昊既稱帝，還所授旌節，議者皆謂宜發兵逐之，育獨曰：「元昊雖名藩臣，而乃夷狄，其服叛荒忽不常，宜示以不足責，度外置之。且其已僭名號，誇其人，勢必不能自削，以取羞種落，第可因之賜號若國主者，且故事也。彼得其欲，宜不敢妄動。然後陰敕邊臣，密修戰備，使年歲之間，戰守之計立，則元昊雖欲妄作，不能爲深害矣。」時方鋭意於必討，故皆以育言爲不然。其後師久無功，元昊亦歸過自新，仁宗爲除其罪，卒以爲夏國主。由是議者始悔不用育言，而虚弊中國。

同修起居注，遂知制誥，遷起居舍人，爲翰林學士。久之，知開封府。慶曆五年，拜右諫議大夫、樞密副使。數月，除參知政事。章懿皇后升祔真宗廟，言者請覃恩，育力諫止之。山東盜起，仁宗遣中使察視，還言：「盜不足慮也。兗州杜衍、鄆州富弼，山東人甚尊愛之，臣以爲憂。」仁宗欲徙二人者，育曰：「盜誠無足畏，小人乘間以撼大臣，此可慮也。」議遂寢。

育在政府，與宰相賈昌朝數争議上前，上之左右與殿中人皆恐色變，育論卞不已。既而曰：「臣所争者，職也，顧力不能勝矣。願罷臣職，不敢争。」乃復爲樞密副使。明年竟罷，以給事中知許州，又知蔡州。育嚴保伍之法，以檢制盜賊。拜資政殿學士，徙知河南府，又徙陝州、永興軍，以父喪免。服除，且將召之，育辭以疾，遂知汝

①「所謂」下，繆校有「慎重」二字。
②不：原作「而」，據覆宋本、四庫本及《隆平集》卷八改。
③慢：繆校作「嫚」。

州。又辭，以集賢院學士判西京留司御史臺。分臺舊不領民事，育在西京，河陽之民以張堯佐裁決稽積，多詣育。育判於紙尾，堯佐畏恐，即奉行。疾少愈，復知陝州，加拜資政殿大學士。

召還，判尚書都省。除宣徽南院使、判延州。夏人既納款，而並邊種落數侵爲患，龐籍守并州，欲築堡備之。育因謂：「約不先定而亟城，則争。而①受患者，麟府也。」乃移文河東，又與籍書及疏於朝，不報。已而夏人果犯邊，殺驍將郭恩，而太原將佐皆以罪去。以疾求解邊事，乃復以爲資政殿大學士、尚書左丞、知河中府，徙河南。卒，年五十五〔八〕。贈吏部尚書，謚曰正肅。有集五十卷。弟充。

充字沖卿，舉進士，嘗爲國子監直講兼吴王宫教授。他官與宗室狎習，無誨導之誼，充獨以嚴見憚，爲《宗室六箴》以獻：一曰視，二曰聽，三曰好，四曰學，五曰進德，六曰崇儉。仁宗命分寫，遍賜皇族，英宗書之坐右。授集賢校理，權判吏部南曹。

歐陽修判流内銓，胡宿之子宗堯改官，有言其私者，乃出修知同州。充上疏言：「修以忠直結陛下之知，若以爲私，則臣願與修同貶。」於是修復留，充亦改知太常禮院。

張貴妃崩，大臣意欲隆其禮。王洙判太常寺禮院，吏以印紙行文書，而僚屬不知。充即移開封治吏罪，府不受，充持之不置。會温成神主祔新廟，以楊察攝太尉充②獻官，趙抃與充監禮，仁宗又遣内臣臨視祭事，内出圭瓚以灌鬯。充言於察曰：「禮親享太廟則用圭瓚，若有司攝事則用璋瓚。今使有司祭温成廟而用圭瓚，是薄於

①「而」字上，繆校有「争」字。
②充：原作「克」，據覆宋本、四庫本改。

太廟而厚於姬妾也。請奏易之。」察有難色，曰：「日色暮矣，明日行事，言之何益？」而内臣視祭者已聞之，密以聞，即改用璋瓚。明日，御史劾開封觀①望不治吏罪，執政疑充諷之，出知高郵軍。

召還，爲開封府推官、三司户部判官，知陝州，移京西、淮南、河東三路轉運使。召入爲三司鹽鐵副使、知制誥、同知諫院。熙寧初，爲龍圖閣直學士。三年，拜右諫議大夫、樞密副使。王韶取洮州，木征逃竄，充建議請委韶招誘木征，授以官爵，令自守岷、洮，領部族長爲外臣，不必留屯絶塞，列置郡縣，屈力費財。居位五年，拜工部侍郎、樞密使。逾年，拜同中書門下平章事、監修國史。

充性謹密，在西府數言王安石政事非是。充爲相，務以安静，不遣使，不滋長法令，陰欲變更新法之不便者。乞還司馬光、吕公著、韓維、蘇頌，又薦孫覺、李常、程顥等十數人，於是王珪忌之。於時知諫院蔡確以擊搏進，充素惡之。初，相州嘗勘劫盜，爲堂後吏所駁，有陳安民者僉判相州，懼得罪，詣京師，歷抵親識求救。詔御史臺劾吏請屬，命確雜治。確②捕充親戚、官屬，繫考鈎致。充語神宗，獨明其無他。充數爲同列所危，然素多病，至是疾益侵。慈聖崩，不能入臨，力辭位，不許。明年，除觀文殿大學士、吏部尚書、西太一宫使。卒，年六十〔九〕。贈司空兼侍中，謚曰正憲。

充神采秀澈，詞氣温厚，内行修飭，事兄甚謹。將終，戒妻子無以私事干朝廷。神宗對輔臣，每嘆其孤立云。子安詩、安持。安詩在元祐時爲諫官、起居郎。安持爲都水使者，遷工部侍郎，終天章閣待制。安詩子儲、侔，官皆至員外郎。

始，張懷素以妖術妄説災福，見儲以爲福富③似姚興，須賴懷素之力，可以王關中，儲信之。大觀元年，因星

①觀：原作「而」，據覆宋本、四庫本改。
②「確」字下，繆校有「挾仇矯旨」四字。
③富：覆宋本、四庫本作「當」。

變謀①與侔起事，爲人所告，懷素、儲、侔並誅死。

明鎬字化基，密州安丘人也。舉進士，爲廣濟軍判官〔一〇〕。從薛奎辟爲秦州節度判官，奎徙益州，又辟知録事參軍。程琳代奎，奏爲僉書節度判官，通判壽州〔一一〕。奎又稱鎬有廊廟材，遂除開封府推官，權京東、益州路轉運使。歲歉，民無積蓄，盜賊間發，鎬爲平其物價，募民爲兵，人賴以安。坐失按察降知同州。

元昊寇延州，起爲陝西轉運使。虜破金明寨，既去，議修復其城。帥臣擁兵不即進，而鎬止領百餘騎，親督將士，一月而成。又嘗閲同州廂軍，得材武者三百人，教以强弩，奏爲清邊軍，最驍勇。其後陝西、河東悉置此軍。遷直史館、知陜州〔一二〕，徙江、淮發運使。未行，擢天章閣待制、河東轉運使，遷龍圖閣直學士、知并州，進樞密直學士，以右諫議大夫知成德軍，入知開封府。

王則反於貝州，以鎬爲安撫使。城未下，命參知政事文彦博宣撫河北，以鎬副之。貝州平，以功遷端明殿學士、給事中，進三司使。彦博相，以鎬參知政事。未幾而卒〔一三〕，年六十。贈禮部尚書，謚曰文烈。

鎬端重寡言，所至安静有體，臨事不苟。既卒，人多傷之。

高若訥字敏之，并州榆次人也。十歲喪父，寓家衛州，因居焉。舉進士，授彰德軍節度推官，知咸陽、金堂、商河三縣。商河多圭田，舊令或假民工種以治之，若訥獨棄而不耕，人以爲清。入爲監察御史裏行，再遷知諫院。時范仲淹知開封府，與宰相吕夷簡争論於上前，貶知饒州。余靖、尹洙相繼被黜，歐陽修移書責若訥〔一四〕，

①因星變謀：繆校作「因里中有斬木揭竿之徒，遽謀變」。

爲諫官阿附宰相而不言，若訥忿而繳奏其書，且言：「自仲淹貶職之後，臣不敢妄有營救。歐陽修移書詆臣，謂仲淹平生剛正，通古今，朝列中無與比者，責臣不能辨仲淹非辜，猶能以面目見士大夫，出入朝中稱諫官，至謂不復知人間有羞耻事。仍言今日天子與宰相忤意逐賢人。臣謂賢人者，國家所以爲治也。若陛下忤意逐之，臣當諫諍。臣①謂仲淹以狂言取譴，豈謂之非辜？恐中外聞之，誠謂天子以忤意逐賢人也。請令有司，召修戒諭，免於惑衆。」修亦謫夷陵令，而若訥遂爲士君子所耻，至謂爲不肖。

加直史館，爲侍御史知雜事。若訥言：「古者三②公坐而論道，今二府對纔數刻，豈能盡萬機之事？宜賜從容，如唐延英故事。」仁宗然之。擢天章閣待制，遷龍圖閣直學士，以右諫議大夫爲御史中丞。賈昌朝與吴育數争事。明年春大旱，仁宗從容問所以然者，若訥引《洪範》故事，以謂「大臣不肅則雨不時若」，於是昌朝與育皆罷，而若訥遂代育爲樞密副使，公議非之。

王則反於貝州，議者多欲招降，獨若訥言：「河朔重兵所聚，今釋不討，且啓亂。」議乃定。改工部侍郎、參知政事，拜樞密使。皇祐五年，罷爲觀文殿學士兼翰林侍讀學士、尚書左丞、判都省。卒，年五十九〔一五〕。贈右僕射，謚曰文莊。

若訥苦學善記，於《申》《韓》《管子》之書，尤其所好。亦習醫書，雖國醫無以過也。然拘古方，治疾多不效。皇祐間，累詔參定尺以制鍾律，論久不決，若訥以漢貨泉度一寸，依《隋書③》定審天下之尺十五鍾上之。有集二十卷。

①「臣」字下，覆宋本、四庫本有「愚以」二字。
②三：原作「王」，據覆宋本、四庫本及《宋史》卷二八八《高若訥傳》改。
③隋書：原作「隨書」，據《隆平集》卷一一、《長編》卷一一九、《玉海》卷八、《宋史》本傳及改。十五鍾：《長編》《宋史》《玉海》作「十五種」。

臣稱曰：烏虖！士之舉指云爲，不可以不審也。觀若訥爲人，非有大過，特始也不能辨仲淹之無罪而徼進修書，終也擠吴育去位而躐取政柄，遂爲清議所薄。方仁宗之世，求賢如不及，若訥既有位於朝，榮名厚禄，何患不得？而乃敗名撓節，以僥幸一時。士而至此，不足以言士矣。使若訥礪砥①廉隅，不叛名節，未必無可取云。

【箋證】

〔一〕祖顗盡其家貲以置書：《宋史》卷二九二《丁度傳》則謂其父「好聚書」，與《事略》異。孫抃《丁文簡公度崇儒之碑》（《名臣碑傳琬琰集》上卷三）作「大父顗」「捃橐中金，盡以置經史，得八千餘卷，築大室保藏之」，「考逢吉」「增家書至萬卷」，是則祖、父輩均好藏書。

〔二〕同判太常禮院：《宋史》本傳作「還知太常禮院」。

〔三〕歷知湖州：《宋史》本傳作「歷三司磨勘司」。《宋史》載度論當十錢有「臣嘗知湖州」之語，《丁文簡公度崇儒之碑》則謂「守吴興」，可證《事略》不誤。

〔四〕卒年六十四：《長編》卷一七四皇祐五年正月辛亥（十日）：「觀文殿學士兼翰林侍讀學士、尚書右丞丁度卒。」《丁文簡公度崇儒之碑》：「皇祐五年正月庚戌，觀文殿學士、翰林侍讀學士、行尚書右丞丁公薨於京師。」二書記其卒日相差一天。

〔五〕龜鑑精義十二卷：《宋史》本傳、《玉海》卷五四、《丁文簡公度崇儒之碑》均作「《龜鑑精義》三卷」。《隆平集》卷八同《事略》作「十二卷」，或爲「三卷」之誤。

①礪砥：四庫本作「貴礪」。

〔六〕除著作郎：《宋史》卷二九一《吴育傳》同。歐陽修《正肅吴公墓誌銘》（《歐陽文忠公集》卷三二）作「遷著作佐郎」。

〔七〕加太常禮院：《宋史》本傳作「還知太常禮院」，《正肅吴公墓誌銘》作「同知太常禮院」。

〔八〕卒年五十五：《正肅吴公墓誌銘》：「公享年五十有五，以嘉祐三年四月十五日卒於位。」《長編》卷一八七嘉祐三年四月甲子：「河南府言資政殿大學士、尚書左丞吴育卒。」

〔九〕卒年六十：《長編》卷三〇三元豐三年夏四月乙未：「贈司空兼侍中、謚正憲吴充卒。」《正肅吴公墓誌銘》：「四月甲午朔，公薨聞。」

〔一〇〕爲廣濟軍判官：《宋史》卷二九二《明鎬傳》作「補蘄州防禦推官」。

〔一一〕通判壽州：《宋史》本傳作「就通判州事」，當爲通判益州。

〔一二〕遷直史館知陝州：《宋史》本傳作「遷户部郎中、直昭文館、知陝州」，《長編》卷一二六載「陝西轉運使、兵部員外郎、直史館明鎬爲工部郎中、陝西隨軍轉運使」。

〔一三〕未幾而卒：《長編》卷一六四慶曆八年六月癸巳：「給事中、參知政事明鎬疽發背。……甲午，卒。」

〔一四〕歐陽修移書責若訥：汪琬《東都事略跋》卷上：「歐陽公《與高司諫書》，其辭太訐。謫後，柬尹師魯曰：『五六十年來，沈默畏慎者布在世間，忽見吾輩作此事，下至竈門老婢，亦相驚怪。不知此事，古人日日有也。然吾輩亦當絶口不及前事，居閑僻處，日知進道而已。』蓋此時猶似有自喜意。晚年編《居士集》，删去與高書，殆亦深悔之邪？文潞公作《文莊墓碑》，乃云：『迭居諫憲，當職論事，不煩細激訐，以邀虚名。』蓋刺文正與文忠輩耳。」

〔一五〕卒年五十九：《長編》卷一八〇至和二年八月乙卯：「觀文殿學士兼翰林侍讀學士、尚書左丞高若訥卒。」

東都事略卷第六十四

列傳四十七

謝絳字希深，陽夏人也〔一〕。父濤，太子賓客。絳以父任爲校書郎。舉進士，知汝陰縣，遷光禄寺丞，爲秘閣校理。上疏謂有宋當以土德王天下，下兩制議。兩制以爲太祖受終周室，豈可弗遵五行之序，事遂寢。仁宗即位，絳建議請以真宗配感生帝，而翰林學士李維又以爲不可。尋出通判常州。

天聖初，天下水旱，蝗生，河決①，絳上疏引《洪範》、京房《易傳》，陳災異之變，以爲：

陛下夙夜勤苦，思有以塞時變。惟是號令所發，未聞有所以當天心，故水未復而繼之以旱，此天所以誨告陛下也。夫風雨寒暑之於天時，爲大信也。信不及於物，澤不究於下，則水旱爲沴。近制命有信宿輒改，適行遽止，風雨以信，其可得乎？

今陛下朝夕左右，以佞幸而進爲陛下言者，刻民而取利則甘，御下而惜恩則悦。諛言似忠而害於理，忠言似逆而便於政。然而爲國以恩不以利，取士以忠不以諛。觀漢以災異策免三公，示戒懼也。陛下進用丞弼②，而政道未茂，天時未順，豈大臣輔贊不明邪？陛下信任不篤邪？何爲干邪者易進，守道者數窮，政出

①決：原作「北」，據覆宋本、四庫本改。《宋史》卷二九五《謝絳傳》及歐陽修《謝公墓誌銘》並作「河決滑州」。
②「丞弼」下，繆校有「極一時之選」五字。

多門，俗喜由徑也。

伏願惻然下詔，深自引咎，許士大夫極言時政得失，罷不急之役，省無名之斂，勿崇私恩，更進直道，宣德流化，以休息天下。

仁宗嘉納之。爲國史院編修官，稍遷直集賢院。以父年高請便養，通判河南府。又論：

唐室麗正、史官之局，並在大明、華清宫内。太宗肇修三館，更立秘閣於昇龍門左，親飛白題額，刻贊閣下。景德中，圖書寖廣，又益以内帑四庫。三聖數嘗臨幸〔二〕，親加勞問，遞宿廣内，有不時召。人人力道術，究藝文①，知天子尊禮，而名臣高位，繇此選也。往者延燔，簡編略盡，詔訪舊本，是②正疑文。有司引兩省故事，别創外館，以從繕寫考校之便。直舍卑喧，太官衛尉，供擬③滋削。陛下未嘗迂翠華，降玉趾，寂寥册府，不聞輿馬之音，曠有日矣。議者以爲慕道不篤於古，待士少損於前。士無延訪之勤，而不自激策，文雅漸弊，甚爲聖朝惜也。願闢内館，以恢景德之制。

爲開封府判官，又爲三司度支判官。上言：「號令數變則虧體，利害偏聽則惑聽。請者務於必行，守者患於不一。願罷内降，凡詔令皆由中書、密院然後施行。」因進《聖治箴》五篇。以父憂去，服除，擢知制誥。請補外，得知鄧州。卒，年四十六〔三〕。有文集五十卷。

蘇紳字儀甫，泉州晉江人也。舉進士，爲宜州推官，稍遷太常博士。舉賢良方正入等，遷祠部員外郎，直史

①人人力道術究藝文：繆校作「入窮究道術」。
②是：覆宋本、四庫本作「定」。
③供擬：覆宋本、四庫本作「供應」。

館，爲開封府推官、三司鹽鐵判官。仁宗以天異地震，方春而雷，下詔求直言。紳上疏曰：

星之麗天，猶萬國之附王者。下之畔上，故星亦畔天。精氣所感，先示其象。陛下既祗畏天誡，則宜推原其本，而與修其備。若生民之疾苦未復，郡縣之刑辟未平者，願推所以拯恤之道。在位有背公懷私、害直醜正、相爲比周、不顧廉節者，願思所以懲艾之術。據名藩，專使領，有假非其人；守邊防，擁重兵，有方略不聞者，願議所以更置之宜。西北諸戎久恃信好，有强悍而自恣，獷傲而慢上者，願求所以伐其謀而制其命；左右近習久處親信，有狎侮而不戒，恩過而患生，願思所以杜其萌而柅其隙。草澤庶士有負非常之才，上不知而未用者，願思所以觀其行而盡其能。凡此數者，幸留聽而察焉。

天者陽之氣，地者陰之體，其有越陰之分，侵陽之政，則應以變動。故《書》曰「無有作威作福，害於而家，凶於而國」是也。今天異若此，得非任事之臣逾常分乎？

朝廷事無大小，委之政府，至於黜陟之柄，亦或得專。夫一二大臣，平居之日，所宜辨論官才①，使陛下周知在位之能否；及有除擬，則可以隨才而任用，使進擢之人知恩出於上，則威福不外分也。今則不然，每一官闕②，但閱其履歷，附以比例，而陛下無復有所更改。競進之徒趨走權門，經營捷徑，靡所不至。是恩命未出於上，而請托已③行於下矣。祖宗時擢用要官，惟才是用，臣下莫得而先知，不牽制於一切，故被擢之人感恩自厲。此無他也，講求之有素，而大權不在於下也。

又雷者天之號令，所以開發萌芽，辟除陰害，萬物須雷而解，須雨而潤。惟人君崇寬大，順春令，則應

①才：覆宋本、四庫本作「材」。下「隨才」同作「隨材」。
②闕：原作「関」，據覆宋本、四庫本及《長編》卷一二一改。
③請托已：原作「謂托足」，據覆宋本、四庫本及《長編》卷一二一改。

節，否則動於冬。今方春而雷發聲，天其或者欲陛下出號令以震動天下，宜及於早，而矯臣下舒緩之咎。凡朝廷事無巨細，無内外，取其先急者悉關聖慮而振肅之，不可緩也。夫星變既有下畔上之象，地震又有陰侵陽之證，天意若曰夷狄將有畔上之釁。恐陛下未悟也，又以震雷警之，欲陛下先事爲備，則患禍消而福祥至矣。

既又陳八事，仁宗嘉納之。除史館修撰，擢知制誥、翰林學士。紳舉馬端爲御史，諫官歐陽修論紳所舉非其人，改龍圖閣學士、知揚州。喪父①，服除，復入翰林。言者又彈紳急於進取，以翰林侍讀學士知河陽，徙河中府。未行，感疾，毉者誤用藥，猶力疾杖之。已而卒[四]，年四十八。子頌，自有傳[五]。

葉清臣字正卿②，蘇州長洲人也。少好學，善屬文。舉進士，爲僉書平江軍節度判官[六]。還爲集賢校理、通判太平州，知秀州。入爲三司鹽鐵户部判官，出知宣州。

景祐四年，同修起居注，進直史館。時京師地震，清臣上疏曰：「天以陽動，君之道也；地以陰静，臣之道也。天動地静，主尊臣卑，易此則亂，地爲之震。乃十二月丙辰地震[七]，此大異也。陛下憂勤庶政，而災變如此，必有下失民望、上戾天意者。頃范仲淹、余靖以言事被黜，天下之士結舌不敢議朝政者，將二年矣。願陛下深自咎責，明詔郡國，詳延忠直敢言之士，庶幾明威降監，而善應來集也。」出爲兩浙轉運副使，疏太湖盤龍匯、滬瀆港入於海，而民賴其利。除知制誥。

①喪父：四庫本作「父喪」。

②正卿：覆宋本、四庫本及《隆平集》卷一四、《宋史》卷二九五《葉清臣傳》並作「道卿」。

方陝西用兵，急於經費，仁宗自擢清臣爲龍圖閣直學士、權三司使，始奏編前後詔敕，使吏不能欺。簿帳之冗者，一切删去。内東門、御廚，凡所呼索，有司不敢問，乃爲合同以檢其出入焉。宰相呂夷簡不悦清臣，以宋庠、鄭戩與清臣同年，指爲黨，出知江寧府。入爲翰林學士，以父喪免。或言其知兵，請起守邊。爲宰相陳執中所不悦，除翰林侍讀學士、知邠州，改青州、永興軍。復爲翰林學士、三司使。請以河北安撫司錢平糴，賈昌朝固争而罷。復爲翰林侍讀學士、知河陽。卒，年五十[八]。贈右諫議大夫。

清臣爲人爽邁，遇事敢言，數言天下事，皆當世可施行者。有集一百五十卷[九]。

楊察字隱父[一〇]，其先成都人也[一一]。舉進士，爲將作監丞、通判宿州。召試學士院，改著作郎、直集賢院，爲開封府推官，同修起居注[一二]，出爲江東轉運使。部吏頗易其年少，及擿姦伏①，一路悚栗。

召爲右正言、知制誥。有上書請罷有司糊名考試及變文格、使爲放軼以襲唐體者，察謂：「防禁一潰，則奔競復起。文無今昔，惟以體要爲宗，若肆其誕謾，亦非唐氏科選之法。」議遂寢。

會晏殊爲宰相，察以子壻嫌換龍圖閣待制，拜翰林學士、知開封府，以右諫議大夫爲御史中丞。詔舉御史，因言：「臺屬供奉殿中，巡糾不法，必得通古今治亂良直之臣。今舉格太密，公②坐細故，皆所不取。恐英傑之士，或有所遺。」時御史何郯論事不得實，問狀，察言：「御史，故事許風聞。若反被責問，非所以爲人主耳目之官也。」

①「伏」上，繆校有「發」字。
②公：覆宋本、四庫本作「去」。

以事出知信州，改揚州，除翰林侍讀學士、知永興軍。加端明殿學士、知益州，進禮部侍郎、知開封府。復爲翰林學士、三司使，以户部侍郎兼三學士，提舉集禧觀，進承旨①。逾年，復拜三司使。卒，年四十六〔一三〕。贈禮部尚書，謚曰宣懿。

察七歲始能言，爲文敏贍，典内外制有體要，吏術簡而中理。有文集二十卷。

弟寘，舉進士第一，通判潤州〔一四〕。以母憂不赴，毁瘠而卒，年三十一。既死，人多傷之。

尹洙字師魯，河南人也。兄源，字子漸，與洙俱以儒學知名。舉進士，爲芮城、河陽二縣，僉書孟州判官。又知新鄭縣，通判涇州、慶州。趙元昊寇邊，圍定州堡，大將葛懷敏發涇原兵救之。源遺懷敏書曰：「賊舉其國而來，其利不在城堡，而兵法有不得而往②救者，且吾軍畏法，見敵必赴而不計③利害，此其所以數敗也。是④宜駐兵瓦亭，見利而後動。」懷敏不能用其言，遂⑤以敗死。

劉渙知滄州，杖一卒，不服，渙命斬之以徇，坐專殺，降知密州。源上書爲渙論直，得復知滄州。范仲淹薦其材，遂知懷州。官至太常博士。卒，年五十〔一五〕。

洙少舉進士，爲正平簿、河南府户曹、邵武軍判官〔一六〕。舉書判拔萃，遷山南東道掌書記，知伊陽縣。王晦

①承旨：原作「丞旨」，據覆宋本、四庫本改。
②往：原作「救」，據覆宋本、四庫本改，歐陽修《太常博士尹君墓誌銘》無此字。
③計：原作「討」，據覆宋本、四庫本及《太常博士尹君墓誌銘》改。
④是：原作「也」，據朱校本補。覆宋本、四庫本删「也」字。
⑤遂：朱校本同，覆宋本、四庫本作「是」。

叔薦其材，召試，充館閣校勘，遷太子中允。范仲淹貶饒州，諫官、御史不肯言，洙上書言：「仲淹，臣之師友，願得與俱貶。」貶監唐州稅。復太子中允、知河南縣。

趙元昊反，陝西用兵，大將葛懷敏奏起爲經略判官。洙雖用懷敏辟，而尤爲經略使韓琦所深知。其後，諸將敗於好水，琦降知秦州，洙亦徙通判濠州。久之，琦奏得通判秦州，加直集賢院。上疏曰：

漢文帝盛德之主，賈誼論當時事勢，猶云可爲痛哭。孝武帝外制四夷，以强主威，徐樂、嚴安亦以陳勝亡秦、六卿篡晉爲戒。二帝不惡危亂滅亡之語，故子孫保有天下者十餘世。秦二世時，關東盜起，或以反者聞，二世怒，下吏；或曰逐捕今盡，不足憂，乃悦。隋煬帝時，四方兵興，左右近臣皆隱賊數，不以實聞。或言賊多者，輒被詰。二帝以危亂滅亡爲諱，故秦、隋之宗社，數年而爲丘墟矣。陛下視今日之治，孰①與漢文？威制四夷，孰與孝武？國家基本仁德，陛下慈孝愛民，誠萬萬於秦、隋。至於西有不臣之虜，北有强大之鄰，非特閭巷盜賊之勢也。

自虜叛命四年，並塞②苦數擾，内地疲遠輸。兵久於外而休息無期，卒有乘敝而起，兵法所謂「雖有智者，不能善其後」。當此之時，陛下當夙夜憂懼，所以慮事變而塞禍源也。陛下雖樂聞過，未聞以宗廟爲憂，危亡爲懼，此臣所感忿於邑而不已。何者？以今命令數更，恩寵過濫，賜予不節，此三者在陛下所行爾。因循不革③，弊壞日甚，臣是以謂陛下未以宗廟爲憂，危亡爲懼者，此也。

夫命令者，人君所以垂信於下。異時民間降一命令，皆竦觀之；今則不能，皆相與竊語，以爲不久當

①孰：原作「熟」，據覆宋本、四庫本及《宋史》卷二九五《尹洙傳》改。
②塞：覆宋本、四庫本作「邊」。
③革：原作「華」，據覆宋本、四庫本及《宋史》本傳改。

更，既而信然，此命令日輕於下也。命令輕，則朝廷不尊矣。又聞羣臣有獻忠謀者，陛下始甚聽焉，後復一人沮之，則意移矣。忠言以信之不能終，自詘其謀以爲益①，此命令數更之弊也。

夫爵禄者，陛下所持之柄也。近臣外戚、内臣以及士人，或因緣以求恩澤，從中而下謂之「内降」。臣聞唐氏衰政，妃主擅朝，結恩私黨，名爲「斜封」。今陛下威柄自出，外戚、内臣賢而才者，當與大臣公議而進之，何必襲斜封之弊？使大臣從之，則壞陛下綱紀；不從，則沮陛下德音。壞綱紀，忠臣所不爲；沮德音，則威柄輕於上。且盡公不私，朝廷所以責大臣，今乃自以私暱撓之，而欲責大臣之守不私，難矣。此恩寵過濫之弊也。

夫賜予者，國家所以勸功也。比年以來，嬪御、伶官、太醫之屬，賜予過厚。民間傳言，内帑金皆祖宗累朝所積，陛下用之不甚愛惜，今之所存無幾。疏遠之人，誠不能知内府豐匱之實，但見取於民者日滋，即知蓄於公者不厚。臣亦知國家自西方興兵，用度寖廣，帑藏之積，未必當②爲賜予所費，然下民不可家至户曉，獨見陛下行事③。頃歲，聞邊將王珪以力戰獲名馬、金帛之賜，則無不悦服；見優人所得之過，則往往憤嘆。人情不可不察，此賜予不節之弊也。

臣所論三事，人皆共知，近臣從諛而不言，以至今日。方今非獨夷狄之爲患，朝政日弊，而陛下不寤；人心日危，而陛下不知。臣願先正於内，以正於外。能使忠謀漸進，綱紀漸舉，國用漸充，士心漸奮，夷狄之患非所患也。惟深察秦、隋惡聞忠言所以亡，遠法漢帝不諱危亂所以存，日新盛德，與民更始，則天下幸甚。

---

①「益」上，四庫本及《宋史》本傳有「無」字，是。
②當：繆校作「常」。《宋史》本傳作「悉」，是。
③「行事」下，《河南先生文集》卷一八《論命令恩寵賜與三事疏》及《宋史》本傳有「感動耳」三字，是。

仁宗嘉納之。遷知涇州，又知渭州。

鄭戩爲陝西帥，遣劉滬、董士廉城水洛，洙奏罷之。時戩已解四路，而奏滬等督役如故。洙屢召滬等不至，遣人代之亦拒命，洙乃諭狄青械以下吏。戩論奏不已，徙洙慶州，又徙晉州，遷起居舍人、直龍圖閣、知潞州。士廉至京師上書訟洙，命御史劉湜就鞫，無罪，乃以假公用錢與部將孫用，又以爲嘗自貸，貶崇信軍節度副使，天下莫不以爲湜文致之也。徙監均州酒稅，得疾，無毉藥，舁至南陽求毉。疾革，隱几而坐，與賓客言，不及其私。遂卒，年四十七〔一七〕。

洙博學有識度，通六經，尤深於《春秋》。爲文章簡而有法〔一八〕。自西兵起，洙未嘗不在兵間，而於西事尤習其詳。其爲兵制之説，述戰守勝敗之要，盡當今利害。又欲訓士兵戍卒，以減邊用，爲禦戎長久之策，皆未及施爲而元昊臣①。有文集二十七卷。

孫甫字之翰，許州陽翟人也。舉進士，常從杜衍辟永興軍司録。衍爲樞密副使，又薦之，得秘閣校理。是時，諸將討元昊久無功，天下騷動。仁宗方鋭意更用二三大臣，乃極選一時知名士，增置諫員，以甫爲右正言。仁宗好納諫，未嘗罪言者。甫嘗言宮禁事，則曰：「所謂后者，正嫡也，其餘皆婢爾。貴賤有等，用物不宜過僭。今張修媛寵恣市恩，禍漸已萌。自古寵女色，初不制而後不能制者，其禍不可悔②。」仁宗曰：「用物在有司，吾恨不知爾。」甫曰：「世謂諫臣耳目官，所以達不知也。若所謂前世女禍者，載在書史，陛下可自知也。」

①「臣」下，繆校有「服」字。
②其禍不可悔：繆校作「其悔不可量」。

保州兵變，前有告者，大臣不時發之。甫因力言樞密使、副當得罪，使乃杜衍也。邊將劉滬城水洛於渭州，尹洙以滬違節度，將誅之，大臣稍主洙議。甫以謂水洛通秦、渭，於國家利，滬不可罪，由是罷洙而釋滬。洙，甫平生所善者也。又言：「參知政事陳執中，不知經術，不可用。」由是仁宗難之。甫遂求解職，以右司諫知鄧州，徙安州，歷江東、兩浙轉運使。范仲淹知杭州，多便宜行事。甫曰：「范公，大臣也。吾屈於此，則不得伸於彼矣。」一切繩之以法，仲淹退，未嘗不稱其賢。改直史館、知陝州，徙晉州，爲河東轉運使、三司度支副使，擢天章閣待制、河北都轉運使，不行，留侍讀。卒，年六十〔一九〕。贈右諫議大夫。

甫性勁果，美談論。有文集七卷，著《唐史記》七十五卷。每言唐君臣行事，以推見當時治亂，若身履其間，而聽者曉然，如目見云。

石揚休字昌言，眉州眉山人也。少孤，自力學，舉進士高第，爲同州觀察推官，知中牟縣。民賦役重①，而富人隸太常爲樂工者六十餘人〔二〇〕，揚休②皆罷之。

爲秘閣校理，以太常博士爲開封府推官。歷三司度支、鹽鐵判官，坐前在開封常失盜，出知宿州。復爲度支判官，修起居注。初，記注官與講讀之臣皆得侍坐邇英閣，揚休奏：「史官當立上之左右，與聞聖言，不可坐。」仁宗從其言。遷刑部員外郎、知制誥。

初，温成廟降香，仁宗誤書名，揚休言：「此奉宗廟之禮，而有司承誤不以聞。」仁宗曰：「温成之廟，豈可書

①「重」下，繆校有「貧者身捐，富者家破，間有力饒而智者」十五字。
②「揚休」下，繆校有「釐剔」二字。

名？蓋失在有司，非卿言，朕無由知之。」即命改焉。揚休又奏乞增諫官七員以廣言路，置五經博士以尊儒術，命御史出使以防壅塞，擇郡守、縣令以安赤子，禁奢侈以豐財用，皆有益於國者。卒，年六十三〔二〕。

揚休喜閑放，平居養猿、鶴，收畫圖以自適。工於詩什，世稱其才，而於誥命，非所長云。

【箋證】

〔一〕陽夏人：《宋史》卷二九五《謝絳傳》：「其先陽夏人。祖懿文爲杭州鹽官縣令，葬富陽，遂爲富陽人。」歐陽修《謝公墓誌銘》（《歐陽文忠公集》卷二六）云：「自皇考已上三代，皆葬杭州之富陽。」

〔二〕三聖數嘗臨幸：「三聖」，《宋史》本傳作「二聖」，《歷代名臣奏議》卷二八五亦作「二聖」。此言太宗、真宗朝之事，宜稱「二聖」。

〔三〕卒年四十六：《隆平集》卷一四及《宋史》本傳並同。王安石《尚書兵部員外郎知制誥謝公行狀》（《臨川先生文集》卷八三）云：「年四十六，其卒以寶元二年。」蔡襄《謝公堂記》（《蔡忠惠集》卷二五）亦云：「公諱絳，字希深，以寶元二年十一月終於鄧州，春秋四十六。」而《謝公墓誌銘》則云：「公以寶元二年四月丁卯來治鄧，其年十一月己酉，以疾卒於官。……公享年四十有五。」與諸書異。

〔四〕已而卒：《長編》卷一五八慶曆六年丙申：「翰林學士、禮部郎中、知制誥、史館修撰蘇紳爲吏部郎中、翰林侍讀學士、集賢殿修撰、知河陽。紳銳於進取，善中傷人，衣冠憚疾之。言者斥其狀，故命出守。紳自揚州復入翰林，未三月也。是歲，卒於河陽。」

〔五〕子頌自有傳：《蘇頌傳》見本書卷八九。

〔六〕爲僉書平江軍節度判官：《宋史》卷二九五《葉清臣傳》作「簽書蘇州觀察判官事」，《吴郡志》卷二五作「簽書蘇州觀察判官」。

〔七〕十二月丙辰地震：《長編》卷一二〇、《九朝編年備要》卷一〇、《宋史全文》卷七下、《宋史》本傳均作「十二月二日丙夜，京師地震」，景祐四年十二月戊辰朔，無丙辰日，《事略》誤。

〔八〕卒年五十：《長編》卷一六六皇祐元年三月癸卯：「翰林學士、户部郎中、權三司使葉清臣爲翰林學士、知河陽……至河陽，未幾卒。」

〔九〕有集一百五十卷：《隆平集》卷一四、《宋史》本傳均作「有文集一百六十卷」。

〔一〇〕字隱父：《隆平集》卷一四、《宋史》卷二九五《楊察傳》作「字隱甫」。

〔一一〕其先成都人：《宋史》本傳：「其先晉人，從唐僖宗入蜀，家於成都。至其祖鈞，始從孟昶歸朝。鈞生居簡，仕真宗時，至尚書都官員外郎，嘗官廬州，遂爲合肥人。」

〔一二〕同修起居注：《宋史》本傳作「修起居注」，《長編》卷一三二慶曆元年七月乙丑：「太常博士、直集賢院、判度支勾院、同修起居注楊察爲江南東路轉運使。」《事略》作「同修起居注」，是。

〔一三〕卒年四十六：《長編》卷一八三嘉祐元年七月辛丑：「三司使、户部侍郎楊察卒。」

〔一四〕通判潤州：《隆平集》卷一四、《宋史》本傳均作「通判潤州」，而《長編》卷一三五慶曆二年三月乙丑載：「授將作監丞、通判潁州，未至官，持母喪，病羸卒。」《九朝編年備要》卷一一、《宋史全文》卷八上亦作「通判潁州」，疑是。

〔一五〕卒年五十：歐陽修《太常博士尹君墓誌銘》（《歐陽文忠公集》卷三一）：「以慶曆五年三月十四日卒於官。」

〔一六〕邵武軍判官：《宋史》卷二九五《尹洙傳》作「安國軍節度推官」，歐陽修《尹師魯墓誌銘》（《歐陽文忠公集》卷二八）作「邵武軍判官」。

〔一七〕遂卒年四十七：韓琦《尹公墓表》（《安陽集》卷四七）：「隱几而卒，時年四十七，慶曆七年四月十日也。」《隆平集》卷一五、《宋史》本傳並云「卒年四十七」。《尹師魯墓誌銘》云「享年四十有六以卒」，與諸書異。

〔一八〕爲文章簡而有法：汪琬《東都事略跋》卷上：「歐陽公志尹墓，論其文曰：『簡而有法。』又曰：『在孔子六經，惟《春秋》可當。』其推重如此。按《湘山野録》，錢思公鎮洛，創一驛館，命僚屬各作一文。文成，謝希深與歐公皆五佰字内外，惟師魯止用三佰八十餘字，語簡事備，典重有法。歐公愧服，遂載酒就之，通夕講論。師魯曰：『大抵文字忌格弱字冗，諸君文格雖高，少不至者，此耳。』歐公奮然，持此説别作一記，更減師魯文廿字，而尤完粹。師魯謂人曰：『歐九真一日千里也。』然則異時志墓之言，良爲此耳。」

〔一九〕卒年六十：歐陽修《孫公墓誌銘》（《歐陽文忠公集》卷三三）：「以嘉祐二年正月戊戌卒於家，享年六十。」

〔二〇〕六十餘人：《宋史》卷二九九《石揚休傳》及范鎮《石工部揚休墓誌》（《名臣碑傳琬琰集》中卷一六）並作「六十餘家」，《事略》誤「家」爲「人」。

〔二一〕卒年六十三：《石工部揚休墓誌》：「以嘉祐二年十一月二日卒於京師之第，享年六十三。」

東都事略卷第六十五

列傳四十八

賈昌朝字子明，真定人也〔一〕。曾祖緯，爲史官，官至給事中，《五代史》有傳〔二〕。天禧元年，昌朝獻文章於朝，召試，除晉陵簿、國子監説書。時孫奭判監，一見許以公輔。景祐元年，初置崇政殿説書，以授昌朝，而天章閣侍講，亦自昌朝始。在經筵，善稱説，仁宗多所質問，昌朝皆記録删潤以進，賜名《邇英延議二閣記注録》〔三〕。太平興國寺災，以《易》《春秋》進戒，因言：「近歲屢災寺觀，蓋有所在，可勿繕治，以稱陛下畏天威、愛人力之意。」西域僧以佛骨、銅像來獻，請加賜遣還，無①以所獻示外，皆從之。歷知制誥、龍圖閣直學士、判流内銓。銓法，縣令奉錢滿萬二千，乃舉令。昌朝以爲「法如此，則小縣終不善治」，乃請概舉令，而與其奉如大縣。權知開封府，爲御史中丞。

劉平、石元孫陷西虜，或誣以降，議收其族。昌朝言：「漢殺李陵母、妻、子，陵不歸而漢悔。真宗撫王繼忠家，後賴其力。且平事固未可知。」乃不果收〔四〕。侍講林瑀以天子即位年月，傅會易筭推吉凶，昌朝疏出之。

初，元昊反，昌朝請減不急費，詔令與三司合議，歲省緡錢百萬。又言所以待夷狄者六事，時皆用其策。慶曆三年，遂參知政事。四年，爲樞密使。五年，拜同中書門下平章事、集賢殿大學士。居兩月，除昭文館大學士。

①無：繆校作「毋」。

元昊歸石元孫，議賜死，昌朝獨曰：「自古將帥被執，多不死。」元孫得不死。

宋興以來，御試制科人無第三等者，惟吳育第三等，自餘皆第四等，並爲及第。自天聖六年，始復置。中選者不過一二人，然數年之後即爲美官。昌朝議欲廢之，吳育不可，與昌朝皆論於上前，由是有隙。乃詔自今制科者不聽自投牒，皆兩制舉焉。育數與昌朝争議，議者不以昌朝爲直。高若訥爲御史中丞，乃言：「大臣廷争不肅，故雨不時若。」育罷，昌朝亦除武勝軍節度使、同平章事、判大名府。

初，張貴妃爲貴人，賈氏母養於禁中。貴妃既寵幸，時賈氏用事，宮中謂之賈夫人。而昌朝以姑事之，謂之賈姑姑。時臺諫論其姦，近侍有進對者曰：「近日臺諫言事，虚實相半，如賈姑姑事，豈有是哉？」仁宗默然久之，曰：「賈氏實曾薦昌朝也。」

王則反貝州，昌朝遣部將往討。事平，移鎮山南東道，封安國公。河決商胡，屬歲饑又疫，人多流棄，昌朝所救活甚多。徙鄭州，及見，留爲觀文殿大學士①、判都省。觀文殿置大學士，自此始。求補外，復以山南東道節度使爲右僕射兼侍中、判鄭州。辭僕射、侍中，乃改同平章事。以母喪去，召對經筵，命講《易》。出判許州，移大名。復請修河故道，中書議歸之六塔，昌朝力争不已。其後河果不可塞②，振救瀕河水災之民，全活者衆。中

---

①「河決商胡」至「大學士」：繆校作：「初，河北、京東大小流民就食青州，昌朝力勸富弼命所部民出粟益官廩，得公私十餘萬區，散處之民以便薪水，凡活二十餘萬人，皆昌朝協助之功居多。皇祐元年六月，復以昌朝爲觀文殿大學士。」

②其後河果不可塞：繆校作：「河自行大行西，曲折間東走赴海，淹没平地二千餘里。禹迹既湮，昌朝議爲隄防，以立畺界。夏潦，百川衆流所滙，又復湧溢，而大名、鄆、澶、孟、濮、濟、淄、滄、棣、濱、博、懷、衛、鄭等郡及開封，往往受其害。昌朝與殿中李仲昌請句澶州商胡河，穿六塔渠入横隴故道，以遏其勢。嘉祐元年六月，詔求直言，因京師大雨，房屋衝壞，社稷壇皆頹。昌朝洞閔時艱，與中人劉恢等商奠定之法，議言水勢既不可塞。」

人①劉恢往還河上，言河決趙征村，與上姓名嫌爲不祥，時皆謂昌朝使之以摇當國者。

嘉祐元年，封許國公，召爲樞密使，仍同平章事。三年，諫官、御史言昌朝别爲客位以待宦官，又宦官有矯詔者，釋之而不治，乃罷，以鎮安軍節度使兼侍中、景靈宫使，又出判許州，改鎮保平，移大名。英宗即位，改鳳翔節度使，加左僕射，進封魏國公，徙許州。以疾求解將相，復爲右僕射、觀文殿大學士、判都省〔五〕。薨，年六十八〔六〕。贈司空兼侍中，謚曰文元。

昌朝博學善議論，及大用，不爲正人所與，而數有攻其結宫人、宦官者〔七〕。有文集、奏議各二十卷〔八〕，《通紀》八十卷、《本朝時令》十二卷、《羣書音辨》十卷〔九〕。有子炎〔一〇〕，徽宗時爲工部侍郎。

臣稱曰：聞之諸公長者，方昌朝始見孫奭也，奭以唐《路隋》《韋處厚傳》示之，謂昌朝曰：「知此意否？君異日以儒術作宰相，正如此二人。」世以謂奭能知人，然爵位固相似，而其邪正則遠也。蓋知人之難，自古而然矣。

宋庠字公序，開封雍丘人也〔一一〕。舉進士開封、禮部俱第一，與弟祁同時有名，以詩賦爲學者所宗，謂之「二宋」。初爲大理評事、同判襄州，遷直史館，修起居注，遷右正言〔一二〕。會郭皇后廢，庠與諸諫官伏閤力争，坐罰金。

景祐元年，知制誥。當是時，制舉人與武舉雜試，庠建言：「六科待天下異士，宜設次具酒食禮之，武舉人别

①中人：繆校無此二字。

試。」仁宗從其請。五年，仁宗欲以爲同知樞密院事。故事，無自知制誥除者，乃召入翰林爲學士，而以弟祁知制誥。寶元二年，遂拜右諫議大夫、參知政事。仁宗眷之厚，宰相吕夷簡不悦。會范仲淹在延安焚元昊國書，不以聞而以私書復之，事至朝廷，羣公議之。夷簡謬謂不可，庠信之，亟於上前乞斬仲淹。夷簡徐救之。時鄭戩爲樞密副使，葉清臣爲三司使，皆庠同年進士，或誣以朋黨，盡逐之。庠得知揚州，加資政殿學士，移鄆州。慶曆五年，復拜參知政事。

仁宗御資政殿[一三]，召兩府，親策以時事，庠獨進以爲：「兩漢對策，本延巖穴草萊之人，臣等備位大臣，自視遇如賤士，非所以尊朝廷也。」乃請歸中書合議上奏，從之。後復手詔以時事詢兩府，兩府皆推庠爲對。八年，以工部侍郎充樞密使。皇祐元年，拜兵部侍郎、同中書門下平章事、集賢殿大學士，遷工部尚書。三年，祁之子與越國夫人曹氏①客張彦方遊，而彦方僞造敕牒，爲人補官，論死。御史奏庠不戢子弟，又言庠在政府無所建明，乃罷爲刑部尚書、觀文殿大學士、知河南府，徙許州、河陽。

嘉祐三年，拜樞密使、同平章事，封莒國公。與副使程戡不協，戡罷，而御史言庠昏，乃②以河陽三城節度使、同平章事、判鄭州，移鎮武寧[一四]，改相州。

英宗即位，封鄭國公，爲景靈宫使，出判亳州。庠所至以静鎮③爲治，末年信愛幼子，頗致物議。至是，御史有言，勿令其子侍庠之官。英宗曰：「庠老矣，奈何不使其子隨乎？」請老，以司空致仕。卒，年七十一[一五]。贈

---

①曹氏：原作「張氏」，據《長編》卷一七〇、《宋史》卷二八四《宋庠傳》，並參舒仁輝《〈東都事略〉與〈宋史〉比較研究》第二一五頁「疑《事略》誤『曹氏』爲『張氏』」改。

②乃：覆宋本作「者」，四庫本作「耄」。錢校：「舊鈔本『者』作『乃』，屬下句，校者臆改。」

③静鎮：四庫本作「鎮静」。

太尉兼侍中，謚曰元憲[一六]。

庠性儉約，不喜聲色，讀書至老不倦。初名郊，李淑在翰林，因對言於仁宗曰：「宋郊，姓符國號，名應祀天，不祥也。」仁宗語之，更焉[一七]。

祁字子京。與兄庠同試禮部，會諒陰，正奏名初爲第一，章獻皇后曰：「弟可先兄乎？」乃以郊爲第一，而祁爲第十。兄弟友愛甚篤。

初釋褐，授復州軍事推官，代還，爲國子監直講，遷太常禮院，修起居注。陝西用兵，調費日促，祁上疏曰：

兵以食爲本，食以貨爲資，誠聖人一天下之具也。以天下取之，以天下用之，量入爲出，故天子不得私焉。今左藏無積年之錢，太倉無三載之儲，南方冶銅匱而不發，承平如此，已自凋困，何哉？良由取之既殫①，用之無度也。今朝廷大有三冗，小有三費。

何謂三冗？天下有定官，無限員，一冗也；天下廂軍不任戰而耗衣食，二冗也；僧、道日益多而無定數，三冗也。三冗不去，不可以爲國。請斷自今日，僧、道以受戒具者，且使如舊；其在寺帳爲徒弟②者，釋還爲民，勿復歲度。今日已後，州縣寺觀，留若干所，僧、道定若干人，更不得過此數。此策一舉，可得耕夫五十萬人，則一冗去矣。天下廂軍，不擇孱小尪弱而刺之，纔圖供役，本不知兵，亦且月費廩糧，歲費庫帛，數口之家，不能自庇。於是相挺逃匿，化而爲盜者，不可勝計。朝廷每有夫③役，更籍農民以任其勞。

---

①殫：四庫本作「廣」。
②弟：原作「第」，據覆宋本、四庫本及宋祁《上三冗三費疏》（《景文集》卷二六）改。「帳」，覆宋本、四庫本作「觀」。
③夫：繆校作「大」。

假如廂軍可驅以就役，且又别給口券，復賜錢帛，廣勸無益。請罷天下招廂軍，已在籍者，許備役終身。如此則中下之家，悉入農業①，又得力耕者數十萬，則二冗去矣。國家郡縣素有定官，譬以十人爲額，則常以什二加之，即遷代罪謫，足以無乏。今則不然，一官未缺，十人競逐，紆朱滿路，襲紫成林。州縣之地不廣於前，而官五倍於舊，吏不可以苟進，官不可以濫除。請詔三班、審官院、諸司②、流内銓明立限員，以爲定法。其門廕、流③外、貢舉之色，實置選限，稍務擇人，候有闕官，計員補吏，則三冗去矣。

何謂三費？一曰道場齊④醮，無日不有，供億不可資計，而皆以祝帝壽、奉先烈、祈民福爲言，令臣下不得開説。臣愚以謂陛下上事天地宗廟，次事社稷百神，醴酪粢盛，犧牲玉帛，使有司端委而奉之，歲時而薦之，足以竦明德於天極，介多福於黔庶，何必道場齋醮，希屑屑之報哉？是國家抱虚以考祥，小人誣神以獲利耳。宜取其必不可罷者，使略依本教，以奉薰修，則一費節矣。二曰京師寺觀，或多設徒卒，或增置官吏，衣糧所給，三倍他處。幄帳謂之供養，田産謂之常住。不徭不役，坐享齋名⑤。而又别築神祠，争修塔廟，皆曰不費官帑，自用民財，此誠不逞罔上之尤者也。夫民藏於國，國藏於民。財不天來，而由地出也；役不使鬼，而待人作也。捨國取民，其傷一焉。請一切罷之，則二費節矣。三曰使相節度，不隸藩要，貪取公用，以濟私家。跡夫節相之建，或當邊鎮，或臨師屯。公用之設，所以勞衆而享兵⑥也。今則不然，大臣罷黜，

---

①業：四庫本作「桑」。
②「諸司」上，《長編》卷一二五、《宋史》卷二八四《宋庠傳》附《宋祁傳》及《宋景文集》卷二六《上三冗三費疏》有「内」字，是。
③流：原作「之」，據《長編》《宋史》及《宋景文集》改。
④齊：覆宋本、四庫本及《長編》《宋史》《宋景文集》作「齋」。下同。「齊」，通「齋」。
⑤坐享齋名：《長編》《宋史》《宋景文集》作「坐蠹齊民」，是。
⑥享兵：《長編》《宋史》《宋景文集》作「饗賓」。

率叨恩除，取生人之資財，爲無功之奉養，坐糜邦用，莫此爲甚。請自今地非邊要，州無師屯，不得建節。已帶節度，不得留近藩及京師，則三費節矣。

臣又聞之，人不率則不從，身不行則不信。陛下若能躬服至儉，先示四方。衣服醪膳無益舊規，請自乘輿始；錦彩珠玉，不得妄費，請自後宫始。然後天下響應，民業日豐，人心不摇，師役可舉。雖使風行雷照，飲馬西河，蠢爾戎酋，可翫之掌中矣。

次當知制誥，以兄庠參知政事，乃除天章閣待制。庠罷，亦出知壽州，徙陳州。還知制誥，除翰林學士。庠復執政，改龍圖閣直學士〔一八〕，遷羣牧使。庠爲樞密使，復爲翰林。當張貴妃制，初欲行策禮，而祁乃以誥進。妃怒抵於地曰：「何學士敢輕人！」遂落職，知許州。未數月，復翰林侍讀學士、史館修撰兼龍圖閣學士。張彦方與祁子遊，乃出知亳州，知成德軍。請弛河東、陝西馬禁，聽蕃落民間自相賣，民養馬者，不得升户等。又請復唐馱幕①之制。居三月，徙定州。又言：

天下根本在河北，河北根本在鎮、定，以其扼賊衝，爲國門户。且契丹摇尾五十年，習不畏人，狼態猘心，不能無動。今舐齶垂涎，欲肆嚙者，惟鎮與定爾。臣日夜深計，以爲欲兵之强，莫若積穀與財；欲士訓練，莫若善擇將；欲令人樂鬬，莫若重賞而嚴罰；欲賊顧望不敢前，莫若使鎮重而定强。

今朝廷擇將練卒，制財强勢②，反以陝西、河東爲先，河北爲後，非計也。夫陝西兵鋭士勇，賊不能深入，河東天險，虜憚爲寇。惟河北不然，失長城之防，自薊而南，直視千里，賊鼓而前，如莞衽上行。故曰：

①幕：原作「慕」，據繆校及《宋史》本傳改。
②强勢：《宋史》本傳及《宋景文集》卷二九《上便宜劄子》作「積糧」。

謀契丹不得不先河北，謀河北捨定與鎮無可議矣。故臣願先入穀鎮、定，鎮、定已足，可入穀餘州。列將在陝西、河東有功狀者，得遷鎮、定，則鎮、定重。以天下久平，馬益少，臣請多用步兵。夫鬨然聚，霍然去，雲奔飇馳，抄後掠前，此馬之長也。强弩巨梃，長槍利刃，什什相聯，伍伍相縫，大呼薄戰，此步之長也。料①今不用馬而步可用也，臣請損馬而益步，故馬少則騎精，步多則鬬健。我能用步所長，雖契丹多馬，無所用之。

夫鎮、定一體也，自先帝以來爲一道，帥專而兵不分，故定揕其胸②，則鎮擣其脅，勢自然耳。今判而爲二，其顯有害者，屯砦山川要險之地裂而有之，脱或一賊叩營壘，則彼此不相謀，誰肯任責邪？臣請合鎮、定爲一路，願以將相大臣領之。無事時以鎮爲治所，有事則遷治定，指授諸將，權一而責有歸，事無苟且之意，策之上也。惟陛下當安思危，熟計所長，必待事至而后圖之，殆矣。

既又上《禦戎七論》，加端明殿學士、知益州〔一九〕。代還，除三司使。御史中丞包拯言祁在益州多遊燕，又其兄在政府，乃加龍圖閣學士、知鄭州。

初，賈昌朝建議修《唐書》，始令館職日供《唐書》所未載者二事，附於本傳。命祁與王堯臣、楊察、張方平爲修撰，又命范鎮、邵必、宋敏求、吕夏卿爲編修，而以昌朝提舉。昌朝舉王疇編修，必以爲史出衆手非是，辭之。昌朝罷相，以丁度兼領。度卒，劉沆代之。沆罷，王堯臣代之。堯臣卒，曾公亮代之。《唐書》初修，而堯臣以憂去，方平、察相繼出外，祁遂獨秉筆，雖外官亦以藁自隨。久之，又命歐陽修刊修，分作紀、志，劉羲叟修《律曆》

①「料」字上，覆宋本、四庫本及《宋景文集》有「臣」字。不用：覆宋本、四庫本及《宋景文集》作「不待」。
②胸：原作「匈」，據覆宋本、四庫本改。

《天文》《五行志》。將卒業，而梅堯臣入局，修《方鎮》《百官表》。祁與范鎮在局一十七年，王疇一十五年，宋敏求、呂夏卿並各十年。刊纂紀、志六十卷，列傳一百五十卷。至是書成，祁進工部尚書，逾月，拜翰林學士承旨，復除羣牧使。卒，年六十四〔二〇〕。贈刑部尚書。

祁將終，親草遺表，勸立皇嗣。戒其子勿請謚，勿求遺恩，勿爲銘誌，勿修佛事。其後，翰林學士承旨張方平爲祁請謚曰「景文」。有文集一百卷〔二一〕、《廣樂記》六十五卷〔二二〕。祁非特文章有見於世，其守邊議兵，雖古名將不能過也。然不至大用，時論惜之。呂夏卿、劉羲叟附於傳。

呂夏卿字縉叔，泉州晉江人也。少以蔭補太廟齋郎，閉户讀書，親朋罕見其面。舉進士，調高安簿，又爲江寧尉。

時修《唐書》，以夏卿爲編修官。書成，進直秘閣。夏卿喜聚書，博覽强記，而於歷代史尤該洽。唐自韋述等著史，又有編年諸録，而旁記雜説幾數百家，夏卿討論是正，於《新書》爲力居多，然亦好尚奇異也。與修《仁宗實録》，同修起居注，遷知制誥。

神宗訪以政事，夏卿言：「累朝不惜金帛，講和二邊，脱民鋒鏑之禍垂六十年，古未有也。願勿失前好。」久之，以疾卒，年五十三。

劉羲叟字仲更，澤州晉城人也。歐陽修使河東，薦其學術該博，擢試大理評事、趙州推官〔二三〕。留修《唐書》。

羲叟强記，於經史百家無不通曉。至於國朝典故、財賦、刑名、兵械、鍾律，皆知其要。其樂事、星曆、數術尤過人。嘗以春秋時變異，合之以《洪範》災應，斥古人所强合者，著書十數篇。視日月星辰以占國家休祥，多應也。《唐書》成，授崇文院檢討，未謝而卒〔二四〕。

臣稱曰：唐有天下，載祀三百，其興衰治亂之迹，必考信於史。而《舊書》則紀次無律，懲勸不明，不可以訓。祁①與諸儒，博采舊聞，作爲新史，於是一代之典粲然大備。然其爲書，事雖增而失之冗，文雖省而失之略。此未免有是非、輕信之蔽。雖然，能與班、馬並驅，則雖長於載記者，有不能。烏虖，祁亦良史也哉！

【箋證】

〔一〕真定人：《宋史》卷二八五《賈昌朝傳》作「真定獲鹿人」，是。王珪《賈昌朝墓誌銘》（《華陽集》卷五六）稱「世爲滄州南皮人，後徙真定之獲鹿」。

〔二〕五代史有傳：《賈緯傳》，見《舊五代史》卷一三一、《新五代史》卷五七。

〔三〕賜名邇英延議二閣記注録：《宋史》本傳作「賜名《邇英延義記注》」，又卷三七三《洪邁傳》云：「景祐故事，有《邇英延曦二閣注記》，凡經筵侍臣出處、封章、進對、宴會、賜予皆用存記。」《長編》卷一一六載景祐二年正月癸丑「置邇英、延義二閣」，卷一一八載：「賈昌朝言……『臣自景祐元年春，迄二年冬，凡書筵侍臣出處、升絀、封章、進對、燕會、賜與，皆用存記，列爲二卷，乞送史館。』詔以《邇英延義二閣記注》爲名，命章得象等接續修纂。」卷四六四元祐六年八月甲寅載吕大防奏：「近講筵官奏乞修《邇英記注》，如仁宗朝故事，已有旨施行。今史院有《邇英延義二閣記注》十餘卷，具載仁宗與講讀官議論。」可證章得象等繼續賈昌朝

①祁：原作「祈」，據覆宋本、四庫本改。

修纂之事，則《宋史》「延義」當爲「延羲」之誤。《宋史》卷八五《地理志一》有「延羲閣」，又「邇英閣」注云：「在崇政殿西南，蓋侍臣講讀之所也。與延羲閣景祐三年賜名。」北宋詩文亦多稱「延羲閣」，可證《宋會要輯稿》《宋史》《長編》諸書中之「邇英延義」並當作「邇英延羲」。而「延羲」在後世或誤作「延曦」，《事略》復以形似而誤作「延議」。

〔四〕議收劉平族事，《宋史》本傳及《賈昌朝墓誌銘》並在權知制誥、權判吏部流内銓前，是。《事略》蓋從王安石《賈魏公神道碑》（《臨川文集》卷八七）而置此。

〔五〕復爲右僕射觀文殿大學士判都省：《宋史》本傳作「乃以左僕射、觀文殿大學士判尚書都省」，《賈魏公神道碑》亦作「左僕射」，《事略》蓋誤。

〔六〕薨年六十八：《長編》卷二〇五治平二年七月戊寅：「觀文殿大學士、尚書左丞賈昌朝卒。」

〔七〕而數有攻其結宫人宦官者：《續通志》卷三二三《賈昌朝傳》校記：「按《宋宰輔編年録》載，温成皇后乳母賈氏，宫中謂之賈婆婆，昌朝以姑事之。諫官劾昌朝交通女謁，指賈氏也。」

〔八〕有文集奏議各二十卷：「二十卷」，《賈魏公神道碑》《賈昌朝墓誌銘》並作「三十卷」。

〔九〕羣書音辨十卷：《隆平集》卷五及《賈魏公神道碑》《賈昌朝墓誌銘》並作「《羣經音辨》十卷」，《事略》「書」當作「經」。又《宋史》本傳云「所著《羣經音辨》《通紀》《時令》《奏議》《文集》百二十二卷」，較《事略》《隆平集》所録總數少二十卷，較《賈魏公神道碑》《賈昌朝墓誌銘》所録少四十卷。另《賈魏公神道碑》《賈昌朝墓誌銘》著録「《春秋要論》十卷」，《事略》《宋史》漏書。

〔一〇〕有子炎：《續通志》卷三二三《賈昌朝傳》校記：「《神道碑》載昌朝六子：長章，次圭，次田，〔次青，〕次齊，次炎。炎未仕，五子皆有官。按：炎後亦貴顯。」

〔一一〕開封雍丘人：《隆平集》卷五作「安州人」，《宋史》卷二八四《宋庠傳》作「安州安陸人，後徙開封之雍丘」。王珪《宋元憲公神道碑銘》（《華陽集》卷四八）作「開封雍邱人」，「（庠）少篤學，遭父喪，寓其家安州」，宋祁《宋府君墓誌銘》（《景文集》卷六〇）自稱「余四世祖在晚唐時，以御史中丞失官，始籍雍丘」，是則宋庠、宋祁當爲雍丘人，安州爲宋庠寓居地，《隆平集》《宋史》並誤。

〔一二〕修起居注遷右正言：《宋史》本傳作「同修起居注，再遷左正言」，《宋元憲公神道碑銘》作「同修起居注，遷左正言」，《事略》脱「同」字，誤「左」爲「右」。

〔一三〕仁宗御資政殿：《宋史》本傳作「帝嘗召二府對資政殿」，《宋元憲公神道碑銘》作「帝召二府天章閣觀書」，《長編》卷一六三亦作「天章閣」。

〔一四〕移鎮武寧：《宋史》本傳及《宋元憲公神道碑銘》載其事於「徙相州」及「英宗即位」後，《事略》誤。

〔一五〕卒年七十一：《宋元憲公神道碑銘》：「治平三年四月辛丑，司空致仕鄭國公薨於京師。」《隆平集》卷五作「卒年七十」，誤。

〔一六〕謚曰元憲：《宋史》本傳作「謚曰元獻」，《隆平集》卷五、《宋元憲公神道碑銘》、《長編》卷二〇八等均作「元憲」，是。

〔一七〕宋郊更名宋庠事，《宋史》本傳謂：「庠初名郊，李淑恐其先己，以奇中之，言曰：『宋，受命之號；郊，交也。合姓名言之爲不祥。』」《續通志》卷三二三《宋庠傳》校記：「按《東都事略》『李淑在在翰林，因對言於仁宗……』，較《宋史》本傳語爲明晰。」

〔一八〕改龍圖閣直學士：《宋史》本傳作「改龍圖學士、史館修撰」，范鎮《宋景文公祁神道碑》（《名臣碑傳琬琰集》上卷七）作「兼龍圖閣學士、史館修撰」，《宋會要輯稿》職官六三之二：「慶曆五年二月十一日，以翰林學士、吏部郎中、知制誥宋祁兼龍圖閣學士，依前翰林侍讀學士，以兄庠參預朝政求解禁林之職也。」據此，《事略》與《隆平集》卷五作「改龍圖閣直學士」，當衍「直」字。

〔一九〕加端明殿學士知益州：《宋史》本傳作「加端明殿學士，特遷吏部侍郎、知益州」，《宋景文公祁神道碑》作「加端明殿學士，尋拜吏部侍郎、知成都府」，祁加端明殿學士與知益州非同時，參王瑞來《隆平集校證》卷五第二〇〇頁。

〔二〇〕卒年六十四：《宋景文公祁神道碑》：「嘉祐五年秋，常山宋公自鄭州移疾還京師。明年夏四月，疾益侵。……粤五月丁酉，公薨。」

〔二一〕有文集一百卷：《宋景文公祁神道碑》：「所著《唐書列傳》一百五十卷，行於世。文集一百五十卷，藏於其家。」《宋史》卷二〇八《藝文志》七著録「《宋祁集》一百五十卷，又《濡削》一卷、《刀筆集》二十卷、《西川猥藁》三卷」。《郡齋讀書志》卷四下著録「《宋景文集》一百五十卷」，是宋祁原集當作一百五十卷。而《直齋書録解題》卷一七著録「《宋景文集》一百卷」，蓋重編之本，《事略》所據或即此本。

〔二二〕廣樂記六十五卷：《長編》卷一一九景祐三年七月戊子：「翰林侍講學士兼龍圖閣學士、禮部侍郎馮元，度支判官、工部郎中、集賢校理，同修起居注聶冠卿，太常博士、直史館宋祁等上《景祐廣樂記》八十一卷。」是爲初修之《景祐廣樂記》爲八十一卷，《宋史》卷二〇二《藝文志》一著録此本，《直齋書録解題》卷一四著録爲「八十卷」。又《長編》卷一五七慶曆五年十一月辛丑：「命翰林學士張方平、侍讀學士宋祁再修《景祐廣樂記》。」則《景祐廣樂記》由祁等再修，胡柯編《廬陵歐陽文忠公年譜》於嘉祐四年六月甲申有「删定《景祐廣樂記》」之記載，則歐陽修亦預其事。是本未見他書著録，或即《祁傳》所載之六十五卷本，《玉海》卷一〇五亦言其事，故注云：「看詳删潤。《祁傳》云撰《廣樂記》六十五卷。」

〔二三〕趙州推官：《宋史》卷四三二《劉羲叟傳》作「權趙州軍事判官」。范鎮《劉檢討羲叟墓誌銘》（《名臣碑傳琬琰集》中卷三八）作「權趙州軍事推官」。

〔二四〕未謝而卒：《劉檢討羲叟墓誌銘》：「未入謝，以病卒，年四十四，實（嘉祐）五年八月壬戌也。」

東都事略卷第六十六

列傳四十九

陳執中字昭譽①，恕之子也。恕有傳〔一〕。執中始以父任爲秘書省正字，屢進文②，真宗稱善。真宗不豫，大臣無敢及建儲，執中上言：「太子，天下本，不可不早定。」擢右正言，坐公累出監岳州酒税。遷殿中丞，復爲右正言〔二〕，爲樞密使曹利用所不喜，出知漢陽軍。除三司鹽鐵判官，俄知諫院兼侍御史知雜事，以天章閣待制知應天府，除龍圖閣直學士、知永興軍。寶元元年，拜右諫議大夫、同知樞密院事。康定元年，罷知青州。未幾，以資政殿學士爲陝西同經略安撫招討使。與夏竦同知永興軍，而議事多不合，徙知涇州。慶曆初，以工部侍郎復知青州。執中率民錢築諸城，有詔止之，執中格詔，卒城之。沂州卒王倫③叛，入青州境。執中遣巡檢使傅永吉窮追，歷楚、泗、真、揚，入蘄黄、永吉，追④至采石磯，擒殺之。四年，召拜參知政事。諫官孫甫、蔡襄言執中剛愎不才，不可任以政，仁宗不聽。遣中使齎敕告即青州授之〔三〕，且諭意曰：「朕用卿，舉朝以爲不可，朕不惑人言也。」明日，甫、襄又以爲言，仁宗曰：「朕已召之矣。」是

①譽：原作「与」，據覆宋本、四庫本及《隆平集》卷五、《宋史》卷二八五《陳執中傳》改。
②「文」下，繆校有「章」字。
③王倫：原作「王淪」，據繆校及《宋史》本傳、張方平《潁川陳公神道碑銘》改。
④追：覆宋本、四庫本作「直」。

時，章得象、杜衍爲相，賈昌朝與執中參知政事，每議事，執中多與之異。甫、襄言既不用，因求去，事下中書。甫本衍所舉用，而二人者俱有名望，於是中書奏乞留二人，仁宗頷①之。衍退朝，即召吏出劄子，令甫、襄供職。執中曰：「向者上無明旨，當復奏。」吏還白衍，衍取劄子焚之。執中遂言衍黨二人，苟欲在諫職以擅權，及臣覺其情，乃取劄子焚之。明日，衍左遷，出知兖州，甫、襄亦罷。頃之，得象免相，昌朝與執中同相，拜同中書門下平章事、集賢殿大學士兼樞密使。昌朝免相，執中拜昭文館大學士、監修國史。皇祐初，以疾求罷，進兵部尚書、觀文殿大學士、知陳州。久之，爲集慶軍節度使、同中書門下②平章事、判大名府。五年，以吏部尚書復拜同中書門下平章事、昭文館大學士。

執中當國，人不敢干以私，四方問遺無及門者。會張貴妃薨，治喪皇儀殿，追册皇后，禮官以非禮迎上意。仁宗嘗詢執中，而不能考正典禮以對，悉奉行之，深爲時論不與。執中嬖妾張氏，淫悍不可制，嘗以過笞小婢出外舍死，御史趙抃劾奏其事[四]，翰林學士歐陽修亦論列於朝。至和二年，罷爲鎮海軍節度使、同平章事、判亳州[五]。還，上節鉞，改右僕射[六]、觀文殿大學士，封黄國公[七]，徙河南、曹州[八]。過京師，以疾賜告就第，加司徒、岐③國公致仕。卒，年七十[九]。贈太師兼侍中，有司謚曰榮靈，又謚曰恭襄，詔謚曰恭。子世儒。

世儒母即張氏也。執中卒，張氏爲尼。世儒既長，迎歸，與妻李事之不謹。世儒，宰相子，庸騃④，久居京

①頷：原作「頟」，據覆宋本、四庫本改。
②中書門下：原爲空，據覆宋本、四庫本補。
③岐：原作「歧」，據覆宋本、四庫本改。
④騃：原作「駭」，據覆宋本、四庫本改。

師。元豐間，爲太湖縣，不樂爲外官，與李諷諸婢謀殺張〔一〇〕，欲以憂去。諸婢以藥毒之，不死，夜持釘陷其腦骨，以喪歸。爲婢所告，送大理寺推治，而李辭屢變，凡三易獄始得實。世儒並妻等十人並處死。

龐籍字醇之，單州成武①人也。父格，國子博士。籍舉進士，爲杭州司理參軍〔一一〕、開封府兵法曹參軍〔一二〕，改大理寺丞，累擢殿中侍御史。

章獻皇后崩，章惠皇后欲踵之臨朝〔一三〕。籍下閤門〔一四〕，取垂簾儀制盡燔之，以沮其謀。有欲造後苑珠玉奇巧物媚上者，籍言：「螟蟲爲災，民憂轉徙，復有西北夷狄之患，苟非儉約，何以濟用？」仁宗嘉納之。爲開封府判官。尚美人遣内侍韓從禮稱教旨免工人市籍者〔一五〕，籍又言：「祖宗以來，未有美人敢稱教旨干撓政府者。」仁宗爲杖從禮，仍詔諸司：「自今宮中傳命，無得施行。」范諷②喜放曠，不遵禮法，籍屢奏其狀。會籍除廣南東③路轉運使，將行，復言之。諷既坐貶鄂州司馬，籍亦降知臨江軍，徙福建路轉運使。

召爲侍御史知雜事，擢天章閣待制。元昊叛命，籍安撫陝西，出知汝州，徙同州，就改陝西都轉運使，遷龍圖閣直學士、知延州。自五龍川之敗，戎落民居焚毁幾盡，戍兵十餘萬，未有營壁。籍按金明西北有渾州川，土平沃，川尾曰橋子谷，即虜出入之隘道也。命狄青將萬人築招安砦於谷旁，募民耕墾，得粟甚多。凡故地爲虜所據

①成武：原作「武城」，據《宋史》卷三一一《龐籍傳》及司馬光《太子太保龐公墓誌銘》、王珪《龐公神道碑銘》改。據《宋史》卷八五《地理志一》，單州有成武，而宋人文集、筆記等多作「單州城武」，《事略》誤倒爲「武城」，而武城則屬恩州矣。《續通志》卷三三七《龐籍傳》校記：「按《宋史·地理志》單州有成武縣，無武成，應作『成武』，亦非『武城』之訛。」

②范諷：原作「范風」，據覆宋本、四庫本及《宋史》本傳、《太子太保龐公墓誌銘》改。

③東：原作「水」，據《宋史》本傳及《太子太保龐公墓誌銘》改。

者，悉逐之，築土城。久之，元昊遣牙校李文貴齎其親信野利旺榮書求納款，籍意其詐，不受。後數日，果寇定川。既而文貴復以旺榮書來，元昊未肯削去僭號，籍未敢答，乃請於朝。仁宗曰：「朕非不能以天下力誅此小戎，然朕爲天下主，豈與犬戎較曲直哉？其務安吾民。」因使籍答書，稱旺榮爲太尉。籍復請曰：「太尉，天子上公，使旺榮稱之，則元昊不可得臣矣。其書自稱『寧令』或『謨寧令』，皆虜中官，於義無嫌。」詔從之。又遣賀從勗來，改名曰曩霄①，稱男不稱臣。籍使謂之曰：「天子至尊，荆王，叔父也，猶奉表稱臣。今名體未正，不敢以聞。」從勗曰：「子事父，猶臣事君也。若從勗得至京師，而天子不許，請更歸議之。」籍乃言：「虜辨理浸順，願聽其使至，仍遣使同往申諭之。」卒用其策，而元昊復臣。

慶曆四年，召拜樞密副使。籍請并省官屬，徙兵就食，於是邊費什省七八。八年，爲参知政事。明年，以工部侍郎爲樞密使。籍言：「近世養兵，務多而不精，請與中書議簡汰之法。」仁宗疑焉。籍曰：「儻有一夫之呼，臣請以百口償之。」卒省兵八萬人。皇祐三年，拜同中書門下平章事、昭文館大學士。儂智高叛，命樞密副使狄青爲宣撫使。或言青不可專任，仁宗以問籍，籍曰：「青起行伍，若以文臣副之，則號令不專，不如不遣也。」仁宗然之。及捷書至，仁宗謂籍曰：「非卿執議，豈能成功？」青還，仁宗欲以爲樞密使、同平章事，籍不可，曰：「昔太祖時，慕容延釗將兵，兵不血刃，一舉得荆湖之地，不過遷官而已。曹彬平江南，太祖謂之曰：『朕欲以卿爲使相，然今外敵甚多，卿爲使相，安肯爲朕盡死力邪？』亦不過賜錢二億而已。今青雖有功，方之延釗與彬，未可同日而語也。若遂用青爲樞密使、同平章事，則富貴極矣。異日復有寇盜，青更立功，將以何官與之？」争之累日，仁宗乃許之。既而内外訟青功，卒以爲樞密使。

①曩霄：原作「曩宵」，據四庫本、錢校改。

會道士趙清貺與籍有連，受人貺①，詐②爲人求官。籍聞之，捕下開封府，治其姦而流之，清貺道死。而諫官韓絳謂籍陰諷府殺清貺以滅口，乃罷相，以户部侍郎知鄆州，尋加觀文殿大學士，除昭德軍節度使、知并州。

嘉祐元年，仁宗不豫，籍上言：「比者陛下皇子繼夭，宫坊虚位，立嗣之義，禮有明文，願陛下深思祖宗統緒之重，歷選宗室宜爲嗣者，速決聖志。制命一出，則羣心大安。奉承宗廟之孝，無大於此。臣荷陛下寵靈，致位將相，年垂七十，逼於休退，固無他望，惟陛下保萬世之業，乃老臣之大願。」

麟州自慶曆以來，虜盗耕屈野河西地，莫能禁。籍因戒邊民，無得與虜爲市易。會通判司馬光行邊，還乃言知麟州鄭戡等欲築二堡於白草平，以爲州扞蔽，籍許之。既而虜移書至，請分定疆界，麟府將郭恩輕敵出，至忽里堆遇伏發，恩死之。命御史按其事，籍坐不以築堡事聞，復以爲觀文殿大學士、户部侍郎知青州，徙鄭州〔一六〕。請老，以太子太保致仕。卒，年七十六〔一七〕。贈司空兼侍中，謚曰莊敏。

籍曉法令，長於吏事，治民有惠愛。特於治軍甚嚴，士卒聳畏之。

梁適字仲賢，顥之子也。顥有傳〔一八〕。適少孤，輯顥制誥並自爲文以獻，真宗曰：「梁顥有子矣。」授秘書省正字。舉進士，改太子中允、知淮陽軍。南郊赦書録梁後，適論奏曰：「朱全忠，唐之賊，不可以爲勸。」仁宗是其言。召爲審刑院詳議官。

梓州有妖人，依鬼神以詛殺人，獄具，以不傷讞。適曰：「殺人以刃或可拒，而詛可拒乎？是甚於刃也。」卒

①貺：錢校：「疑是『賂』字之誤。」
②詐：覆宋本、四庫本作「許」。二句，《太子太保龐公墓誌銘》作「受人賂，詐許爲之求官」。

以死論。有異鳥翔端門，或以爲瑞，適奏曰：「野鳥來處宮庭，不祥也，非瑞也。」常上殿奏使臣何次公案，仁宗曰：「次公似是漢時人字。」適對曰：「蓋寬饒、黄霸皆字次公。」仁宗悦，謂宰相曰：「梁適，候諫官闕命之。」未幾，遂除右正言，供諫職。以與執政親嫌，改直史館，修起居注。復知諫院，擢知制誥、知開封府。以請知兖州，遷龍圖閣直學士、知河陽，又遷樞密直學士、知定州〔一九〕。入爲翰林學士，尋改侍讀學士、知澶州，移秦州。召還，爲羣牧使。

皇祐初，擢左諫議大夫、樞密副使。張堯佐一日除四使，諫官、御史力争不已，適曰：「堯佐領四使，誠過矣。」乃罷其宣徽、景靈二使。儂智高圍廣州，官軍數戰不利，仁宗欲降之，會得賊將僞榜，言智高欲得邕、桂①七州節度使者，適曰：「若爾，二廣非朝廷有矣。」乃命狄青爲宣撫使。及賊平，仁宗喜曰：「向非適言，南方安危，未可知也。」拜給事中、參知政事。契丹遣使來言：「國書稱大契丹，非兄弟之義，欲自今易稱南北朝。」適曰：「宋之爲宋，受之於天，不可改也。契丹亦其國名，自古豈有無名之國哉？」遂止。進禮部侍郎、同中書門下平章事、集賢殿大學士。

張貴妃小斂皇儀殿，適不可，曰：「皇儀非所以治妃喪。」又將以適爲園陵使，適又不可，曰：「嬪御無園陵之制。」由是與陳執中不合，而御史馬遵彈適貪黷怙權，不宜使久居重位，乃罷知鄭州，加觀文殿大學士、知秦州。適兩知秦州，蕃户不敢爲寇，秦人爲立生祠。徙立永興軍〔二〇〕。拜定國軍節度使、知并州，改鎮忠武，知河陽。英宗即位，徙鎮昭德，歷曹、兖二州，復爲觀文殿大學士、禮部尚書。以太子太保致仕。神宗即位，遷太子太傅。卒，年七十〔二一〕。贈司空兼侍中，謚曰莊肅。

①桂：覆宋本作「椎」，誤。

適既卒，慈聖光獻皇后有旨飯僧資薦。神宗問曰：「豈以梁適爲仁宗舊相邪？」慈聖曰：「微梁適，吾安有今日？」神宗問其故，慈聖曰：「仁宗一日對宰相言：『朕居宮中，左右前後皆皇后之黨。』陳執中請付外施行，適進曰：『閭巷之人，今日出一妻，明日又出一妻，猶爲不可，况天子乎？執中之言非是。』仁宗不語，久之曰：『梁適忠言也。』」

適有風采，爲人主所器。明於法令，臨事果敢，辭氣不變，所下教條嚴而難犯云。其孫子美。

子美字才甫，由蔭入官。紹聖初，爲梓州路常平，徙湖南路，遷提點刑獄。

徽宗立，爲河北轉運使。子美傾漕計以奉上，遂以三百萬緡市北珠以進。北珠者，自虜中來。虜始欲禁罷之，其羣下議曰：「中國傾府庫以市無用之物，此爲我利，而中國可以困之。」崇寧間，諸路漕臣進羨餘，自子美始。

除樞密直學士，拜户部尚書兼開封尹。子美於府事，無大小皆親決，胥吏不得騁，乃共謀取未絶文書委於路而遁。子美命焚之，徽宗問其故，子美對曰：「事之大者，不患不訴，小者不治而已。」徽宗然之。拜尚書右丞，進左丞，遷中書侍郎，以資政殿學士知定州，移大名府，進大學士，坐累責居單州。起知青州，復守魏，進觀文殿學士，拜寧遠軍節度使。以疾乞罷，除開府儀同三司、提舉崇福宮。未幾，致仕。卒，年七十八〔二二〕。贈少師。

子美爲郡，縱侈殘虐，然有幹才，所至辦治云。

劉沆字沖之，吉州永新人也。曾祖景洪〔二三〕，事楊行密爲江西牙將。有彭玕①者，稱太守，脅景洪附湖南。

①彭玕：原作「彭玗」，據下文「我不從彭玕」及《隆平集》卷五、《宋史》卷二八五《劉沆傳》改。

僞許之，復以州歸行密，遂不仕。祖照，父素，以財雄鄉里。初，景洪曰：「我不從彭玕，當活萬餘人。後必有隆者。」因名所居山曰「後隆山」[二四]。山有唐牛僧孺讀書堂故基，即其上築臺，曰「聰明臺」。沆母夢牛相公來而生沆。

沆倜儻任氣，以進士起家，爲大理評事、通判舒州。稍遷太常丞、直集賢院，出知衡州。有大姓尹氏，爲僞券以欺隣人之孤，訟久不得直。沆至，其孤纔二十，詰①尹氏曰：「若券曾取證他隣否？其人當有存者。」尹氏詘服[二五]，而歸其田。同修起居注，擢右正言、知制誥。

陝西用兵，沆見執政白事。翌日請對，極言得失。仁宗送其議於中書，執政不悦，曰：「須舍人作相，自行之。」沆曰：「宰相豈有常哉？時來則爲之。」奉使契丹，其館伴杜防强之以酒，沆不能飲，因詆曰「蕃狗」，坐是降知和州，改知江寧府[二六]，除龍圖閣直學士、知潭州。

有草寇黄捉鬼、鄧和尚誘溪洞傜人擾湖、湘北，軍至多病死。沆募土兵，使保地分，賊稍困。乃令提點刑獄楊畋等八路入討，斬首萬餘級，遂頓兵開一路，榜曰：「賊由此路出降，敢殺者與擅殺同。」於是降者三四萬人[二七]。賊平，召還，而餘黨復叛，殺裨將。降知鄂州。

其後以龍圖閣學士知開封府。有張彦方受富民金，僞爲張貴妃母越國太夫人奏補助教敕，沆抵彦方死，不問越國。皇祐三年，以工部侍郎擢參知政事，諫官、御史論沆緣貴妃進，不可，仁宗不聽。至和初，貴妃薨，追册爲皇后。沆爲監護使，改園陵使[二八]，遂拜同中書門下平章事、集賢殿大學士。明年，文彦博、富弼入相，沆加兵部侍郎、監修國史。

①詰：覆宋本、四庫本及《隆平集》卷五均作「詰」，疑是。

沆在相位，疾言者，屢加裁抑，又舉行御史遷次之格，滿二歲者與郡。范師道、趙抃歲滿求去，沆引敕出之〔二九〕。御史中丞張昪①等言沆挾私出御史，遂以觀文殿大學士、工部尚書、知應天府，遷刑部尚書，徙陳州。卒，年六十六〔三〇〕。贈侍中。

沆始挾貴妃進至相〔三一〕，方其主喪事時，又務爲侈大之制，論者疾之。元豐三年，王堯臣之子同老上書，言其父當仁宗不豫之際，嘗與沆、文彥博、富弼定議乞立皇子。神宗以訪彥博，彥博具奏所以，乃贈沆太師、兗國公。語在《彥博傳》〔三二〕。子瑾，神宗時，爲天章閣待制。

【箋證】

〔一〕恕有傳：《陳恕傳》，見本書卷三六。

〔二〕遷殿中丞復爲右正言：《宋史》卷二八五《陳執中傳》作「稍復殿中丞、通判撫州，復右正言」，張方平《潁川陳公神道碑銘》（《樂全集》卷三七）：「改太子中允，通判歙州、撫州，累年江湖。天聖初還朝，遷殿中丞，復正言。」《長編》卷一〇二載「以衛尉寺丞陳執中爲太子中允、同判歙州」，卷一〇六天聖六年八月己巳載「上復命殿中丞陳執中爲右正言」，《宋史》謂「遷殿中丞」在通判撫州時，蓋誤。

〔三〕遣中使齎敕告即青州授之：汪琬《東都事略跋》卷上：「《石林燕語》：恭公初相，張安道爲學士，仁宗召至幄殿，面諭曰：『善草麻辭，無使外人有言。』蓋恐其物望未孚也。安道載其請建儲之事云：『納忠先帝，有功朕躬。』上覽稱善。然則執中匪人，仁宗非不知之，所以始終被眷者，止爲建儲一節耳。」

〔四〕御史趙抃劾奏其事：《隆平集》卷五：「以笞小婢出外舍死，御史孫抃列其八事劾奏之。」謂執中笞小婢，與《事略》《宋史》本傳

①張昪：原作「張昪」，據四庫本及《宋史》本傳改。

所載「孼妾笞小婢」不同。《長編》卷一七七至和元年十二月癸丑：「殿中侍御史趙抃言：『臣竊聞宰臣陳執中本家捶撻女奴迎兒致死，開封府見檢覆行遣，道路喧騰，羣議各異。一云執中親行杖楚，以致斃踣；一云孼妾阿張酷虐，用他物毆殺。臣謂二者有一於此，執中不能無罪。』」是當時本有兩説。《隆平集》謂孫抃「劾奏之」，《事略》與《宋史》本傳作「趙抃」，《長編》卷一七七又云趙抃「及御史中丞孫抃共劾之」。而《長編》卷一七七所載趙抃（孫抃）奏及《趙清獻公集》卷一載至和元年十二月二十四日所上《論宰臣陳執中家杖殺女使狀》，並未言及執中八事。考《趙清獻公集》卷一又載至和二年二月十二日所上《乞罷免陳執中疏》云：「臣近累次彈奏宰臣陳執中興廢制獄，乞正其罪。嘗言執中不學亡術，措置顛倒，引用邪佞，招延卜祝，私讐嫌隙，排斥良善，狠愎私情，家聲狼籍之事。」其下一一論列其事，《涑水記聞》卷四摘録「陳相不學無術……等八事」，亦云「趙抃上言」。《隆平集》言「御史孫抃列其八事劾奏之」，蓋誤。

〔五〕至和二年罷爲鎮海軍節度使同平章事判亳州：《宋史》本傳謂罷相在「至和三年春」。《長編》卷一八〇至和二年六月戊戌：「吏部尚書、平章事陳執中罷爲鎮海節度使，同平章事，判亳州。」《宋史》卷一二《仁宗紀四》亦載罷相於至和二年六月戊戌，《宋史》本傳誤。

〔六〕改右僕射：《潁川陳公神道碑銘》及《宋史》本傳均作「改尚書左僕射」，《長編》卷一八二嘉祐元年六月己未：「鎮海節度使、同平章事、判亳州陳執中爲左僕射、觀文殿大學士，知亳州如故。」《事略》及《隆平集》卷五誤「左」爲「右」。

〔七〕封黄國公：《宋史》本傳及《潁川陳公神道碑銘》作「英國公」，《隆平集》卷五亦作「黄國公」，疑「黄」爲「英」之形誤。又《潁川陳公神道碑銘》封英國公在「判亳州」前，而《隆平集》《事略》《宋史》並在「改左僕射」後，加封時間相差一年。

〔八〕徙河南曹州：《宋史》本傳作「徙河南府，又徙曹州，皆不赴」，是。

〔九〕卒年七十：《潁川陳公神道碑銘》：「嘉祐四年二月，制除守司徒、岐國公致仕。越四月十八日薨，享年七十。」《長編》卷一八九嘉祐四年四月「癸未，司徒致仕陳執中卒」，癸未爲十九日，當爲聞訃臨奠日期。

〔一〇〕與李諷諸婢謀殺張：汪琬《東都事略跋》卷上：「《傳》末執中子世儒與其妻李謀殺生母張事，最慘酷。然考《聞見録》，大理丞賈種民乃黄中之孫，爲蔡確所引，鍛鍊世儒夫婦獄至極典，天下寃之。又以確風旨，就吕公著府第，呼公之子希純及老嫗立庭下，問世儒妻請求事，以枷捶脅之。希純等不承，竟無以罪。神宗知之，怒其陵辱執政，特命衝替。又《揮麈録》，確父黄裳任陳州録事參軍，陳恭公爲郡守，以其老斥去之。黄裳臨終，戒其二子確、碩必報陳氏。確登政路，會世儒坐獄，神宗云：『執中止一子，留以存祭祀，如何？』確云：『五刑之贖三千，罪莫大於不孝。』遂不免。如此，則此獄尚未可爲定案也。馬端臨言：『宗室世居之獄，則吕惠卿欲文致李士寧，以傾王安石；陳世儒之獄，則賈種民欲文致世儒妻母吕，以傾吕公著。』蓋詔獄之興，莫盛於熙寧、元豐間，枋國者之意，各有所主。而史氏不察，亦何以誅奸雄於既死哉？」

〔一一〕爲杭州司理參軍：「杭州」，《宋史》卷三一一《龐籍傳》及司馬光《太子太保龐公墓誌銘》（《司馬文正集》卷七六）、王珪《龐公神道碑銘》（《華陽集》卷四八）作「黄州」，《事略》誤。

〔一二〕開封府兵法曹參軍：《宋史》本傳作「開封府兵曹參軍」，王珪《龐公神道碑銘》：「知開封府薛田舉公爲兵曹參軍。薛奎代田，又舉公爲法曹。」

〔一三〕章獻皇后章惠皇后：《宋史》本傳、《太子太保龐公墓誌銘》並稱「太后」，是。

〔一四〕籍下閤門：《隆平集》卷五同。《宋史》本傳作「籍請下閤門」，《太子太保龐公墓誌銘》作「公奏燔閤門所掌垂簾儀制以沮其謀」，則《宋史》爲是，《隆平集》《事略》「籍」下當脱「請」或「奏」字。

〔一五〕市籍：《長編》卷一一四、《宋史》本傳及卷一〇《仁宗紀二》均作「市租」，《太子太保龐公墓誌銘》作「市繇」，疑《事略》誤。

〔一六〕徙鄭州：《宋史》本傳作「徙定州」，《太子太保龐公墓誌銘》作「遷尚書左丞，徙知定州事、本路安撫使」，《龐公神道碑銘》作「徙知定州」，《事略》誤。

〔一七〕卒年七十六：《太子太保龐公墓誌銘》：「（嘉祐）八年三月丙午，以疾薨於第，年七十六。」

〔一八〕顥有傳：《梁顥傳》，見本書卷四七。

〔一九〕又遷樞密直學士知定州：《宋史》卷二八五《梁適傳》作「再遷樞密直學士、知延州」，王珪《梁莊肅公適墓誌銘》（《華陽集》卷五七）作「又爲樞密直學士、鄜延路經略使、知延州」，《長編》卷一五七慶曆五年十一月甲午：「樞密直學士、禮部郎中、知延州梁適爲翰林學士。」《事略》「定州」當作「延州」。

〔二〇〕徙立永興軍：《宋史》本傳言「徙永興軍」，《梁莊肅公適墓誌銘》云「歲滿求内徙，遷尚書左丞、知永興」，不及永興軍立生祠事，《事略》「立」字當爲衍文。

〔二一〕卒年七十：《宋史》本傳：「熙寧三年卒，年七十。」《續通志》卷三二三《梁適傳》校記：「按《墓誌》云『熙寧元年，天子親祠南郊，詔公入侍祠，以疾不能至。明年十二月十八日薨』，據此，適之卒是熙寧二年，非三年也。」《宋會要輯稿》禮四一之四四載「太子太傅梁適」卒，「熙寧三年正月，輟二日」；又禮四一之五則載「太子太傅梁適」發哀於「熙寧三年三月一日」，「三月」或爲「正月」之誤。《梁莊肅公適墓誌銘》云：「十二月十八日，薨於鄆州遵化坊之里第，享年七十。訃聞，輟視朝二日，上發哀苑中，百寮慰崇政殿門下。」是梁適熙寧二年十二月十八日卒於鄆州故里，朝廷發哀於三年正月並「輟視朝二日」，史書即云「熙寧三年卒」，不確。

〔二二〕卒年七十八：《宋會要輯稿》禮四一之六載「寧遠軍節度使、開府儀同三司梁子美」發哀於「宣和五年五月五日」。

〔二三〕曾祖景洪：《隆平集》卷五同。《宋史》卷二八五《劉沆傳》作「祖景洪」，當脱「曾」字。

〔二四〕所居山：《宋史》本傳作「所居北山」。

〔二五〕尹氏詘服：《宋史》本傳作「尹氏遂伏罪」，《隆平集》卷五作「尹氏辭詘服刑」，是。

〔二六〕坐是降知和州改知江寧府：《宋史》本傳作「坐是出知潭州，又降知和州，改右諫議大夫、知江州」。《長編》卷一三五慶曆二年四月壬午：「右正言、知制誥劉沆出知潭州。……尋又降知和州。」又一四四慶曆三年十月乙未朔：「右諫議大夫、知江寧府劉沆爲龍圖閣直學士、知潭州，經制蠻事也。」據此，則《宋史》誤以「江寧府」爲「江州」，而《事略》略過「出知潭州」而徑書「坐是降知和州」，亦屬不審。

〔二七〕潭州平叛一節，《續通志》卷三二三《劉沆傳》校記云：「與《宋史》本傳所載互異。」《宋史》本傳云：「沆大發兵至桂陽，招降二千餘人，使散居所部，而蠻酋降者，皆奏命以官。又募土兵分捕餘黨，斬馘甚衆。」

〔二八〕改園陵使：《宋史》本傳在「拜同中書門下平章事」後方改園陵使，是。《長編》卷一七六載「貴妃張氏薨」「命參知執事劉沆爲監護使」於至和元年正月癸酉，「工部侍郎、參知政事劉沆依前官平章事、集賢殿學士」於至和元年八月丙午，卷一七七載「改命劉沆爲温成皇后園陵監護使」於至和元年九月丁亥，《事略》連書「爲監護使，改園陵使」，不審。

〔二九〕引敕出之：「敕」，《隆平集》卷五同，《宋史》本傳作「格」，疑是。

〔三〇〕卒年六十六：《長編》卷一九一載「陳州言觀文殿學士、刑部尚書劉沆卒」於嘉祐五年三月癸巳。

〔三一〕沆始挾貴妃進至相：《續通志》卷三三三《劉沆傳》「請其子瑾試學士院遂帖職」下校記：「謹按《通鑑輯覽》御批：劉沆以護葬得授平章，論者譏之。乃載其力辭賜金事，然辭賞而爲其子求官，所望不更奢乎？是亦壟斷賤丈夫而已。且仁宗獨未聞賜錢而不與郎官之事乎？」《事略》不載「辭賞而爲其子求官」事。

〔三二〕語在彥博傳：《文彥博傳》，見本書卷六七。

東都事略卷第六十七

列傳五十

文彦博字寬夫，汾州介休①人也。少舉進士，爲大理評事，知翼城、榆次二縣。改太常博士、通判兖州〔一〕，入爲監察御史，遷殿中侍御史。

西鄙用兵，有臨陳先退、望敵不進者，置獄鄜郡，而推劾枝蔓，久不即誅。彦博上疏曰：

將權不可不專，軍法不可不峻。《兵法》曰：「畏我者不畏敵，畏敵者不畏我。」使之畏我，然非嚴刑何以濟之乎？對敵而有伍②不進者，伍長殺之；伍長不進，什長殺之。以什伍之長，尚得專殺，統帥之重，乃不能誅一小校，則軍中之令，可謂隳矣。

議者以今寇非大敵，師未深入，將校有犯，宜從中覆。夫寇非大敵，兵未深入，尚臨戰先退，儻遇大敵，孰肯奮邪？穰苴之戮莊賈，非大敵也，止於會軍而後期耳；孫武之斬隊長，非深入也，止於習戰而非笑耳。終於齊師勝晉，吴人入郢，委任專而法素行也。國朝著令：禁軍將校有過而從中覆，當施之於平居無事之時。今邊防用兵逾數十萬，將不專權，軍不峻法，何以御之哉？

①介休：原倒，據四庫本、繆校及《宋史》卷三一三《文彦博傳》乙正。
②有伍：繆校作「行伍」。《文潞公文集》卷一四《奏乞主帥便行軍令後奏》作「伍中有」。

仁宗然之。明年，以户部員外郎、直史館爲河東轉運使〔二〕。

麟、府二州皆在河外，因山爲城，最險固。始，彦博父洎爲轉運使，以餉道回遠，軍食不足，乃按唐張説嘗領并州兵萬人出合河關，掩擊党項於銀城北，爲河外直道。自折德扆世有府谷，即大河通保德，以便府人，故河關路廢而弗治，將奏復之，未及而卒。彦博領漕事，遂通銀城，而州有積粟可守。元昊圍麟州，知城中有備，解圍而去。

未幾，遷天章閣待制，爲都轉運使。元昊復寇邊，以彦博爲龍圖閣直學士、知秦州。守邊二年，有威名，虜不敢犯。改樞密直學士、知益州。彦博以本道兵馬久不習戰，爲立訓練之法。又以益、彭、邛、蜀、漢五州非用馬地，州屯二千①餘騎，悉易以步軍。慶曆七年，以右諫議大夫、樞密副使召還，改參知政事。

貝州宣毅十將王則挾妖術，與州校張巒、卜吉謀反，改年號，置官屬。河北諸路遣兵傅城下，命明鎬爲安撫使，師久未克。彦博請行，乃②命爲宣撫使，以鎬副③之。至則督將攻城，旬餘未下。諜言賊欲潛兵出邀虜使輜重，鎬先遣殿侍袁安設伏敗之〔三〕。軍士有請穴④地以入貝州，官軍即城南爲穴，因自攻其北，以牽制之。彦博募死士二百，銜枚由穴進。既出，登城殺守陴者，則縱火牛。軍稍却，有以槍中牛鼻者，牛還攻之，遂大潰。城破，生擒則，檻送京師。拜禮部侍郎、同中書門下平章事、集賢殿大學士。

①二千：原作「二十」，據四庫本、繆校及《名臣碑傳琬琰集》下卷一三《文忠烈公彦博傳》改。
②乃：原作「巳」，據覆宋本、四庫本改。
③副：原作「傅」，據四庫本、繆校及《文忠烈公彦博傳》改。
④「穴」上原衍「穴」字，覆宋本、四庫本改作「爲」，今據《文忠烈公彦博傳》「牢城卒蓋秀、劉炳請穴地以入貝州」及《名賢氏族言行類稿》卷一二刪。

彦博因進對言：「嘗聞德音以搢紳多務奔競，非裁抑之無以厚風俗。若恬退守道者，稍加旌擢，則奔競躁[1]求者，庶幾知耻。」乃薦王安石、韓維、張瓌，悉被甄擢。與樞密使龐籍同議省兵，汰爲民者六萬，減廩給之半者二萬。衆議紛然，以爲久衣食於官，不願爲農，且習弓刃，一旦散之閭閻，必爲盜賊。仁宗亦疑之，以問彦博，對曰：「公私困竭，正坐冗兵。果有患，臣願死之。」

皇祐初，除吏部侍郎、昭文館大學士、監修國史。大饗明堂，命彦博等修纂儀注，起自降詔，訖於禮成，繫日爲書，爲《大饗明堂記》。書成，仁宗爲製序。進禮部尚書。三年，御史唐介言：「彦博以間金奇錦，因小臣遺宫掖，顯用張堯佐，陰結貴妃，爲謀身之計。」仁宗怒，召二府，以疏示之。介面論不已，詔送臺劾。介既下，彦博獨留，再拜曰：「御史言事，職也，願不加罪。」仁宗不許。介遂貶英州别駕，而彦博亦罷相，以吏部尚書、觀文殿大學士知許州，徙青州，又徙秦州。尋拜忠武軍節度使、知永興軍。

至和二年，再入爲吏部尚書、同中書門下平章事、昭文館大學士，與富弼同拜。宣麻之日，仁宗遣小黄門覘於庭，士大夫皆以得人相慶，而天下謂之「文富」。明年，仁宗御殿，疾暴作，扶入禁中。二府俟於殿閣，召内侍史志聰等問起居狀，對曰：「禁中事嚴密，不敢泄。」彦博怒，叱之曰：「上暴疾，繫國安危，惟爾曹得出入禁闥，不令宰相知天子起居，欲何爲邪？自今疾勢少有增損，必白。」顧直省官引至中書，取軍令狀，志聰等大懼。及夕，詣宫門白下鎖，志聰曰：「汝曹自白宰相，我不任受其軍令。」二府議留宿，未有以發。彦博請用道家説，祈禱大慶殿，輔臣主祠事，設次宿殿廡。志聰等又白：「非故事。」彦博曰：「豈論故事時邪？」富弼亦切責之，志聰等不敢違。

[1]躁：覆宋本、四庫本作「譟」。

知開封府王素夜叩宮門求見執政，彦博曰：「此時宮門何可夜開？」詰旦，素入白禁卒告都虞候變者，同列①欲捕治，彦博不可。乃召都指揮使許懷德②，問都虞候某者何如人，懷德稱其謹良可保。彦博曰：「此卒有怨，誣之爾，宜亟誅以靖衆。」衆以爲然。乃請劉沆判狀尾，斬於軍門。仁宗疾已，沆譖彦博曰：「陛下違豫時，彦博擅斬告變者。」彦博以沆判聞，仁宗意乃已。

御史吴中復乞召還唐介，彦博因言：「介頃爲御史，言臣事多中臣病，其間雖有風聞之誤，然當時責之太深，請如中復奏召用之。」時以彦博爲厚德。

嘉祐三年，鹽鐵副使郭申錫與河北轉運使李參議河事不協，訟參遣人私屬彦博，爲御史所彈，申錫坐貶滁州。彦博尋以河陽三城節度使、同平章事、判河南府，封潞國公，改鎮保平、判大名府。又改鎮成德，遷尚書左僕射、判太原府。俄復鎮保平、判河南。丁母憂，英宗即位，起復成德軍節度使，乞終喪，許之。

初，仁宗之不豫也，彦博與富弼等乞立儲嗣，仁宗許焉，而後宫將有就館者，故其事緩。已而彦博去位，其後弼亦以憂去。彦博既服闋③，復以故官判河南，有詔入覲④。英宗曰：「朕之立，相公之力也。」彦博竦然，對曰：「陛下入繼大統，乃先帝聖意與皇太后叶贊之力，人臣何力之有？兼陛下登儲纂極之時，臣方在外，皆韓琦等承聖志，受顧命，臣無與焉。」英宗曰：「備聞始議，相公於朕有恩。」彦博避遜⑤不敢當。英宗曰：「暫煩西行，即

①列：原作「刊」，據覆宋本、四庫本及《文忠烈公彦博傳》改。
②許懷德：「德」字原脱，據覆宋本、四庫本及《宋史》本傳、《文忠烈公彦博傳》補。
③闋：原作「闕」，據覆宋本、四庫本及《宋史》本傳改。
④覲：原作「觀」，據覆宋本、四庫本及《宋史》本傳改。
⑤避遜：四庫本作「遜避」。

召還矣。」尋除侍中，徙鎮淮南、判永興軍。入爲樞密使、劍南西川節度使。

熙寧二年，相陳升之，詔曰：「彦博，朝廷宗臣，其令升之位彦博下，以稱遇賢之意。」彦博曰：「國朝樞密使無位宰相上者，獨曹利用嘗在王曾、張知白上。臣忝知禮義，不敢效利用所爲，以紊亂朝著。」固辭乃從。夏人犯大順城，李復圭知慶州，以陳圖方略授鈐轄李信、都巡檢劉甫、監押种詠，趣使出戰。信等失利，復圭亟收所授方略，執信等繫獄，奏從軍法。彦博力言其非，宰相王安石以復圭爲是，信等伏誅，人皆冤之。

明年，慶州軍亂。神宗召二府對資政殿，深以用兵爲憂。彦博曰：「朝廷施爲，務合人心，以靖重爲先。凡事當采衆論，不宜有所偏聽。陛下即位以來，厲精求治，而人情未安，蓋更張祖宗法之過也。」安石曰：「朝廷求去民害，何不可？若萬事隳頽，如西晉風，兹益亂也。」安石知爲己發，故力排之。六年，除司空、河東節度使、判河陽，徙判大名府。

初，選人李公義請爲鐵龍爪以濬河，宦者黄懷信更作濬川杷，天下指笑，以爲兒戲。王安石獨信之，除范子淵都水監丞，置濬川司行其法。子淵奏功，言疏道水勢，悉歸故道，退出民田數萬頃。朝廷疑其妄，事下大名。彦博曰：「河水汗漫，非杷可濬，雖甚愚之人皆知無益。去年退地，止因霜降水落。今年未嘗用杷，而退地更多。臣不敢雷同欺罔。」奏至，神宗不悦，命知制①誥熊本與河北漕臣陳知儉按視，如彦博言。子淵乃求對，言本等意安石罷，彦博必相，故傅會其説。於是御史蔡確亦言本奉使不公，有詔雜治，子淵及本等皆重坐，而彦博勿問。

七年，北虜遣蕭禧議地界。神宗遣中使賜彦博詔，問所以待遇之要、備禦之方。彦博奏以爲不可予，語在《遼國事》中〔四〕。九年，除太保，力辭。元豐三年，除太尉、開府儀同三司，復判河南。

①制：原脱，據覆宋本、四庫本補。

王堯臣子同老言：「仁宗不豫，先臣與文彦博、劉沆、富弼等請立英宗皇帝爲嗣，仁宗感悟開納。」會彦博入覲，神宗以問彦博，對曰：「先帝天命所在，神器有歸，寔仁祖知子之明，慈聖擁祐之力，臣等何功？」神宗曰：「議論榷輪①於至和時，發端爲難。仁祖意已定，其後止申前詔爾。正如丙吉、霍光事，前後不相揜也。卿宜盡録本末，將付史官。」彦博乃奏其事曰：

至和三年，仁宗不豫兩月餘，是時以根本未立，中外人情不安。及聖體康復，顧念前此禁中侍藥，憂慮百端。堯臣與臣及劉沆、富弼竊議曰：「方今朝廷根本不可不蚤定，以定人心。」時亦不暇與密院同謀，亦未敢顯言。臣以堯臣久居禁近，多知朝廷事，因謂之曰：「必得賢嗣，以厭人心。」堯臣曰：「豈不知素育於宫中者邪？」於是臣等具奏春中服藥時事，中外人情非常憂恐，蓋爲儲嗣未立。仍引西漢故事，人主初即位建儲，今當以時立嗣，以固根本。臣等既叨輔相之重位，當任社稷之大計，此大計也，乞賜開納。仁宗淵默寡言，乃欣然嘉嘆曰：「知卿等盡忠，然此大事也，朕更熟思之。」臣等既退，且請堯臣密作詔意，欲進呈施行。堯臣許歸第乃密草詔意，然未及示臣等。臣等既登對，復申前請，仁宗曰：「朕意已定矣，卿等可無憂。」臣等既得此旨，决謂無疑矣。

是年，因樞府闕官，議於上前，乞召韓琦爲樞密使。蓋以琦忠義，必能當重事，仁宗可之。自後繼有議論。未幾，臣得請判河南，堯臣尋卒。臣所記當日之事，大概如此。

於是手詔中書曰：「文彦博蓄德深厚，善不自伐，懷此大功，絶口不言，中外搢紳莫有知者。乃知援立之功，厥有攸在。嘉祐之詔，但宣之耳。其議所以褒顯之。」又詔曰：「朕恭聞仁宗皇帝，深惟天下大本，意有所付，而執政

①榷：覆宋本、四庫本誤作「推」；輪：繆校作「輸」。

大臣文彦博、劉沆、富弼、王堯臣實左右贊順，以成聖志。及英宗皇帝進位元儲，纘承大統，四方上下，莫不安寧。而彦博等勳績，莫有聞者。比覽故臣家奏，考驗不誣。其謙厚忠實，可謂至矣。其議所以褒顯之，庶幾上昭神祖知人之明，文考報功之意焉。」遂加彦博河東、永興節度使。彦博力辭兩鎮。宴餞瓊林，輔臣皆與，兩遣中謁者遺詩，以寵其行，有「報在不言功」之語，當世榮之。

彦博至河南，未交印，先就第廟坐以見監司。既交府事，見監司府官如常式。或以問彦博，彦博曰：「吾未視府事，三公見庶僚也。既交印，河南尹見監司矣。」六年，請老，拜太師致仕。

元祐初，司馬光拜相，起彦博爲平章軍國重事。六日一朝，一月兩赴經筵，邊事河防及朝廷大政，令即與輔臣共議，恩遇甚渥。期年乃求去，詔曰：「昔西伯善養老，而太公自至。魯穆公無人子思之側，則長老去之。公自爲謀則善矣，獨不爲朝廷惜乎？」又曰：「唐太宗以干戈之事，尚能起李靖於既老；而穆宗、文宗以燕安之際，不能用裴度於未病。治亂之效，於斯可見。」彦博讀詔聳然，不敢言去，蓋復①留四年。彦博請去不已，復以太師、河東節度使、開府儀同三司致仕[五]。

紹聖初，言者觀望時政，謂彦博朋附司馬光，詆毁成烈，降太子少保。薨，年九十二[六]。崇寧中，與元祐黨。後命出籍，追復太師，謚曰忠烈。

彦博凝簡莊重，有大臣體。位將相者五十餘年[七]，遍歷公孤，兩以太師致仕。雖位貌隆貴，而平居接物，謙抑尊德，樂善如恐不及。邵雍、程顥、程頤以道學名世，居洛陽，而彦博與之遊。元豐中，與富弼及當時老成而有賢德者十一人，用白居易故事，就弼第置酒相樂，尚齒不尚官。已而圖形妙覺僧舍，謂之「洛陽耆英會」，司馬光

①復：原作「後」，據蘇軾《德威堂銘·敍》（《蘇文忠公全集》卷一九）、《名賢氏族言行類稿》卷一二改。

爲文序其事。王拱辰守北都，以書來諗曰：「拱辰亦家洛，位與年不居數客後，顧以官守不得執巵酒在坐席，願預名其間，幸無我遺。」其爲時所嘉羨如此。彦博八子，皆歷要官。第六子及甫。

及甫字周翰，初爲大理評事，遷直史館。與邢恕同爲館職，頗相善也。遷吏部員外郎，除直龍圖閣、知同州。父太師彦博起爲平章軍國重事，除及甫右司員外郎，以嫌改衛尉、光禄少卿。

初，韓琦子忠彦與琦之門人劉摯、王巖叟、賈易等，常不平彦博不言功事，以謂掩琦之勳。及章惇撰御賜彦博詩序，具述上語云：「嘉祐之詔，但宣之耳。」忠彦益不平。彦博入爲重事，易簾前論列王同老所上文字，彦博教爲之，乞改史。宣仁后曰：「此事吾詳知之。至和中，仁宗不豫，乞立皇嗣者，文太師、富相公、王參政也。在嘉祐末，乞立英宗爲皇嗣。仁宗升遐，策立英宗者，韓相公也。即不相掩，不必改史。」其後彦博致仕，及甫以集賢殿修撰知河陽，召爲太僕卿，除權工部侍郎。罷爲集賢殿修撰、提舉明道宫。

紹聖中，蔡確之子渭奏及甫嘗與邢恕書，具述姦臣大逆不道之謀。詔以蔡京、安惇即同文館究問，語在《章惇傳》[八]。於是梁燾、劉摯、王巖叟、劉安世、范祖禹、朱光庭①皆坐重貶。及甫懷一朝之忿，妄發書與邢恕，致起詔獄，以陷害忠良，及甫之罪也。及甫坐元祐黨褫職。居久之，復直龍圖閣、知陝州。既又落職，最後復集賢殿修撰以卒。

始，及甫當宣仁后臨朝時，避魯王諱，止名及。宣仁崩，復名及甫云。

①朱光庭：原作「朱光廷」，據本書九四《朱光庭傳》及《長編》卷五〇〇改。

臣稱曰：彥博以王佐之材①，克平妖難，致位丞弼。雖以人言去位，而天下之望日隆。及其再相也，乃秉忠竭誠，首議建儲，遂絶口不言。至神宗之世，因事自顯，人謂彥博不獨首建大策爲難，而有功不居之爲尤難也。烏虖！彥博出入四世，名倡九牧，神明所相，壽考康寧，近世以來，一人而已。

【箋證】

〔一〕通判兖州：《宋史》卷三一三《文彥博傳》作「通判絳州」，《名臣碑傳琬琰集》下卷一三《文忠烈公彥博傳》作「通判兖州」，疑《宋史》本傳誤。

〔二〕河東轉運使：《宋史》本傳及《文忠烈公彥博傳》作「河東轉運副使」，《事略》脱「副」字。

〔三〕袁安：《長編》卷一六二、《宋史》卷二九二《明鎬傳》及《文忠烈公彥博傳》並作「安素」，《事略》「袁安」當爲「安素」之誤。

〔四〕語在遼國事中：《遼國事》，見本書卷一二三《附録一》。

〔五〕復以太師河東節度使開府儀同三司致仕：汪琬《東都事略跋》卷中：「《容齋四筆》：潞公致仕，時年七十八歲。後哲宗初，太皇太后用司馬公，公乞召潞公。后宣諭：『彥博名位已重，又得人心，天子幼沖，恐有震主之威。且輔相中無處安排。』司馬公不敢復言。及拜左僕射，乃再上奏，詔不許。范忠宣亦勸召致。會韓縝去國，后始欲除潞公兼侍中，行右僕射事。司馬公不敢居公上，乞讓左僕射，又不許。既赴闕，劉摯、朱光庭、王覿但言彥博春秋高，不可爲三省長官。司馬公乞命以正太師平章軍國重事，始下制，如公言。潞公此命，可謂鄭重費力。然居位越五年得歸，竟坐此貽紹聖之貶。蓋當時廟堂之議，俱不欲潞公復出。然則公之出也，是亦不可以已乎？予謂公本功名士，不免昧止足之戒，卒之以身殉國。蓋忠雖有餘，而蹈道則未也，惜哉。」

①材：四庫本作「才」。

〔六〕薨年九十二：《長編》卷四八七載「降授太子少保、潞國公致仕文彦博卒」於紹聖四年五月丁巳。《文忠烈公彦博傳》謂卒於「紹聖四年四月丁巳」，是年四月甲申朔，無丁巳日，當以五月爲是。

〔七〕位將相者五十餘年：《宋史》本傳作「任位將相者五十年」，《文忠烈公彦博傳》作「五十餘年」。

〔八〕語在章惇傳：《章惇傳》，見本書卷九五。

東都事略卷第六十八

列傳五十一

富弼字彥國，河南人也。幼篤學，有大度，范仲淹見而識之，曰：「此王佐才也。」懷其文以示王曾、晏殊，殊即以女妻之。

舉茂才異等，授將作監丞、知長水縣〔一〕，簽書河陽節度判官。會郭皇后廢，范仲淹爭之，貶知睦州。弼言：「朝廷一舉而獲二過，縱不能復后，宜還仲淹，以來忠言。」通判絳州。遷太子中允、直集賢院。從王曾辟，通判鄆州。趙元昊反，弼上疏陳八事，且言：「元昊遣使求割地邀金帛，使者部從儀物如契丹，而詞甚倨，此必元昊腹心謀臣自請行者。宜出其不意，斬之都市。」又言：「夏守贇，庸人也。平時猶不當用，而況艱難之際，可爲樞密乎？」召爲開封府推官，擢知諫院。

康定元年，日食正旦。弼言請罷燕徹樂，雖虜使在館，亦宜就賜飲食而已。執政以爲不可。弼曰：「萬一北虜行之，爲朝廷羞。」後使虜還者云「虜中罷燕」，如弼言，仁宗深悔之。初，宰相惡聞忠言，下令禁越職言事。弼因論日食，以謂應天變莫若通下情，遂除其禁。

元昊寇鄜延，破金明，延帥范雍、鈐轄盧守懃閉門不救，內侍黃德和引兵先走，劉平、石元孫戰歿，而雍、守懃歸罪於通判計用章、都監李康伯，皆竄嶺南。德和誣奏平降賊，詔以兵圍守其家。弼言：「平自環慶引兵來援，以姦臣不救故敗，竟罵賊不食而死，宜恤其家。守懃、德和皆中官，怙勢誣人，不可但已〔二〕。」時守懃子昭序爲御藥，弼奏乞罷之，德和竟坐腰斬。夏守贇爲陝西都總管，又以入内都知王守忠爲都鈐轄。弼言：「用守贇既爲天下笑，而守忠鈐轄乃與唐中官監軍無異，將吏必怨懼。」乃罷守忠不遣。又言：「邊事係國安危，不當專委樞密院，乞如國初，令宰相兼領。」仁宗從之，以宰相兼樞密使。爲三司鹽鐵判官，遷史館修撰。

慶曆二年，改右正言、知制誥。契丹聚重兵境上，遣其臣蕭英、劉六符來求關南地。兵既壓境，而使來非時，中外忿之。仁宗曰：「契丹，吾兄弟之國，未可棄也，其有以大鎮撫之。」命宰相擇報聘者。時虜情不可測，羣臣皆不敢行。宰相舉弼使契丹，弼即入對便殿，叩頭曰：「主憂臣辱，臣不敢愛其死。」乃以弼爲接伴。弼開懷與語，不以夷狄待之。英等見弼傾盡，亦不復隱其情，遂去左右，密以其主所欲得者告弼，且曰：「可從，從之；不可從，更以一事塞之。」弼具以聞。仁宗命御史中丞賈昌朝館伴，不許割地，而許增歲幣。以弼爲樞密直學士，辭不拜，假資政殿學士、户部侍郎使契丹。

既至，六符館之，往反十數，皆論割地必不可狀。及見虜主，問故，虜主曰：「南朝違約，塞雁門，增塘水，治城隍，籍民兵，此何意也？羣臣請舉兵而南，寡人以謂不若遣使求地。求而不獲，舉兵未晚也。」弼曰：「北朝忘章聖皇帝之大德乎？澶淵之役，若從諸將言，北兵無得脱者。且北朝與中國通好，則人主專其利，而臣下無所獲。若用兵，則利歸臣下，而人主任其禍。故北朝諸臣争勸用兵者，此皆其身謀，非國計也。」虜主驚曰：「何謂也？」弼曰：「晉高祖欺天叛君，而求助於北，末帝昏亂，神人棄之。是時中國狹小，上下離叛，故契丹全師獨克。雖虜獲金帛，充牣諸臣之家，而壯士健馬，物故大半，此誰任其禍者？今中國提封萬里，所在精兵以百萬計，法令修明，上下一心，北朝欲用兵，能保其必勝乎？」曰：「不能。」弼曰：「勝負未可知。就使其①勝，所亡士

①使其：原倒，據四庫本及《長編》卷一三七、蘇軾《富鄭公神道碑》乙正。

馬，羣臣當之歟，抑人主當之歟？若通好不絶，歲幣盡歸人主，臣下所得，止奉使者歲一二人耳，羣臣何利焉？」虜主大悟，首肯者久之。弼又曰：「塞鴈門者，以備元昊也。塘水始於何承矩，事在通好前，地卑水聚，勢不得不增。城隍皆修舊，民兵亦舊籍，特補其缺耳，非違約也。晉高祖以盧龍一道賂契丹，周世宗復伐取關南，皆異代事。宋興已九十年，若各欲求異代故地，豈北朝之利也哉？本朝皇帝之命使臣，則有詞矣，曰：『朕爲祖宗守國，必不敢以其地與人。北朝所欲，不過利其租賦耳。朕不欲以地故，多殺兩朝赤子，故屈己增幣以待①賦入。若北朝必欲得地，是志在敗盟，假此爲辭耳。朕亦安得獨避用兵乎？澶淵之盟，天地鬼神寔臨之。今北朝首發兵端，過不在朕。天地鬼神，豈可欺也哉？』」虜主大感悟，遂欲求昏②。弼曰：「昏姻易以生隙，人命修短不可知，不若歲幣之堅③久也。本朝長公主出降，齎送不過十萬緡，豈若歲幣無窮之獲哉？」虜主曰：「卿且歸矣，再來，當擇一授之，卿其遂以誓書來。」弼歸復命。

再聘，受書及口傳之詞於政府，既行次樂壽，謂其副曰：「吾爲使者而不見國書，萬一書詞與口傳者異，則吾事敗矣。」發書視之，果不同。乃馳還都，以晡入見，宿學士院一夕，易書而行。既至，虜不復求昏，專欲增幣，曰：「南朝移我書當曰獻，否則曰納。」弼争不可。虜主曰：「南朝既懼我矣，何惜此二字，若我擁兵而南，得無悔乎？」弼曰：「本朝皇帝兼愛南北之民，不忍使蹈鋒鏑，故屈己增幣，何名爲懼哉？若不得已而至於用兵，則南北敵國，當以曲直爲勝負，非使臣之所憂也。」虜主曰：「卿勿固執，古亦有之。」弼曰：「自古惟唐高祖借兵於突厥，故臣事之。當時所遺，或稱獻、納，則不可知。其後頡利爲太宗所擒，豈復有此禮哉？」弼聲色俱厲，虜知

①待：《宋史》卷三一三《富弼傳》及《富鄭公神道碑》作「代」。
②昏：繆校作「婚」。下同。
③「堅」上，繆校有「爲」字。

不可奪，曰：「吾當自遣人議之。」於是留所許增幣誓書，復使耶律仁先及六符，以其國誓書來，且求獻、納。弼奏曰：「臣既以死拒之，虜氣折矣，可勿許，虜無能爲也。」仁宗從之，增歲幣二十萬，而契丹平〔三〕。

時有用僞牒爲僧者，事覺，乃堂吏爲之，開封按餘人而不及吏。弼白宰相呂夷簡，請以吏付獄，且言曰：「必得吏乃止。」夷簡不悦，故薦弼使契丹，且變①易國書，欲因事罪之。歐陽修上書，引顔真卿使李希烈事留之，不報。

使還，除樞密直學士，懇辭不受。尋遷翰林學士，弼見仁宗力辭曰：「增歲幣，非臣本意也，特以朝廷方討元昊，未暇與虜角，不敢以死爭爾。其敢受賞乎？」三年，拜樞密副使，辭之愈力。改資政殿學士兼翰林侍讀學士，既又復除樞密副使。弼言：「虜既通好，議者便謂無事，邊備漸弛，虜萬一敗盟，臣死且有罪。非獨臣不敢受，亦願陛下思夷狄輕侮中原之耻，坐薪嘗膽，不忘修政。」因以告納上前而罷。逾月，復除前命。時元昊使辭，羣臣班紫宸殿門，趣弼綴樞密院班，乃御殿。又命宰相章得象諭弼曰：「此朝廷特用，非以使虜故也。」弼乃受命。

時晏殊爲相，范仲淹爲參知政事，杜衍爲樞密使，韓琦與弼副之，歐陽修、余靖、王素、蔡襄爲諫官，皆天下之望。弼既以社稷自任，而仁宗責成於弼與仲淹，望太平於期月之間，數以手詔督弼等條具其事。又開天章閣召弼等坐，具給筆札，使書其所欲爲者，遣中使二人更往督之。且命仲淹主西事，弼主北事。弼遂與仲淹各上當世之務十餘條，又自上河北安邊十三策，大略以進賢、退不肖、止僥倖、去宿弊爲本，欲漸易諸路監司之不才者，使澄汰所部吏，於是小人始不悦矣。

元昊遣使以書來，稱男而不臣。弼言：「契丹臣元昊而我不臣，則契丹爲無敵於天下，不可許。」乃却其使，

①變：原作「奕」，據覆宋本、四庫本及《長編》卷一三七改。

卒臣之。四年，契丹來告舉兵討元昊。時册命元昊爲夏國主，使將行而止之，以俟虜使。弼曰：「若虜使未至而行，則事自我出。既至，則恩歸契丹矣。」從之。是歲，契丹受禮雲中，且發兵會元昊伐呆兒族，於河東爲近。仁宗問弼曰：「虜得無與元昊襲我乎？」弼曰：「虜自幽、薊，不復由河東入寇者，以河北平易富饒，而河東險瘠，且虞我出鎮定，擣燕薊之虚也。今兵出無名，契丹大國，决不爲此。就使妄動，當出我不意，不應先言受禮雲中也。元昊本與契丹約，相左右以困中國。今契丹背約，結好於我，獨獲重幣，元昊有怨言，故虜築威塞州以備之。呆兒屢殺威塞人，虜疑元昊使之，故爲是役，安能合而寇我哉？」或請調發爲備，弼曰：「虜雖不來，猶欲以虚聲困我。若調發，正墮其計。臣請任之，虜若入寇，臣爲罔上且誤國。」仁宗乃止，虜卒不動。

初，魯人石介作《慶曆聖德詩》，歷頌羣臣，以弼、仲淹比之夔、契，而詆夏竦，竦怨之。會介奏記於弼，説以行伊、周之事。竦因傾弼等，乃改伊、周曰伊、霍，使女奴陰習介書，爲廢立詔草。飛語上聞，仁宗雖不信，弼懼，因保州賊平，求爲河北宣撫使以避之。使還，道除資政殿學士、知鄆州兼京東西路安撫使，而衍、仲淹皆罷政。未幾，石介死，讒者以介北走契丹，結連起兵，弼以一路兵應之。罷弼安撫使，且欲發介墓以觀之。

歲餘，讒不驗，加給事中、知青州。河朔大水，民流京東。弼擇所部豐稔者五州，勸民出粟，得十五萬斛，益以官廩，隨所在貯之。得公私廬舍十餘萬區，散處其人，以便薪水。官吏自前資待闕、寄居者，皆給其禄，使即民所聚，選老弱病瘠者廩之。山林河泊之利，有可取以爲生者，聽流民取之，其主不得禁。官吏皆書其勞約爲奏請，使他日得以次受賞於朝。率五日輒遣人以酒肉糗飯勞之，出於至誠，人人爲盡力。流民死者，爲大冢葬之，謂之叢冢，自爲文祭之。明年，麥大熟，流民各以遠近受糧而歸，凡活五十餘萬人，募而爲兵又萬餘人。仁宗遣使慰勞，即拜禮部侍郎。弼曰：「救災，守臣職也。」辭不受。

王則據貝州叛，齊州禁兵千人欲屠城以應之。有告變者，弼以齊非所部，恐事泄生變。會中使張從訓①銜命至青，弼檄從訓使馳至郡，發吏卒取之，無得脱者。且自劾擅遣中使罪，仁宗嘉之。再遷禮部侍郎，弼又懇辭不受。遷資政殿大學士，以明堂恩，除禮部侍郎、知鄭州，徙知蔡州，加觀文殿學士、知河陽，遷户部侍郎，除宣徽南院使、判并州。

至和二年，召拜同中書門下平章事、集賢殿大學士，與文彦博並命。宣制之日，士大夫相慶於朝，仁宗密覘知之。歐陽修奏事殿上，仁宗具以語修，且曰：「古之求相者，或得於夢卜，今朕用二相，人情如此，豈不賢於夢卜也哉！」修頓首稱賀。

仁宗弗豫，大臣不得見，中外憂恐。文彦博與弼等直入問疾，内侍止之，不可。因以監視禳祈爲名，乞留宿内殿，事皆關白而後行，禁中肅然。嘉祐三年，加禮部尚書、昭文館大學士、監修國史。仁宗悉以政事仰成宰府，弼總綱紀號令，謹守典法，所選用也②得人，天下無事，號稱賢相。六年，丁母憂，仁宗爲罷春宴。故事，執政遇喪皆起復，弼以謂金革變禮，不可用於平世。五遣使起之，卒不從命。

英宗即位，拜樞密使、同平章事，遷户部尚書。初，仁宗弗豫，皇嗣未立，人情憂恐。弼與文彦博等議請蚤定儲嗣，會仁宗康復，故緩其事。後韓琦以定策立英宗。至是，慈聖后還政，並弼遷官，制詔録其前議。弼奏曰：「至和中，臣雖泛議建儲，其於陛下，則如在茫昧杳冥之中，未見形象，安得與韓琦等等哉③。今陛下録臣先帝時微勞，曷若報皇太后之大恩。皇太后嘗謂臣與胡宿、吴奎曰：『無夫孤孀婦人，無所告訴。』其言至不忍聞，臣寔

①從訓：覆宋本、四庫本作「崇訓」，誤。
②也：覆宋本、四庫本作「多」。
③等哉：繆校作「議」。

痛心，豈仁宗之所望於陛下哉？仁宗與皇太后於陛下有天地之恩，而未聞所以爲報。臣於陛下，不過有先時議論絲髮之勞爾。臣願陛下，外則以仁恩道德訓天下、結人心，内則以純孝恭恪奉仁宗、事太后，則臣雖啜菽飲水，奔走陛下左右，以死無悔。」一日，韓琦進擬二三宦者策立有勞，當遷官，弼曰：「先帝以神器授陛下，皇太后叶贊之力，而此輩何功可書？」琦竦然有愧色，却立數武。

弼嘗進除目，英宗適震怒，擲之榻下。弼搢笏拾取以進曰：「前日陛下在藩邸時，喜怒猶不可妄，況今即天子位。切以天子亦有怒焉，出九師以伐四夷，否則陳斧鉞以誅大臣。今日陛下之怒不爲常事，除目也。必以臣等有大過惡可怒者，何不斬臣以謝天下？」英宗爲之霽色温言，弼猶進説不已。治平二年，以疾辭位，拜鎮海軍節度使、同平章事，判河陽〔四〕，封祁國公。

神宗即位，改鎮武寧，進封鄭國公。弼屢乞罷使相，乃以爲尚書左僕射、觀文殿大學士、集禧觀使，復判河陽。熙寧元年，移汝州。且詔入覲，以足疾許肩輿至殿門，神宗特爲御内東門小殿見之，令男紹隆入扶，且命毋拜。坐語從容，至日昃，問以治道。弼對曰：「人君好惡，不可令人窺測其意。陛下當如天之鑒人，隨人善惡，然後誅賞從之，則功罪得其實①矣。」神宗又問以邊事，弼曰：「陛下即位之始，當布德行惠，願二十年口不言兵。」神宗又問爲治所先，弼曰：「阜安宇内爲先。」

明年，除司空兼侍中，弼力辭。復拜左僕射、同中書門下平章事、昭文館大學士。弼既至，未見。有於上前言災異皆天數，非人事得失所至②者。弼聞之，嘆曰：「人君所畏惟天，若不畏天，何事不可爲者？去亂亡無幾

①實：原作「宕」，據覆宋本、四庫本及改。
②至：四庫本及《富鄭公神道碑》作「致」，是。

矣。此必姦臣欲進邪説，故先導上以無所畏，使輔弼諫諍之臣無所復施其力。此治亂之幾也，吾不可以不速救。」即上書數千言，雜引《春秋》《洪範》及古今傳記、人情物理，以明其決不然者。

羣臣請上尊號及作樂，神宗以久旱不許。羣臣固請，弼又言：「故事，有災變皆徹樂，恐陛下以同天節虜使當上壽，故未斷其請。臣以爲此盛德事，正當以示夷狄，乞並罷上壽。」從之，即日而雨。弼又上疏，願益畏天戒，遠姦佞，近忠良。神宗親書答詔曰：「義忠言親，理正文直，苟非意在愛君，志存王室，何以臻此？敢不置之枕席，銘諸肺腑，終老是戒。更願公不替今日之志，則天災不難弭，太平可立俟也。」

王安石始爲參知政事，議改法理財，與神宗合意，而弼不欲有所變更，與安石不合，多稱疾家居。求退章數十上，神宗將許之，問曰：「卿即去，誰可代卿者？」弼薦文彦博，神宗默然，良久曰：「王安石何如？」弼亦默然。拜武寧軍節度使、同平章事，判亳州。時方行青苗息錢法，弼以謂此法行則財聚於上，人散於下，且富民不願請，願請者皆貧民，後不可復得，故持之不行。而提舉常平倉趙濟劾弼以大臣格新法，法行當自貴近者始，若置而不問，無以令天下。乃除左僕射、判汝州。弼言：「新法臣所不曉，不可以復治郡，願歸洛養疾。」許之。尋請老，拜司空，復武寧軍節度使及平章事，進封韓國公，致仕。

弼雖家居，而朝廷有大利害，知無不言。交趾叛，以郭逵等討之。弼言：「海嶠嶮遠，不可以責其必進，願詔逵等擇利進退，以全王師。」因極言時弊，請速改新法，以救倒懸之急。契丹來争河東地界，手詔問弼。弼言：「熙河諸郡，皆不足守，而河東地界，決不可許。」官制行，改授開府儀同三司。

故參知政事王堯臣之子同老上言，至和三年，仁宗弗豫，其父堯臣嘗與文彦博、劉沆及弼同決大策，乞立儲嗣〔五〕。以其父堯臣所撰詔草上之。神宗以問彦博，彦博言與同老合。神宗嘉之，以弼爲司徒。

元豐六年，弼年八十，懷不能已，又上疏論：「治亂不出於用諛佞、讜直二端而已，今諛佞者競進，讜直者多處外，忠義之士仰室竊嘆，天下之敝陛下不得知而更張之，恐禍亂將至，益煩聖慮，亦無及矣。」疏奏，又條陳時政之失，以待上問，封之以付其子。未幾而薨[六]，贈太尉，謚曰文忠。元祐初，加贈太師，配享神宗廟廷，御篆其碑曰「顯忠尚德」。紹聖中，章惇用事，謂弼得罪先帝，罷配享。至靖康初，復侑食於廟。

弼性至孝，恭儉好禮。與人言，雖幼賤必盡敬，氣色穆然，不見喜慍。其好善疾惡，蓋出於天性。常言：「君子小人如冰炭，決不可以同器。若兼收並用，則小人必勝。薰蕕雜處，終必爲臭。」其爲宰相及判河陽，最後請老家居，凡三上章，皆言：「天子無職事，惟辨君子小人而進退之，此天子之職也。君子與小人並處，其勢必不勝。君子不勝，則奉身而退，樂道無悶；小人不勝，則必交結，千岐萬轍，必勝而後已。小人復勝，必遂肆毒於善良，無所不爲，求天下不亂，不可得也。」弼早有公輔之望，天下皆稱曰「富公」。名聞夷狄，遼使每至，必問其出處安否。忠義之性，老而彌篤云①。子紹庭、紹京、紹隆。紹京，供備庫副使；紹隆，光祿寺丞，皆先弼卒。

紹庭字德先。有家法，爲時所稱。始以父任爲秘書省正字，嘗爲光祿寺丞，遷宗正丞，出爲白波輦運，通判絳州。建中靖國初，以紹庭爲河北提舉常平，紹庭辭曰：「熙寧變法之初，先臣以不行新法得罪，臣不敢爲此官。」徽宗嘉之，除祠部員外郎，制曰：「惟爾先正，相予祖宗，道德勳勞，竦服夷夏，其家上之木拱矣。故笏可見，猶當異之以比《甘棠》，而况遺範之所在乎？爾少長義方，習以成性。今朕命爾領職常平，而乃力自貢其誠心，冀不違於先志。奏封來上，朕用汝嘉。《詩》不云乎：『惟其有之，是以似之。』朕亦何愛典祠之清選，而命②

①云：繆校作「三」。

②命：鄒浩《富紹庭除祠部郎官制》（《道鄉先生文集》卷一五）作「不」。

汝陟焉，以勸夫孝於親者。往其欽哉。」未幾，出知宿州。卒，年六十八①。有子直柔。

臣稱曰：弼使虜之功偉矣，而議者乃以活飢民爲功，何哉？方其廷屈虜之君臣，使曉然知通好用兵之利害，自是兩邊無虞者幾百年，其所活豈特五十萬人而已乎？及踐宰府，首開萬世之議，抑又有社稷之功矣。至於忠規激切，而上不忌；讒言深中，而上不疑。進退雍容②，有始有卒。孔子所謂「大臣以道事君」者，豈不然哉？生而享其榮，歿而配於廟，爲一代之宗臣，有以也夫！

【箋證】

〔一〕知長水縣：《宋史》卷三一三《富弼傳》漏書「知長水縣」事，范純仁《富公行狀》（《范忠宣公集》卷一七）、蘇軾《富鄭公神道碑》（《蘇文忠公全集》卷一八）均載「授將作監丞、知河南府長水縣」。

〔二〕不可但已：《富鄭公神道碑》作「冀以自免，宜竟其獄」。

〔三〕仁宗從之增歲幣二十萬而契丹平：《宋史》本傳作「朝廷竟以『納』字與之」，《長編》卷一三七載「朝廷竟從晏殊議，許稱『納』字，弼不預也」。《續通志》卷三三八《富弼傳》校記：「伏讀《通鑑輯覽》御批：貢、獻義同，納亦貢、獻之謂。富弼争執再三，稍有丈夫氣，而其時宰相畏懦，務爲苟安。仁宗又急圖了事，遂至名實兩虧。積弱之勢既成，益見憒憒不振，誠可笑耳。」《事略》從《富鄭公神道碑》而避書此節，或爲晏殊及宋廷曲筆。

〔四〕判河陽：《宋史》本傳作「判揚州」，誤。《宋史》卷二一一《宰輔表》及《富公行狀》《富鄭公神道碑》並作「判河陽」。

①「八」下，繆校有「徽宗方欲用之而聞其訃，爲之太息」十四字。

②「雍容」下，錢校有「砥持世道」四字。

〔五〕乞立儲嗣：汪琬《東都事略跋》卷中：「按：韓忠獻欲立濮邸，與仁宗定議殿上，是時富公雖在相位，然不與聞也。以是兩公末路遂有隙。又《聞見録》：富公晚年深居，托疾謝客，嘗患氣痞。康節曰：『好事到手，畏慎不爲，佗人做了，鬱鬱何益？』公笑曰：『此事未易言也。』蓋爲嘉祐建儲耳。據此，則公之不與定策明矣。傳中王同老之訴，意在朝必有不悦忠獻者陰主其説，故其訴得行。後來忠獻門人如王巖叟、賈易輩，紛紛不平，而易遂於宣仁簾前面劾潞公，且乞改正舊史。同時韓氏有《辨欺録》，潞公又有《私記》，彼此互相排詆，其是非未易定也。今合觀諸傳，恰似左袒文、富者。」

〔六〕未幾而薨：《富鄭公神道碑》：「（元豐）六年閏六月丙申，薨於洛陽私第之正寢，享年八十。」

東都事略卷第六十九

列傳五十二

韓琦字稚圭，相州安陽人也。父國華，終右諫議大夫。琦風骨秀異，弱冠舉進士，名在第二。時方倡①名，太史奏日下五色雲見，左右侍從皆賀於殿上，授將作監丞、通判淄州。再遷太常丞、直集賢院，監左藏庫。歷開封府推官、三司度支判官，爲右司諫〔一〕。時災異數見，王隨、陳堯佐爲相，以疾五日一朝，數忿争。參知政事韓億多私石中立，好戲謔，琦連疏疏論其過曰：「仍歲以來，災異間作，考天戒之所譴告，則燮理之任，正當其責。陛下用輔臣如此，外夷聞之，亦有輕視中國之意。如望天責之可消，福應之自來，則恐不可得也。陛下若以退免大臣，其事至重，非臣下所宜輕議。孰若以祖宗八十年太平之業，坐付庸臣，恣其毁壞乎？臣職在言責，可知而不言哉？伏請下御史臺，集百官决是非。」於是同日詔罷四人者，又請罷内降，排斥權幸。王曾見琦論事切直，有本末，喜謂琦曰：「比年臺諫多畏避，爲自安計，不則激切近名，如君固不負所職，諫官宜若此。」曾，正人也。琦得此，益自信。

未幾，同議雅樂，琦以胡瑗、阮逸、鄧保信黍尺鍾律之法，出私見，乖戾古制，奏罷之，仍用王朴樂。琦爲諫官，數稱進王曾、蔡齊、杜衍、范仲淹等補政之闕，事多施行。以起居舍人知諫院。

①倡：繆校作「唱」。

趙元昊叛，琦上疏曰：「臣聞元昊狂謀僭命，不修常貢，必爲邊患。今獻謀者不過欲朝廷選擇將帥，訓習士卒，修利戎甲，營葺城隍，廣蓄資糧，以待黠羌之可勝，此外憂也。若乃綱紀不立，忠佞不分，功罪不明，號令不信，浮費靡節，橫賜無常，宴衎之逸遊，宮庭之奢靡，受中謁之干請，容近昵之僥倖，此内患也。且四夷内窺中國，必觀釁而後動，故外憂之起，必始内患。臣願陛下先治内患，以去外憂。内患既平，外憂自息。儻外憂已兆，内患更滋。臣恐國家之虞，非止一元昊而已。」擢知制誥。

益、利歲饑，爲兩路安撫使[二]，爲饘粥濟飢人一百九十餘萬。蜀人曰：「使者之來，更生我也。」元昊圍延州，琦適自蜀還，論西州形勢甚悉。乃以爲陝西安撫使，至則賊引去矣。初，大將劉平軍敗，爲賊所執，内侍黄德和懼罪，誣平降賊，朝廷信之。琦爲直其冤。遷樞密直學士、陝西經略招討使[三]，與夏竦畫攻、守二策。琦入對，請用攻策。

會元昊將寇渭州，遂趨鎮戎軍。時環慶副總管任福奉詔計事，琦盡出其兵，使福擊賊，授以方略，令自懷遠城趣德勝砦、羊牧隆城，出賊之後，如未可戰，即據險設伏，以邀其歸。福既行，琦重戒之。福違琦節度，敗没於好水川，琦坐奪秩一等，降知秦州。居數月，復爲秦鳳經略使，換秦州觀察使。尋以舊職充陝西四路經略安撫招討使，屯涇州。琦與范仲淹在兵間最久，二人名重一時，人心歸之，朝廷倚以爲重，故天下稱爲「韓范」。

初，京師所遣戍兵，脆懦不習勞苦，賊常輕之，目曰「東軍」。而土兵勁悍善戰，琦奏增土兵以抗賊，而稍減屯戍，内實京師。又以籠竿城據衝要，乞建爲德順軍，以蔽蕭關鳴沙之道。又建請於鄜、慶、渭三州，各以土兵三萬爲一軍，軍雖別屯，而耳目相通爲一。視虜所不備，互出擣之，破其和市，屠其種落①，因以招橫山之人，度橫

①種落：原倒，據《長編》卷一三三、李清臣《韓忠獻公琦行狀》乙正。

山隮則平。夏兵素弱，必不能支。我下視興、靈，穴中兔耳。章既上，又與仲淹定謀益堅，而元昊知不可敵，斂兵不敢近塞。入拜樞密副使。

元昊既已臣，琦以謂邊備不可弛，請與仲淹俱出帥①行。已而，仲淹參知政事，以琦爲陝西宣撫使。使還，時仁宗急於求治，手詔宰相杜衍曰：「朕用韓琦、范仲淹、富弼，皆中外人望，有可施行，宜以時上之。」又開天章閣賜坐，咨訪②時務。琦條上九事，大略備西北、選將帥、明按察、豐財利、抑僥幸、進有能、退不才、去冗食、謹入官。繼又獻七事，議稍用而小人已側目矣。

富弼宣撫河北，還，未入國門，命守鄆州。琦奏曰：「朝廷聞北虜點兵，弼以忠義請行，事畢歸奏，去京師咫尺，胸中籌策，不得一陳於陛下之前，而責補閒郡。四方不聞其罪，曾無一人爲弼言者，臣竊爲陛下惜之。」前此，陝西帥鄭戩以劉滬、董士廉城水洛，役方作而戩罷，涇原守將尹洙以爲非便而止之，滬等猶城不已，乃械繫滬等，將斬之。戩力争於朝，琦亦以水洛未可城，而滬等違令之罪不可貸。朝廷卒城水洛，故罷琦以資政殿學士知揚州，徙鄆州，又徙鎮、定二州。

琦所至設條教，葺帑廩，治武庫，勸農興學，人人樂其愷悌。定州久用武將，治兵無法度，至於驕不可使。琦修明軍政，剗除宿弊，士卒犯令者一切繩以紀律。恩威既信，乃考李靖兵法，作方、圓、鋭三陣，指授偏將，日月教習之，由是定兵冠河朔。加資政殿大學士，遷禮部侍郎、觀文殿學士，拜武康軍節度使、知并州，又知相州。入爲工部尚書、三司使，除樞密使，册拜同中書門下平章事、集賢殿大學士，遷刑部尚書、昭文館大學士、監修國史。

①帥：覆宋本、四庫本删此字。
②訪：原作「放」，據覆宋本、四庫本及《韓忠獻公琦行狀》改。

仁宗既連失褒、豫、鄂三王，至和中得疾，皇子未立，中外憂之。諫官范鎮首發其議，司馬光繼之，自是言者常以固天下根本爲急，而富弼亦屢上言，歐陽修因水災再上疏，輒留中。如此五六年，言者稍怠。琦乘間奏請立皇子〔四〕。一日，取《漢書·孔光傳》懷之以進曰：「漢成帝即位二十五年，無嗣，立弟之子定陶王爲太子。成帝，中材之主，猶能之，況陛下之聖哉。太祖爲天下長慮，福流至今，惟陛下以太祖之心爲心，則無不可矣。」時諫官司馬光、知江州吕誨皆言立皇嗣，中書因將二疏以請。仁宗曰：「朕有意久矣，顧未得其人耳。宗室中誰可者？」琦對曰：「宗室不接外人，臣等無由知之，當出自聖斷。」仁宗乃稱英宗舊名曰：「宫中嘗養此人，唯此可耳。」是日，君臣定議於殿上，將退，琦奏曰：「此事至大，陛下今夕更思之，來日取旨。」明日請對，仁宗曰：「决無疑矣。」琦曰：「事當有漸，容臣等議。」新除官時，英宗方居濮王憂，遂議起復泰州防禦使、知宗正寺。仁宗大喜，琦奏曰：「此事既行，不可中止。」仁宗首肯之。時嘉祐六年也。及命下，英宗力辭，仁宗聽候服除。七年，英宗既免喪，稱疾不出。琦曰：「宗正之命既出，外人皆知，必爲皇子矣。今不若遂正其名，使知朝廷不可回之意。」歐陽修亦進曰：「宗正舊不領職事，今有此命，天下皆知陛下意矣。然誥敕付閤門，得以不受。今若以爲皇子，詔書一出而事定矣。」仁宗以爲然，遂下詔英宗入居慶寧宫，封琦儀國公。

仁宗崩，英宗即位，加門下侍郎兼兵部尚書，進封衛國公，爲仁宗山陵使。琦既輔立英宗，其門人親客，或燕坐從容，語及立皇子定策事，必正色曰：「此仁宗神德聖斷爲天下計，皇太后母道内助之力，臣子何與焉？」英宗暴得疾，慈聖后垂簾聽政。英宗疾甚，有及慈聖語，慈聖不樂。琦與歐陽修奏事簾前，慈聖嗚咽流涕，具道所以。琦曰：「此病故耳。病已，必不然。子疾，母可不容之乎？」慈聖意不釋。歐陽修曰：「太后事仁宗數十年，仁聖之德著於天下。婦人之性，鮮不妬忌。昔温成之寵，太后處之裕然，何所不容？今母子之間，而反不能忍邪？」慈聖曰：「得諸君知此，善矣。」修曰：「此事何獨臣等知之，中外莫不知也。」慈聖意稍和。修進曰：

「仁宗在位歲久，德澤在人，人所信服。故一日晏駕，天下稟承遺命，奉戴嗣君，無一人敢異同者。今太后一婦人，臣等五六書生耳，豈足造事？非仁宗遺意，天下誰肯聽從？」慈聖默然，久之而罷。後數日，琦獨見英宗。英宗曰：「太后待我無恩。」琦曰：「自古聖帝明王不爲少矣，然獨稱舜爲大孝，豈其餘盡不孝也？父母慈愛而子孝，此常事，不足道。惟父母不慈而子不失孝①，乃可稱耳。今但陛下事之未至耳，父母豈有不慈者？」英宗大悟，自是不敢復言。

英宗疾既平，琦請乘輿具素服出祈雨，人情乃安。慈聖下令還政，進右僕射兼權樞密院，封魏國公。琦上還相事，英宗詔曰：「卿有大德於朕，有大功於時，一旦無名謝事，豈不駭天下之耳目，而重朕之過乎？其輔朕，使無忝先帝，則卿之終惠也。」琦以陝西戍兵多而食不足，請籍民丁爲義勇，得十四萬。

夏賊寇大順城，又請停歲賜，絕和市，遣使問罪。文彥博不可，或舉寶元、康定事，琦曰：「諒祚狂童，非有元昊智計，而邊備過昔日遠甚，詰之必服。」卒遣使齎詔，而諒祚以謝表上。英宗寢疾，琦候起居，問諒祚表云何，曰：「一如卿言。」

英宗崩，琦奉詔立神宗，拜司空兼侍中，爲英宗山陵使。既復土，琦累辭位，拜鎮安武勝等軍節度使、司徒兼侍中、判相州。辭兩鎮，改淮南節度使、判永興軍。种諤收綏州，詔廢之，琦議不可，乃留爲綏德城。因大揭榜，招橫山之人，會關陝薦饑而止。復判相州，改河北安撫使、判大名府。

時初行青苗法，琦上疏論其害，以爲：「國之放號令，立法制，必信其言而使民受實惠。陛下遣使給散青苗，乃令鄉村自第一等而下，皆立借錢貫百，三等以上，更許增數。坊郭户有物業抵當者，依青苗例支借。且鄉村上

①「孝」下，舊鈔本有「道」字。

三等並坊郭有物力，乃從來兼并之家也，今皆得借錢。每借一千，令納一千三百，則是官放息錢，豈抑兼并、濟困乏之意哉？欲民信服，不可得也。伏惟陛下自臨御以來，夙夜憂勤，勵精求治，況承祖宗百年仁政之後，民浸德澤，唯知寬恤，未嘗過擾。若但躬行節儉，以先天下，常節浮費，漸汰冗食，自然國用不乏，何必使興利之臣紛紛四出，以致遠邇之疑哉？」章下制置條例司疏駁，頒行天下。琦又論奏不已，且聽解安撫使，改永興軍節度使。琦固辭，復判相州。既至之二年，告老，復除永興軍節度使，未拜而薨[五]，年六十八。贈尚書令，謚忠獻。神宗自爲碑文，篆其首曰「兩朝顧命定策元勳之碑」，配享英宗廟廷。

琦少有大志，天下想望其風采。識量宏偉，臨事不見喜慍之色。天資樸忠，自稱「安陽戇叟」。輕財好施，家無留貲，折節下士，無貴賤禮之如一。獎拔賢俊，得人爲多。在相位時，王安石有盛名，或以爲可用，惟琦獨識其姦，終不肯進。及守相陛辭，神宗曰：「卿去，誰可屬國者？王安石何如？」琦曰：「安石爲翰林學士則有餘，處輔弼之地則不可。」神宗頷之。其鎮大名也，魏人爲立生祠，相人尤愛之。有鬬訟者，輒止之曰：「勿撓吾侍中也。」政和中，追論琦定策之勳，贈魏郡王。

子忠彥、粹彥、純彥、嘉彥[六]。粹彥爲吏部侍郎，終龍圖閣學士；純彥官至徽猷閣直學士；嘉彥尚神宗女齊國公主，拜駙馬都尉，終瀛海軍承宣使。

忠彥字師朴，少以父任，爲將作監簿，復舉進士。琦罷政，忠彥以秘書丞召試館職，除校理，同知太常禮院，爲開封府判官、三司鹽鐵判官、三司使，出通判永寧軍。召還，爲户部判官。

琦薨，服除，爲直龍圖閣，擢天章閣待制、知瀛州。朝廷以夏人囚殺其主秉常，用兵西方，既下米脂等城砦數十，夏人求救於遼，遼人移書繼至。會遣使賀虜主生辰，神宗以命忠彥，遂以給事中奉使遼國。遼人遣趙資睦迓之，語及西事，忠彦曰：「此小役也，何問爲？」虜主使其臣王言敷燕於館，言敷問：「夏國胡罪，而中國兵不解也？無失兩朝之歡，則善矣。」忠彦曰：「問罪西夏，於二國之好，何所與乎？」

使還，時官制行，章惇爲門下侍郎，奏：「給事中東省屬官，封駁宜先禀而後上。」忠彦奏：「朝廷之屬，執政之所行也。事當封駁，則與執政固已異矣，尚何禀議之有？」詔從其請。左僕射王珪爲南郊大禮使，事之當下者，自從其所畫旨。忠彦以官制駁之曰：「今事於南郊者，大禮使既不從中畫旨，處分出一時者，又不從中書奏審。官制之行，曾未期月，而廟堂自渝之，後將若之何？」乃詔事無鉅細，必經三省而後行。拜禮部尚書，以樞密直學士知定州。

元祐中，召爲户部尚書。忠彦議裁省中外冗費，復言：「宫掖之費，有司不得而見，雖見，不可盡也。切見近降詔書，太皇太后、皇太后、皇太妃每生辰及大禮恩澤，四分減一。仰測聖意，克己爲人，無所不可。願詔入内内侍省均節禁省之費，報有司，使天下曉然知陛下節用裕民，自宫禁始。」擢尚書左丞。弟嘉彦尚主，改同知樞密院事，遷知院事。

哲宗親政，更用大臣，言者覬望，争言垂簾時事。忠彦言：「昔仁宗親政，言者亦多譏斥章獻時事。仁宗惡其持情近薄，下詔戒飭。陛下能法仁祖用心，則朝廷静矣。」以觀文殿學士知真定府，移定州。忠彦在西府，以用兵西方非是，願以所取之地棄而還之，以息民力。至是，言者以爲言，降資政殿學士，改知大名府。

徽宗即位，以吏部尚書召拜門下侍郎。忠彦陳四事：一曰廣仁恩，二曰開言路，三曰去疑似，四曰戒用兵。逾月，拜尚書右僕射兼中書侍郎。徽宗用忠彦言，數下赦令蠲天下逋責，盡還流人而甄敘之，有爲御史、諫官，忠直敢言若知名之士，卒見收用。進左僕射兼門下侍郎，封儀國公。而曾布爲右相，多不協，言事者助布排忠彦，以觀文殿大學士知大名府。又謂欽聖欲復廢后，爲忠彦罪，再降大中大夫、懷州居住。又論忠彦在相位不應棄湟州，謫崇信軍節度副使、濟州居住。逮復嘶鄯，又謫磁州團練副使。復大中大夫，遂以宣奉大夫致仕。卒，年七十二〔七〕。

子治，徽宗時，爲太僕少卿，出知相州。以疾丐祠，命其子肖胄代之。

曾公亮字明仲，泉州晉江人也。父會，集英殿修撰。公亮以父任爲大理評事。舉進士，遷奉禮郎、知會稽縣，累遷集賢校理兼天章閣侍講、修起居注，天章閣待制、知制誥兼史館修撰，拜翰林學士、知三班院。三班吏，世所賤薄，老胥抱文書升堂取判者，高下在口，異時長官漫不省察，謹占名而已。公亮盡取前後條目置坐①側，案以從事，吏束手無能爲，後至者皆莫能易也。以端明殿學士知鄭州，爲政有能名，盜賊悉竄他境。復爲翰林學士、知開封府。居三月，擢給事中、參知政事，加禮部侍郎，除樞密使。嘉祐六年，拜吏部侍郎、同中書門下平章事、集賢殿大學士。

公亮精於法令，多知朝廷典章臺閣故事。時韓琦爲上相，歐陽修參知政事。琦於法令典故以問公亮，文學人材以問修，百官奉法循理，而朝廷治。仁宗不豫，中外以爲憂，琦請建儲副，與公亮共定大議。英宗即位，慈聖后同聽政，加中書侍郎兼禮部尚書。慈聖還政，加户部尚書。英宗不豫，即臥内奉詔立神宗爲皇太子。明年，神宗即位，加門下侍郎兼吏部尚書，封英國公，改兖國公。熙寧初，進封魯國公。二年，加昭文館大學士、監修國史。公亮初薦王安石可大用，神宗以安石參知政②事，公亮乃陰助安石。安石置條例司，更張衆事，公亮一切聽

①坐：四庫本及《長編》卷一七〇作「座」。
②政：原脱，據四庫本、繆校補。

之。於是神宗益專信任，而安石以其助己，深德之。御史至中書争論青苗事，公亮俛首不言，安石厲聲與之往反，由是言者亦以安石爲專，公亮不與也。蘇軾嘗從容責公亮不能救正朝廷，公亮曰：「上與安石如一人，此乃天也。」以病拜司空、河陽三城節度使兼侍中、集禧觀使，起知永興軍。召還，復爲集禧觀使。請老，以太傅、侍中致仕。未幾，子孝寬僉書樞密院事，迎公亮就養西府。薨，年八十〔八〕。贈太師、中書令，配享英宗廟廷，謚曰宣靖。恩禮視韓琦，御篆其碑首曰「兩朝顧命定册亞勳之碑」。

神宗嘗語輔臣曰：「公亮謹畏周密，内外無間言。受遺輔政，有始有卒，可方漢張安世。」然公亮性吝嗇，殖貨至鉅萬，持禄固寵，爲世所譏。子孝寬。

孝寬字公綽〔九〕。少好學，爲人詳密。以蔭爲將作監主簿，知桐城、咸平二縣，除秘閣校理，遷樞密院都承旨①，承旨用文臣，自孝寬始。拜龍圖閣待制，爲羣牧使，遷龍圖閣直學士。

北虜遣使請代北並邊之地，神宗遣孝寬按視，乃奏曰：「國家待夷狄，恩與信也。恩不可使濫，信不可使失。苟細事不問，將有大於此者，宜如故便。」拜樞密直學士、僉書樞密院事。尋丁外艱，服除，以端明殿學士知河陽，又知鄆州。鄆有孟子廟，而無封爵，孝寬請於朝，得封鄒國公，配享孔子廟。召爲吏部尚書。元祐初，以資政殿學士知潁昌府。久之復召，以吏部尚書召還。道卒，年六十六〔一〇〕。

臣稱曰：仁宗皇帝在位四十二年，所用之相，莫非天下偉傑。蓋晚而相琦，屬以大事，柱石之力以

①承旨：原作「丞旨」，據覆宋本、四庫本及《宋史》本傳改。下同改。

扶持大厦，鈞衡之平以進退百官，用能光輔三宗，咸有一德，雖伊尹、周公何以過也。公亮勳亞於琦，而昧於潔身之義，懷禄不去，君子譏之。忠彦繼世宰相，孝寬亦位宥密，盛矣！

【箋證】

〔一〕爲右司諫：《宋史》卷三一二《韓琦傳》作「拜右司諫」，李清臣《韓忠獻公琦行狀》（《名臣碑傳琬琰集》中卷四八）：「景祐三年，求外補，得知舒州。留不行，以右司諫供職。」而宋神宗《兩朝顧命定策元勳之碑》（《名臣碑傳琬琰集》上卷一）作「改左司諫」，《長編》卷一一九亦作「左司諫」（景祐三年），卷一二一作「右司諫」（寶元元年）。是則初授左司諫，後拜右司諫，《事略》《宋史》蓋從《行狀》而作「右司諫」，疑誤。

〔二〕爲兩路安撫使：《宋史》本傳作「爲體量安撫使」，《兩朝顧命定策元勳之碑》作「爲劍南三路安撫使」。

〔三〕陝西經略招討使：《宋史》本傳作「副夏竦爲經略安撫招討使」，《兩朝顧命定策元勳之碑》作「夏竦爲陝西經略安撫招討使，公以樞密直學士副之」，《事略》當脱「副」字。

〔四〕琦乘間奏請立皇子：汪琬《東都事略跋》卷中：「《忠獻遺事》：仁宗疾亟，英宗已立，親王皆入後殿。是時允弼最尊屬，心累不平。公獨先召允弼，稱：『先帝晏駕，皇子即位，大王宜賀。』允弼問：『皇子爲誰？』曰：『某人。』允弼曰：『豈有團練使爲天子者，何不立尊行？』公曰：『先帝有詔。』允弼曰：『焉用宰相？』遂循殿陛上，公叱下曰：『大王人臣也，不得無禮。』左右甲士皆至，遂賀。按《本紀》，嘉祐七年八月，策英宗爲太子，已入居慶寧宫矣。八年三月，仁宗始崩，允弼安得爲此誕語？恐不足信。」

〔五〕未拜而薨：《兩朝顧命定策元勳之碑》：「熙寧八年六月甲寅，定策元勳之臣、永興軍節度使、守司徒兼侍中、魏國公、判相州韓琦薨。」

〔六〕子忠彦粹彦純彦嘉彦：《宋史》本傳：「子五人：忠彦、端彦、純彦、粹彦、嘉彦。」《兩朝顧命定策元勳之碑》《韓忠獻公琦行狀》均作「男六人」，良彦早卒，另五人次序同《宋史》。《事略》不載端彦，且「粹彦、純彦」次序誤倒。

〔七〕卒年七十二：《資治通鑑後編》卷九七載「宣奉大夫致仕、儀國公韓忠彦卒」於大觀三年八月己亥。

〔八〕薨年八十：曾肇《曾太師公亮行狀》（《名臣碑傳琬琰集》中卷五二）：「元豐元年閏正月戊戌，薨於正寢。」《長編》卷二八七載「太傅兼侍中致仕、魯國公曾公亮卒」於元豐元年閏正月己亥，當爲聞訃之日。

〔九〕字公綽：《宋史》卷三一二《曾公亮傳》附《孝寬傳》作「字令綽」，宋人文集及筆記多作「曾令綽」，當以「令綽」爲是。

〔一〇〕道卒年六十六：《長編》卷四四六載「資政殿學士、中大夫、守吏部尚書曾孝寬卒，輟視朝一日，贈右光禄大夫」於元祐五年八月甲辰。

東都事略卷第七十

列傳五十三

王堯臣字伯庸，應天府虞城人也。都官員外郎濆之子，而翰林學士洙之猶子也。

洙字原叔，性强敏，學問過人，自六經、《史記》、百氏之書，至於圖緯、陰陽、五行、律歷、星官、算法、訓故、字書，無所不通。舉進士，爲舒城尉，坐事免官。久之，調富川簿。晏殊留守南京，薦其才，爲府學教授。召爲國子監直講、史館檢討、天章閣侍講①、直龍圖閣。慶曆中，小人有不便大臣執政者，欲排去之，未知所發。而宰相杜衍子壻蘇舜欽坐進奏院祠神會，爲御史所彈，洙與坐客貶知濠州。居久之，復召爲檢討、侍講，充史館修撰，拜知制誥。

是時諸儒定雅樂，洙與胡瑗更造鐘磬，而無形制容受之别。既成，率不可用。夏竦卒，謚文正，劉敞以竦行不應謚，改謚文獻。洙曰：「此僖祖謚也。前有司謚王溥爲文獻，章得象爲文憲，字雖異而音同，皆當改。」於是太常更謚竦文莊，而溥、得象皆易謚。又言：「天下田税不均，請以千步開方爲法，班之州縣，以均其税。」拜翰林學士，以兄子堯臣參知政事，改侍讀學士兼侍講學士。

時選諫官、御史，有執政之臣當薦舉者，皆以嫌不用。洙以謂：「士飭身厲行，而大臣薦賢以報國，以嫌置

①侍講：繆校作「待制」。

之，是疑大臣而廢賢材，不可。」卒，年六十〔一〕。所著《易傳》十卷、雜文千餘篇。子欽臣〔二〕，元祐中爲吏部侍郎。

堯臣舉進士第一，爲將作監丞、通判湖州。召試，以著作佐郎〔三〕、直集賢院知光州，除三司度支判官，再遷右司諫。郭皇后廢，居瑤華宮，有疾，仁宗頗疑之。方后廢時，宦者閻文應有力，及后疾，文應又主監醫。后且死，議者疑文應有姦謀。堯臣請付其事御史，考按虚實，以釋天下之疑，不報。后在殯，有司以歲正月用故事張鐙。堯臣言：「郭氏幸得蒙厚恩，復位號，乃天子后也，張鐙可廢。」仁宗遽爲之罷。擢①知制誥，遷翰林學士。

元昊反，西邊用兵，以爲沿邊安撫使。上言：「故事，使者所至，輒詔存問官吏將校，而不及民。自元昊反，三年於今。關中之民，不勝凋敝，宜有以勞來之。」仁宗從其請，降詔：「俟賊平，蠲其租賦二年。」又言：「陝西二十萬兵分屯四路，不足以自守。涇原最爲要害處，請萬人以屯渭州，以制山外。如此，賊不敢輕出犯塞也。」

自好水川失利，韓琦降知秦州，范仲淹亦以擅答元昊書，降知耀州。堯臣言：「此兩人，天下之選也。其忠義智勇，名動夷狄，不宜以小故置之。」又薦种世衡、狄青有將帥材。明年，葛懷敏敗，涇、邠以東皆閉壘自守。仲淹自將慶州兵捍賊，始引去。仁宗思其言，乃復命使陝西，而以琦、仲淹爲招討使。堯臣曰：「陛下復用范仲淹、韓琦，幸甚。然將不中御，兵法也。願許以便宜從事。」仁宗以爲然。因言諸路主帥可罷經略副使，以重將權，而偏將見招討使以軍禮。置德順軍於籠竿②城，廢涇、原等五州營田〔四〕，以其地募弓箭手。堯臣使還，至涇州，而德勝砦兵迫其將姚貴閉城叛。堯臣止道左，解裝爲榜射城中，以招貴，且發近兵討之。初，吏白曰：「公奉使且還，歸報天子爾。貴叛，非公事也。」堯臣曰：「貴，土豪也，頗得士心。然初非叛者，今不乘其未定速招降，後必

---

①擢：覆宋本、四庫本作「權」。錢校：「權知制誥：舊鈔本作『擢知』，剜改非。」

②籠竿：原作「籠笄」，據覆宋本、四庫本及歐陽修《文安王公墓誌銘》改。

生事，爲朝廷患。」貴果出降。

明年，爲三司使。時入内都知張永和建議，欲收民房錢什之三以助軍費。堯臣言於仁宗曰：「此唐德宗所以致朱泚之亂也。」夔州路漕臣請增①鹽井歲課十餘萬緡，事下三司。堯臣以爲：「上恩未嘗及遠人，而反浚取厚利，適所以斂怨也。」皆罷之。求解計事，以翰林學士承旨兼端明殿學士爲羣牧使。皇祐三年，以給事中充樞密副使。

堯臣持法守正，務裁抑僥倖②，至有鏤匿名書傳之京城者。仁宗信之益不疑，而堯臣益奮厲。狄青以軍功起行伍，居大位，而士卒多屬目。而青頗有自得色，堯臣與青言：「古將帥起微賤而富貴，而不能保首領者，可以爲鑒戒。」青稍沮喪。至和中，拜户部侍郎、參知政事，進吏部。卒，年五十六〔五〕。將終，有遺奏勸仁宗以早擇宗室之賢者爲皇嗣。贈左僕射，謚曰文安。

堯臣典内外制十年，文詞温潤，得王言體。有文集五十卷。

元豐三年，堯臣子水部員外郎同老上言：「至和中，仁宗不豫，内外寒心者累月。先臣參預朝政，宰相文彦博、富弼等數於上前陳宗社大計、國家根本。天啓先臣之心，知英宗皇帝少嘗養育宫中，遂與彦博、弼等於仁宗前忘身爲國，不顧忌諱，求立爲嗣。盡忠納説，反覆數四，未許。間又與同列各求罷免、避位，以冀開納。仁宗感悟，遂許英宗爲嗣。」神宗以問彦博，彦博言與同老合，神宗嘉之。乃加贈堯臣太師，改謚曰文忠。以同老爲秘閣校理。

①增：原脱，據繆校及《宋史》卷二九二《王堯臣傳》、劉湜《王公行狀》補。
②僥倖：原作「撓幸」，據覆宋本、四庫本改。《宋史》本傳作「徼倖」。

孫沔字元規，越州會稽人也〔六〕。中進士，補趙州司理參軍。爲人明敏果敢，有材，稍遷監察御史裏行。景祐元年，章獻皇后服未除，而禮官請用冬至日册后，沔奏請俟祥禫别擇日上書。李安世①被劾，沔又奏請勿治。出知衡山縣。沔上書言時事，以切直貶監衡州酒税〔七〕，移通州〔八〕，知處州，遷監察御史，又知楚州，所至皆有能迹。召爲右正言〔九〕，又有直名。遷提點兩浙刑獄、陝西轉運使。居兩月，即以天章閣待制爲都轉運使。又數月，移知慶州。三司所給特支，物惡而估直高，軍人有語，而優戲及之。沔曰：「此朝廷特支，何敢妄言揺衆？」亟命斬之，諸將爲請，猶杖配嶺南。明日給特支，無敢讙者。

遷龍圖閣直學士，又遷樞密直學士、知明州，移知秦州。仁宗勉以邊事，對曰：「秦州不足憂，陛下當以南方爲憂。」明日，官軍以敗聞，遂以沔爲荆湖、江西、廣南安撫使。未幾，副狄青宣撫。賊平，遷給事中、知杭州，召拜樞密副使。

契丹使請觀太廟樂，仁宗以問宰相，對曰：「恐非祠享不可習也。」沔曰：「臣請以理折之。」乃謂使人曰：「廟樂之作，皆本朝所以歌詠祖宗功德也。使人如能留助吾祭，乃可以觀之。」仁宗從其議，使遂不敢復請。

張貴妃薨，追册爲皇后，命沔讀册。故事，正后，翰林學士讀册。沔既位右府，力辭之，且曰：「陛下若以臣沔讀册則可，以樞密副使讀册則不可。」遂求罷職，以資政殿學士知杭州。沔在杭貪縱不法，所刺配人以百數。及去，即竊其案，後有訴者，無以自解。遷大學士，移知青州，又遷觀文殿學士、知并州。笞繫罪人不以法，爲御史彈奏，按驗如實，乃責寧國軍節度副使。

復光禄卿，分司南京。會恩，除知濠州，以禮部侍郎致仕。起爲資政殿學士、知河中府，又以爲觀文殿學士、

①李安世：原作「季安世」，據覆宋本、四庫本及《長編》卷一一五、《宋史》卷二八八《孫沔傳》改。

知延州〔一〇〕。道卒，年七十一〔一一〕。贈兵部尚書，謚曰威敏。

田況字元均，其先京兆人也，後徙居信都〔一二〕。石晉之亂，祖行周陷於契丹。景德初，契丹内寇，以所掠數百人屬其父延昭①，悉縱之，因遁歸。官至太子率府率。

況舉進士，又舉賢良方正，爲太常丞、通判江寧府。陝西用兵，從夏竦辟，爲經略判官，擢直集賢院。諸將悉兵擊賊，況極言其不可，乃止。又言所以治邊者十四事，仁宗多見聽用。還爲右正言、修起居注、知制誥、陝西宣撫副使，除龍圖閣直學士、知成德軍，徙秦州，進樞密直學士、知渭州，徙益州。

自李順、王均之亂，蜀守皆得便宜决事，雖或小罪，並其家内徙，流離道路失所者頗衆。況察其非甚罪，釋之。又聽斷之明，蜀人以比張詠。遷給事中，召爲御史中丞。未至，復爲樞密直學士、權三司使。既而又以爲龍圖閣學士、翰林學士。況約《景德會計録》，以今財賦所入多於景德，而其出又多於所入，著爲《皇祐會計録》上之，冀以悟上，庶更立輕制，使民充實，而縣官有餘用也。除禮部侍郎、三司使。至和元年，擢樞密副使。嘉祐二年，拜樞密使。以疾乞免，除尚書左丞〔一三〕、觀文殿學士兼翰林侍讀學士、提舉景靈宫，遂以太子少傅致仕。卒，年五十九〔一四〕。贈太子太保，謚曰宣簡。

況爲人寬厚明敏，與人若無不可，而非義不可干也。於天下事，小利近功則置而勿論，所及必朝廷先務而可以利民者。嘗著《好名》《朋黨》二論。有奏議三十卷。

①延昭：原作「延招」，據四庫本及《宋史》卷二九二《田況傳》、歐陽修《右侍禁田延昭可右内率府率制》（《歐陽文忠公集》卷八〇）改。

程戡字勝之，許州陽翟人也。擢進士，補涇州觀察推官。稍擢爲侍御史、知諫院，以天章閣待制爲陝西都轉運使，徙知渭州，遷樞密直學士、知瀛州。契丹使過，稱疾求小幘見。戡不許，曰：「疾則可毋相見，相見宜如禮。」虜使竟不能屈。進端明殿學士、知益州。

明年召還，爲給事中、參知政事，以宰相文彦博親嫌，遷禮部侍郎[一五]，爲樞密副使。數與宋庠争議，諫官、御史兩非之，罷爲吏部侍郎、觀文殿學士兼翰林侍讀學士、同羣牧使。未幾，拜宣徽南院使、判延州。

英宗即位，加安武軍節度使。横山酋豪請以兵乘塞，而自以其屬取靈、夏，歸中國。戡奏言：「諒祚數悖慢，而多殺戮，人人離心。今其酋豪如此，可許之。」時英宗不豫，大臣重生事，不從。戡年七十，告老十數，不許。復以疾請，乃許。至同州，卒，年七十七[一六]。贈太尉，謚曰康穆。

戡久分帥閫，號習邊事，然無他智略。折節交宦者①，君子議之。

【箋證】

〔一〕卒年六十：《隆平集》卷一四同。歐陽修《翰林侍讀侍講學士王公墓誌銘》（《歐陽文忠公集》卷三一）：「嘉祐二年九月甲戌朔，以疾卒，享年六十有一。」《續通志》卷三二八《王洙傳》據補「卒年六十一」，校記云：「《宋史》本傳不載其年壽並所止之官，據歐陽修撰《洙墓誌》增。」

〔二〕子欽臣：《續通志》卷三二八《王洙傳》校記：「按《隆平集》載洙子力臣、欽臣、陟臣、曾臣。《墓誌》載子男五人：長叟臣，早卒；次力臣，太常寺太祝；次欽臣，秘書省正字；次陟臣，將作監主簿；次曾臣，某官。」

①折節交宦者：繆校作「不能折節交賢才，而惟結交宦者」。

〔三〕著作佐郎：《宋史》卷二九二《王堯臣傳》作「改秘書省著作郎」，劉湜《王公行狀》（《公是集》卷五一）作「天聖八年，召試翰林，改著作郎，直集賢院」，歐陽修《文安王公墓誌銘》（《歐陽文忠公集》卷三三）作「召試，以著作佐郎、直集賢院知光州」。

〔四〕廢涇原等五州營田：《隆平集》卷八作「又請罷涇、原五州營田」，《宋史》本傳作「又請涇、原五州營田」。《文安王公墓誌銘》同《事略》，《王公行狀》作「罷涇原五州營田」，《宋史》當脱「罷」字。

〔五〕卒年五十六：《王公行狀》：「（嘉祐）三年，遷吏部侍郎。八月二十一日，以疾薨於位，享年五十有六。」

〔六〕越州會稽人：畢仲游《孫威敏公沔神道碑》（《名臣碑傳琬琰集》上卷二三）作「會稽山陰人」。

〔七〕以切直貶監衡州酒稅：《宋史》卷二八八《孫沔傳》作「道上書言時事，再貶永州監酒」，《孫威敏公沔神道碑》作「因極言事得失，乃復謫監永州酒」，疑《事略》「衡州」爲「永州」之誤。

〔八〕移通州：《宋史》本傳作「移通判潭州」，《孫威敏公沔神道碑》作「徙通判潭、處、楚州」。疑《事略》「移通州」當作「移通判潭州」，而《事略》《宋史》並作知處、楚二州，與《神道碑》異。

〔九〕召爲右正言：《宋史》本傳作「召爲左正言」，《長編》卷一三二、《孫威敏公沔神道碑》亦作「左正言」，《事略》「右」當作「左」。

〔一〇〕又以爲觀文殿學士知延州：《宋史》本傳作「又以爲觀文殿學士、知慶州，徙知延州」，《孫威敏公沔神道碑》作「改觀文殿大學士、知慶州，徙知延州」，《事略》略過「知慶州」。

〔一一〕道卒年七十一：《隆平集》卷一一作「卒年七十二」，《孫威敏公沔神道碑》作「四年甲申薨於鄜州，年七十一」。《長編》卷二〇八治平三年四月甲申朔：「觀文殿學士、户部侍郎孫沔自環慶改帥鄜延，未至，卒於道。」《宋會要輯稿》儀制一一之四亦載「觀文殿學士、禮部侍郎孫沔」卒於「治平三年四月」。據此可知，《神道碑》「四年」當爲「四月」之誤。

〔一二〕其先京兆人也後徙居信都：《隆平集》卷一一、王安石《太子太傅致仕田公墓誌銘》（《王文公文集》卷八八）並同《事略》，范純仁《太子太保宣簡田公神道碑銘》（《范忠宣公集》卷一六）作「其先京兆田氏，後徙信都」，「至太子率府率以終，始家開封，而葬陽翟，遂爲開封人」。《宋史》卷二九二《田況傳》作「其先冀州信都人」，與諸書異。

〔一三〕除尚書左丞：《隆平集》卷一一、《太子太保宣簡田公神道碑銘》作「尚書左丞」。《宋史》本傳作「罷爲尚書右丞」，《太子太傅致仕田公墓誌銘》作「乃以爲尚書右丞」，《長編》卷一八九作「罷爲尚書右丞、觀文殿學士兼翰林侍讀學士，提舉景靈宫」（嘉祐四年五月），卷一九一作「觀文殿學士兼翰林侍讀學士、尚書左丞、提舉景靈宫田况爲太子少傅致仕」（嘉祐五年二月）。《事略》蓋誤「右」爲「左」。

〔一四〕卒年五十九：《長編》卷一九八嘉祐八年二月乙酉：「太子少傅致仕田况卒。贈太子太保，謚宣簡。」《太子太傅致仕田公墓誌銘》作「贈太子太傅」，不載謚號，則似初贈太子太傅，後贈太子太保。《續通志》卷三二七《田况傳》校記：「按《宋史》本傳後半原有闕文，自龍圖閣直學士後事蹟及遷除、贈謚俱失載。王惟儉《宋史記》據《東都事略》纂輯，較爲完善，今從之。」

〔一五〕遷禮部侍郎：《宋史》卷二九二《程戡傳》作「改尚書户部侍郎」，《長編》卷一八二、《宋史》卷二一一《宰輔表》並作「户部侍郎」，疑《事略》誤。

〔一六〕卒年七十七：《長編》卷二〇七治平三年正月乙亥：「宣徽南院使、武安節度使程戡卒。」

東都事略卷第七十一

列傳五十四

張昪字杲卿，韓城人也。少力學，有志操。舉進士，爲營丘簿〔一〕。留守王曾以爲有公輔器。累遷太常博士。京東饑，擢守密州。昪貸粟於民以振之，多所全活。元昊叛，夏竦經略陜西，薦昪可任，改六宅使、涇原秦鳳安撫都監。歲餘，西兵解嚴，以爲度支員外郎、知絳州。久之，爲京西路提點刑獄，改轉運使。知鄧州，昪以親老辭。或以爲避事，范仲淹曰：「張昪非避事者也。」乃聽侍養。歷直史館、河東轉運使，入爲侍御史知雜事。

張堯佐緣貴妃恩驟用，知開封府；入内都知楊懷敏夜直入禁中，衛士爲變，而詔不問罪，昪皆極言之。石介死，既葬矣，夏竦欲中傷富弼，謂介實不死，北走胡。昪爲辨理之，卒得不疑。坐微累出知濠州。諫官陳升之言昪忠直，宜在朝廷。仁宗曰：「吾非不知昪賢，但其言太直爾。」升之請其事，仁宗曰：「昪論張堯佐云：『陛下勤身克己，欲致太平，奈何以一婦人壞之？』論楊懷敏云：『懷敏苟得志，所爲不減劉季述。』何至是哉？」升之曰：「忠直之言，人臣所難也。陛下不可以爲罪。」仁宗曰：「朕未嘗以言罪人，如昪之直，朕當用之也。」未幾，爲天章閣待制，遷龍圖閣直學士、知秦州。

轉運使修古渭城，昪言：「古渭斗絶在羌中，無險可守，餉運回遠，得之更以生患。」既城，而羌果據廣吴嶺，絶餉道。裨將劉渙帥兵不時進擊，昇以郭恩代之，賊乃潰去。渙以得城不在己也，詒①奏恩所殺皆老稚，由是徙昇知青州。既而朝廷察渙之妄，黜之，復以昇守秦州。召兼侍讀，遂拜右諫議大夫、御史中丞。

時富弼爲相，歐陽修爲翰林學士，士大夫以爲得人。御史趙抃、范師道以嘗論列陳執中，與范鎮議不同，不肯就職。劉沆以抃、師道嘗攻其短，陰上書出之。昇曰：「天子耳目之官，進退用舍，必由陛下，奈何以宰相怒斥之乎？」乃罷沆。仁宗以昇指切時事無所避，曰：「卿孤寒，乃能如是。」昇曰：「臣朴學愚忠，仰托睿聖，三子皆服冠裳，是不孤寒。陛下春秋已高，主鬯虚位，臣見陛下之臣多持禄養交，而少赤心謀國者，則似陛下孤寒也。」仁宗爲之感動。

初，契丹遣蕭德齎其主宗真繪像來，且求御容，未報而宗真死。子洪基立，遣使請於朝，以昇報聘。昇至，虜乃欲先得御容，昇曰：「昔文成弟也，弟先面兄，於理爲順。今南朝乃伯父，當先致恭。」虜復以洪基像來納。嘉祐中，拜樞密副使、參知政事，進樞密使。

仁宗春秋高，而儲宫尚未建，昇昔在御史已屢建言矣。至是，與韓琦叶心共議，力陳上前。仁宗面諭曰：「朕已立嗣矣。」因示以英宗藩邸舊名。昇進曰：「陛下不疑否？」仁宗曰：「朕何疑哉？」昇等再拜賀。英宗即位，昇請老，英宗曰：「卿勤勞王家，未當遽去。」詔五日一至樞密院。昇力求退，乃以彰德軍節度使〔二〕、同平章事、判許州，改鎮河陽三城。逾年，以太子太師致仕。

昇忠信謹儉，不受請謁，分奉禄以及九族。退居十有餘年，葺田廬於紫虚谷，澄心養氣，不問時事，愈老而耳目聰明。卒，年八十六〔三〕。贈司徒、侍中，謚曰康節。

①詒：覆宋本、四庫本作「詎」。《長編》卷一七五作「紿」。

孫抃字夢得，眉州眉山人也。六世祖長孺，喜藏書，爲樓而置其上，蜀人謂之「書樓孫氏」。中進士甲科，以大理評事通判絳州。召試，遷直集賢院，累擢右正言、知制誥，拜翰林學士。

慶曆五年，升祔二后於太廟，抃爲赦文，有曰：「章獻明肅皇后宣導陰教，輔隆寶業；章懿皇后丕擁慶羨，寔生眇冲。顧復之恩深，保綏之念重。神馭既往，仙遊斯邈。嗟乎！爲天下之母，育天下之君，不逮乎九重之承顔，不及乎四海之致養，念言一至，追慕增結。」仁宗覽之泣下，謂抃曰：「卿何以得道朕心中事。」抃曰：「臣少以庶子不齒於兄弟，不及養母，以此知陛下聖心中事。」仁宗爲之流涕。

皇祐中，以右諫議大夫爲御史中丞。諫官論奏抃非糾繩①才，抃即上疏曰：「臣觀方今士人，趨進者多，廉退者少，以善求事爲精神，以能訐人爲風采。捷給若嗇夫，謂之有議論；刻深若酷吏，謂之有政事。諫官所謂才者，無乃謂是乎？若然，臣誠不能也。」仁宗察其言，趣視事。內侍有用特恩遷官者，抃奏罷之。

張貴妃薨，追册爲皇后，且有建陵立廟之議。抃率同列請對，固争之不能得，因伏不起。仁宗改容，遣之。陳執中爲相，箠婢出外舍死，或曰嬖妾張氏殺之。事聞，仁宗命近侍置獄取證左，執中弗遣，有詔勿推。抃奏數十上，執中遂罷相。

改翰林學士承旨②兼侍讀學士，遷禮部侍郎。抃前後多稱薦士大夫，久居侍從，泊如也，人以爲長者。仁宗欲用耆老，以抃爲樞密副使，遷參知政事。抃年益高，於事無所可否，又善忘，語言舉止，人以爲笑。爲御史韓縝

①「繩」字下，繆校有「之」字。
②承旨：原作「丞旨」，據四庫本改。

所言，罷爲觀文殿學士兼侍讀學士、羣牧使。

仁宗崩，禮院奏當以太宗爲一世神主，祔廟則增一室。詔兩制及待制以上與禮官考正。抃等議：「謹按《禮》曰：『三昭三穆，與太祖之廟而七。』《書》曰：『七世之廟，可以觀德。』曰世與昭穆云者，據父子而言也。若兄弟則昭穆同，不得以世數數之矣。國朝，太祖爲受命之祖，太宗爲有功德之宗，此萬世不遷者也。大行皇帝神主祔廟，伏請增一室爲八室，以備天子事七世之禮。」詔從之。

於是龍圖閣直學士盧士宗、天章閣待制司馬光議曰：「臣等謹按天子七廟，三昭三穆與太祖之廟而七。太祖之廟，萬世不毁，其餘昭穆，親盡則毁，示有終也。自漢以來，天子或起於布衣，以受命之初，太祖尚三昭三穆之次，故祀四世或祀六世。其太祖以上之主，雖屬尊於太祖，親盡則遷。今若以太祖、太宗爲一世，則大行皇帝祔廟之日，僖祖親盡，當遷於西夾室。祀三昭三穆，於先王典禮及近世之制，無不符合。」又詔抃等議。抃等議曰：「臣等切以謂，存僖祖之室以備七世，數合於經傳事七世之明文，而亦不失先王之禮意。」詔又從之。

禮院又奏乞與兩制同議大行皇帝當配何祭。翰林學士王珪奏：「本朝祀儀，季秋大享明堂，祀昊天上帝，以真宗配。今請以仁宗配，循用周公嚴父之道。」知制誥錢公輔議：「謹按三代之法，郊以祭天，明堂以祭五帝。郊之祭以始封之祖，明堂之祭以創業繼體之君。故《孝經》曰：『昔者周公郊祀后稷以配天，宗祀文王於明堂以配上帝。』又曰：『孝莫大於嚴父，嚴父莫大於配天，則周公其人也。』以周公言之則嚴父，以成王言之則嚴祖矣。方是之時，政則周公，祭則成王，亦安在乎必嚴其父哉？《我將》之詩是也。臣竊謂聖宋崛起，非有始封之祖也，則創業之君遂爲太祖矣。太祖則周之后稷，配祭於郊者也；太宗則周之文王，配祭於明堂者也；真宗則周之武王，宗乎廟而不祧者也。當仁宗嗣位之初，儻有建是論者，則配帝之祭，當在乎太宗矣。當時無一言者，故使宗周之典禮不明於聖代。願深詔有司，博謀羣臣而議焉。」於是又詔再議。抃等奏：「仁宗繼體保成，置天下於大安者四十二年。今祔廟宜以仁宗配上帝之享，以宣章陛下嚴父之大孝。」

知諫院司馬光、吕誨議：「《孝經》曰：『嚴父莫大於配天，則周公其人也。』孔子以周公有聖人之德，成太平之業，創禮作樂，而文王適其父也。故引之以證聖人之德莫大於孝，答曾子之問而已，非謂凡有天下者，皆當以其父配天，然後爲孝也。古之帝王，自非建邦啓土及造有區夏者，皆無配天之文。近世祀明堂者，皆以其父配五帝。此乃誤識《孝經》之意，而違先王之禮，不可以爲法也。景祐二年，仁宗詔禮官稽案典籍，辨崇配之序，定二祧之位。以太祖爲帝者之祖，比周之后稷；太宗、真宗爲帝者之宗，比周之文、武。然則祀真宗於明堂，以配五帝，亦未失古禮。今議者乃欲捨真宗，而以仁宗配食明堂，恐①於《祭法》不合。又以人情言之，是絀祖而進父也。臣等竊謂宜遵舊禮，以真宗配五帝於明堂爲便。」詔從抃等議。

抃後以太子少傅致仕。卒，年六十九〔四〕。贈太子太保，謚曰文懿。

臣稱曰：諸儒議宗廟之禮，孫抃徒知七世之數，而不達七世之義。司馬光以太祖爲受命之祖，爲宋太祖。若太祖之位未正，則祀六世爲合禮矣。至議配祭也，公輔之論得禮之正，光、誨之論得禮之宜，而珪、抃則惑於嚴父之説。當是時，英宗自旁親入繼，以謂不敢廢仁宗上帝之享，故勉從其議耳。

趙槩字叔平，應天府虞城人也。少孤立②學，舉進士，授將作監丞、通判海州。除著作郎、集賢校理，出知漣

①「恐」下，覆宋本、四庫本有「揆」字。錢校：「舊鈔本無『揆』字，校者妄增。」今按：司馬光《配天議》（《温國文正司馬公文集》卷二七）亦無「揆」字。

②立：覆宋本、四庫本作「力」，是。王珪《康靖趙公墓誌銘》：「公少而孤，力學有文行。」蘇軾《趙康靖公神道碑》：「公七歲而孤，篤學自力。」

水軍，移守通州。入爲開封府推官，知洪州。城西南隅當大江之衝，水歲爲民患。槩建爲石隄，高丈五尺，長二百丈。明年，夏水大至，度與城平，恃隄以全，至於今賴之。

同知宗正寺，知青州，改直集賢院。坐失舉謫監密州酒，徙楚州糧料院，復故官職，知滁州。召修起居注。久之，除歐陽修起居注。朝廷欲驟用修，躐槩知制誥，而以槩爲天章閣待制〔五〕。人意槩不能平，而槩恬如也。遷知制誥，以母老乞知蘇州，入翰林爲學士。

皇祐二年，館伴契丹泛使，遂報聘焉。契丹請賦《信誓如山河》詩。詩成，契丹主親酌玉杯以勸槩，且以素扇授其近臣劉六符，寫槩詩，置之懷袖。使還，加翰林侍讀學士，累遷禮部侍郎。以龍圖閣學士知鄆州，徙南京留守，拜御史中丞。遂除①樞密副使、參知政事〔六〕。

方是時，皇嗣未立，天下以爲憂。仁宗命英宗領宗正，槩言宗正未足爲重，遂與執政建言宜立爲皇子，從之。英宗即位，再遷吏部侍郎。神宗立，進尚書左丞。數求去位，以觀文殿學士、吏部尚書知徐州。明年，以太子少師致仕，居睢陽十五年而卒，年八十八〔七〕。贈太子太師，謚曰康靖。

槩爲人樂易深②中，恢然偉人也。平生與人無所怨怒，非特不形於色，而又專務掩惡揚善，以德報怨，出於至誠，非勉强者。歐陽修坐累對詔獄，槩獨抗章言：「修無罪，爲仇人所中傷，陛下不可以天下法爲人報仇。」仁宗大感悟，修以故得全，人以槩爲長者。槩既老，修亦退居汝南，槩自睢陽往從之遊，樂飲旬日，其相得如此。

①除：原作「降」，據覆宋本、四庫本改。《宋史》卷三一八《趙槩傳》作「擢」。
②深：繆校作「坦」。

胡宿字武平，常州晉陵人也。舉進士，爲揚子尉。召試，爲館閣校勘，改集賢校理，通判宣州。知湖州，築石塘百里，捍水患。大興學校，學者盛於東南，自湖學始。既去而思之，名其塘曰「胡公塘」，而學者爲立生祠。

久之，爲兩浙轉運使。召還，修起居注、知制誥。入内都知楊懷敏坐衛士夜盜入禁中，出爲和州都監。懷敏用事久，勢動中外，未幾，召復故職。宿還詞頭，不草制，論：「衛士之變，蹤跡連懷敏，得不窮治誅死，幸矣，豈宜復在左右？」其命遂止。拜翰林侍讀學士，遷翰林學士兼端明殿學士。

宿爲人清儉謹默，内剛外和，羣居不諱笑。與人言，必思而後對。故其莅官臨事，謹重不輒發，發亦不可回止。吳奎、包拯建言：「在官年七十而未致仕者，有司以時按籍舉行。」宿以謂：「養廉耻，厚風化，宜有漸。而欲一切吏議從事，殆非所以優老勸功之意。當少緩其法，使人得自言，而全其美節。」至今行之。

皇祐新樂成，議者多異論，有詔新樂用於常祀朝會，而郊廟乃用舊樂。宿言：「《書》稱『同律』，而今舊樂高，新樂下，相去一律，難並用，而新樂未施於郊廟，先用之朝會，非先王薦上帝、配祖考之意。」遂不行。禮部四歲一貢士，議者患之，請更爲間歲。議已定，宿獨言：「使士子廢業而奔走無寧歲，不如復用三歲之制也。」衆皆非其言。行之數年，士子果以爲不便，卒用三年之制。

仁宗久未有皇子，羣臣多以皇嗣爲言，未省。宿當作青詞禱祠於山川，即建言：「儲位久虚，非所以居安而慮危，願擇宗室之賢者立之，以慰天下之心。」仁宗感悟。南京鴻慶宫災，宿以謂：「南京，宋所以受命建號，而大火主於商丘，國家乘德而王者也。今不領於祠官，而比年數災，宜修火祀。」事下太常，歲以長吏奉祠商丘。

慶曆六年夏，河北、河東、京東地震，登、萊尤甚。宿以歲推之：「明年丁亥，歲之刑德，皆在北宫。陽生於子，而陰極於亥，然陰猶强而未即伏，陽猶微而未即勝，此所以震也。是謂龍戰之會，而其位在乾。今西北二虜，中國之陰也，宜爲之備。不然，必有内盜起於河朔。」明年，王則以貝州叛。宿又以爲：「登、萊視京師爲東北隅，乃少陽之位也。今二州並置金坑，多聚民以鑿山谷，陽氣損泄，故陰乘而動。縣官入金，歲幾何？小利而大害，可即禁止，以寧地道。」

皇祐五年，會靈宫災。是歲冬至，祀天南郊，以三聖並配。明年大旱，宿曰：「五行，火禮也。去歲火而今又旱，其應在禮，此殆郊丘並配之失也。」即建言並配非古，宜用迭配如初詔。韓琦議建并州爲節鎮，宿以爲：「堯遷閼伯於商丘，主火，而商爲宋星；遷實沈於臺駘，主水，而參爲晉星。國家受命，始於商丘，王以火德。又京師宋之分野，而并爲晉地。參、商仇讎之星，今欲崇晉，非國利也。自宋興，平僭僞，并最後服，太宗削之，不使列於方鎮，八十年矣。」謂宜如舊制。

嘉祐六年，拜左諫議大夫、樞密副使。宿當重任，尤顧惜大體，而羣臣方建利害，多更張庶事以革弊。宿獨厭之，曰：「變法，古人之難，今不務守祖宗成法，而徒紛紛，無益於治也。」又以爲：「契丹與中國通好六十餘年，自古未有也。善待夷狄者，謹爲備而已。今三邊武備多弛，牧馬著虚名於籍，可乘而戰者百無一二。」又謂：「宜分滄州爲二①路以禦虜，此今急務也。若其界上交侵小故，乃城砦主吏之職，朝廷宜守祖宗之約，不宜爭小利而隳大信，深戒邊臣生事以爲功。」在位六年，其論事皆此類也。

英宗即位，遷給事中。告老，乃拜吏部侍郎、觀文殿學士、知杭州。遷尚書左丞，以太子少師致仕。卒，年七十二〔八〕。贈太子太傅，謚曰文恭。

宿少嘗善一浮圖，其人將死，謂宿曰：「我有秘術，能化瓦石爲黄金。子其葬我，以此報子。」宿曰：「爾之

---

①二：原作「一」，據歐陽修《贈太子太傅胡公墓誌銘》改。

後事，敢不勉。秘術，非吾欲也。」浮圖嘆曰：「子之志未可量也。」其篤行自勵，至於貴顯，常如布衣時。學問文章，諸儒稱述焉。弟之子宗愈[九]。

宗愈字完夫，舉進士甲科。世父宿罷樞密副使，出守杭州。陛辭之日，英宗問：「子弟誰可繼卿者？」以宗愈對，除集賢校理。召對，兼史館檢討，遂同知諫院。

修①內卒盜乘輿寶器，宗愈曰：「長孫無忌不解佩刀入東上閤門，封德彝論校尉不覺罪當死。今禁殿卒爲盜竊，而入内都知了不知覺，乞加罪。」李定自秀州推官除御史，宗愈曰：「祖②宗朝，三班御史闕，必詔學士、丞雜歷選三丞至員外郎以名聞。今定自選人超擢，非由學士、丞雜所薦，而選任一出執政意，誰爲朝廷糾不法者？」明日，知制誥蘇頌、李大臨不草制，皆落職歸班。宗愈以舍人封還詞頭，爲是坐奪職，通判真州。久之，擢吏部郎中。

哲宗即位，除右司郎中，遷起居郎，試中書舍人，遷給事中，又遷吏部侍郎，拜御史中丞。首進六事，曰③：「端本、正志、知難、加意、守法、畏天，陛下若留神於此六者，則治道得矣。」役書成，牙校募不足，許差上户。宗愈極論其非，宜悉從募便。

哲宗問朋黨之弊，宗愈曰：「君子義之與比，謂小人爲姦邪，則小人必指君子爲朋黨。陛下擇中立不倚者用

①修：覆宋本、四庫本作「殿」，當屬臆改。庫本《宋史》卷三一八《胡宗愈傳》作「殿」，考證云：「南北本俱譌『殿』爲『修』，從《東都事略》改。」校點本仍作「修」。
②祖：四庫本作「仁」。
③「曰」字上，繆校有「一」字。其下並有「二」至「六」序碼。

之，則朋黨自銷。」明日，進《君子無黨論》。拜尚書右丞，爲言者所攻，以資政殿學士知陳州，徙成都府。明年召還，爲吏部尚書。哲宗親政，以宗愈帥定武，未行，卒，年六十六〔一〇〕。謚曰脩簡。後坐元祐黨入籍云。

【箋證】

〔一〕爲營丘簿：《宋史》卷三一八《張昪傳》作「爲楚丘主簿」，《錦繡萬花谷》後集卷一三引《四朝國史》亦作「爲楚丘主簿」。《事略》「營」當爲「楚」之形誤。

〔二〕彰德軍節度使：《宋史》本傳作「彰信軍節度使」，《長編》卷二〇五載「樞密使、吏部侍郎張昪罷爲彰信節度使、同平章事、判許州」，《宋史》卷二一一《宰輔表》亦作「彰信節度使」，疑《事略》誤。

〔三〕卒年八十六：《長編》卷二八五熙寧十年十月戊戌：「許州言太子太師致仕張昪卒。」《宋會要輯稿》禮四一之四五記張昪「熙寧十年十月，輟二日」。

〔四〕卒年六十九：蘇頌《孫公行狀》（《蘇魏公文集》卷六三）：「治平元年二月，以太子少傅致仕，於是公年方六十九，……以其年十一月初六日薨於其坊之私第。」

〔五〕而以槩爲天章閣待制：《宋史》卷三一八《趙槩傳》云：「召修起居注。歐陽修後至，朝廷欲驟用之，難於越次。槩聞，請郡，除天章閣待制。」《宋史》本傳所述略同蘇軾《趙康靖公神道碑》（《蘇文忠公全集》卷一八）、王珪《康靖趙公墓誌銘》（《華陽集》卷六〇），與《事略》所載異趣。

〔六〕遂除樞密副使參知政事：《宋史》本傳作「擢樞密使、參知政事」，樞密使爲從一品官，參知政事爲正二品，不當曰「擢」。考《趙康靖公神道碑》作「公拜樞密副使」，《長編》卷一九二載趙槩與歐陽修、陳旭「並爲樞密副使」。《宋史》誤以「樞密副使」爲「樞密使」，脱「副」字。

〔七〕卒年八十八：《宋史》本傳作「元豐六年薨，年八十八」，《趙康靖公神道碑》作「（元豐）六年正月十五日，薨於永安坊里第，享年八十八」。

〔八〕卒年七十二：《宋史》本傳：「治平三年，罷爲觀文殿學士、知杭州。明年，以太子少師致仕，未拜而薨，年七十二。」歐陽修《贈太子太傅胡公墓誌銘》（《歐陽文忠公集》卷三四）作「（治平四年）六月十一日薨於正寢，享年七十有三」，原校：「一作『七十二』云。」

〔九〕弟之子宗愈：《宋史》本傳：「子宗炎，從子宗愈、宗回。」《續通志》卷三四二《胡宿傳》校記：「按《墓誌》載宿子五人：宗堯，都官員外郎；宗質，國子博士；宗炎，宿之第四子也。」

〔一〇〕卒年六十六：《宋會要輯稿》禮四一之四六載「資政殿學士、新知定州胡宗愈」卒於紹聖元年閏四月，儀制一一之五載「資政殿學士、通議大夫胡宗愈」，紹聖元年「閏四月，贈銀青光禄大夫」。可知胡宗愈除知定州及卒並在紹聖元年閏四月，《宋史》本傳但言「召爲禮部尚書，遷吏部，卒」，不及「帥定武」事。

東都事略卷第七十二

列傳五十五

歐陽修字永叔，吉州廬陵人也。四歲而孤，母鄭氏守節自誓，親教修讀書。家貧，至以荻畫地學書。比成人，舉進士，兩試國子監，一試禮部，皆第一，遂中甲科，補西京留守推官。始從尹洙遊，爲古文，議論當世事，迭相師友。與梅堯臣遊，爲歌詩相倡和。遂以文章名冠天下。

景祐初，召試，爲館閣校勘。時范仲淹知開封府，每進見，輒論時政得失。宰相吕夷簡惡之，斥守饒州。諫官高若訥詆誚仲淹，以爲當黜。修以書深責若訥，謂其不復知人間有羞耻事。若訥以聞，謫夷陵令。徙乾德，復爲武成軍節度判官。范仲淹帥陝西，辟修掌書記。修曰：「吾論范公，豈以爲利哉？同其退，不同其進，可也。」辭不就。召還，復校勘。慶曆初，遷集賢校理、同知太常禮院。求補外，通判滑州。

仁宗登進杜衍、范仲淹、富弼、韓琦，分列二府，增諫官員，用天下名士，召修知諫院。未幾，修起居注。修每勸上延見大臣，訪以政事。仁宗再出手詔，使條天下事。又開天章閣，召對賜坐，給以筆札，使具疏於前，皆皇恐，退而上時所宜先者十數事。於是有詔勸農桑，興學校，革磨勘、任子等弊，中外悚然。而小人不便，相與騰口謗之。修常爲仁宗分别邪正，勸行其言。改右正言、知制誥，仍知諫院。故事，知制誥必試。仁宗知修之文，有旨不試，與近世楊億、陳堯佐及修，三人而已。嘗因奏事論及人物，仁宗目修曰：「如歐陽修，何處得來？」

初，范仲淹之貶饒州也，修與尹洙、余靖皆以直仲淹見逐，目之黨人。自是朋黨之論起，修乃爲《朋黨論》以進，以爲：「君子以同道爲朋，小人以同利爲朋，此自然之理也。臣謂小人無朋，惟君子則有之。蓋小人所好者，利禄也；所貪者，財貨也。當其同利之時，暫相黨引以爲朋者，僞也。及其見利而争先，或利盡而反相賊害，雖其兄弟、親戚不能相保。故臣謂小人無朋，其暫爲朋者，僞也。君子則不然，所守者道義，所行者忠信，所修者名節。以之修身，則同道而相益；以之事國，則同心而共濟。終始如一，故君子有朋也。故爲君者，但當退小人之僞朋，用君子之真朋，則天下治矣。」

四年，大臣有言河東芻糧不足，請廢麟州，命修往視利害。修以爲麟州天險，不可廢。又言：「忻州、代州、岢嵐、火山軍並邊民田，廢不得耕，號爲禁地。吾雖不耕，而虜常盗耕之。若募民計口出丁爲兵，量入租粟以耕，歲可得數百萬斛。不然，他日且盡爲虜有。」議下，太原帥臣以爲不便，持之，久之乃從。凡河東賦斂過重，民所不堪，奏罷十數事。

自河東還，會保州兵亂，以修爲龍圖閣直學士、河北都轉運使。仁宗面諭曰：「無爲久留計，有所欲言言之。」修曰：「諫官得①風聞言事，外官越職而言，罪也。」仁宗曰：「第以聞，勿以中外爲意。」方是時，二府相繼以黨議罷去，修慨然上疏曰：「杜衍、韓琦、范仲淹、富弼，天下皆知其可用之賢，而不聞其有可罷之罪。自古小人讒害忠賢，其説不遠。欲廣陷良善，不過指爲朋黨；欲摇動大臣，必須誣以專權。其故何也？去一善人而衆善人尚在，則未爲小人之利，欲盡去之，則善人少過，難爲一一求瑕，唯指以爲朋黨，則可以一時盡逐。至如自古大臣已被主知而蒙信任，則難以他事動摇，唯有專權是上之所惡，必須此説，方可傾之。正士在朝，羣邪所忌；謀臣不用，敵國之福也。今此四人一旦罷去，而使羣邪相賀於内，四夷相賀於外，臣所以爲陛下惜之也。」爲朋黨

①得：原作「待」，據覆宋本、四庫本及蘇轍《歐陽文忠公神道碑》改。

論者，惡修異己，又以善言其情狀，愈益忌之。

會修之外甥女張嫁族人晟，以失行繫獄。言事者乘此欲并中修，遂起詔獄，窮治張資産。仁宗遣中官監劾之，卒辨其誣，修坐左遷知制誥、知滁州，徙揚、潁二州，復龍圖閣直學士、留守南京，以母憂去。既免喪，入見，鬚髮盡白。仁宗怪之，問勞惻然，恩意甚厚，命判流内銓。小人畏修復用，僞爲修奏乞澄汰宦官。宦官聞之，果怒。會選人胡宗堯當改官，坐嘗以官舟假人，經赦去官，法當循資。修引對取旨，仁宗特令改官。宦官有密奏者曰：「宗堯，翰林學士宿之子，有司右之，私也。」遂出知同州。

言者多謂修無罪，仁宗悟，留刊修《唐書》，爲翰林學士。加龍圖閣學士、知開封府。所代包拯，以威嚴御下，名震都邑。修簡易循理，不求赫赫之譽。或以爲言，修曰：「凡人材性不一，用其所長，事無不舉；强其所短，勢必不逮。吾亦任吾所長耳。」遷給事中，爲羣牧使。《唐書》成，拜禮部侍郎兼翰林侍讀學士。

修在翰林凡八年，知無不言，所言多聽。河决商胡，賈昌朝留守北京，欲開横壠故道，回河使東。有李仲昌者，欲道商胡入六塔河。詔兩省臺諫集議。修故奉①使河北，知河决根本，以爲：「河水重濁，理無不淤，淤從下起，下流必决。水性避高，决必趨下。以近事驗之，决河非不能力塞，故道非不能力復，但勢不能久，必决於上流耳。横壠功大難成，雖成，必有復决之患。六塔狹小，不能容受大河，以全河注之，濱、棣、德、博必被其害。不若因水所趨，增治隄防，疏其下流，浚之入海，則河無决溢散漫之憂，數十年之利也。」陳執中當國，主横壠之議。其後行之而敗，河北被害者凡數千里。臺諫謂執中過惡，而執中遷延，尚玷宰府②。修上疏曰：「陛下用相非其人，

①奉：原作「奏」，據覆宋本、四庫本及蘇轍《歐陽文忠公神道碑》改。
②宰府：覆宋本、四庫本補作「宰相府」。

以天下之事，奈何委一不學無識、諂邪很愎之執中而甘心焉？然天下之人與後世之議者，謂陛下拒忠言，庇愚相，以爲聖德之累。」未幾，執中罷免。

狄青爲樞密使，奮自軍伍，多戰功，軍中服其威名。仁宗不豫，諸軍訛言藉藉，修言：「武臣掌機密而得軍情，不惟於國不便，鮮不爲身害。請出之外藩，以保其終始。」遂罷青知陳州。修嘗因水災上疏曰：「陛下臨御三十餘年，而儲宮未建，此久闕之典也。漢文帝即位，羣臣請立太子。羣臣不自疑而敢請，文帝亦不疑其臣有二心。後唐明宗尤惡人言太子事。然漢文帝立太子之後，享國長久，爲漢太宗。明宗儲嗣不早定，而秦王以窺覬陷於大禍，後唐遂亂。陛下何疑而久不定乎？」嘉祐五年，爲樞密副使。明年，拜參知政事。

修在兵府，與曾公亮考天下兵數及三路屯戍多少、地理遠近，更爲圖籍。凡邊防久闕屯戍者，必加蒐補。其在政府，與韓琦同心輔政，凡兵民官吏財利之要，中書所當知者，集爲總目，遇事不復求之有司。時東宮猶未定，與韓琦等協定大議，語在《琦傳》〔一〕。

英宗即位，以疾未親政，慈聖光①獻皇后垂簾。修與二三大臣往來二宫，彌縫其闕，卒復明辟。再遷吏部侍郎。神宗即位，遷尚書左丞。

修性剛直，平生與人盡言無所隱。及在二府，士大夫有所干請，輒面諭可否。雖臺諫論事，亦必以是非詰之。初，朝廷議加濮王典禮也，臺臣以修主此議，專以詆修，語在濮王事中〔二〕。修著《濮議》，引《喪服記》曰：「『爲人後者，爲其父母報②』。報者，齊衰，期也，謂之降服。親不可降〔三〕，降者降其外物爾，喪服是也。其必降

①光：覆宋本、四庫本作「章」，誤。
②報：原作「服」，據歐陽修《濮議劄子》及《儀禮・喪服》改。《長編》卷二〇七、《宋史》卷三一九《歐陽修傳》底本均作「服」，校點者改作「報」，是。下「報」字同改。

者，示有所屈也。以重承大宗之重，尊祖而爲之屈於此，以伸於彼也。生莫重於父母，而爲之屈者，以承大宗者亦重也。此以義制者也。父子之道，天性也。臨之以大義，有可以降其外物；而本之於至仁，則不可絶其天性。絶人道而滅天理，此不仁者之或不爲也。故聖人制服，爲降三年爲期，而不没其父母之名，以見服可降而名不可没也。此以仁存者也。今議者欲以爲人後之故，使一旦反視父母，若未嘗生我者，其絶之也甚矣。使其真絶之與？是非人情也。迫於義而僞絶之與？是仁義者教之爲僞也。」其議如此。

臺臣既出，而來者持修愈急。先是，蔣之奇盛稱《濮議》之是，修由是薦之，得爲御史。既而反攻修，及其帷薄事，事連其子婦，修杜門求辨其事。詔詰問之奇語所從來，之奇言得之彭思永，思永言出於風聞，曖昧無實，嘗戒之奇勿言。神宗爲其詞窮，逐去。修亦力求退，除觀文殿學士、刑部尚書、知亳州，遷兵部尚書、知青州。

時諸路散青苗錢，修乞令民止納本錢，以示不爲利；罷提舉官，聽民以願請。不報。除宣徽南院使、判太原府，修力辭，丐易蔡州，大略以久疾昏耗，不任重寄，復曰：「時多喜新奇，而臣思守拙；衆方興功利，而臣欲循常。」以譏切王安石，遂聽以舊官知蔡州。

修在亳已六請致仕，比至蔡逾年，復請，乃以觀文殿學士、太子少師致仕。修昔守潁，樂其風土，因卜居焉。及歸而居室未備，處之怡然，不以爲意。修之在滁也，自號「醉翁」，作亭琅邪山，以「醉翁」名之。晚年又自號「六一居士」，曰：「吾《集古録》一千卷，藏書一萬卷，有琴一張，有棋一局，而嘗置酒一壺，吾老於其間，是爲六一。」自爲傳，刻石。居潁一年而卒〔四〕，年六十六。贈太子太師，謚曰文忠。

修於六經，長於《易》《詩》《春秋》，其所發明，多古人所未見。嘗奉詔撰《唐》本紀、表、志，又自撰《五代史記》。二書本紀，法嚴而詞約，多取《春秋》遺意。其表、傳、志，與遷、固相上下。有《易童子問》三卷、《詩本義》十四卷、《居士集》五十卷、《内外制》《奏議》《四六集》又四十餘卷〔五〕。

修篤於朋友，不以貴賤生死易意。尹洙、孫復、石介、梅堯臣既没，皆經理其家。或言之朝廷，官其子弟。蘇洵以布衣隱居於蜀，修得其書，獻諸朝。當時文士，一有所長，必極口稱道，惟恐人不知也。嘉祐間，朝廷進人之路稍狹，修建言：「以館閣育材，材既難得，其人又難知，則當博采而多蓄之，冀一得其間，則傑然出爲名臣矣，餘亦不失爲佳士也。」遂詔韓琦、曾公亮、趙槩及修各舉五人，一時得士爲多。修嘗稱故相王曾之言曰：「恩欲歸己，怨使誰當？」且曰：「貧賤嘗思富貴，富貴必履危機，此古人之所嘆也。惟不思而得，既得而不患失之者，其庶幾乎？」修以論政不合，固求去位，年未及即告老，天下高之。四子：發、奕、棐、辨。

棐字叔弼，以父修蔭守秘書省正字。年十二三[六]，修著《鳴蟬賦》，棐侍，修語之曰：「兒異日能爲吾此賦否？」因書以遺之。修又嘗書以教棐曰：「藏精於晦則明，養神以静則安，晦所以蓄用，静所以應物。善蓄者則不竭，善應者則無窮。雖學則可至，然性近者得之易也。」及長，舉進士。修在位及告老，棐不肯言仕。修卒，始仕爲審官院主簿，遷太常博士。

哲宗即位，爲著作郎。入省爲職方、禮部員外郎。詔議南北郊祭，或曰分祭禮也，或曰合祭禮也，棐曰：「分祭、合祭，《唐志》有之矣，吾先君子之所論也。雖欲合議者而排分祭，則非吾先君子之意也。」章惇入相，棐以秘閣校理知襄州，又知潞州。坐元祐黨奪校理。元符三年，還朝爲吏部郎中，遷右司郎中。請外，以直秘閣知蔡州。復係元祐黨鐫直秘閣，罷居潁州。卒，年六十七[七]。

初，修以道德文章爲三朝所知，天下學士大夫皆師尊之，而棐亦能以文學世其家。有文集二十卷，其他著述又五十餘卷[八]。

臣稱曰：斯文，古今大事也，天未嘗輕以畀人。然自孔子以來，千有餘載之間，得其正傳者，僅四五人而已。孔子既没，而孟子生；孟子之後，有荀卿；荀卿之後，而揚雄出；雄之後，而韓愈繼；愈之後，而修得其傳。其所以明道秘而息邪説[九]，立化本而振儒風，邃然以所學入，發爲朝廷之論議，志得道行，沛然有餘，則功利之及於物者，蓋天之所畀也。故天下尊仰之如泰山、大河，日月所不能磨而竭矣。

【箋證】

〔一〕語在琦傳：《韓琦傳》，見本書卷六九。

〔二〕語在濮王事中：《濮王允讓世家》，見本書卷一六。

〔三〕謂之降服親不可降：「謂之降服」以前數句，出自歐陽修《濮議劄子》（《歐陽文忠公集》卷一二三）；「親不可降」以下，轉引自同卷《爲後或問》，《事略》糅而爲一，中間多所删略。

〔四〕居潁一年而卒：《宋史》卷三一九《歐陽修傳》：「熙寧四年，以太子少師致仕。五年，卒。」蘇轍《歐陽文忠公神道碑》（《欒城後集》卷二三）：「熙寧五年秋七月，觀文殿學士、太子少師致仕歐陽文忠公薨於汝陰，……居潁一年而薨，享年六十有六。」

〔五〕内外制奏議四六集又四十餘卷：《歐陽文忠公神道碑》載「《外制集》三卷、《内制集》八卷、《奏議集》十八卷、《四六集》七卷」，合三十六卷，另載「《外集》若干卷、《歸榮集》一卷」「《集古録》跋尾十卷、雜著述十九卷」。《事略》所謂「又四十餘卷」，或並《外集》《歸榮集》等計入，而失載書名。

〔六〕年十二三：《宋史》卷三一九《歐陽修傳》附《歐陽棐傳》作「年十三時」，畢仲游《歐陽叔弼傳》（《西臺集》卷六）作「年十二三」。按歐陽修《鳴蟬賦》序云：「嘉祐元年夏大雨水，奉詔祈晴於醴泉宫，聞鳴蟬，有感而賦。」如嘉祐元年（一〇五六）時年十三，則棐當生於慶曆四年（一〇四四），與《歐陽叔弼傳》「政和三年卒」「年六十七」（當生於慶曆七年）不相吻合。《事略》言「年十二三」，乃不確定之辭，是。

〔七〕年六十七：《宋史》本傳：「坐黨籍廢，十餘年卒。」畢仲游《歐陽叔弼傳》（《西臺集》卷六）：「政和三年卒於潁州，年六十七。」

〔八〕其他著述又五十餘卷：《歐陽叔弼傳》：「叔弼甫常著《堯歷》三卷、《合朔圖》一卷、《歷代年表》十卷、《三十國年紀》七卷、《九朝史略》三卷、《食貨策》五卷、《集古總目》二十卷、《襄録》二卷。」合五十一卷。

〔九〕其所以明道秘而息邪説：汪琬《東都事略跋》卷中：「《避暑録話》：歐陽氏子孫，奉釋氏尤嚴於佗士大夫家。聞公之子棐云，公無恙時，薛夫人已自爾，公不禁也。然則《本論》之作，固托諸空言邪？石林謂文忠初未有闢佛意，而石守道力論其然，遂相與協力，蓋同出於韓退之。又謂公既登政路，法當得墳寺，極難之，久不敢請，已乃乞爲道宫。以道宫守墳墓，惟公一人。予謂公若崇正斥邪，自應上一劄子，乞盡毁諸宰執家先所賜墳寺，庶幾不愧昌黎。至於老之與釋，相距幾何，而顧以彼易此，恐難以語信道之篤者矣。」

東都事略卷第七十三

列傳五十六

包拯字希仁，廬州合肥人也。舉進士，以大理評事知建昌縣，辭①以親年高，改和州管庫〔一〕，而親不欲去鄉里，遂解官就養。及親亡，廬墓側，終喪不忍仕。久之，知天長縣。有訴盜割牛舌者，拯曰：「第殺而鬻之。」俄有告私屠牛者，拯曰：「已割其舌矣，非私殺也。」盜色變，遂引伏。

徙知端州，入爲監察御史。建言：「國家取士，用人不得實。歲賂戎狄，非禦戎之策。」又言：「諸路轉運加按察使之名，以苛察相尚，奏劾官吏，更倍於前，皆捃摭細故，使吏不自安。」詔爲罷之。

使契丹，虜之典客曰：「雄州開便門，欲誘納叛人、刺候疆事邪？」拯曰：「誠欲刺之，自有正門，何必便門也？此豈問涿州門邪？」虜有沮色。爲三司户部判官，出爲京東轉運使，改直集賢院，徙陝西路，又徙河北，入爲三司户部副使。奏罷斜谷務造船材木十萬，及罷七州河橋竹索數十萬。奉使河北，言牧馬占邢、洛、趙三州沃壤萬五千頃，悉請以予民，事多施行。

擢天章閣待制、知諫院。張堯佐挾貴妃以請，自三司使拜宣徽、節度、景靈、羣牧四使，拯上疏切諫，語在《堯佐傳》〔二〕。卒奪其宣徽、景靈二使。拯數論斥大臣，請罷一切内降。又録唐魏鄭公三疏，請置座右。及别條七

①辭：繆校無此字。

事，言明察、聽納，辨別朋黨，愛惜人才，不主先入之說，蕩①去疑法條責，臣下牽録微過，其論甚美。

除龍圖閣直學士，復爲河北轉運使、知瀛州。除放一路所負，回易公使錢十餘萬，仍奏請諸州毋得回易公使錢。徙揚、廬二州。廬即拯鄉里也，親黨有犯法者，拯無少貸焉。坐失保任，降知池州，徙江寧府，召知開封府。舊制，訟牒令知牌司收之於門外，拯使徑至庭下辨曲直，吏民不敢欺。京師大水，拯以勢家多置園第惠民河上，歲久湮塞，遂盡毀去。中貴人僞增地契步數者，拯奏劾之，權貴爲之斂迹。

嘉祐三年，除右諫議大夫、御史中丞。上疏請立皇嗣曰：「東宫虚位日久，天下以爲憂。羣臣數以爲言，而陛下持久不決，何也？夫萬物皆有根本，而太子者，天下根本也。根本不立，禍孰大焉②？」仁宗曰：「卿欲誰立？」拯曰：「臣乞陛下豫建太子者，爲宗廟萬世計耳。陛下問臣誰立，是疑臣也。臣行年六十〔三〕，且無子，非徼後福者。」仁宗喜，乃曰：「當徐議之。」拯又上疏陳教養宗室之法，責諸路監司聽御史府自舉屬官〔四〕，諫官、御史不避二府薦舉，兩制得至執政私第，減一歲休假日，皆施行之。

張方平爲三司使，拯攻罷之，而除宋祁。拯又擊祁，祁罷，遂除拯三司使。歐陽修疏：「拯所謂牽牛蹊田而奪之牛，罰已重矣，又貪其富，不亦甚乎？」拯家居避命者久之。六年，拜禮部侍郎、樞密副使。七年，終於位，年六十四。贈禮部尚書，謚曰孝肅。

拯爲人不苟合，未嘗僞辭色以悦人。平居無私書，故人、親黨亦皆絶之，人多憚其方嚴。仕已通顯，奉己儉約，如布衣時。少爲劉筠所知，筠無子，爲奏其族子爲後，而請還其所没田廬。有奏議十五卷。

①蕩：原作「湯」，據覆宋本、四庫本及《隆平集》卷一一改。
②禍孰大焉：繆校作「禍孰大於此者」。

吴奎字長文，濰州北海人也。年十七，舉進士。既冠，調古田簿、廣信軍判官。宦者楊懷敏增廣北邊屯田，至奪民穀地，無敢抗之者，奎上書論其不便。知保州王果亦屢争之，懷敏使人訟果他事，奎爲果辨其誣，果遂得免。改大理寺丞、僉判武寧軍，監京東排岸司。時衛士夜盗入禁中，楊懷敏當宿直而得罪輕，奎言：「陛下私近幸而屈公法，臣竊爲陛下惜之。」再遷殿中丞。

舉賢良方正，對策入等，擢太常博士、通判陳州，加直集賢院。改起居舍人，同知諫院。奎勸仁宗禁切左右姦佞。内東門捉獲賂遺禁中物，下開封府劾，而府尹用内降釋之。奎劾其罪，尹坐黜。御史先事論赦書中語，詰所從來，奎奏言：「御史許風聞言事，事有非實，則當容之。若窮其主名，是後誰敢以事告於陛下者？是自蔽其耳目也。」論郭承祐以舊恩不當爲宣徽使，内臣何誠用、石全育皆左右私謁之害者，不當用爲御藥，悉罷之。

御史唐介劾宰相文彦博，事連奎，彦博罷相，奎亦出知密州，徙兩浙轉運使。久之，同修起居注，遷知制誥。奉使契丹，遇虜主加稱號，邀使者入賀。奎自以使事有職，不爲往。比還，中道與虜使遇。虜人衣服以金冠爲重，紗冠次之，而使人輒欲以紗冠邀漢使盛服，奎不許，而殺其禮見之。坐是黜知壽州。

至和三年，大水，奎上疏曰：「陛下即位三十四年，而儲嗣未建。災沴之發，乃天地祖宗以警陛下也。不然，陛下無大過，朝廷無甚失，而天惟降災，何邪？臣願陛下早建儲嗣，以繫天下之心。」拜翰林學士、知開封府，以翰林侍讀學士知鄆州，復爲翰林學士、知開封府，遂拜右諫議大夫、樞密副使。英宗即位，再遷禮部侍郎。於是奎辭，英宗曰：「朕以卿嘗有建儲之言也。」以父喪免。

神宗即位，復拜樞密副使。逾月，拜参知政事。神宗嘗與奎言追尊濮王事，奎對曰：「仁宗於先帝有天地之恩，不可忘也。追尊事，誠牽私恩。」神宗深然之。已而王陶論韓琦、曾公亮不押文德殿班，以爲跋扈，奎亦上疏言陶險躁，摧辱大臣。神宗欲除陶翰林學士，奎固執不可，陶亦上疏詆奎阿附宰相。陶出知陳州，奎亦以資政殿大學士、户部侍郎知青州。司馬光言：「奎名望素重，今爲陶罷奎，其餘大臣皆不自安，各求引去。陛下新即位，若舉朝大臣紛紛盡去，則於四方觀聽非宜。」神宗乃召奎供職，謂曰：「成王豈不疑周公邪？」

神宗嘗對輔臣稱王安石之賢：「先帝召之不起，今又力請郡，何也？」曾公亮對曰：「安石文學器業，自宜用世，請郡必以疾也。」奎對曰：「安石當仁宗之世，嘗議刑名不當，有旨釋罪，不肯入謝，意以爲韓琦沮抑故爾。」公亮曰：「安石輔相才也。吴奎此言，熒惑聖聽。」奎曰：「臣見安石臨事施設，自用護前，所爲迂闊，萬一用之，必紊亂綱紀。曾公亮熒惑聖聽，臣奎不熒惑聖聽。」奎尋出知青州。卒，年五十八〔五〕。贈兵部尚書，謚曰文肅。

奎性强記博識，百家、歷代史、傳記、律令無所不覽。少時甚貧，晚貴，以錢二百萬置義莊，以周親戚朋友之貧者。死之日，家無餘財，諸子至無屋以居。當世稱之。

趙抃字閱道，衢州西安人也。少孤貧，舉進士，爲武安軍節度推官。有僞造印者，吏以爲當死，抃曰：「造在赦前，而用在赦後，赦前不用，赦後不造，法皆不死。」遂以疑讞之，卒免死。監潭州糧料院，歲滿，知崇安縣，徙通判宜州。以母喪，廬於墓三年，不宿於家。終喪，起知海陵、江原二縣，還，通判泗州。入爲殿中侍御史，彈劾不避權倖，京師號鐵面御史。其言常欲朝廷別白君子小人，以謂：「小人雖小過，當力排而絶之，後乃無後患。君子不幸而有詿誤，當保持愛惜，以成就其德。」故言事雖切，而人不厭。温成皇后方葬，始命參知政事劉沆監護其役，及沆爲相而領事如故。抃論其當罷，以全國體。復言宰相陳執中不學無術，且多過失，章二十上，執中卒罷去。王拱辰奉使契丹，還，爲宣徽使。抃言拱辰平生所爲及奉使不法事，命遂寢。言樞密使王德用、翰林學士李淑不稱職，皆罷去。至和中，仁宗不豫，而皇子未定，抃疏請擇宗室賢子弟教育於宫中，封建任使，以示天下大本。已而求郡，得知睦州，甚有惠政。移梓州路轉運使，未幾，移益。

遷侍御史，召爲右司諫。宋庠爲樞密使，選用武臣多不如舊法，至有訴於上前者。抃陳其不可。陳升之除樞密副使，抃與唐介、吕誨、范師道同言升之交結宦官，進不以道，章二十餘上，即居家待罪。二人皆相次去位，抃與言者亦罷，得知虔州。虔州盜賊號難治，抃變通鹽法，疏鑿贛石，民賴其利。

召知御史雜事，改三司度支副使，爲天章閣待制、河北都轉運使。前此有詔募義勇，州郡不時辨，官吏當坐者八百餘人。抃被旨督其事，奏言：「河朔頻歲豐熟，故募不如數，請寬其罪，以俟農隙。」從之。坐者得免，而募亦隨足。

遷龍圖閣直學士、知成都府。抃前使蜀時，言蜀人有以妖祀聚衆爲不法者，其首既死，其爲從者宜特黥配。及爲成都，適有此獄，其人皆懼，意抃必盡用法。抃察其無他，曰：「此特坐樽酒至此耳。」刑其爲首者，餘皆釋去。蜀人歡服。會榮諲除轉運使，陛辭，英宗面諭曰：「趙抃爲成都，中和之政也。」

神宗即位，召知諫院。及謝，神宗謂曰：「聞卿匹馬入蜀，以一琴一龜自隨〔六〕，爲政簡易，亦稱是邪？」抃知神宗將用其言，即上疏論吕誨、傅堯俞、范純仁、吕大防、趙瞻、趙鼎皆骨鯁敢言，久遣不復，無以慰搢紳之望。神宗納其説。郭逵除僉書樞密院事，公議不允。抃力言之，即罷。

居三月，擢右諫議大夫、參知政事。抃感激思奮，面議政事，有不盡者，輒欲啓聞〔七〕。神宗手詔嘉之。會王安石用事，下視廟堂如無人，因争新法，怒目同列曰：「公輩坐不讀書耳。」抃折之曰：「君言失矣。如皋、夔、稷、契之時，有何書可讀邪？」安石默然。抃與安石議論多不協，既而司馬光辭樞密副使，臺諫、侍從多以言事求去，抃言：「朝廷事有輕重，體有大小，財利於事爲輕，而民心得失爲重，青苗使者於體爲小，而禁近耳目之臣用捨爲大。今不罷財利而輕失民心，不罷青苗使者而輕棄禁近耳目，去重而取輕，失大而得小，非宗廟之福，臣恐天下自此不安矣。」言入即求去。

熙寧三年，以資政殿學士知杭州。州故多盜，聞抃性寬大，細民多駢聚爲盜。抃捕獲其情重者黥配他州，盜遂遁去。徙青州，時山東旱蝗，青獨多麥，蝗將及境，遇風退飛，墮水而盡。進大學士、知成都府。劍州民造符牒度僧，聚衆二百人，告者以爲有異謀，捕得，獄具。抃不畀法吏，以意決①之，處其首以私造度牒，餘皆得不死。喧傳京師，謂爲脱逆黨。朝廷取其獄閲之〔八〕，卒無以易也。茂州蕃部鈔聚境上，遣吏捕逐，皆乞降，願殺婢以盟〔九〕。抃使喻之曰：「人不可用，用三牲可也。」使至，已縶婢引弓，將射心取血，聞抃命，讙呼以聽，訖事，不殺一人。

移越州，吴越大饑，民死者過半。抃出官廪，平其價以糶，次諭富人出粟，而以家貲先之，民樂從焉。下令修城，使民食其力，故越人雖饑而不怨。復知杭州，杭旱與越等，其民尤病。既而朝廷議欲築其城，抃曰：「民未可勞也。」罷之。告老，以太子少保致仕。退居於衢，有溪石松竹之勝，與山僧野老遊，不復有貴勢也。居六年卒〔一〇〕，年七十七。贈太子少師，謚曰清獻。

抃和易長厚，氣貌清逸，人不見其喜愠。年四十九即不御内，自號「知非子」。爲吏誠心愛人，所至崇學校，禮師儒，民有可與與之，獄有可出出之。治虔與成都，尤爲世所稱道云。子屼〔一一〕，亦篤行君子也。嘗爲御史，論事知治體，後爲太僕少卿以卒。

①決：原作「中」，據覆宋本、四庫本及《宋史》卷三一六《趙抃傳》、蘇軾《趙清獻公神道碑》改。

唐介字子方，荆南人也〔一二〕。舉進士，爲武陵尉，又爲沅江令〔一三〕。遷著作佐郎、知任丘縣，通判德州，爲御史裏行。時造龍鳳車於啓聖院，内出珠玉爲嚴飾。介言：「此太宗神御所在。不可慢①，況爲後宮奇靡之器哉。」仁宗②即令徙出。三司使張堯佐一日除宣徽、節度、景靈、羣牧四使，介與諫官包拯等力争，又請御史中丞王舉正留百官班，卒奪堯佐宣徽、景靈二使。居頃之，復除宣徽使，介獨争之不能得，求全臺上殿，不許。自請貶，亦不報。於是劾：「宰相文彦博知益州日，作間金奇錦，因中人入獻宮掖，因此爲執政。昨除張堯佐宣徽節度使，臣累論奏，面奉德音，謂是中書進擬，以此知非陛下之意。蓋彦博顯用堯佐，陰結貴妃，外陷陛下有私於後宮之名，内實自爲謀身之計。諫官吴奎與彦博相爲表裏，謂彦博有宰相才。自彦博獨專宰政，凡有除授，多非公議。乞罷彦博而相富弼。」仁宗怒甚，却其奏不視，且言將貶介。介曰：「臣忠義憤激，雖鼎鑊不避也。」仁宗急召二府，以奏示之，曰：「介言彦博因貴妃得執政，此何言也？」介面質彦博曰：「彦博宜自省，即有之，不可隱。」彦博拜謝不已。樞密副使梁適叱介下殿，即貶介春州别駕。御史中丞王舉正、修起居注蔡襄皆言貶介太重〔一四〕，會仁宗亦中悔，明日，改英州别駕。又明日，彦博罷，吴奎亦黜，而介自是以直聞天下。

尋徙監郴州税，通判潭州，復召爲殿中侍御史。他日，介奏曰：「臣繼今言不行，必將固争，争之急，或更坐黜，是臣重累陛下。願聽解言職。」乃除直集賢院、開封府推官〔一五〕，出知揚州，歷江東轉運使、江淮發運使、三司度支副使，除天章閣待制、知諫院。一日，仁宗與介語及諫諍事，且曰：「朕向用張堯佐，而言者指言，用堯佐必

①「慢」字上，繆校有「褻」字。《宋史》卷三一六《唐介傳》「慢」作「喧瀆」。
②仁宗：覆宋本、四庫本作「神宗」，誤。

有明皇播遷之禍。朕果用之，豈遂如明皇播遷乎？」介曰：「用堯佐未必播遷，使陛下播遷，則更不及明皇。蓋明皇有肅宗興復社稷，陛下安得有肅宗乎？」仁宗變色，徐曰：「此事與宰相商量久矣。」

御史中丞韓絳劾宰相富弼，弼家居求罷，絳亦待罪。介與王陶連奏絳以險言中傷大臣，舉措顛倒，不足以表率百司，絳坐黜。陳升之除樞密副使，介與趙抃、王陶、吕誨論升之姦邪，交結中人，進不以道，不可大用。介凡九奏，卒罷升之。介亦出知洪州。明年，爲龍圖閣直學士、河北都轉運使，徙瀛州。英宗時，召爲御史中丞。居數日，又以爲龍圖閣學士、知太原府。

神宗即位，遷給事中，權三司使，遂拜參知政事。神宗亦欲用翰林學士王安石爲參知政事，以問執政，曾公亮①因薦之，介曰：「安石不可大任。」神宗曰：「卿謂安石文學不可任邪？經術不可任邪？吏事不可任邪？」介曰：「非謂此也。安石好學而泥古，議論迂闊，若使爲政，恐多所變更，必擾天下。」退至中書，謂公亮曰：「安石果用，天下困擾必矣。」時執政嘗因進除目，神宗久之不決。既數日，乃曰：「朕已謀之於王安石矣。」介曰：「此小事也，陛下不以付大臣，況大事乎？中書政事，豈可決可否於翰林學士也？」未幾，安石參知政事，奏言：「中書處分事用劄子，皆言奉聖旨，不中理者什常八九。若止令中書自出牒，不必稱聖旨。」介曰：「安石不欲稱聖旨，則是政不自天子出也。使執政皆忠賢，猶爲人臣擅命，義亦難安。或非其人，豈不害國？」初，安石議謀殺人傷者許首服，以律案問，欲舉法坐之，得免所因罪。介數與安石爭論於上前，介曰：「此法天下皆以爲不可首，獨曾公亮、王安石以爲可首。」安石曰：「以爲不可首者，皆朋黨也。」安石辨益堅②，介不勝憤悶，疽發背

①「公亮」下，繆校有「不知人」三字。

②堅：繆校作「很」。錢校：「元益案：此條亦係勞氏補校。」

而卒〔一六〕。

介爲人簡伉，以敢言見憚。神宗謂其先朝遺直也，故大用之。既卒，贈禮部尚書，謚曰質肅。子淑問，神宗以其世家，擢爲御史，甚有直名；義問，終集賢殿修撰。

臣稱曰：仁宗深仁大度，與天地並，舉天下是非付之臺諫，其所進退宰相，皆取天下公議。臺諫是，則黜宰相；宰相是，則黜臺諫。唐介之論彥博，若其言不至於大訐，則彥博去位，而介亦安於職矣。惟其訐，乃所以見黜也。且彥博雖有過，宰相也，使廷辱宰相而不問，則於眷禮大臣之道有所未盡，故斥介以慰彥博。介雖訐，臺諫也，或偏信大臣而抑臺諫，則於聽言之美爲有愧，故罷彥博而行介之言，使之俱無怨焉。烏乎！忘己以用人，虛心而從諫，後之君人者，當以仁宗爲法。

【箋證】

〔一〕改和州管庫：《宋史》卷三一六《包拯傳》及吳奎《孝肅包公墓誌銘》（《全宋文》卷九八五）並作「得監和州稅」，《隆平集》卷一一同《事略》。

〔二〕語在堯佐傳：《張堯佐傳》，見本書卷一一九。

〔三〕臣行年六十：《宋史》本傳作「臣年七十」，「七」當爲「六」之誤。

〔四〕責諸路監司聽御史府自舉屬官：《隆平集》卷一一同《事略》，《宋史》本傳作「條責諸路監司，御史府得自舉屬官」。而《長編》卷一八七作「請條責諸路監司及御史府自舉屬官」，與諸書異，當以《長編》爲正。

〔五〕卒年五十八：劉攽《吳公墓誌銘》（《彭城集》卷三七）：「（熙寧元年）七月二十七日，薨於位，年五十八。」《宋會要輯稿》禮四一之四九載「資政殿大學士、户部侍郎吴奎」於熙寧元年八月「輟一日」。

〔六〕以一琴一龜自隨：《宋史》卷三一六《趙抃傳》作「以一琴一鶴自隨」。蘇軾撰《趙清獻公神道碑》（宋刻《東坡集》卷三八），集本多作「一琴一龜」，而《名臣碑傳琬琰集》上卷八所載《趙清獻公抃愛直之碑》則作「一琴一鶴」，故宋代文獻言及此事，龜、鶴兩存之。至明彭大翼《山堂肆考》卷七四《琴鶴自隨》云：「宋趙抃字閲道，衢州西安人。守成都，以一琴一鶴自隨。及還，神宗謂曰：『聞君疋馬入蜀，以一琴一鶴自隨，爲政簡易，亦稱是耶？』或云『一龜一鶴』，其再任也，屏去龜鶴，止一蒼頭。執事張公裕學士送以詩云：『馬諳舊路行來滑，龜放長江不共來。』」

〔七〕輒欲啓聞：《宋史》本傳作「必密啓聞」，《趙清獻公神道碑》作「輒密啓聞」，《事略》改「密」爲「欲」，不妥。

〔八〕朝廷取其獄閲之：「其」，《宋史》本傳及《趙清獻公神道碑》並作「具」，是。

〔九〕願殺婢以盟：《宋史》本傳作「乃縛奴將殺之」。《事略》同《趙清獻公神道碑》。

〔一〇〕居六年卒：《宋史》本傳作「元豐七年薨」，《趙清獻公神道碑》：「以疾還衢，有大星隕焉。二日而公薨，實七年八月癸巳也。」

〔一一〕屼：《宋史》本傳作「岏」，誤。《趙清獻公神道碑》云：「子二人，長曰屼，終杭州於潛縣令；次即屼也，今爲尚書考功員外郎。」

〔一二〕荆南人：《宋史》卷三一六《唐介傳》及劉摯《唐質肅神道碑》（《忠肅集》卷一一）、王珪《質肅唐公墓誌銘》（《華陽集》卷五七）並作「江陵人」。荆南府亦稱江陵府，治江陵縣，作「江陵人」爲是。

〔一三〕又爲沅江令：《唐質肅神道碑》《質肅唐公墓誌銘》同作「岳州沅江令」。《宋史》本傳作「調平江令」，誤。

〔一四〕御史中丞王舉正修起居注蔡襄皆言貶介太重：《宋史》本傳載「蔡襄趨進救之」於「貶春州别駕」之前，《續通志》卷三四〇《唐介傳》校記：「按《東都事略》及王珪撰《介墓誌》載，梁適叱介下殿，即貶春州别駕。介既貶，王舉正與蔡襄皆言貶介太重。據此，襄與舉正皆於介貶後言之，無當時趨進救之之事也。」

〔一五〕開封府推官：《宋史》本傳及《唐質肅神道碑》《質肅唐公墓誌銘》同作「開封府判官」，《事略》誤「判」爲「推」。

〔一六〕疽發背而卒：《唐質肅神道碑》載熙寧二年「四月乙未，（上）幸其第臨問，公寢劇不能言。……明日公薨」，「享年六十」。是謂唐介卒於熙寧二年四月「乙未」之明日，然是年四月丁酉朔，無「乙未」日。考《名臣碑傳琬琰集》下卷一五《唐參政介傳》載「熙寧二年四月丁未，參知政事唐介卒」，《宋史》卷一四《神宗紀一》所載卒日亦爲四月丁未（十一日）。又檢《宋會要輯稿》禮四一之五載其發喪於「熙寧二年四月十日」，禮四一之一八載「二年四月十一日，幸參知政事唐介第臨奠」。據此可推斷，《神道碑》所載「四月乙未」當爲「四月乙巳」之誤，唐介卒於「明日」即四月十日丙辰，至十一日神宗「臨奠」。《唐參政介傳》及《宋史·神宗紀》誤記臨奠日爲卒日，《事略》漏記「年六十」。

東都事略卷第七十四

列傳五十七

張方平字安道，宋城人也〔一〕。少穎悟絶人，凡書一覽，終身不再讀。宋綬、蔡齊見之，以爲天下奇才也，共以茂材①異等薦之，中選，爲校書郎、知崑山縣。復舉賢良方正能直言極諫，又中選，遷著作佐郎、通判睦州。

時趙元昊欲叛而未有以發，則爲嫚書求大名，以怒朝廷，規得譴絶以激使其衆。方平以謂：「朝廷自景德以來，既與契丹盟，天下忘備，將不知兵，士不知戰，民不知勞，蓋三十年矣。若驟用之，必有喪師蹶將之憂，兵連民疲，必有盜賊意外之患。當含垢匿瑕，順適其意，使未有以發，得歲月之頃，以其間選將厲士，堅城除器，爲不可勝以待之。雖元昊終於必叛，而兵出無名，吏士不直其上，難以決勝。小國用兵三年，而不見勝負，不折則破。我以全制其後，必勝之道也。」是時，士大夫皆欲發兵誅之，惟方平與吴育同，不果用其議，遂决計用兵，天下騷動。方平上《平戎十策》，大略以「宜屯重兵河東，賊入寇必自延、渭，而興、靈巢穴之守必虚。我師自麟、府度河，不十日可至。此所謂攻其所必救，形格勢禁之道也」。宰相吕夷簡見之，謂宋綬曰：「君能爲國得人矣。」召對，除直集賢院，遷知諫院。

時夏人寇邊，王師挫，宰相張士遜嘗建言軍旅之事，樞密院任其咎，以故王曙罷知院事，而中書自若也。方

①材：覆宋本、四庫本作「才」，《宋史》卷三一八《張方平傳》作「材」。

平援典故，請政事總於中書，以通謀議。仁宗然之，遂以宰相兼樞密使。時夏竦爲四路帥，盡護諸將，四路稟復事失機會。方平請罷竦總帥，使四路各自爲守[二]。及慶曆元年，西方用兵，蓋六年矣。方平上疏曰：「陛下猶天地父母也，豈與犬豕豺狼較勝負乎？願因赦書招徠夏寇，令邊臣通其善意。」仁宗喜曰：「此朕心也。」是歲，赦書開諭，如方平意。自是元昊通好，而西師解嚴。

修起居注，召試，知制誥，拜翰林學士，遷御史中丞。初，唐詢爲御史，以親喪免，服除還故職，適與宰相賈昌朝親嫌。參知政事吴育用故事罷詢，而方平輒奏留詢，因譖育，育卒罷。爲翰林學士、三司使。前三司使王拱辰請榷河北鹽，既立法矣，而未下。方平見仁宗，問曰：「河北再榷鹽，何也？」仁宗曰：「始立法，非再也。」方平曰：「周世宗榷河北鹽，犯輒處死。太祖征河東還[三]，父老泣訴，願以鹽課均之兩税，而弛其禁。今兩税鹽錢是也，豈非再榷乎？」仁宗曰：「卿語宰相力罷之。」方平曰：「法雖未下，民已户知之，當直以手詔罷之，不可自有司出也。」仁宗大喜，命方平密撰手詔下之，河朔父老相率拜迎於澶州，爲佛老會者七日，以報上恩。加端明殿學士。

慶曆中，衛士爲變，貴妃張氏有扈蹕功。樞密使夏竦倡言講求所以尊異貴妃之禮，宰相陳執中不知所爲。方平見執中言：「漢馮婕妤身當猛獸，不聞有所尊異。且皇后在而尊貴妃，古無是禮。若果行之，天下謗議必大萃於公。」執中聳然，從其言而罷。會三司判官楊儀以請求得罪，事連方平，出知滁州。未幾，復以端明殿學士知江寧府，加龍圖閣學士，徙知杭州。以①母喪服除，判流内銓。建言：「畿内税重，非所以示天下。」是歲郊赦，減畿内税三分，遂爲定制。

①以：原爲空，據覆宋本、四庫本補。

以禮部侍郎知滑州，徙益州。走馬承受張勉入奏①：廣南蠻賊儂智高誘雲南寇蜀，兵已涉邛部川。朝廷促方平行，且發秦、渭兵馬，役民夫晝夜築城，增諸縣弓手率三倍。方平徑至府，下令悉歸所增弓手，罷築城之役。會上元觀鐙，大啓城門，民心乃定。已而得邛部譯人始爲此謀者，斬之，梟首境上，而流其餘黨於湖南。以三司使召還，奏罷蜀賦四十萬，減鑄錢十餘萬。又列上漕運十四策，仁宗悉施行之。未期年，而京師有五年之蓄。遷尚書左丞、知南京，未幾，以工部尚書帥秦州。夏酋諒祚大點集戎騎，並邊蕃户多逃匿山林，方平料閲軍馬，聲言出境。賊既不至，諫官司馬光因論方平無賊而輕舉。宰相曾公亮曰：「兵不出塞，何名爲輕舉哉？」復知南京。

英宗即位，遷禮部尚書，請知鄆州。明年，還爲翰林學士承旨。英宗不豫，召方平赴福寧殿，英宗凴②几不言，出書一幅八字曰：「來日降詔立皇太子。」方平抗聲曰：「必潁③王也，嫡長而賢，請書其名。」英宗力疾書以付方平。翌日，制立潁王爲皇太子。神宗即位，召見側門，方平曰：「仁宗崩，厚葬過禮，公私騷然，請損之。」神宗曰：「奉先可損乎？」方平曰：「遺制固云，以先志行之，天子之孝也。」神宗以爲然。除參知政事、御史中丞。司馬光論方平貪邪，不當參大政。光既遷，以吕公著爲中丞。公著又以爲言，亦會方平丁父憂，免喪，拜觀文殿學士、留守西京，知陳州。

時方置條例司，行新法，方平因陛辭極論其害曰：「水所以載舟，亦所以覆舟。兵猶火也，不戢當自焚。若行新法不已，其極必有覆舟、自焚之憂。」神宗謂曰：「能復少留乎？」方平曰：「退即行矣。」詔舉諫官，方平以

①奏：覆宋本、四庫本作「秦」，誤。
②凴：四庫本作「憑」。「凴」乃「憑」之古字。
③潁：原作「頴」，據《宋史》本傳改。下同。

李大臨、蘇軾應詔。累請南京留司御史臺，許之。尋知陳州，徙南京。

神宗欲除方平宣徽使，留京師。王安石言：「方平爲御史中丞，嘗附賈昌朝，今授以宣徽使無名，且不可留京師。」遂拜宣徽北院使、知青州，除中太一宮使。久之，易南院使、判應天府。神宗曰：「朕欲卿與韓絳共事，而卿論政不同。又欲除卿樞密使，而卿論兵復異。卿受先帝末命，卒無以副朕意乎？」師征安南，方平以謂舉西北壯士健馬棄之南方，其患有不可勝言者，遂條上九事。

新法鬻坊場河渡，司農請並祠廟鬻之。方平言：「宋，王業所基也，而以火王。閼伯封於商丘，以主大火；微子爲宋始封。此二祠者，獨不可免於鬻乎？」神宗震怒，批出曰：「慢神辱國，無甚於斯！」於是天下祠廟皆得不鬻①。請老，除東太一宮使。後二年，以宣徽南院使、太子少師致仕。官制行，罷宣徽院，獨命領使如舊，以太子太保致仕。卒，年八十五[四]。贈司空，謚曰文定。

方平慷慨有氣節，善屬文，數千言立就。嘗知貢舉，有薦王安石文學宜辟以考校，方平從之。安石既來，凡一院之事，皆欲紛更之。方平惡之，檄以出，自是與之絶。守蜀日，蘇洵攜其二子軾、轍遊京師，方平一見，待以國士，而蘇氏父子名聲遂動天下云。有《樂全集》四十卷、《玉堂集》二十卷。

王拱辰字君貺，開封咸平人也。初名拱壽，年十九，舉進士第一，仁宗改賜今名。除將作監丞、通判懷州，遷直集賢院、同知太常禮院[五]。廢后郭氏在殯，有司前具上元觀燈燕，拱辰言：「晉大夫智悼子卒，未葬，平公飲

①鬻：原作「可」，據覆宋本、四庫本及《宋史》本傳、蘇軾《張文定公墓誌銘》改。

酒，杜蕢揚觶。郭氏以后①禮葬，豈獨大夫比耶？請罷御樓觀燈，及遣奠日仍禁都下聲樂。」

歷三司鹽鐵判官、修起居注，改右正言、知制誥。初，朝廷禦邊，重西北而輕東南，拱辰請仿唐制，益以東路之潮，西路之邕、容，各總節制，與廣、桂爲五管。慶曆元年，益、梓饑，以拱辰爲安撫使。至則奏蠲逋負以寬民。

契丹使劉六符嘗謂賈昌朝曰：「塘濼何爲者耶？一葦可航，投箠可平。不然，決其隄，十萬土囊遂可路矣。」仁宗以問拱辰，對曰：「兵事尚詭，彼誠有謀，不應以語敵，此六符夸言耳。設險守固，先王不廢，而祖宗所以限胡騎也。」是歲，契丹遣六符來求關南十縣，其書謂：「太宗并、汾之役，舉無名之師，直抵幽、薊。」拱辰請對曰：「河東之役，本誅僭僞，契丹遣使行在致誠款，已而寇石嶺關，潛假兵以援賊。太宗怒其反覆，既平繼元，遂下令北征，豈謂無名？」因作報書云：「既交石嶺之鋒，遂有薊門之役。」虜得報，繼好如初。

遷起居舍人、知開封府，以右諫議大夫權御史中丞。劉六符之求關南也，虜意不測，在庭之臣無敢使虜者。富弼往報聘，庭②折其君臣，虜辭屈，朝廷增幣二十萬而和。仁宗深念弼之功，拱辰曰：「富弼不能止夷狄谿壑無厭之求，陛下止一女，若虜乞和親，弼亦忍棄之乎？」仁宗正色曰：「苟利社稷，朕豈愛一女乎？」拱辰驚懼，知言之不可入也，因再拜曰：「陛下屈己愛民如此，天下幸甚。」

李用和以元舅除宣徽使，又除使相，拱辰言：「用和無功而驕，朝廷名器不可輕以假人，甚非所以全后家之道也。」又言：「夏竦經略無功，移疾求郡，爲自安計，不當用爲樞密使。」遂罷之。蘇舜欽監進奏院，因祠神燕集，客有因酒放言，爲御史彈擊，以舜欽易故紙得錢爲會，請屬吏如法。拱辰遂言其放肆狂率，實爲害教，由是皆

①后：覆宋本、四庫本作「厚」，誤。
②庭：覆宋本、四庫本作「廷」。

坐重貶。又言：「中書、密院總天下機務，巨細一切省覽，窮日力不暇，何暇遠圖哉？宜悉除細務，歸之有司。」僧紹宗因鑄佛像惑衆聚財，都人争以金銀飾投冶中，宫掖亦出貲佐之。拱辰曰：「西師宿邊，而財費於不急，動士心，起民怨。」詔遣中使禁止之。

除翰林學士，爲三司使〔六〕。首言兵冗不精，費廩食，宜訓練澄汰，爲持久計。三路斂糴法當隨時盈縮，以權輕重。改翰林侍讀學士，知鄭、澶、瀛三州，留守西京。除翰林學士承旨，拜三司使。使契丹，虜主遇之厚，親御琵琶以侑酒。拱辰謂其館伴曰：「南朝峭漢惟我。」館伴爲虜主言之，虜主曰：「吾見奉使之人，惟富弼不可量也。吾嘗問弼：『南朝如卿人材有幾？』弼曰：『臣斗筲之器，不足道，本朝人材勝如臣者，車載斗量。』察斯人，大未可量也。」

拱辰使還，除宣徽北院使。御史趙抃論拱辰奉使契丹輕率失言，又言：「知潭州任顓與轉運判官李章賤市死商真珠，有司具獄來上，而拱辰悉以珠進内，以章宰相壻也。」罷爲端明殿學士、知永興軍，帥秦、定二州，再守西京，移北京。

神宗即位，還朝，見神宗言曰：「臣欲納忠，未知陛下意所向。」又言：「牛、李黨事方作，不可不戒。」神宗以語執政，王安石曰：「此未足爲姦邪，以未知陛下意所向，此真姦邪也。」曾公亮因言：「拱辰在仁宗時，已知其不正，不復任用。」安石曰：「拱辰交結温成皇后家，人皆知之。」於是遂出守南京，徙河陽，再守西京。召還，爲西太一宫使〔七〕。

元豐初，爲宣徽南院使，再守北京。拱辰曰：「臣老矣，恐不足任事。」神宗曰：「北門重地，卿舊治也，勉爲朕行。」拜安武軍節度使〔八〕，改鎮彰德。卒，年七十四〔九〕。贈開府儀同三司，謚曰懿恪。

臣稱曰：方平附賈昌朝以譖吴育，拱辰黨吕夷簡以撼富弼，固正士之所不與也。然方平志大氣高，有宏毅開濟之資，識王安石之姦於將用之初，知蘇氏父子之賢於未遇之際，蓋有絶人者，拱辰不可同日而語矣。蘇軾序方平文有云：「世遠道散，雖志士仁人，或少貶以求用。」得非有爲而言與？

【箋證】

〔一〕宋城人：《宋史》卷三一八《張方平傳》作「南京人」，蘇軾《張文定公墓誌銘》（《蘇文忠公全集》卷一四）：「其先宋人也，後徙揚州。」故後世文獻亦稱方平爲揚州人（正德《姑蘇志》卷四一）。

〔二〕使四路各自爲守：《續通志》卷三四二《張方平傳》校記：「按《長編》載，竦時爲陝西秦鳳、涇原、環慶、鄜延四路統帥，陳執中疏言：『兵貴神速，千里稟命，非所以制勝，宜分屬四路帥臣。』據此，則執中亦有是請，蓋與方平議合也。」

〔三〕太祖征河東還：《長編》卷一五九及《張文定公墓誌銘》並作「世宗北伐」。

〔四〕卒年八十五：《宋史》本傳：「元祐六年薨，年八十五。」《張文定公墓誌銘》：「元祐六年……十二月二日薨，享年八十五。」

〔五〕同知太常禮院：《宋史》卷三一八《王拱辰傳》失載，劉摯《王開府行狀》（《公是集》卷五一）云：「景祐二年，服除，改秘書省著作郎、直集賢院。」亦不載景祐二年同知太常禮院事。《長編》卷一一八於景祐三年正月壬辰載王堯臣言廢后郭氏事，且云「同知禮院王拱辰亦以爲言，帝爲罷葬日張燈」，與《事略》所載相合。《行狀》繫「判太常禮院」於康定元年，或誤。

〔六〕除翰林學士爲三司使：《宋史》本傳作「復以翰林學士權三司使」，《王開府行狀》亦稱「（慶曆）六年春，復拜翰林學士兼龍圖閣學士，權三司使」。蓋拱辰初除翰林學士在慶曆元年，《事略》不載，故此言「除」，而《宋史》《行狀》言「復」。又《事略》「爲三司使」當作「權三司使」。

〔七〕爲西太一宮使：《長編》卷二七二、《宋史》本傳並作「中太一宮」，《王開府行狀》載「（熙寧）八年，還朝，兼中太一宮使。……元豐元年，檢校太尉，南院宣徽、西太一宫使」，可證《事略》「西」當爲「中」之誤。

〔八〕拜安武軍節度使：《宋史》本傳作「改武安軍節度使」，《長編》卷三三四、《王開府行狀》並作「安武軍」，《宋史》誤。

〔九〕卒年七十四：《長編》卷三五八元豐八年七月乙卯：「彰德軍節度使、檢校太師、北京留守王拱辰卒。」《王開府行狀》：「七月寢疾，詔遣中使挾國醫臨視。二十三日，薨於府第之正寢。」

東都事略卷第七十五

列傳五十八

余靖字安道，韶州曲江人也。爲人質直剛勁。舉進士，爲贛縣尉。書判拔萃〔一〕，改將作監丞、知新建縣，遷秘書丞、集賢校理。

范仲淹以言事忤意宰相貶饒州，諫官、御史不敢言，靖上疏論仲淹不當貶，且言：「陛下親政以來，屢逐言事者，恐鉗天下口，不可。」坐落職監筠州酒稅，徙泰州①。知英州，以母憂去官。免喪，復爲校理，除右正言。

方是時，仁宗勵精政事，增諫官員，將以有所爲。靖數言事，合意。慶曆四年，元昊納誓請和，將加封册，而契丹以兵臨境上，遣使言爲中國討賊，且告師期，請毋與和。朝廷患之。欲聽，重絶夏人而兵不得息；不聽，生事北邊。議未决，靖獨以謂：「中國厭兵久矣，此契丹所幸，一日使吾息兵養勇，非其利也，故用此以撓我爾，是不可聽也。」朝廷雖是其言，猶留夏册不遣，而假靖諫議大夫以報，卒屈其議而還。朝廷遂發夏册，臣元昊。西師既解嚴，而北邊亦無事。是歲，除知制誥、史館修撰。而契丹卒自攻元昊，使來告捷，又以靖往報。靖通外國語，至爲蕃語詩，爲御史劾奏，出知吉州。

①泰州：原作「秦州」，據《宋史》卷三二〇《余靖傳》及歐陽修《余襄公神道碑銘》改。《長編》卷一二〇景祐四年十二月壬辰亦載「監筠州税余靖監泰州税」。

靖嘗劾茹孝標不孝，坐廢。靖既失勢，孝標因之告靖少時嘗犯法。靖聞之不自得，左遷將作少監，分司南京，六年[二]。起知虔州，以父憂去官。

儂智高陷邕州①，乘勝連破嶺南州縣，圍廣州。乃即喪次起靖，以秘書監知潭州，改桂州[三]。智高圍廣州不克，則還據邕。自智高初起，交趾請出兵助討賊，靖以謂智高交趾叛者，宜聽出兵，毋沮其善意。累疏論之，不報。至是，靖曰：「邕州與交趾接境，今不納，必忿而反助智高。」乃以便宜趣交趾會兵。及智高入邕州，遂無外援。既而朝廷遣狄青會靖兵，敗賊於歸仁，智高去入海，邕州平。除工部侍郎，仍帥桂管，拜集賢院學士。久之，徙知潭州，又知青州，除吏部侍郎。交趾寇邕州，殺五巡檢。以靖安撫廣西，至則移檄交趾，召其臣費嘉祐詰責之。嘉祐皇恐，對曰：「種落犯邊，罪當死，願歸取首惡以獻。」即械五人送欽州，斬於界上。遷尚書左丞、知廣州，拜工部尚書。代還，卒於金陵[四]，年六十五。贈刑部尚書，謚曰襄。

蔡襄字君謨，興化軍仙游人也。舉進士，歷漳州判官、西京留守推官，改著作佐郎、館閣校勘，遷秘書丞、知諫院，兼修起居注。

仁宗以天下久安，而西師無功，慨然厭兵，思正百度，排羣議，進用二三大臣。又詔增置諫官四員，襄在選中。於是宰相吕夷簡寵遇最隆，襄言其過，請罷其軍國大事。元昊使人乞和，所請過多，襄上言②曰：「元昊始以『兀卒』之號爲請，又欲稱男而號『吾祖』，此足見羌戎悖慢之意。今縱使元昊稱臣，而上書於朝廷，自稱曰『吾

①邕州：原作「雍州」，據下文「還據邕」及《宋史》本傳、《余襄公神道碑銘》改。
②「言」字上，繆校作「書」字。

祖』。朝廷賜之詔書，亦曰『吾祖』，是何等語耶？」以右正言、直史館知福州，以便親，遂爲福建路轉運使。復古五塘以溉田，民以爲利，爲襄立祠於塘側。又奏減閩人五代時丁口税之半。以父憂去官，服除，復修起居注。

御史唐介以直言貶春州别駕，襄言貶太重，介得改英州。遷起居舍人、知制誥。御史吕景初、吴中復、馬遵坐論宰相梁適罷臺職，襄封還詞頭，不草制。其後屢有除授非當者，輒封還之。仁宗嘉其有守，聞其母老，特賜冠帔以寵之。遷龍圖閣直學士、知開封府，進樞密直學士、知泉州，徙福州，復移泉州。

襄爲政精明，而於閩人尤知其風俗。時閩士多好學，而專詞賦以應科舉。襄得鄉先生周希孟，以經術傳授學者，嘗至數百人。襄爲親至學舍，執經講問，爲諸生率。延見處士陳烈，尊以師禮，而陳襄、鄭穆方以學行著稱鄉里，襄皆折節下之。閩俗重凶事，其奉浮圖，會賓客，以盡力豐侈爲孝，往往至數百千人。至有親亡不舉哭，必破産辦具，而後敢發喪。有力者乘其急時，賤買其田宅，而貧者立券舉債，終身困不能償。襄下令禁止，於巫覡主病、蠱毒殺人之類，皆痛斷絶之。召拜翰林學士、三司使。

仁宗山陵，襄總其事，調度供億皆數倍，勞費既廣，爲議者所非。初，仁宗既立皇子，而外人稍言襄嘗有異議。英宗在慶寧聞之，及親政，數問大臣：「襄如何人？」因襄數請告，英宗曰：「三司掌天下錢穀，事務繁多，而襄久在病告，何不更用人？」後夏人犯邊，英宗又曰：「邊事將興，軍須未備，三司當擇人。」襄聞之，不自安，遂求知杭州。即拜端明殿學士，遷禮部侍郎、知杭州〔五〕。

於是韓琦進曰：「蔡襄事出於流言，難以必信。前世人主以疑似之嫌害及忠良者，可以爲鑒。」歐陽修曰：「陛下曾見襄章疏否？」英宗曰：「不見也。」修曰：「往時夏竦欲陷富弼，乃令婢子學石介書，歲餘學成，仍僞作介與弼書，謀廢立事，爲言者所發。賴仁宗聖明，弼得免禍。臣亦嘗爲小人嫉忌，僞作臣一劄子，乞沙汰内官，欲以激怒羣閹，亦賴仁宗保全。由是而言，陛下曾見襄章疏，猶須更辨真僞，况傳聞疑信之言哉？」英宗曰：「傳聞何可信也。」未幾，襄丁母憂，以疾卒〔六〕，年五十六。贈吏①部侍郎。

襄於朋友重信義，聞其喪，則不御酒肉，爲位而哭。嘗會飲會靈東園，客有射矢誤中傷人者，客指爲襄矢，京師喧然。事既聞，仁宗以問襄，襄即再拜愧謝，終不自辨，退亦未嘗以語人。工於書，人得其字，以爲珍藏。仁宗尤稱愛之，御製《元舅隴西王碑》，命襄書之。其後又以襄書《温成皇后父清河郡王碑》，襄不肯書，曰：「此待詔職也。」性耆茶，第其品目，以爲譜云。

何郯字聖從，成都人也〔七〕。舉進士，由太常博士爲監察御史，遷殿中，擢侍御史知雜〔八〕，上疏言：「宰相陳執中寡學術，參知政事丁度輕脱，樞密使夏竦回佞，皆不協人望，不當在此位。」親從官謀爲不軌，竊發寢殿，而連日賊未得。内臣楊懷敏倚夏竦，冀免失職之過，郯劾其罪，章累上而懷敏未去。郯言不已，仁宗正色曰：「古之諫臣常有碎首者，卿能行此否？」郯曰：「古者諫不行，言不聽，故臣有碎首。今陛下從諫如流，何用此舉？必若碎首龍墀，則美歸於臣子，而過在君上，臣不忍爲也。」仁宗悦，懷敏遂斥去。

方是時，諫官有進姦言者，以賊之根本起於皇后閣，意欲傾中宫以進貴妃，且言貴妃有扈蹕之功。郯曰：「此必姦邪之人欲陷皇后，願陛下詳察。」仁宗悟，郯由是名重朝廷。又言郭承祐不當爲宣徽使，張堯佐不當爲三司使。居職三年，以親老乞郡，除直龍圖閣、知漢州，就遷集賢殿修撰、知梓州，進天章閣待制，入判銀臺司。殿中丞龍昌期上所注書，賜章服。郯言昌期異端之學，不宜崇長，詔追所賜。文彦博少從昌期學，惡郯言，

①吏：原作「禮」，據朱校本及歐陽修《端明殿學士蔡公墓誌銘》改。

出爲龍圖閣直學士、河東都轉運使。劾奏故相梁適帥太原，職事多弛，適徙河陽。又劾内侍蘇安静爲都鈐轄，怙寵不法，而安静亦降爲河中府鈐轄。

英宗即位，移知永興軍，徙河南府。郯上九事：一曰開聽納，二曰遵典故，三曰敦教化，四曰辨邪正，五曰明功罪，六曰寬刑典，七曰擇監司，八曰進賢才，九曰重名器。召還，判三班院、知梓州。

始，郯爲御史，鯁切無所避，爲仁宗所知。晚節稍回畏，在梓州，因地震言陰盛臣强，以譏切韓琦；又乞召還王陶，以合上意，由是名聲損於御史時也。後提舉玉局觀，以尚書右丞致仕。卒，年六十九[九]。

梅摯①字公儀，成都新繁人也。舉進士，稍遷太常博士、知蘇州[一〇]。二浙饑，官貸種食，已而督償之，摯曰：「貸民所以爲惠也，反撓民，可乎？」奏請緩期輸之。

慶曆中，爲御史，權知諫院[一一]。元昊納款，石元孫來歸。議者欲援赦釋之，摯不可，曰：「元孫不能死行陳，今不誅，何以厲將臣哉？」李用和除宣徽南院使，不數日，又除同平章事。摯言：「國初杜審瓊，國舅也，官止大將軍；李繼隆，功臣也，晚年方得使相。陛下豈可以名器而私外戚哉？」又言：「張堯佐緣宫掖以進，恐上累聖德。」仁宗曰：「梅摯言事殊有體。」爲三司户部副使。

以事出知海州，徙蘇州。入爲三司度支副使，拜天章閣待制、陝西都轉運使，遷龍圖閣直學士[一二]、知滑州。州歲調民以備河，民甚困，摯以州兵代之，而民獲休息。入知三班院，出知杭州，仁宗賜詩以寵其行。徙江寧府，

---

①摯：原作「摰」，據下文「摯不可」「摯以州兵代之」及覆宋本、四庫本、《宋史》卷二九八《梅摯傳》改。《事略》凡「摯」字，多因形近而訛作「摰」，下同改，不一一出校。

拜右諫議大夫，移知河中府。卒，年六十五〔一三〕。

摯資性純厚，不爲矯厲之行，平居未嘗問事①云。

許元字子春，泰州海陵人也〔一四〕。少以蔭爲太廟齋郎，稍遷太子中舍、知如皋縣。

元爲吏，其術長於治財。自元昊叛，西兵出久無功，而天下勞弊。三司言元有財②，以主榷貨。元言：「先時賈人入粟塞下，京師錢不足以償，故錢償愈不足，則粟入愈少而價愈高，是謂内外俱困。請高塞粟之價，下南鹽以償之，使東南去滯積，而西北之粟盈，此輕重之術也。」行之果便。

於是范仲淹薦其能，擢江、淮、荆、浙制置發運判官，既又爲使。元曰：「以六路七十二州之粟不能足京師者，吾不信也。」至則治千艘，浮江而上，所過州縣留三月食，其餘悉發，而州縣之廩遠近以次相補，由是不數月，京師足食。既而嘆曰：「此可爲於乏時，然歲漕不給者，有司之職廢也。」乃考故事，明約信令，發斂轉徙，至於風波遠近、遲速賞罰，皆有法。凡江湖數千里外，談笑治之，不擾不勞，而用以足。

先是，江、淮歲漕京師者常六百萬石，其後十餘歲，歲益不充。至元爲之，歲必六百萬，而常餘百萬，以備非常。仁宗嘗謂執政曰：「發運使總六路之廣，其財貨調用，幣帛穀粟，歲千百萬，宜得其人而久任之。」擢元天章閣待制。元在職十有三年〔一五〕，已而乞守郡，乃以知揚州③、越州，又徙泰州④。卒，年六十九〔一六〕。

①事：《名賢氏族言行類稿》卷九作「事」，覆宋本、四庫本作「家業」，《宋史》本傳作「生業」。
②財：繆校作「才」。
③揚州：原作「楊州」，錢校：「舊鈔本作『揚州』，此本凡『揚』字扌旁有剜改痕者，原本皆從木作『楊』。」
④泰州：覆宋本、四庫本作「秦州」，誤。

陳希亮字公弼，眉州青神人也。舉進士，知長沙縣。浮圖有海印國師者，出入章獻明肅皇后家，與諸貴人交通，恃勢據民地。希亮捕治，寘諸法，一縣大聳。

去爲雩都〔一七〕。巫覡歲斂民財祭鬼，謂之春齋，否則有火災。民訛言有緋衣三老人行火。希亮禁之，民不敢犯，火亦不作。毁淫祠數百區，勒巫爲農者七十餘家。及罷去，父老送之出境，遣去不可，皆泣曰：「公捨我去，緋衣老人復出矣。」

後爲開封府司録。青州男子趙宇上書〔一八〕，言元昊必反。宰相以宇爲狂，徙建州，而元昊果反。宇自訟所部，弗受，即亡至京師自訟。宰相怒，下宇開封獄。希亮奏乞以宇所上封事付所司，其言驗，不當加責。與宰相争不已，宇由此得釋。會考殺外戚沈元吉，沈氏訴之，希亮坐免官。

盜起京西，富弼薦希亮可用，起知房州。州素無兵備，民凜凜欲亡去。希亮以牢城卒雜山河户，得百①人，日夜部勒，聲振山南。民恃以安，盜不敢入境。轉運使使供奉官崔德贇督捕盜賊，誣向氏父子爲盜，梟其首於市。希亮察其冤，下德贇獄，德贇竟抵罪。

歷知宿、滑、曹、壽四州，提點江東、河北刑獄，入爲開封府判官。久之，爲京西、京東轉運使，知鳳翔府。始，州郡以酒相餉，例皆私有之，而法不可。希亮以遺遊士之貧者，既而曰：「此亦私也。」以家財償之，且自劾求去。坐是分司西京，遂致仕。卒，年六十四〔一九〕。

希亮爲人清勁寡欲，平生不假人以色，自王公貴人，皆嚴憚之。見義勇發，不計禍福，必極其志而後已。所

①百：《宋史》本傳及《陳公弼傳》作「數百」，疑此脱「數」字。

至姦民滑吏，易心改行，不改者必誅，然實出於仁恕，故其爲吏嚴而不殘。少時從鄉人宋輔遊，輔卒於京師，母老子少，希亮以女聘其子，而贍恤其母終身。其篤於恩義如此。

吴中復字仲庶，興國軍人也[二〇]。舉進士，爲招信尉、金壇令，知犍爲縣[二一]，通判潭州。孫抃未識中復，即①舉爲監察御史裏行[二二]。或問其故，抃曰：「昔人耻呈身御史，今豈薦識面臺官耶？」遷殿中侍御史裏行，彈治宰相梁適，罷，中復亦出通判虔州。未至，知池州，復召還。

宰相劉沆逐言官趙抃、范師道，中復論：「沆治温成喪，天下謂之劉彎，俗謂鬻棺者爲彎，則沆素行可知。」於是沆罷相。爲殿中侍御史，改右司諫，論賈昌朝不宜拜樞密使。遷同知諫院、侍御史知雜事，除三司户部副使，擢天章閣待制、知潭州[二三]，徙瀛州，改河東都轉運使，進龍圖閣直學士、知江寧府，移知成德軍。時方行青苗法，使者至，將遍行諸邑。中復謂「斂散固自有期」，止之。移知成都府。時議以永康軍爲縣，中復以爲永康控制威、茂，不可廢。其後夷人寇茂州，乃復以永康爲軍云。

遷給事中，知永興軍。關右大旱，人多流亡，中復奏請賑恤，而執政遣使案驗，誣以不實，坐奪一官，提舉玉隆觀。起知荆南，坐用公使違法[二四]，被劾罷府事。卒，年六十八[二五]。

中復爲人樂易簡約，好周人之急，士大夫稱之。

【箋證】

〔一〕書判拔萃：《宋史》卷三二〇《余靖傳》作「試書判拔萃」，《隆平集》卷一四作「又中書判拔萃」，據此，則《事略》似當補「試」或

①即：原作「郎」，據覆宋本、四庫本改。

「中」字。然歐陽修《余襄公神道碑銘》(《歐陽文忠公集》卷二三)亦僅言「書判拔萃」，故《事略》有所據依。

〔二〕六年：《余襄公神道碑銘》：「公怡然還鄉里，闔門謝賓客，絕人事，凡六年。」《事略》當補作「凡六年」。

〔三〕改桂州：《宋史》本傳作「改桂州，詔以廣南西路委靖經制」，《續通志》卷三四四《余靖傳》校記：「按《長編》載，皇祐四年六月乙亥，起復前衛尉卿余靖爲秘書監、知潭州，前屯田員外郎、直史館楊畋爲廣南西路體量安撫提舉經制盜賊。靖及畋各居父喪。先是，靖與知韶州者結輯農兵，完葺保障，共爲守禦計，朝廷聞而嘉之；又以畋素習蠻事，故有是命。靖後七日改爲廣南西路安撫使、知桂州。秋七月丙午，命知桂州余靖經制廣南東西路盜賊。時諫官賈黯言：『靖及楊畋皆許便宜從事，若兩人指蹤不一，則下將無所通從之。靖專制西路，若賊東嚮，則非靖所統，無以使衆。不若並付靖經制兩路。』而靖以自言：『賊在東而使臣西，非臣志也。』上從其言。《宋史・地理志》：廣州屬廣南東路。時智高方圍廣州，故靖云云。」

〔四〕卒於金陵：《余襄公神道碑銘》：「英宗即位，拜工部尚書，代還，道病卒，享年六十有五。」《長編》卷二〇二治平元年六月癸亥：「工部尚書、集賢院學士余靖卒。」

〔五〕遷禮部侍郎知杭州：汪琬《東都事略跋》卷中：「君謨之斥知杭州也，按《玉照新志》，君謨守泉南日，晉江令章拱之在任不法，君謨按以臧罪，坐廢。拱之兄望之訟冤，撰造君謨乞不立厚陵爲皇太子疏，刊版印售於櫨籃中，人得之，遂干乙覽，此風聞所自來也。得韓魏公、歐陽公力爲辨，始稍解。然文忠《奏事録》中述此極詳，獨不及望之事。望之素有文名，又文忠門下客，或爲之諱耳。又《聞見録》：光獻臨崩，以一函授神宗，曰：『俟吾死開之，惟不可以此罪人。』及開函，皆是仁宗欲立英宗時臣僚異議文字。及考歐陽公《奏事録》，慈壽垂簾，爲中書言：『執政數人，不顧家族以定社稷，而小人幾壞大事。』又云：『近臣文字，只在先帝臥牀頭，近日已於燒錢爐内焚之矣。』如此，則不應神宗時尚存此函。但當時沮立濮邸者，固自不乏，如王荊公即其一也。」

〔六〕以疾卒：《宋史》卷三二〇《蔡襄傳》：「治平三年，丁母憂。明年卒，年五十六。」歐陽修《端明殿學士蔡公墓誌銘》(《歐陽文忠公集》卷三五)：「明年八月某日，以疾卒於家，享年五十有六。」

〔七〕成都人：《宋史》卷三二二《何郯傳》：「本陵州人，徙成都。」

〔八〕遷殿中擢侍御史知雜：《宋史》本傳作「轉殿中侍御史」。《長編》卷一六五慶曆八年十一月乙卯：「殿中侍御史何郯爲禮部員外郎兼侍御史知雜事。」

〔九〕卒年六十九：《長編》卷二二九熙寧五年正月辛丑：「尚書右丞致仕何郯卒。」

〔一〇〕稍遷太常博士知蘇州：《宋史》卷二九八《梅摯傳》作「徙知昭州，通判蘇州」，疑是。正德《姑蘇志》卷三九《梅摯傳》於「知昭州」下言「二浙饑」事，而不書「通判蘇州」，似不妥。而言「以户部副使出知海州，徙蘇州」在慶曆八年正月，則與《長編》等所載史實相合。疑《事略》誤繫「知蘇州」於任殿中侍御史之前。

〔一一〕爲御史權知諫院：《宋史》本傳作「擢殿中侍御史」。《長編》卷一五四慶曆五年正月乙亥：「復置言事御史，以殿中侍御史梅摯、監察御史李京爲之。……今御史臺中丞廳之南有諫官御史廳，蓋御史得兼諫職也。」又卷一五九慶曆六年九月庚寅「户部員外郎、兼侍御史知雜事梅摯引《洪範》上變戒言災異事」，「以爲户部副使」注云：「本傳以摯言災異爲摯任殿中侍御史時，蓋誤也。按災異皆今年事，今因摯遷官附見。」

〔一二〕遷龍圖閣直學士：《宋史》本傳作「進龍圖閣學士」。《續通志》卷三三〇《梅摯傳》校記：「按《東都事略》及歐陽修《有美堂記》俱作『龍圖閣直學士』。」《宋會要輯稿》選舉一之一一載，嘉祐二年正月六日，「龍圖閣直學士梅摯」等權同知貢舉。《乾道臨安志》卷三載：「嘉祐二年九月戊寅，以龍圖閣直學士、尚書吏部郎中梅摯知杭州。」則《宋史》本傳當脱「直」字。

〔一三〕卒年六十五：歐陽修《與韓獻肅公書》（《歐陽文忠公集》卷一四五）：「公儀云謝，禮闈唱和已失二梅，可嘆可嘆。」「二梅」指梅摯、梅堯臣。梅堯臣卒於嘉祐五年四月。此書題注「嘉祐六年」，書中有「秋涼」之語，可知梅摯卒於嘉祐六年秋。

〔一四〕泰州海陵人：《宋史》卷二九九《許元傳》作「宣州宣城人」，是。歐陽修《許公墓誌銘》（《歐陽文忠公集》卷三三）亦作「宣州宣城人」，至許元始「徙居海陵」。

〔一五〕元在職十有三年：《宋史》本傳：「元在江、淮十三年，以聚斂刻剥爲能，急於進取，多聚珍奇賂遺權貴，尤爲王堯臣所知。發運使治所在真州，衣冠之求官舟者，日數十輩。元視勢家貴族，立榷巨艦與之；即小官惸獨，伺候歲月，有不能得。人以是憤怨，而元自以爲當然，無所愧憚。」《長編》卷一七七所載同《宋史》，極言許元嗜利刻薄。而《事略》則取法《墓誌銘》，述其理財之能而不及貪賄之事，與《宋史》全然不同，而罔顧《長編》卷一七二、卷一七三所載羣臣論劾其「廣收羡餘以媚三司」之事，似有好惡存於其間者。

〔一六〕卒年六十九：《許公墓誌銘》：「以嘉祐二年四月某日卒於家，享年六十有九。」

〔一七〕去爲雩都：《宋史》卷二九八《陳希亮傳》作「徙知鄠縣」，誤。蘇軾《陳公弼傳》（《蘇文忠公全集》卷一三）作「去爲雩都」，范鎮《陳少卿希亮墓誌銘》（《名臣碑傳琬琰集》中卷三一）作「徙知虔州雩都」。

〔一八〕青州男子趙宇上書：「宇」，《宋史》本傳及《陳公弼傳》並作「禹」，《長編》卷一三三及《陳少卿希亮墓誌銘》作「宇」。舒仁輝《〈東都事略〉與〈宋史〉比較研究》第二二一頁引徐規先生考證，認爲當作「寓」，疑是。下同。

〔一九〕卒年六十四：《陳少卿希亮墓誌銘》：「治平二年四月丁丑，朝奉郎、守太常少卿致仕、上柱國、賜紫金魚袋陳君卒於河南府思順坊之第。……享年六十六。」《宋史》本傳及《陳公弼傳》作「年六十四」。

〔二〇〕興國軍人：《宋史》卷三二二《吴中復傳》作「興國永興人」。

〔二一〕知犍爲縣：《宋史》本傳作「知峨眉縣」，《名臣碑傳琬琰集》下卷一五《吴給事中復傳》作「知嘉州犍爲縣」。

〔二二〕監察御史裏行：《宋史》本傳作「監察御史」，《吴給事中復傳》及《長編》卷一七五均作「監察御史裏行」。按《宋史》卷一六四《職官志》云：「官卑而入殿中監察御史者，謂之裏行。」中復以通判召入，宜帶「裏行」二字。

〔二三〕知潭州：《宋史》本傳作「知澤州」，《吴給事中復傳》作「知潭州」。《長編》卷二三八熙寧五年九月丁卯條注：「吴中復治平元年十二月自潭徙瀛。」疑《宋史》誤。

〔二四〕坐用公使違法：《宋史》本傳作「坐過用公使酒免」，《吴給事中復傳》作「坐用公使庫酒違法」，《事略》「公使」下當補「酒」字。

〔二五〕卒年六十八：《吴給事中復傳》：「元豐元年十二月丙午，龍圖閣直學士、給事中吴中復卒。」

東都事略卷第七十六

列傳五十九

劉敞字邍父，袁州臨江人也〔一〕。舉進士甲科，爲大理評事、通判蔡州。召試，遷直集賢院、判尚書考功。仁宗賜夏竦謚曰文正，敞言：「謚者，有司之事也。竦之行邪，而陛下謚之以正，不應法。今百司各得守其職，而陛下侵臣官。」疏三上，仁宗爲更竦謚曰文莊。張貴妃追號温成皇后，有請立忌日者。敞言：「太祖以來，后廟四室，陛下之妣也，猶不立忌，豈可以私昵之愛而變古越禮乎？」

同修起居注，尋遷右正言、知制誥，奉使契丹。敞博聞强記，素知虜山川道里，虜人自古北至柳河，回曲千餘里。敞問曰：「自松亭趨柳河甚徑，不數日可至中京，何不道彼而道此？」虜人不虞敞知，皆相顧驚愧曰：「誠如公言。自通好以來，置驛如此，不敢易也。」時順州山中有異獸，如馬而食虎豹，虜不知名，以問敞。敞曰：「此所謂駮也。」爲言其形狀、聲音，皆如所見，虜人益嘆其博物。使還，求知揚州。

初，狄青在兵府，諸軍訛言藉藉，每出，小民輒聚觀。仁宗不豫，青益爲都人所指。敞將行，言於仁宗曰：「陛下愛青，不如出之，以全終始。今外説紛紛，雖不足信，要當無後憂。寧負青，無使負國。」仁宗頷之，曰：「可語中書。」敞見三丞相，謂曰：「向者天下有大憂，今有大疑。上體復平，大憂去矣，而大疑者尚存。」具以青事告之，丞相唯唯。敞既至州，遺公卿書曰：「汲黯之忠，不難於淮陽，而眷眷於李息。」朝廷皆知爲青發也。京師大水，彗星見，青出判陳州。青去之夕而彗没。自揚徙鄆州，糾察在京刑獄。

嘉祐四年，祫享，羣臣上尊號。敞言：「尊號，非古也。陛下尊號盡善矣。陛下自寶元之郊，止羣臣毋得以爲請，殆今二十年無所加，天下皆知甚盛德，奈何一旦增虚名而損實美哉？」仁宗然之，遂不允羣臣請。而禮官前議①請祔郭皇后於廟，詔兩制與禮官議。敞曰：「《春秋》之義，夫人不薨於正寢，不赴於同姓，不反哭於廟，則不言夫人，不稱小君。徒以禮不足，故名號闕。而郭氏以后廢，案景祐之詔，許復其號，不許其謚與祔，謂宜如詔書。」禮官蘇頌、張洞以爲：「景祐追復詔書，言后逮事先后，親奉寢園，則后初不廢。」又言：「其謚册祔廟並停，則后應謚祔可知。今既有旨復議，則宜以后祔皇后廟，謚兼懷、襄、哀、悼一字爲可。」敞曰：「禮於祫，未②毁廟之主皆合食，而無帝后之限，且神宗以來用之。《傳》曰『祭從先祖』，宜如故。」於是皆如敞言[二]。未幾，御史言敞前議郭后嘗云「上之廢后」，是欲導人主廢后也。敞因請補外，除翰林侍讀學士、知永興軍。召還翰林，治平中，判太常寺。

敞在永興，得眩瞀疾，求便郡。英宗曰：「如劉敞者，豈易得哉。」遂出知汝州，改集賢院學士、判西京留司御史臺。卒，年五十[三]。

敞爲人明白俊偉，博學自信，自六經、諸子、百氏下至傳記、小説，無所不通。爲文敏贍，在西掖時，一日追封皇子、公主九人，敞將下直，爲之立馬却坐，一揮九制，文詞典雅，各得其體。在長安，得先秦古器數十，愛其款識文字奇古，因以考知三代制度與先儒所説不同者。所著《春秋傳》《權衡》《説例》《意林》總四十卷[四]，文集六十卷，《弟子記》五卷、《七經小傳》五卷。弟攽，子奉世。

---

①議：覆宋本、四庫本作「預」。歐陽修《集賢院學士劉公墓誌銘》作「祫」。
②未：原作「夫」，據覆宋本、四庫本及《集賢院學士劉公墓誌銘》改。

攽字贛父〔五〕。少疏俊，與兄敞同學，自刻厲博讀羣書，遂偕中進士，調江陰簿，爲國子監直講。趙槩薦攽可備文館，召試，優等，當除直史館。攽與言者有憾，而執政乃擬校勘。

熙寧初，知太常禮院。神宗手詔推求太祖諸孫屬行尊者爲王，以奉太祖後。攽曰：「禮，諸侯不得祖天子，太祖傳天下於太宗，繼體之君皆太祖子孫，不當别爲太祖置後。臣以謂太祖子唯德昭、德芳二人宜崇其後①，世世勿降爵，宗廟祭祀使之在位，則陛下褒揚藝祖，休顯著明矣。」會勸講邇英者建言講官願得坐講，下太常議。攽曰：「侍臣見天子，應對顧問日講論，不可安坐自若。避席立語，乃古今常禮，不可許。」或曰：「人臣何嘗不坐上前？今使講官坐，以示人主尊德樂道，何害？」攽曰：「不然。人主命之坐，與人主不命而請之，逆順分矣。」時議者不一，卒如攽言。

考試開封府進士，程文有用小畜字者，王介謂犯神宗嫌名，攽曰：「此六畜之畜，非②嫌名也。」因紛争，御史劾之，遂出通判泰州。代還，爲集賢校理，判登聞鼓院、三司户部判官，知曹州。嘗轉對言：「强盗減罪流配，多逃還鄉里，復讎殺人，捕得亦死。宜約古制，凡强盗得貸減者，皆以刖代流配，盗不得去鄉里，全性命。」神宗善之，而議者以斷趾駭衆，事不行。曹素多盗，朝廷立重法，而盗不息。攽曰：「民不畏死，奈何以死懼之？」至則尚寬平，務在不撓，視官屬如子姪，歲中盗賊衰息。

召爲國史院編修官、開封府判官。元豐初，出爲京東轉運使。坐不按斥部吏，罷知兖州，徙亳州。後轉運使吴居厚以苛刻致財賦豐衍，擢天章閣待制，攽又坐廢弛，奪兩官，黜監衡州鹽倉。起知襄州，元祐初，召爲秘書少

①崇：覆宋本、四庫本作「從」，誤。後：繆校作「厚」。
②非：朱校本、繆校同，覆宋本、四庫本作「亦」。

監。以疾求補外，除直龍圖閣、知蔡州。召拜中書舍人。卒，年六十七〔六〕。

攽爲人博學守道，以故流離困躓，然不修威儀，喜諧謔，雜以嘲誚，每自比劉向也。所著文集暨《五代春秋内傳》《國語經史新議》《東漢刊誤》《詩話録》《芍藥譜》《漢官儀》，凡百卷。

奉世字仲馮，元豐間，爲直史館。元祐初，爲吏部員外郎，擢起居郎。詔册乾順爲夏國主，以奉世使西夏。遷天章閣待制、樞密都承旨，除吏部侍郎，權户部尚書。七年，遂以樞密直學士僉書樞密院事，罷爲端明殿學士、知成德軍，徙定州、成都府。坐元祐黨責光禄少卿、郴州①居住。

御史中丞邢恕劾奉世合劉摯傾害顧命大臣，附吕大防、蘇轍遂登政府，再貶隰州團練副使、郴州②安置。後移居道州，徙光州，復端明殿學士、知定州，又知鄭州。以言者落職，知徐州，提舉崇福宫，以舊職致仕。政和三年卒〔七〕。

臣稱曰：劉敞學問，無所不知，論諫有餘，爲時儒宗。歐陽修嘗譬之爲百鍊之英，而萬物之鑑也。修、敞相予以道義，其言信哉。攽言行高遠，名亞敞云。

吕溱字濟叔，揚州人也。舉進士第一，爲將作監丞、通判亳州。遷直集賢院、知蘇州〔八〕。同修起居注，坐與

①郴州：繆校同，覆宋本、四庫本作「彬州」，誤。
②郴州：覆宋本、四庫本作「彬州」，誤。

進奏院燕飲，出知蘇州，歷楚、舒二州〔九〕。復修起居注，改右正言。儂智高反，詔進奏院不得輒報。溱言：「邊防有警急，一方有賊盜，宜令諸路聞之，共得爲備。欲人不知，此何計也？」擢知制誥、知杭州。久之，拜翰林學士。上疏論：「宰相陳執中姦邪，不練達朝廷故事，平居罕接士人，惟陰陽卜祝之流入臥内，干與政事。」又歷數其過惡，仁宗還其疏。溱進曰：「若止用口陳，是陰中大臣也。請付執中，令自辨。」遂以侍讀學士知徐州，移知成德軍。坐以回易公用挾私物及違法過受公使餽贐，爲轉運使劾奏，落職，分司西京〔一〇〕。

久之，起知池州，徙襄州，又徙江寧。遷給事中、集賢院學士，除龍圖閣直學士、知開封府。爲政精敏，京師翕然稱之。未幾，以疾求解，遷樞密直學士、提舉醴泉觀。卒，年五十五〔一一〕。於是神宗曰：「溱立朝最孤，知事君之節，絶迹權貴，故中廢者十數年，無人肯爲達之者。朕近擢領要務，頗著風績，今忽淪亡，甚可嗟悼。」

溱爲人簡倨，與賓客語不過數言。性豪侈，以故獲罪。然開敏善議論，人多推許之。

賈黯字直孺，南陽人也〔一二〕。舉進士第一，爲將作監丞、通判襄州。還朝，以著作佐郎直集賢院，上書稱薦范仲淹、富弼、韓琦之賢，仁宗深重之。遷同修起居注，擢知制誥。出知陳州，移許州，又知襄州。父疾，請解官就養，未報。乃棄官而歸，責郢州，未赴而父卒。服除，亦不復責也。

嘉祐中，入翰林爲學士，知開封府。於是御史中丞王疇、諫官司馬光、御史吕誨、傅堯俞等言，黯以文藝進身，不閑吏事，遂罷。復爲翰林學士。久之，遷給事中，權御史中丞。時用吕誨爲御史知雜，誨以嘗言黯過失辭職，黯奏曰：「諫官、御史本爲人主耳目，况一時公言，非有嫌怨。且誨初得御史，乃臣與孫抃薦舉，臣知其爲人，方正謹厚。今茲擢用，甚允衆望。臣得與之共事，必能協濟。」詔以諭誨，誨遂就職，時人莫不賢黯也。

皇子封東陽郡王，官兼檢校太傅。黯上言：「太傅，天子師臣也。子爲父師，於體不順。請自今皇子及宗室卑屬除師傅者，隨其遷序改授。」詔兩制議，如黯所奏，朝論是之。宰執建言請追尊濮王，黯與兩制合議，請以濮王爲皇伯，宰執不從。會大雨，黯上疏言：「水不潤下，以二三大臣阿諛容悦，違背經義，故致此災變。」時論稱其切直。以疾乞郡，除翰林侍讀學士、知陳州。卒，年四十四〔一三〕。

黯有學識，好修潔，無所阿附。初登第還南陽，范仲淹知鄧州，黯謁仲淹曰：「黯晚輩，偶得科第，願受教。」仲淹曰：「君不憂不顯，唯『不欺』二字，可終身行之。」黯拜其言。其後黯每以語人曰：「吾得於范公『不欺』二字，平生用之不盡也。」

沈遘字文通，杭州錢塘人也。以祖蔭補郊社齋郎，舉進士第一，大臣疑已在仕者不得爲第一，乃以爲第二，其後遂以爲故事。除大理評事、通判江寧府，召試，直集賢院，擢修起居注，改右正言、知制誥，出知越、杭二州。英宗即位，遷龍圖閣直學士、知開封府。爲人明敏，通達世務。其治杭也，以嚴見憚，及治開封亦然。每晨起視事，日中則廷無留人。出與親舊往還，從容談笑，以示有餘。士大夫交稱其能，以爲且大用矣。拜翰林學士，遭母喪，未除而卒，年四十〔一四〕。

鄭獬字毅夫，安州安陸人也。爲人俊邁不羣，舉進士第一，授將作監丞、通判陳州。召試，直集賢院，修起居注，遂以右司諫知制誥。

仁宗崩，獬上疏曰：「大行皇帝永昭陵，依乾興制度，雖未爲過侈，然乾興帑庫充積，財力有餘，可以溢祖宗舊制。今國用空乏，財賦不支，豈可以乾興爲法也？夫儉葬之制，周公非不忠，曾子非不孝，以爲褒君愛父不在於聚財，此前世之極論也。竊惟大行皇帝節儉愛民，出於天性，無珠玉奇麗之好，無犬馬遊觀之樂，服御至於澣濯，器用極於樸陋，此天下之所共知也。而山陵制度，乃取乾興最盛之時爲準，獨不傷先帝平日積儉之德乎？」

又上疏言：「天子初即位，四方郡國馳表稱賀，例得官其子弟。此必出於五代，方鎮强悍，朝廷苟欲結以恩義，弭其不臣之患，故因仍至今，未知有改。今天下承平，庶官猥多，充滿銓選。況前日既用龍飛詔書，俾羣臣類進一官，足以推布主上惟新之澤，固不須復官其子弟，以開僥幸也。」

京師大雨水，詔求直言，獬上疏曰：「臣竊觀陛下發德音，下明詔，以求忠言。然臣愚未知陛下將欲實用之邪，抑欲因災異舉應故事以文之邪？苟欲文之，則固無可議；必欲實用之，則於此時四方交章累疏，繁叢委至，而陛下以一日萬機之餘，未能周覽，亦不過如平時：章疏關機密者，則留中不出；繫政體者，則下中書；屬兵機者，則下樞密院；兩府覆奏，又以下羣有司及郡邑，卒無所施行而後止。如是則有求諫之名，而無求諫之實，所謂應故事者等耳。以臣所見，謂宜選官置屬，令專掌羣臣所上章疏，日許兩府及近臣番休更直，便殿賜坐，與之從容條講。其可者則熟究而行之，不可則罷之，有疑焉則廣詢而後決之，使羣言得而衆事舉，此應天之實也。」

又上疏曰：「日者詔諸郡敦遣遺逸之士，後復廢罷。臣欲乞復置此科，而稍爲增損。蓋孔子爲政，必先正名；漢之聘士，不應召者則令敦遣就道。豈有朝入科場，暮爲敦遣者哉？宜正其名，謂之舉遺逸。間歲發解後，有不豫薦者，開封、國學及諸路各舉一人。又至禮部奏名後，有不豫選者，許主文共舉五人。並至御試時務策中等者，別爲一榜。如以爲歲增中等者差多，即乞復於進士數内減不合格者二十人以均之。庶幾郡縣豪俊，不至遺於草萊也。」出知荆南府。

神宗即位，除翰林學士、知開封府。王安石參知政事，不悦獬，宰相富弼在告，遂除獬翰林侍讀學士、知杭州，徙青州，以疾提舉鴻慶宫。卒，年五十一〔一五〕。

獬爲文有豪氣，其流輩皆不及云。

祖無擇字擇之，蔡州人也〔一六〕。少從穆脩爲古文，又從孫復受《春秋》。舉進士甲科，稍遷太常博士。至和二年，詔封孔子四十七世孫宗愿爲文宣公。無擇言：「前代封孔子之後者，在漢、魏曰『褒尊宗聖』，在晉、宋曰『奉聖』，後魏曰『崇聖』，北齊曰『恭聖』，後周及隋封鄒國公，唐初曰『褒聖』。開元中，始追謚孔子爲文宣王，又以其後爲文宣公，是以祖謚而加後嗣也。」乃下兩制更定美號，而令世襲，遂改封宗愿爲衍聖公。加直集賢院，爲三司户部判官，出知陝州，召爲同修起居注、知制誥。

仁宗已復土，奉虞主於集英殿。無擇與知諫院司馬光奏請親虞，下禮院詳議，以爲宜如無擇等奏。後英宗不豫，令宗正卿攝事。王疇除樞密副使，錢公輔論其望輕，繳還詞頭，貶滁州團練副使。無擇不即草公輔制，而乞薄責之，不報。遷龍圖閣直學士。初，執政欲用無擇爲翰林學士，英宗弗許。以爲侍讀，又弗許。出知鄭州，遷右諫議大夫、知杭州。

初，無擇與王安石同爲知制誥，時詞臣許受潤筆物，安石因辭一人之饋不獲，義不受，以其物置舍人院梁上。安石既以母憂去，無擇取爲本院公用，安石聞而惡之，以無擇爲不廉。熙寧初，安石得政，乃諷監司求無擇罪，遣御史王子韶按治。子韶，小人也，攝無擇對吏，鍛鍊無所得，坐借公使酒三百小瓶以送遺客，遂責忠正軍節度副使〔一七〕，士大夫冤之。有知明州、光禄卿苗振，監司亦由觀望發其罪，朝廷遣崇文院校書張載按治。載，賢者也，悉爲平反之，罪止罰金。其幸不幸如此。

元豐中，無擇復秘書監、集賢院學士、判西京留司御史臺，移知信陽軍以卒〔一八〕。

【箋證】

〔一〕袁州臨江人：《宋史》卷三一九《劉敞傳》作「臨江軍新喻人」，是。《續通志》卷三四三《劉敞傳》校記：「按：《東都事略》作『袁州新喻人』，歐陽修撰敞《墓誌》作『吉州臨江人』。考《宋史・地理志》，臨江軍、吉州、袁州並屬江南西路，而新喻則淳化三年已自袁州改隸臨江軍。《宋史》本傳不誤。」

〔二〕於是皆如敞言：汪琬《東都事略跋》卷中：「郭后祔廟之議，以原父力争而止。《傳》中不載此議全文，即歐陽公所作誌銘亦爾，似皆左袒原父者，予以爲不然。原父言『古者不二適』，夫所謂二適，乃是以賤犯貴，以妾並后之屬。此可施之温成，而不可以議瑤華。瑤華固嘗正位中宮，不當以妾例擬之也。又言『放妻不可復合』，瑤華無罪被廢，況已薨矣，豈得云『放妻復合』邪？原父措辭，亦太不倫矣。當時惟禮官張洞嘗與原父辨。洞字仲通，祥符人。晁無咎作洞傳，詳述此事，蓋亦不以原父爲然也。區區守《春秋》之義，而不能將順人主之美，且教之遂非文過，雖通經如原父，吾無取焉。」

〔三〕卒年五十：《宋史》本傳：「熙寧元年卒，年五十。」歐陽修《集賢院學士劉公墓誌銘》（《歐陽文忠公集》卷三五）：「熙寧元年四月八日，卒於官舍，享年五十。」

〔四〕所著春秋傳權衡説例意林總四十卷：《宋史》本傳作「長於《春秋》，爲書四十卷」，《集賢院學士劉公墓誌銘》：「其爲《春秋》之説，曰《傳》、曰《權衡》、曰《説例》、曰《文權》、曰《意林》，合四十一卷。」《宋史》卷二〇二《藝文志》一著録「劉敞《春秋傳》十五卷，又《春秋權衡》十七卷、《春秋説例》十一卷、《春秋意林》二卷」，合四十五卷。

〔五〕字戇父：戇，錢校云：「當作『贛』，宋本原誤。」《宋史》卷三一九《劉敞傳》附《劉攽傳》作「字貢父」。戇，同「贛」，當作「贛」。《直齋書録解題》卷一七「《彭城集》六十卷」有「劉攽叔贛父」，與歐陽修《集賢院學士劉公墓誌銘》「劉敞字仲原父」相應。《揮麈録》卷二稱「劉邍父、贛父與從子少馮，又對掌内外制也」，《困學紀聞》卷一三謂「劉贛父《東漢刊誤》」，則劉攽字贛父，一作「貢父」，而以「貢父」最爲通行。

〔六〕卒年六十七：《長編》卷四二三元祐四年三月乙亥：「中大夫、中書舍人劉攽卒。」

〔七〕政和三年卒：《宋史》卷三一九《劉敞傳》附《劉奉世傳》作「政和三年，復端明殿學士，薨，年七十三」。

〔八〕遷直集賢院知蘇州：《宋史》卷三二〇《吕溱傳》不載知蘇州，而洪武《蘇州府志》卷一九載吕溱「慶曆三年二月乙丑，以秘書省著作佐郎、直集賢院出知蘇州。六月，知制誥歐陽修舉溱自代。四年三月戊辰，入爲度支三司判官」。

〔九〕出知蘇州歷楚舒二州：《宋史》本傳作「出知蘄、楚、舒三州」，弘治《徽州府志》卷七亦作「出知蘄、楚、舒三州」，疑《事略》「蘇」爲「蘄」之形誤。

〔一〇〕分司西京：《宋史》本傳作「分司南京」，《長編》卷一九〇嘉祐四年九月癸丑言「翰林侍讀學士、禮部郎中、知和州吕溱落職，分司西京」，而丙辰條又言「又降禮部郎中、分司南京吕溱爲兵部員外郎，以臺諫言前責尚輕也」。而蔡襄《乞敘用吕溱狀》（《莆陽居士蔡公文集》卷一七）有「臣伏見南京分司吕某」之語，《宋大詔令集》卷二〇五載嘉祐四年九月癸丑《吕溱落職分司制》作「分司南京」，疑《事略》誤。

〔一一〕卒年五十五：《淳熙新安志》卷六《吕狀元傳》云：「熙寧初，擢爲樞密直學士、給事中，卒。」《宋會要輯稿》儀制一一之八載「樞密直學士、給事中吕溱，熙寧元年五月贈禮部侍郎」。

〔一二〕南陽人：《隆平集》卷一四作「南陽人」，《宋史》卷三〇二《賈黯傳》作「鄧州穰人」，是。王珪《賈黯墓誌銘》（《華陽集》卷五四）作「自君之曾祖始徙於鄧，今爲穰下人」。

〔一三〕卒年四十四：《賈黯墓誌銘》：「治平二年十月戊子，翰林侍讀學士長樂賈君卒於京師。」

〔一四〕年四十：王安石《沈翰林遘墓誌銘》（《名臣碑傳琬琰集》中卷一四）：「以治平四年七月一日得疾杭州之墓次，某日至蘇州，而以九日卒，年四十。」

〔一五〕卒年五十一：《名臣碑傳琬琰集》下卷一五《鄭翰林獬傳》云：「熙寧五年八月，楚州言翰林侍讀學士、提舉南京鴻慶宮鄭獬卒。」《長編》卷二三八載獬卒於熙寧五年九月丁巳（十二日），而《宋會要輯稿》選舉三二之一五於是年閏七月已稱「故侍讀學士鄭獬」，則《長編》繫卒月有誤。

〔一六〕蔡州人：《宋史》卷三三一《祖無擇傳》作「上蔡人」，是。

〔一七〕祖無擇責忠正軍節度副使事，《宋史》本傳所載不同：「熙寧初，安石得政，乃諷監司求無擇罪。知明州苗振以貪聞，御史王子韶使兩浙，廉其狀，事連無擇。子韶，小人也，請遣内侍自京師逮赴秀州獄。蘇頌言無擇列侍從，不當與故吏對曲直。御史張戩亦救之，皆不聽。及獄成，無貪狀，但得其貸官錢、接部民坐及乘船過制而已。遂謫忠正軍節度副使。」《龍學文集》卷末附《龍學始末》載此事云：「安石當國，密諭監司求公守杭之事。監司承風旨，采以妄言，聞於朝廷。乃遣御史王子韶按治，終無所得。子韶知安石意，誣以送賓客酒三百小瓶。蘇頌、鄭獬、御史張戩等皆上疏力言其不可。」《長編》卷二一三熙寧三年七月癸丑載「龍圖閣學士、右諫議大夫祖無擇責授檢校工部尚書、忠正軍節度副使，不簽書本州公事」，「無擇坐知杭州日貸官錢及借公使酒，並乘船過制，與部民接坐，及聽造、景、羔羊、應巖等曲法請求」。《長編》蓋據當日謫狀記録事由，《事略》《宋史》各取片面以言其冤。

〔一八〕移知信陽軍以卒：《龍學始末》：「元豐六年，復起公典藩，賜玉帶。方大用，公卒矣，時元豐八年正月十五日，士論惜之。」諸書不言無擇享年多少，《龍學始末》言熙寧三年（一〇七〇）被謫時「年六十」，則當生於宋真宗大中祥符四年（一〇一一），終年七十五。

東都事略卷第七十七

列傳六十

范鎮字景仁，成都華陽人也。薛奎守蜀，還朝，或問奎入蜀所得，曰：「得一偉人，當以文學名於世。」謂鎮也。舉進士，禮部奏名第一。故事，殿廷唱第過三人，則禮部第一人者，必越次抗聲自陳，因擢置上第。鎮不肯自言，至第七十九人乃出拜，退就列，無一言，廷中皆異之。

釋褐爲新安簿，王舉正薦召試，擢館閣校勘。宰相龐籍言鎮有異材，不汲汲於進取，特除直秘閣、開封府推官，擢起居舍人、知諫院。上疏論民田困弊，請約祖宗以來官吏兵數，酌取其中爲定制，以今賦入之數什七爲經費，而儲其三以備水旱非常。又言：「古者冢宰制國用，唐以宰相兼鹽鐵轉運或判户部度支。今中書主民，樞密主兵，三司主財，各不相知，故財已匱而樞密益兵無窮，民已困而三司取財不已。請使中書、樞密通知兵民財利大計，與三司同制國用。」

葬温成皇后，太常議禮，前謂之園，後謂之陵。宰相劉沆前爲監護使，後爲園陵使。鎮曰：「常聞法吏舞法矣，未聞禮官舞禮也。請詰問前後議禮異同狀。」時有敕，凡内降不如律令者，令中書、樞密院及所屬執奏。未及一月，而内臣無故改官者，一日至五六人。鎮乞正大臣被詔故違不執奏之罪。石全斌①以護温成葬，除觀察使。

①石全斌：原作「石全賦」，據覆宋本、四庫本及蘇軾《范景仁墓誌銘》改。

凡治葬事者，皆遷兩官。鎮言章獻、章懿、章惠三后之葬，推恩皆無此比，乞追還全斌等告敕。

時陳執中爲相，鎮嘗論其無學術，非宰相器。及執中嬖妾笞殺婢，御史劾奏，欲逐去之。鎮言：「今陰陽不和，財匱民困，盜賊滋熾，獄犴充斥，執中當任其咎①。閨門之私，非所以責宰相。」識者韙之。

文彥博、富弼入相，百官郊迎。時兩制不得詣宰相居第，百官不得間見。鎮言：「隆之以虛禮，不若開之以至誠。乞罷郊迎而除謁禁，以通天下之情。」議減任子及每歲取士，皆鎮發之。又乞令宗室屬疏者補外官，仁宗曰：「卿言是也，顧恐天下謂朕不能睦族耳。」鎮曰：「陛下甄別其賢者，用顯之，不没其能，乃所以睦族也。」雖不行，至熙寧初，卒如其言。

仁宗即位三十五年，未有繼嗣，至和中得疾〔一〕，中外危恐，不知所爲。鎮曰：「天下事尚有大於此者乎？」即上疏曰：「方今祖宗後裔蕃衍盛大，信厚篤實，陛下拔②其尤賢者，優其禮數，試之以政，與圖天下之事，以繫天下之心。異時誕育皇嗣，復遣還邸，則真宗皇帝時故事是也。初，周王既薨，真宗取宗室子養之宫中者，此天下之大慮也。太祖捨其子而立太宗者，天下之大公也，宗廟社稷之至計也。臣願陛下以太祖爲心，行真宗故事，斷於聖心，以幸天下。臣不勝大願。」章累上，不報，因闔門請罪。會有星變，其占爲急兵。鎮言：「國本未立，若變起倉卒，禍不可以前料，兵孰急於此者乎？今陛下得臣疏，不以留中而付中書，是欲使大臣奉行也。臣兩至中書，大臣皆設辭以拒臣，是陛下欲爲宗廟社稷計，而大臣不欲也。臣竊原其意，特恐行之而陛下中變耳。中變之禍，不過於死，而國本不立，萬一有如天象所告急兵之憂，死且有罪。願以此示大臣，使自擇死所。」〔二〕

①咎：原作「各」，據覆宋本、四庫本改。
②拔：覆宋本、四庫本作「拔」，誤。《皇朝文鑑》卷四八范鎮《請建儲疏》作「拔」。

除兼侍御史知雜事，鎮以言不從，固辭不受。執政謂鎮：「上之不豫，大臣嘗建此策矣。今間言已入，爲之甚難。」鎮復移書執政曰：「事當論其是非，不當問其難易。速則濟，緩則不及，此聖賢所以貴機會也。諸公言今日難於前日，安知他日不難於今日乎？」凡見仁宗面陳者三，鎮泣，仁宗亦泣曰：「朕知卿忠，卿言是也。當更俟三二年。」章十九上，待罪百餘日，鬚髮爲白。罷知諫院，改集賢殿修撰，修起居注，除知制誥。鎮雖罷言職，而無歲不言儲嗣事。及爲知制誥，正謝奏曰：「陛下許臣，今復三年矣，願早定大計。」其後韓琦卒定策立英宗。

遷翰林學士。英宗即位，中書奏請追尊濮安懿王，下兩制議，以爲宜稱皇伯，高官大國，極其尊榮。非執政意，更下尚書省集議。已而臺諫争言其不可，乃下詔罷議，令禮官檢詳典禮以聞。鎮時判太常寺，上言：「漢宣帝於昭帝爲孫，光武於平帝爲祖，則其父容可稱皇考，然議者尤①非之，謂其以小宗而合大宗之統也。今陛下既考仁宗，又考濮安懿王，則其失非特漢宣、光武之比矣。凡稱帝若皇考，立寢廟，論昭穆，皆非是。」以侍讀學士出知陳州。

神宗即位，復還翰林兼侍讀，知通進銀臺司。王安石爲政，變更法令，改常平爲青苗法。鎮上疏曰：「常平之法，始於漢之盛時，視穀貴賤發斂，以便農末②，最爲近古，不可改。而青苗行於唐之衰亂，不足法。且陛下疾富民之多取而少取之，此正百步與五十步之間耳。今有二人坐市貿易，一人下其直以相傾奪，則人皆知惡之，其可以朝廷而行市道之所惡乎？」疏三上，不報。

會韓琦上疏極論新法之害，安石使送條例司疏駁之。諫官李常乞罷青苗錢，安石令常分析，鎮皆封還其詔。詔五下，鎮執如初。司馬光除樞密副使，光以所言不行，不敢就職，詔許辭免，鎮再封還之。神宗知其不可奪，以

①尤：覆宋本、四庫本及《宋史》卷三三七《范鎮傳》、蘇軾《范景仁墓誌銘》作「猶」，是。
②末：繆校作「夫」。

詔直付光。鎮奏曰：「臣不才，使陛下廢法，有司失職，乞解銀臺司。」許之。會有詔舉諫官，鎮以蘇軾應詔，而御史謝景温彈奏軾罷。鎮又舉孔文仲爲賢良。文仲對策，極論新法之害。安石怒，罷文仲歸故官。鎮皆上疏争之，不報。

時年六十三，即上言：「臣言不行，無顔復立於朝，請致仕。」疏五上，最後指言安石曰：「臣言青苗，不見聽，一可去；薦蘇軾、孔文仲，不見用，二可去。今有人言獻忠與獻佞孰是，必曰獻忠是；納諫與拒諫孰是，必曰納諫是。蘇軾與孔文仲，可謂獻忠矣，陛下拒而不納，是必有獻佞以誤陛下者，不可不察也。若李定避持服，遂不忍母，是壞人倫、逆天理也，而欲以爲御史，御史臺爲之罷陳薦，舍人院爲之罷宋敏求、李大臨、蘇頌，諫院爲之罷胡宗愈。王韶上書，肆意欺罔，以興造邊事，事敗，則置而不問，反爲之罪帥①臣李師中。及御史一言蘇軾，則下七路掎摭其過，孔文仲則遣之歸任。以此二人況彼二人，以此事理觀彼事理，孰是孰非，孰得孰失，陛下聰明之主，其可以逃聖鑒乎？言青苗則曰有見效者，豈非歲得緡錢什百萬。緡錢什百萬，非出於天，非出於地，非出於建議者之家，一出於民。民猶魚也，財猶水也，水深則魚活，財足則民有生意。養民而盡其財，譬猶養魚而竭其水也。陛下有納諫之資，大臣進拒諫之計；陛下有愛民之性，大臣用殘民之術。臣職獻替而無一言，則負陛下矣。臣知言入②，觸大臣之怒，罪在不測。雖然，臣嘗以忠事仁祖，仁祖不賜之死，纔聽解言職而已；以禮事英宗，英宗不加之罪，纔令補畿郡而已。不以所③事仁祖、英宗之心而事陛下，是臣自棄於此④世也。」

①帥：覆宋本、四庫本作「師」，誤。
②入：覆宋本、四庫本作「又」，誤。
③不以所：原作「所不以」，據《國朝諸臣奏議》卷七四《乞致仕第五疏》乙。
④此：繆校作「聖」。

安石怒，落翰林學士，以户部侍郎致仕。鎮上表謝，其略曰：「雖曰乞身而去，敢忘憂國之心？」又曰：「望陛下集羣議爲耳目，以除壅蔽之姦；任老成爲腹心，以養和平之福。」天下聞而壯之。官制行，改正議大夫。哲宗即位，遷光禄大夫。

英宗登極，祔仁宗主而遷僖祖。及神宗即位，復還僖祖而遷順祖。鎮上言：「太祖起宋州，有天下，與漢高祖同，僖祖不當復還。乞下百官議。」不報。及哲宗即位，鎮又言乞遷僖祖，正太祖東嚮之位。時年幾八十矣。韓維上言：「鎮在仁宗朝，首開建儲之議，而鎮未嘗以語人，雖顔子不伐善，介子推不言禄，不能過也。」悉以鎮十九疏上之。拜端明殿學士，且召鎮兼侍讀、提舉中太一宫，固辭，改提舉崇福宫。數月，告老，以銀青光禄大夫致仕。

初，仁宗命李照改定大樂，下王朴樂三律。皇祐中，又使胡瑗等考正。鎮與司馬光皆上疏論律尺之法，又與光往復論難，凡數萬言。後神宗詔鎮與劉几定樂，鎮曰：「定樂當先正律①。」神宗曰：「然。雖有師曠之聰，不以六律，不能正五音。」鎮作律尺、龠、合、升、斗、豆、區、鬴、斛，欲圖上之，又乞訪求真黍，以定黄鐘。而劉几即用李照樂，加用四清聲而奏樂成。詔罷局，賜賚有加。鎮謝曰：「此劉几樂也，臣何與焉。」及致仕，請太府銅爲之，逾年乃成，比李照樂下一律有奇。哲宗御延和殿，召執政同觀，賜詔嘉奬。以樂下太常，樂奏三日而鎮卒[三]，年八十一。贈金紫光禄大夫，謚曰忠文。

有文集、《正言》、《樂書》、《國朝韻對》、《國朝事始》、《東齋記事》，凡百餘卷。鎮清明坦夷，表裏洞達，遇人以誠，口不言人過。及臨大節，决大義，色和而語壯。爲文清麗簡遠，少時嘗賦《長嘯却胡騎》，流傳契丹，契丹

①「正律」下，繆校有「律正則樂無訛」六字。

謂鎮爲「長嘯公」云。猶子百禄，從孫祖禹。

百禄字子功。父鍇，爲衛尉寺丞，鎮之兄也。少力學，中進士第，又中制科。治平中，以秘書丞知濛陽縣。熙寧間，擢提點江東刑獄，徙利州、梓州兩路，加直集賢院。

召還，同知諫院〔四〕，論手寔法曰：「造簿手寔，許令告匿。《户令》雖有手實之文，而未嘗行。蓋謂使人自占，必不以實告；而明許告訐，人爲仇怨，則禮義廉耻之風衰矣。」五路兵置三十七將，許辟召布衣爲參謀。百禄曰：「今大帥①未命，而已除將佐。有以恩澤用者，有以瘝敗收者，有未嘗經戰陳者，有以故羣盜得官者，願詳覈其素，參用之。」又列其甚無狀者十四人，願依畿縣舊例，將佐專教閲，餘付之州縣，而罷參謀。神宗納之。

宗子世居謀不軌，命百禄同徐禧治其獄。百禄坐欺罔②落職，監宿州酒税，語在《禧傳》〔五〕。久之，爲提點淮南東路刑獄，徙知唐州，入爲司門郎中，遷吏部，除起居郎。召試中書舍人，除刑部侍郎。有以强盗及故殺、鬪殺情可矜者讞於③朝，法官援例貸免。司馬光曰：「殺人不死，則法廢矣。」百禄曰：「謂之殺人則可，制刑而以爲不疑，原情而以爲無可閔，則不可。今必處死，則二殺之科，自是無可疑與可閔者矣。」百禄在刑部，用法多所平反。遷吏部侍郎。

自元豐河决小吴，元祐初，水官請回河故道，命百禄④與趙君錫同行視。百禄以東流高仰不可回，乞罷修河

①帥：原作「師」，據繆校及《長編》卷二五九改。
②罔：原作「同」，當爲「罔」之形誤，徑改。
③於：原作「焉」，據覆宋本、四庫本及范祖禹《資政殿學士范公墓誌銘》改。
④百禄：原作「百視」，據覆宋本、四庫本改。

司，以省大費，其事遂寢。進翰林學士，除龍圖閣學士、知開封府。僚屬以囹空，欲百禄言於朝，百禄曰：「千里之圻，而無一人之獄，此上德所格，豈尹功邪？」復召入翰林兼侍讀，拜中書侍郎。

是歲郊祀，議合祭天地，吕大防、蘇頌以合祭爲宜。百禄曰：「神宗以圜丘無祭地之理，遂考求先王典禮，止祀上帝，配以太祖，今未可輕改。」明日，大防等復論皇帝臨御之始，當親見天地。百禄又言：「祖宗圜丘合祭，皆是循用後代權時之制，不合舊典。」大防曰：「百禄之言，雖是典禮，未易遽行。」太皇太后以大防言爲然，乃已。

熙河帥范育請進築汝遮、納迷、結珠龍川三城，百禄曰：「此必争之地，我既城之，賊馬時出，居民豈得安全？後欲棄之，則城費已甚，必不可與，邊害何時休息？」右相蘇頌以稽留除書罷政，百禄亦以資政殿學士出知河中府，徙河南。未行，卒，年六十五〔六〕。贈銀青光禄大夫。所著《詩傳》、文集、内外制、奏議凡八十卷〔七〕。後與元祐黨云。

祖禹字淳父〔八〕。祖鍇，父百之，太常博士。祖禹舉進士，爲校書郎、知龍水縣。司馬光辟同編修《資治通鑑》，凡十五年書成，光上章稱薦曰：「臣誠不及也。由臣頑固，纂次淹久，致其沉淪，而祖禹安恬静默，若將終身者。」除秘書省正字。

神宗①崩，祖禹上疏論喪服之制曰：「先王制禮，以君服同於父，皆斬衰三年，蓋恐爲人臣者不以父事其君，此所以管乎人情也。自漢以來，不惟人臣無服，而人君遂以不爲三年之喪。惟國朝自祖宗以來，外廷雖用易月

①神宗：原作「英宗」，據覆宋本、四庫本及《長編》卷三五九改。

之制，而宮中實行三年之服。且易月之制，前世所以難改者，以人君自不爲服也。今君上之服已如古典，而臣下之禮猶依漢制，是以百官有司皆已復其故常，容皃衣服無異於行路之人，豈人之性如此其薄哉？由上不爲之制禮也。今羣臣雖易月，而人主實行喪。故十二日①而小祥，期而又小祥；二十四日而大祥，再期而又大祥。不可以有二也。既以日爲之，又以月爲之，此禮之無據者也。古者再期而大祥，中月而禫。禫者，祭之名也，非服之色也。今乃爲之慘服三日然後禫，此禮之不經者也。既除服，至葬而又服之，蓋不可無服也。祔廟後即吉，纔經八月耳，而遽純吉，無所不佩，此又禮之無漸者也。易月之制，因襲故事，已行之禮，不可追也。臣愚以爲，羣臣朝服，止如今日，而未服衰，至期而服之，漸除其重者，再期而又服之，乃釋衰。其餘則君服期服可也。至於禫，不必爲之服，惟未純吉以至於祥，然後無所不佩，則三年之制，略如古矣。」擢右正言。

吕公著爲左丞，祖禹以壻嫌改著作佐郎，爲實録院檢討官，遷著作郎兼侍講。上疏太皇太后曰：「今祥禫將終，即吉方始，服御器用，内外一新，奢儉之端，皆由此。臣以謂珠璣金玉之飾，錦繡纂組之工，凡可以蕩心悦目者，不宜有加於舊、增多於前也。皇帝方嚮儒術，親學問，睿質日長，聖性未定，睹奢則奢，睹儉則儉。凡所以訓導聖德者，宜動皆有法，不可不戒。若崇儉敦樸，以輔養皇帝之性，使目不視靡曼之色，耳不聽淫哇之音，非禮勿言，非禮不動，則學問日益，聖德日隆，此宗社無疆之福也。」神宗服除，故事開樂宴②，故祖禹上疏言：「君子之於喪服，以爲至痛之極，不得已而除。若以開樂故特設宴，則似除服爲慶賀，非君子不得已而除之意也。請罷開樂宴，惟因事則聽樂，庶合先王禮意。」哲宗從之。擢起居舍人，辭不拜。

---

①日：原作「月」，據覆宋本、四庫本及《宋史》卷三三七《范鎮傳》附《祖禹傳》、范祖禹《論喪服儉葬疏》（《范太史集》卷一三）改。下「二十四日」之「日」同改。

②開樂宴：繆校及《長編》卷四〇二、《宋史》本傳作「開樂置宴」，較佳。《事略》删「置」字，亦通。覆宋本、四庫本改「宴」作「置」，大誤。

時以夏暑罷講，祖禹上疏曰：「當今之務，莫如學問之爲急。陛下今日學與不學，繫天下他日之治亂，臣不敢不盡言之。陛下如好學，則天下之君子欣慕，願立於朝，以直道事陛下，輔助德業而致太平矣。陛下如不好學，則天下之小人皆動其心，欲立於朝，以邪諂事陛下，竊取富貴而①專權利矣。君子之得位，欲行其所學也；小人之得君，將濟其所欲也。用君子則治，用小人則亂。君子與小人，皆在陛下心之所召。臣竊爲陛下惜此日月，願以學爲急。」召試中書舍人，又辭不拜。遷右諫議大夫兼實録院修撰。

蔡確既已得罪，祖禹上言：「聖人之道，不過得中。天下之事，不可極意。一時極意，後必有悔。用刑寧失之於寬，不可失之於急；寧失之於略，不可失之於詳。自乾興貶丁謂以來，不竄逐大臣六十餘年，且丁謂見在相位，故朝廷有黨，不可不出。今確已罷相數年，陛下所用，多非確黨。其有素懷姦心，爲衆所知者，固不逃於聖鑒。自餘偏見異論者，若皆以爲黨確而逐之，恐刑罰之失中，人情之不安也。」

又因對勸哲宗以辨邪正曰：「比年以來，大臣以兼容小人爲寬，好惡不明，邪正不分，所引進者，不盡得人。宰相以進賢退不肖爲職，而邪正不分，豈不負國？望戒飭大臣，各以公心求賢，多引鯁正之人，以重朝廷。無使小人得位，爲他日之②患。」復除中書舍人，又力辭。

時遣都水監李偉分導大河入孫村口，歸故道，以解下流之急。偉因欲塞宗城决口，及移深州之費回大河，歸故道。祖禹上疏極言河無可塞之理。既而遷給事中，猶力言之，以爲：「今河役不息，工費漸大，臣竊謂功必不可成，恐枉費國財民力。」朝廷卒從其議。

①而：覆宋本、四庫本作「即」。

②日之：原作「習」，下空一字，覆宋本、四庫本補作「習所」，誤。考《長編》卷四二八、《范直講祖禹傳》及范祖禹《上殿論辨邪正劄子》（《范太史集》卷一五）均作「日之」，底本誤刻作「習」，據改補。

俄聞禁中覓乳媼，祖禹以哲宗年十四，非近女色之時，上疏力勸哲宗進德愛身。又上疏勸宣仁后保護上躬，言甚切至。既而宣仁后諭祖禹以「外議皆虚傳」，祖禹復上疏：「臣所言皇帝進德愛身，宜常以爲戒。太皇太后保護皇帝，安身正心，久遠之慮，亦願因而勿忘。今外議雖虚，亦足爲先事之戒。臣侍經左右，而有聞於道路，實懷私憂，是以不存形迹，不知忌諱，發於誠心愛上，不敢避妄言之罪。凡事言於未然，則誠爲過；及其已然，則又無所及，雖言無益。陛下寧受未然之言，勿使臣等有無及之悔。因聞虚語以爲實戒，則四海生靈動植之類，永被其福矣。」改禮部侍郎，進翰林侍讀學士、知國史院事。又爲翰林學士。

宣仁登遐，哲宗親政，祖禹上言：「此乃宋室隆替之本，社稷安危之基，天下治亂之端，生民休戚之始，君子小人消長進退之際，天命人心去就離合之時也。有敢以姦言惑聖聽者，宜明正其罪。」既而外議①恟恟，在位者多自引去。祖禹力陳治道之要，古今成敗之理，與夫小人之情狀，反復激切，以感動上意。因請外，遂以龍圖閣學士、知陝州。

紹聖初，言者論祖禹所修《實録》，以爲詆斥先帝，又以祖禹爲朋附司馬光，及論乳媼事以爲離間兩宮。初提舉明道宫，繼責武安軍節度副使、永州安置，再貶韶州别駕、賀州安置〔九〕，移賓州，再移化州。卒，年五十八〔一〇〕。

初，祖禹嘗進《唐鑑》十二卷、《帝學》八卷、《仁皇政典》六卷，而《唐鑑》深明唐三百年之治亂，故學者尊之，目祖禹爲「唐鑑公」。子仲温。

①議：原作「一」，覆宋本、四庫本作「論」。今考「外一恟恟」，《宋史》本傳作「中外議論洶洶」，《范直講祖禹傳》及《名賢氏族言行類稿》卷四一並作「外議恟恟」，據改「一」作「議」。

臣稱曰：孔子謂仁者必有勇，信哉。觀鎮首陳大計，以安宗社，中引古義以排政府，最後以言不從，遂致爲臣而歸，非有仁者之勇，疇能爾哉！夫學以古今成敗爲議論，仕以正君惠利及人爲忠賢。顧義自重，不求苟合，遇事輒發，不爲利奪，此則范氏之家法也哉。

【箋證】

〔一〕至和中得疾：《宋史》卷三三七《范鎮傳》作「嘉祐初，暴得疾」。韓維《忠文范公神道碑》（《南陽集》卷三〇）作「嘉祐初，不豫」。蘇軾《范景仁墓誌銘》（《蘇文忠公全集》卷一四）作「嘉祐初得疾」。《宋史》卷一二《仁宗紀四》載「不豫」於嘉祐元年正月甲寅朔，其時爲至和三年，至九月始改元嘉祐。《事略》稱「至和中」亦不誤。

〔二〕《續通志》卷三五四《范鎮傳》校記：「按：選宗室爲繼嗣，范鎮首發其議，而司馬光復貽書勸其力爭。伏讀《通鑑輯覽》御批：仁宗是時春秋尚富，未有皇嗣，鎮必欲援立近屬，其意何居？且前後章十九上，甚至君臣對泣，成何景象？又復移書執政，言天象示變，必有急兵，造爲妄誕之語，以熒惑人心，尤爲狂謬。」

〔三〕樂奏三日而鎮卒：《忠文范公神道碑》：「元祐三年閏十二月癸卯，端明殿學士、銀青光禄大夫致仕范公薨於潁昌府私第之正寢。」

〔四〕召還同知諫院：《宋史》卷三三七《范鎮傳》附《百禄傳》作「七年，召知諫院」。范祖禹《資政殿學士范公墓誌銘》（《范太史集》卷四四）作「召還，同知諫院」，《長編》卷二五三熙寧七年五月甲子載「屯田員外郎、直集賢院范百禄同知諫院」，《宋史》當脱「同」字。

〔五〕語在禧傳：《徐禧傳》，見本書卷八六。

〔六〕卒年六十五：《資政殿學士范公墓誌銘》：「紹聖元年四月，詔以資政殿學士、太中大夫、知河南府、留守西都。既拜命，閏月壬申，以疾薨於河陽府居之正寢，年六十有五。」

〔七〕所著詩傳文集内外制奏議凡八十卷：《資政殿學士范公墓誌銘》：「所著《詩傳》二十卷、《文集》五十卷、《内制集》五卷、《外制集》三卷、《奏議》十卷。」共八十八卷，《事略》當脱「八」或「餘」字。

〔八〕字淳父：《宋史》卷三三七《范鎮傳》附《祖禹傳》作「字淳甫，一字夢得」。

〔九〕再貶韶州別駕賀州安置：韶州，《宋史》本傳及《實録・范直講祖禹傳》（《名臣碑傳琬琰集》下卷一九）並作「昭州」，范祖禹《賀州謝表》（《范太史集》卷六）亦稱「臣先蒙責授武安軍節度副使、永州安置，準告責授昭州別駕、賀州安置」，《事略》「韶州」當爲「昭州」之誤。

〔一〇〕卒年五十八：《實録・范直講祖禹傳》：「元符元年十月甲午，責授昭州別駕、化州安置范祖禹卒。」

東都事略卷第七十八

列傳六十一

吕誨字獻可，端之孫也。幼孤力學，性沉厚，不妄交遊。舉進士，稍遷著作佐郎、知翼城縣，僉書定國軍節度判官，知大通監。召入爲殿中侍御史，彈劾無所避。

兖國公主下嫁李瑋，薄其夫家，嘗因忿恚，夜開禁門，訴於仁宗。誨奏：「宿衛不可不嚴，公主夜叩禁門，門者不當聽入。」並劾奏公主閤宦者，竄逐之。彈樞密使宋庠不稱具瞻之望，庠罷，而以陳升之爲樞密副使。誨與唐介、趙抃論：「升之交結中人，不可大用。昔商鞅因景監見，而趙良寒心，况在盛明之朝。姦邪進用，衆所共惡，此臣之所甚懼也。」章十八上[一]，卒與升之俱罷，誨知江州。

上疏請早建儲嗣，韓琦等以誨及司馬光疏上，遂定議，以英宗知宗正寺。久之，復召還臺。英宗即位，爲起居舍人、同知諫院。時英宗不豫，慈聖光獻皇后同聽政，内侍任守忠久用事於中，英宗之立，非守忠志①，乘此與其徒間諜兩宫，造播惡言，中外恟恟。誨上英宗書曰：「仁宗皇帝擢陛下於公族，授之以大器。皇太后鞠育聖躬，保護成德，功得爲重矣，恩得爲厚矣，陛下報之之道爲何如哉？陛下違豫以來，所上湯劑未用服餌，日度一日，殊不知誤天下之大。且百金之子，猶有倚衡之誡，而萬乘之貴，豈無保邦之慮邪？矧又聞流議騰沸，謂陛下

①志：覆宋本、四庫本作「意」，《宋史》卷三二一《吕誨傳》、司馬光《吕府君墓誌銘》均作「意」。

視朝之後，燕適宮中，言動無節，執喪之禮未至，奉親之道未盡。果如此，乃陛下不以繼承爲念，忽先帝顧托之命，忘聖母鞠養之恩，何以上奉宗廟，率教於天下也？」又上慈聖書曰：「皇帝自潛德之初，殿中鞠育保護者三十年。先帝厭代，殿下掌握機柄，佐佑聖嗣，克安天步，中外賴焉。比聞皇帝疾未間，言或荒忽，而小人乘勢陰爲間諜。臣願殿下廣乎容納之度，忘其墮慢之禮，親閱湯劑，力爲調治，强之以嚴威，示之以恩愛。如此，人神和悦。不然，三十年保育之功，一朝而棄，臣竊爲殿下惜之。」

英宗疾久未平，誨乞早建東宮，以安人心。既而英宗小瘳，謙默未可否事，誨屢乞親萬機，攬威福，延近臣，通下情。又請太后間數日一御東殿，漸遠庶務，自謀安佚。會小旱，因請英宗親出祈①雨，使外釋疑②然。后既歸政，誨復言於英宗曰：「太后輔佐先帝久，閱天下事多矣。事之大者，猶宜關白咨訪然後行，示不敢專，以報盛德。」韓琦等再用定策功遷官，誨上疏論之曰：「陛下以琦等有定策之功，褒嘉稠疊，其如先帝何？其如太后何？數大臣者，向來雖有建議之請，果爲宗社計邪？徼今日福邪？貪天功以爲己力，古人羞之。」又曰：「臣觀韓琦等制，以謂功逾周、霍，則亦近乎虛美矣。周公大聖，固不當擬倫，敢以霍光之事明之。霍光擁昭立宣，宣帝益光國封，詔云：『宿衛忠正，宣德明恩，守節秉誼，以安宗廟。』其褒嘉之語，止是而已。今之草制，以建儲定策始終之議皆自琦等，是大寶之位係人臣之力，於義可乎？」

任守忠謀不售而懼，乃更巧爲諂諛，求自入。誨曰：「是不可久處左右。」亟言守忠前後罪惡，竄逐之。因言：「大姦已去，其餘嚮日憑恃無禮者，宜一切縱捨勿念，以安反側。」頃之，兼侍御史知雜事。

①祈：覆宋本、四庫本作「禱」。
②釋疑：司馬光《呂府君墓誌銘》作「疑釋」。

執政建議推尊濮安懿王，誨率僚屬極陳其不可，遂彈歐陽修首建邪議，上負先帝，累濮王以不正之號，陷陛下於過舉之譏。並劾奏韓琦、曾公亮、趙槩附會之罪。積十餘章，不聽，乃求自貶。又十餘章，仍率其屬以御史敕告納上前曰：「臣言不效，不敢居其位。」英宗重違大臣意，章留中不下，以敕告還之。屢詔令就職，誨稱：「濮王典禮未正，不敢奉詔。」具録所上奏草納中書，因即請罪，乃出知蘄州。徙晉州〔二〕，加集賢殿修撰、知河中府，召爲鹽鐵副使。

神宗素聞其强直，除天章閣待制，復知諫院。始，朝廷用种諤收復綏州，議者欲留綏以固横山之地，及別與西人商略，以綏易安遠、塞門等處。誨請罪种諤，不納二砦，並還綏州，勿幸小戎之災，務全中國之體，以紓邊患。遷右諫議大夫、御史中丞。

王安石參知政事，多變更祖宗法，專務斂民財。誨屢諍不能得，乃上疏悉陳其過失曰：

臣謹按：安石外示樸野，中藏巧詐，驕蹇慢上，陰賊害物。臣略舉十事。

安石向在嘉祐中，舉駮公事不當，御史臺累移文催促入謝，倨傲不從。迄英廟朝，不修臣節，慢上無禮，一也。

安石任小官，每一遷，遜避不已。自爲翰林學士，不聞固辭。先帝臨朝，則有山林獨往之思；陛下即位，乃有金鑾侍從之樂。何慢於前而恭於後？好名欲進，二也。

安石侍邇英，乃欲坐而講説，欲屈萬乘之重，自取師氏之尊。不識上下之分，要君取名，三也。

安石自居政府，事無大小，與同列異議。或因奏對，留身進説，多乞御批。用情罔公①，四也。

①「罔公」下，繆校有「遏滅公道」四字。

昨許遵誤斷謀殺公事，安石爲主張，妻謀殺夫用按問欲舉減等科罪。挾情壞法，五也。安石入翰林，未聞薦一士，首稱弟安國之才。朝廷比第一人推恩，猶謂之薄；主試者定文卷不優，遂罷中傷。秉政未半年，賣弄威福，無所不至。背公死①黨，六也。丞相不視事旬日，差除自專，逐近臣於外，皆安石報怨之人。丞相不書敕，本朝故事未之或聞。專威害政，七也。

安石與唐介争論謀殺刑名，衆非安石而是介。介忠直，自守大體，不能以口舌勝，憤懣而死。自是畏憚者衆，雖丞相亦退縮不敢較其是非。陵轢同位，八也。

小臣章辟光獻言，俾岐②王遷居外邸。離間之罪，固不容誅，而安石數進危言，以惑聖聽。朋姦附下，九也。

今邦國經費之要會，在於三司。安石與樞密大臣同制置三司條例，諸路雖名商榷財利，其實動摇天下。有害無利，十也。

臣誠恐陛下悦其才辨，久而倚毗，情僞不得知，邪正無復辨，大姦得路，羣陰彙進，則賢者漸去，亂由是生。臣竊憂之，誤天下蒼生，必斯人矣。如久居廟堂，必無安静之理。臣所以瀝懇而言，不虞濱③禍，期感動於聽明，庶判别於真僞。

神宗遣使諭解，誨執之愈堅，且曰：「天下本無事，但庸人擾之。安石進説，願少加澄省。」乃罷中丞，出知鄧州。

①死：繆校作「植」。
②岐：原作「歧」，據四庫本及吕誨《論王安石姦詐十事狀》（《國朝諸臣奏議》卷一〇九）改。
③濱：吕誨《論王安石姦詐十事狀》及《太平治迹統類》卷一四、《皇朝文鑑》卷五〇均作「橫」。

誨雖在外，遇朝廷事猶言之不置。時方行青苗、助役，謂之新法，誨兩上章，條陳其不便。又上書曰：

臣聞治天下審所上，上之所好，下必甚焉。今大臣不能遵守法度，以尊崇王室；小臣得以智計謀身，遂合時務。比來新進之用，朝奏暮召，小言一入，遂要大利，皆自謂不同世俗。乃曰賢人舉必立異，是非相反。談兵者以起事攘奪爲御戎之策，言利者以牟斂朘削爲惠民之術，罔①上之論，類如此。一有攻其利害，隨而黜逐之，是持峻法以固新令，將杜天下之口。虧損盛德，莫大於此。

會有疾，乞閒官，提舉崇福宮。誨因上章乞致仕曰：「臣本無宿疾，偶值醫者用術乖方，殊不知脈候有虛實，陰陽有逆順②，診察有標本，治療有先後。妄投湯劑，率任情意，差之指下，禍延四肢，寖成風痺，遂艱行步。非祇憚跛盭之苦，又將虞心腹之變。勢已及此，爲之奈何！雖然，一身之微，固不足恤；其如九族之托，良以爲憂。是思納禄以偷生，不俟引年而退政。」蓋以身疾而喻朝政之疾③也。誨既致仕，久之而卒〔三〕，年五十八。

誨家貧，自奉薄甚，常分奉之半以給宗族之孤嫠者。爲言職，前後皆以彈奏大臣不去不已，天下推其鯁直。王安石初執政，神宗虛心敬信，士大夫素重其名，以爲可致太平。誨獨言安石不可用，極力劾奏。將對於崇政殿，而司馬光侍講邇英閣，亦將趨資善堂，與誨相逢。光密問曰：「今日請對，欲言何事？」誨曰：「袖中彈文，乃新參也。」光勸止其疏，誨正色曰：「安石雖有時名，上意所向，然好執邪見，不通物情，輕信難回，喜人佞己。聽其言則美，施於用則疏。若在侍從，猶或可容，置之宰輔，天下必受其禍。」光曰：「今日之論，未見不善之迹，更加籌慮，可乎？」誨曰：「上新即位，富於春秋，所與朝夕謀議，二三大臣而已，苟非其人，將敗國事。此乃腹

①罔：覆宋本、四庫本作「因」，誤。
②逆順：覆宋本、四庫本作「順逆」。
③之疾：繆校無二字。

心之疾，治之惟恐不及，顧可緩邪？」章卒上，誨由此罷。其後言者相繼斥逐，百姓患苦，安石變法，於是司馬光乃服誨之先見。

元祐初，吕大防、范純仁奏：「誨忠於先朝，有不撓不回之節。欲望優加贈典，録用諸子之才者，以旌名臣之後。」詔贈通議大夫，以其子由庚爲太常寺太祝。自誨罷去，御史劉述、劉琦、錢顗繼以言安石被黜。

劉述字孝叔，吴興人也。舉進士，累擢至刑部郎中，爲京西轉運使。召爲侍御史知雜事兼判刑部。王安石始參知政事，述上數論當今所宜先者〔四〕，其疏曰：

臣聞帝王之接物也，貴以至誠爲先，權數不足任也。夫惟至誠爲能終始萬物，爲能事神接人。行之至者，雖金石無情，猶可以動之，况其有知者乎？是故人君以至誠接於下，則臣下以至誠事其上。若夫權數以臨人，而不由至誠，則人亦將以不誠事之，非所以感人心之道也。非徒不足以感人心，則又將有輕朝廷之心①也。故夫任權數者，醇德之病，中人用之，已爲非宜，况人主之尊乎？臣恐輔導之臣有以此術開陛下者，陛下信②而行之，適足爲累耳，其於盛德未見其補也。

臣又聞，聖人不以獨見爲明，而以羣言爲用。而陋儒之論，以爲必操獨斷之權，使威福必出於己，臣下不得而與之，然後人君之道尊。烏虖，其亦不思甚矣！夫萬機之叢脞，臣庶之夥繁，而欲一一聰明斷之，非所前聞也。夫所謂獨斷者，謀之於衆而斷之以己爾，非謂勿詢於下而獨出於上之謂也。弗詢於下而獨出於

①心：原作「道」，據覆宋本、四庫本及《國朝諸臣奏議》卷一《上神宗五事》改。
②「信」上，繆校有「儻」字。

上，是爲自用耳。人君自用，使事事能中其理，猶得罪於古人，又况未能盡然乎？臣恐輔導之臣有持此説誤陛下者，陛下信而行之，適足爲累耳，其於盛德未見其補也。

臣又聞，人稟一元之氣而生，所稟有厚薄，故其質有美惡之别焉。若辨與訥，出於自然，非美惡之所繫也。是故其質美矣，而其辭訥焉，不害爲君子；其質惡矣，而其辭辨焉，不害爲小人。知人之術，當觀①其質性何如，不當較其辨與訥，此漢文帝所以不拜嗇夫也。臣願陛下以文帝爲鑒，不貴嘵嘵巧辨之人，使中外聞之，不敢飾虚言以來應，天下幸甚。

臣又聞，王言惟作命，命一出則天下風行而景從之，不可不審也。今夫令之出也，下未及行而已追改之矣；一有使令也，其人未及往而已易之矣。此季布所以窺文帝淺深也。臣願陛下以文帝爲戒，務持重，毋易由言，研慮於内，諮謀於外，計其可久而必行之，天下幸甚。

陛下躬攬萬微②，動逾宵旰，而未嘗休息。彼之所謂輔弼之臣，其間才力必有不堪其任者，不然，何致陛下勤勞之至也。臣願陛下察其不堪任者而絀之，舉賢才而屬之，毋使天下日入於不治。竊譬之於人有疾病也，初在腠理，不治。已而傳至血脈，藥石之功猶可以及之，於斯時也，又忽而不治。浸淫至於膏肓，雖有俞、扁，亦無如之何也已。

恭惟陛下首推至誠以御下，而不繇權數，博詢衆智而不任獨斷，不旌口給之人，不審再三之令，精求蹈道富才忠力者而委任之，然後血脈之疾可除，而藥石之功加於天下矣。

①觀：覆宋本、四庫本作「視」。
②微：覆宋本、四庫本作「機」。

既而安石定謀殺聽首之律，述率同僚丁諷、王師元封敕還中書，至於再。於是御史中丞吕誨請如刑部議，卒莫能奪。故謀殺而聽首，天下非之。既而述與同時御史劉琦、錢顗極論安石，又獨論中執法舉屬不拘秩任，非祖宗法。安石怒，琦、顗貶監當，而劾述與諷等不奉法之罪。翰林學士司馬光上疏曰：

臣聞孔子曰：「守道不如守官。」孟子曰：「有言責者，不得其言則去。」此古今之通義，人臣之大節也。彼謀殺已傷自首刑名，天下皆知其非。今朝廷既違衆議而行之，又罪守官之臣，恐重失天下之心也。夫紲食鷹鸇，求其鷙也。鷙而烹之，將安用哉？今琦、顗所坐，不過疏直，比以迕犯大臣，遂黜爲監當。臣竊恐來者側目箝口，以言爲諱。威福移於臣下，聰明有所壅蔽，非國家之福也。臣願陛下赦劉述等勿治，其劉琦等別與除一本資序，庶幾稍息羣議。

不報。諷等咸誣伏，述獨謂朝廷不當劾言事官，卒不承。貶知江州，後數年而卒〔五〕。

劉琦字公玉，宣州宣城人也。錢顗字安道，常州無錫人也。俱以進士第。熙寧初，琦自通判歙州召爲侍御史，顗自知烏程縣召爲侍御史裏行。

王安石初得政，專肆胸臆，輕易憲度，侵奪三司利柄，而曾公亮依違固寵，畏避不言。琦、顗與劉述上疏，以爲：

安石自應舉歷官以來，莫不知尊尚堯舜之道，以倡率學者，故天下士人心無不歸向，謂之爲賢。陛下亦聞而知之，遂致位公府。今遭時得君，如此之專，當以平時所學仁義之道啓沃上心，以廣聖德。今乃首以財利之議，務爲容悦，言行乖戾，一至於此。剛愎①自任，則又甚焉。不知安石之心，待陛下爲如何主也？陛下天資英悟，不世而出，堯舜至治，指日可復。今反以霸國諸侯之術，唐室衰世之事，誘惑上聽，何不恭之甚也。臣等願陛下奮乾剛之斷，罷安石重任，以尉②安天下元元之心。曾公亮位居丞弼，被遇三朝，自當悉慮竭忠，以身許國，反有畏避安石之意，陰自結援，更相稱譽，以固寵榮。致安石奏對之際，唯肆强辨，多生横議，豈執政大臣之體乎？况公亮久妨賢路，無補時政，亦宜罷免。

安石怒，貶琦爲監處州鹽税，顗監衢州鹽税。

顗將出臺，於衆坐罵同時御史孫昌齡曰：「平日士大夫未嘗知君名，特以王安石昔居憂金陵，君爲幕府官，奴事安石，以故得爲御史。今日亦當少念報國，奈何專欲附③安石，求美官？顗今得罪，分當遠竄。君在後爲美官，自謂④得策。即我視君，犬彘之不如也。」遂拂衣上馬。

貶官後數年，琦起爲通判鄧州，顗徙秀州而卒。卒時，琦年六十一，顗五十三。

臣稱曰：呂誨正色立朝，有蹇蹇匪躬之節。論大政，争大事，知無不言，言無不盡。蓋誨有言責，不得其言則去，於職業俯仰無愧矣。柳下惠有言：「直道而事人，焉往而不三黜。」誨亦然哉。

①愎：覆宋本、四庫本作「狠」。
②尉：四庫本作「慰」。「尉」乃「慰」之古字，本書多用古字。
③附：朱校本、四庫本同，覆宋本作「務」。
④謂：原作「未」，據覆宋本、四庫本改。

【箋證】

〔一〕章十八上：司馬光《呂府君墓誌銘》（《司馬文正公集》卷七七）作「章十七上」。

〔二〕徙晉州：《宋史》卷三二一《呂誨傳》云「神宗立，徙晉州」，《呂府君墓誌銘》則云：「已而徙知晉州。今上即位，加集賢殿修撰、知河中府。」《續通志》卷三四四《呂誨傳》校記：「按司馬光撰《誨墓誌》，徙晉州在英宗時，與《宋史》本傳互異。」

〔三〕久之而卒：《呂府君墓誌銘》：「以熙寧四年五月甲午終於家，年五十有八。」

〔四〕述上數論當今所宜先者：「數」，四庫本作「疏」。按此疏又載《國朝諸臣奏議》卷一，題作《上神宗五事》，中有「得當今之所宜先者三數事」之語，《事略》「數論」蓋由此而來。又按此疏上於治平四年十一月（見《國朝諸臣奏議》卷一題注，《歷代名臣奏議》卷三五謂「神宗初即位，知雜御史劉述上奏」），王安石爲參知政事在熙寧二年，《事略》繫此疏於「王安石始參知政事」後，似不妥。

〔五〕貶知江州後數年而卒：《宋史》卷三二一《劉述傳》作「以知江州。逾歲，提舉崇福觀。卒，年七十二」。

東都事略卷第七十九

列傳六十二

王安石字介甫，撫州臨川人也。父益，都官員外郎。安石蚤有盛名，博聞强記，爲文動筆如飛，觀者服其精妙。舉進士高第，僉書淮南節度判官。召試館職，固辭，乃知鄞縣。安石好讀書，三日一治縣事。起堤堰，決陂塘，爲水陸之利；貸穀於民，立息以償，俾新陳相易；興學校，嚴保伍，邑人便之〔一〕。通判舒州。文彦博爲相，薦安石恬退，不次進用，可以激①奔競之風。尋再召試，又固辭，乃以爲羣牧判官，出知常州。由是名重天下。

提點江東刑獄，入爲三司度支判官。獻書萬餘言，極陳當世之務。居頃之，除直集賢院，累辭不獲命，始就職。除同修起居注，固辭不拜，遂除知制誥，自是不復辭官矣。以母憂去，服除，英宗朝累召不起。

神宗即位，除知江寧府，召爲翰林學士。初入對，神宗曰：「方今治當何先？」安石曰：「以擇術爲先。」神宗曰：「唐太宗何如？」安石曰：「陛下當以堯、舜爲法，太宗所知不遠，所爲不盡合先王，但乘隋亂，子孫又皆昏愚，所以獨見稱述。堯、舜所爲，至簡而不煩，至要而不迂，至易而不難。但末世學者不能通知，常以爲高不可及，不知聖人經世立法，以中人爲制也。」神宗曰：「卿所謂責難於君，朕自視眇然，恐無以副卿此意。可悉意輔

①以激：繆校作「可息」。

朕，庶同濟此道。」

一日講席，羣臣退，神宗留安石坐，曰：「有欲從容與卿論議者。」因言：「唐太宗必得魏鄭公，劉備必得諸葛亮，然後可以有爲。二子誠不世出之人也。」安石曰：「陛下誠能爲堯、舜，則必有皋、夔、稷、卨；陛下誠能爲高宗，則必有傅説。魏鄭公、諸葛亮，皆有道者所羞，何足道哉？以天下之大，人民之衆，百年承平，學者不爲不多，然常患無人可以助治者，以陛下擇術未明，推誠未至，雖有皋、夔、稷、卨、傅説之賢，亦必爲小人所蔽，因卷懷而去耳。自古患朝廷無賢者，以人君不明，好近小人故也。好近小人，則賢人雖欲自達，無由矣。」神宗曰：「自古治世，豈能使朝廷無小人？雖堯、舜之時，不能無四凶。」安石曰：「惟能辨四凶而誅之，此乃所以爲堯、舜也。若使四凶得肆其讒慝，則皋、夔、稷、卨亦安肯苟食其禄以終身乎？」未幾，除右諫議大夫、參知政事。

安石既執政，神宗曰：「人皆不能知卿，以爲卿但知經術，不可以經世務。」安石曰：「經術者，所以經世務也。後世所謂儒者，大抵皆庸人，故世俗皆以經術不可施於世務。」神宗曰：「朕察人情，比於卿，有欲造事傾揺者。朕常以吕誨爲忠實，毁卿於時事不通；趙抃、唐介數以言扞塞，惟恐卿進用。卿當立變此風俗，不知卿所施設以何爲先？」安石曰：「變風俗，立法度，最方今所急也。」於是設制置三司條例司，與知樞密院陳升之同領之。而青苗、免役、市易、保甲等法，相繼興矣。

常平倉法，以豐歲穀賤傷農，故增價收糴①，使蓄積之家無由抑塞農夫，須令賤糶②；凶歲穀貴傷民，故減價出糶③，使蓄積之家無由邀勒貧民，須令貴糴。物價常平，公私兩利也。安石以常平法爲不善，更將糴本作青

①糴：覆宋本作「糶」，誤。
②糶：覆宋本作「糴」，誤。
③糶：覆宋本作「糴」，誤。

苗錢，散與人户，令出息二分，置提舉官以督之。

古者百姓出力以供在上之役，安石以爲百姓惟苦差役破産，不憚增税，乃①請據家貲高下，各令出錢雇人充役。嚮者役人皆上等户得之，其下等單丁、女户及品官、僧道，本來無役，安石乃使之一槩輸錢，於是賦斂愈重。

市易之法，聽人賖貸縣官貨財，以田宅或以金帛爲抵當，三人相保則給之，皆出息什分之二。過期不輸，息外每月更加罰錢百分之二。

保甲之法，始因戎狄驕傲，侵據漢、唐故地，有征伐開拓之志，故置保甲。乃籍②鄉村之民，二丁取一，皆授以弓弩，教之戰陣。又令河北、陝西、河東三路，皆五日一教閲。每一丁教閲一丁，及諸縣弓手亦皆易以保甲。其保甲習於遊墮，不復務農。京東、西兩路保甲養馬，仍各置提舉官，權任比監司。

自是四方争言農田水利，古陂廢堰，悉務興復。又立賖貸之法，又令民封狀增價以買坊場，又增茶鹽之額，又設措置河北糴便司③，廣積糧穀於臨流州縣，以備饋運，而天下騷然矣〔二〕。

自安石變法以來，御史中丞吕誨首論其過失，安石求去位。神宗爲出誨。御史劉琦、錢顗、劉述又交論安石專肆胸臆，輕易憲度。殿中侍御史孫昌齡亦繼言，皆坐貶。同知諫院范純仁亦論安石欲求近功，忘其舊學，罷諫職。吕公著代吕誨爲中丞，亦力請罷條例司並青苗等法。諫官孫覺、李常、胡宗愈，御史張戩、王子韶、陳襄、程顥皆論安石變法非是，以次罷去。前宰相韓琦上疏論青苗之害，乞罷諸路提舉官，依常平舊法行之。奏至，安石稱疾求分司，神宗不許。

①乃：繆校作「力」。
②籍：覆宋本、四庫本作「藉」。
③河北糴便司：繆校作「糴便司於河北」。

時翰林學士司馬光當批答，安石指言光有「士夫沸騰，黎民騷動」之語，神宗諭安石曰：「詔中二語，乃爲文督迫之過，而朕失於詳閲。當令吕惠卿諭旨。」翌日，安石入謝，因爲神宗言中外大臣、從官、臺諫、朝士朋比之情，且曰：「陛下欲以先王之正道勝天下流俗，故與流俗相爲輕重。流俗權重，則天下之人歸流俗；陛下權重，則天下之人歸陛下。權者與物相爲輕重，雖千鈞之物，所加損不過銖兩而移。今姦人欲敗先王之正道，以沮陛下之所爲。是於陛下與流俗之權，適争輕重之時，加銖兩之力，則用力至微，而天下之權已歸於流俗矣。此所以紛紛也。」神宗以爲然，安石乃視事。

熙寧三年，拜禮部侍郎、同中書門下平章事，監修國史。御史中丞楊繪、御史劉摯陳免役之害，坐黜。御史林旦、薛昌朝、范育，皆以忤安石罷。知雜御史謝景温初附安石，亦以不合去。

六年，命知制誥吕惠卿修撰經義，以安石提舉，而以子雱兼同修撰。王韶取熙、河、洮、岷、疊、宕等州，安石率羣臣入賀。神宗解玉帶賜之，以旌其功。慈聖光獻皇后、宣仁聖烈皇后間見神宗，流涕言新法之不便者，且言王安石亂天下。神宗亦流涕，退命安石裁損之。安石重爲解，乃已。七年，神宗以久旱益疑新法之不便，安石不悦，求避位，遂拜吏部尚書、觀文殿大學士、知江寧府。明年，復拜同中書門下平章事、昭文館大學士。《三經義》成，拜尚書左僕射兼門下侍郎。

初，吕惠卿爲安石所知，驟引至執政。安石去位，惠卿遂叛安石。洎安石再相，苟可以中安石，無不爲也。會安石子雱卒，安石力求去。九年，拜鎮南軍節度使、同平章事、判江寧府。安石丐奉祠，以使相爲集禧觀使，封舒國公。又辭使相，乃以左僕射爲觀文殿大學士。元豐三年，拜①特進，改封荆國公。

①拜：覆宋本、四庫本作「封」。

安石退居金陵，始悔恨爲吕惠卿所誤，每嘆曰：「吾昔交遊，皆以國事相絶，意甚自愧也。」哲宗即位，拜司空。明年薨〔三〕，年六十六。贈太傅，紹聖初謚曰文，配享神宗廟廷。崇寧二年，配享文宣王廟〔四〕。政和三年，封舒王〔五〕。靖康元年，停文宣王配享，列於從祀。後又罷安石配享神宗廟，而奪其王爵。

初，安石提舉修撰經義，訓釋《詩》《書》《周官》，既成，攽之學官，天下號曰「新義」。晚歲爲《字説》二十四卷，學者争傳習之。士①以經試於有司，必宗其説，少異輒不中程。先儒傳注既盡廢，士亦無復自得之學，故當時議者謂王氏之患在好使人同己。安石又著《日録》七十卷，如韓琦、富弼、文彦博、司馬光、吕公著、范鎮、吕誨、蘇軾及一時之賢者，重爲毁詆，而安石不恤也。

安石性强忮，遇事無可否，自信所見，執意不回。至議變法，而在廷交執不可，安石傅經義，出己意，辨論輒數百言，衆②不能詘，甚者謂「天變不足畏，祖宗不足法，人言不足恤」。罷黜中外老成人幾盡，多用門下儇慧少年〔六〕。久之，以旱引去。洎復相，歲餘罷。終神宗世，八年不復召，而恩顧不久衰云。弟安國、安禮，子雱。

安國字平甫。自丱角未嘗從人受學，操筆爲文，語皆驚人。神宗即位，近臣薦其才行，爲武昌軍節度推官，教授西京國子監。

召對，神宗曰：「卿學問通古今，以漢之文帝何如主也？」對曰：「賢主也。」神宗曰：「但惜其才不能立法更制爾。」對曰：「文帝自代來，夜入未央宫，定變故於呼吸俄頃之際，恐無才者不及是。然能用賈誼言，待羣臣

---

①士：覆宋本、四庫本作「日」。
②「衆」下，覆宋本、四庫本有「皆」字。

有節，專務以德化民，海内興於禮義，幾至刑措。使一時風俗耻言人過，則文帝加有才一等矣。」神宗曰：「王猛佐苻堅①，以蕞爾國而令必行。今朕以天下之大，而不能使人，何也？」對曰：「王猛睚眦之忿必報，專教苻堅以峻刑法殺人爲事，此必小臣刻薄，有以誤陛下者。願專以堯舜三代爲法。」又問：「安石秉政，物議如何？」對曰：「但恨聚斂太急，知人不明耳。」神宗默然久之，除崇文院校書，改著作佐郎、秘閣校理。

初，吕惠卿諂事安石，安國惡之。一日，安石與惠卿論新法於其第，安國好吹笛，安石諭之曰：「宜放鄭聲。」安國曰：「亦願兄遠佞人。」惠卿深銜之，乃因鄭俠獄陷安國，見《俠傳》〔七〕。安國坐非毁其兄，放歸田里。歲餘而卒〔八〕，年四十七。有文集六十卷。元祐中，復秘閣校理。子斿。

安禮字和甫。中進士第，召對，神宗欲峻用之，以兄安石當國，乃爲崇文院校書。久之，直集賢院，出知潤州，移湖州，爲開封府判官、同修起居注。故事，左右史記言動，無得輒有所陳，至是，許直前奏事。召試知制誥。彗星見，安禮上疏曰：「和氣致祥，乖氣致沴。意者執政大臣是非好惡不遵諸道，乘權射利者不察上惠養元元之意，用力殫於溝瀆②，取利究於園夫，殆有以召星變。臣願陛下省不急之改作，紓不勝之工力。至於祈禳小數，貶損舊章，恐非應天以實者。」

進翰林學士、知開封府。事至輒斷，庭無留訟，久係待辨者一切論決，京師稱治。元豐四年，拜尚書右丞，遷左丞。御史言安禮在湖、潤與倡女共政③，遂罷。以端明殿學士知江寧府，遷資政殿學士、知青州，徙揚、蔡二

①苻堅：原作「符堅」，據覆宋本、四庫本及《宋史》卷三二七《王安國傳》改。錢校：「舊鈔本作『符』，説見前。」
②瀆：覆宋本、四庫本及《長編》卷三〇六、王安禮《言時政劄子》（《王魏公集》卷四）並作「瘠」，是。
③政：覆宋本、四庫本作「飲」。錢校：「舊鈔本作『共政』，言其聽信倡女，得干預政事也。若但其飲，則當時原有官伎，不爲大過。寠改謬。」

州〔九〕。言者論其貪，落職知舒州，復資政殿學士，再知揚州，改永興軍、太原府。卒，年六十二〔一〇〕。贈右銀青光禄大夫。

安禮姿貌魁偉，有口辨①，嘗以經綸自任，而闊略細謹云。

雱字元澤。未冠，著書已數千百言。舉進士，爲旌德尉，作策三十餘篇，極論天下事。又作《老子訓傳》及《佛書義解》，亦數萬言。有以雱書聞者，召見，除太子中允、崇政殿説書。被旨撰《詩》《書義》，擢天章閣待制。書成，遷龍圖閣直學士。雱病疽已彌年，辭不拜。卒，年三十三〔一一〕。贈左諫議大夫。詔即其家上雱所著《論語》《孟子義》。

雱論議刻深，常稱商君，以爲豪傑之士，言不誅異議者法不行。嘗勸安石誅不用命大臣，安石曰：「兒誤矣。」政和三年，封臨川伯，從祀文宣王廟。雱無子，以族人之子棣爲後。徽宗時，爲顯謨閣待制。

臣稱曰：安石之遇神宗，千載一時也，而不能引君當道，乃以富國强兵爲事。擯老成，任新進，黜忠厚，崇浮薄，惡鯁正，樂諛佞，是以廉耻汩喪②，風俗敗壞。孟子所謂「作於其心，害於其事；作於其事，害於其政」者，豈不然哉？烏虖！安石之學既行，則姦宄得志，假紹述之説以脅持上下，立朋黨之論以禁錮忠良。卒之民愁盗起，夷狄亂華，其禍有不可勝言者。悲夫！

---

①口辨：錢校：「舊鈔本作『口卞』。本書凡『辨』字多有作『卞』者，不知何據？此本則俱。」「瑄案：『則俱』語氣未畢，應是寫者誤脱。」

②「是以廉耻汩喪」一段：繆校作「臣偁曰：樂諛佞下，使大有爲之君不能致之王道。新法一行，四方鼎沸，其不致爲累卵者，猶籍仁廟之庇也。雖然，安石罪固難逃，惜安國、安禮内不避兄，屢陳忠讜，如水投石，其亦氣運使然與」。又云：「《賓退録》七引，已同程本。」

【箋證】

〔一〕「邑人便之」下，《宋名臣言行録》後集卷六云：「故熙寧初爲執政，所行之法，皆本於此。然公知行於一邑則可，不知行於天下不可也。」

〔二〕天下騷然：汪琬《東都事略跋》卷中：「《明道雜志》：韓魏公當國，遣使出諸道，以寬恤民力爲名。既行，韓大悔之，每見外來賓客，必問使者不擾郡縣否。無幾，皆罷之。荆公行新法，每遣使，其大者察訪，小至興水利、種稻田，皆遣使，使者相望於道。公嘗言讀大小《雅》，言周文武故事，而《小雅》第二篇便是『皇皇者華，君遣使臣』，故遣使爲先務。予謂詔使所至，未有不騷動公私者。荆公不善讀《周禮》，乃亦不善讀《小雅》邪？蘇文忠公曰：『執聖人之一端，以藉其口，夫亦何説而不可。』殆爲荆公發耳。」

〔三〕明年薨：《宋史》卷三二七《王安石傳》：「元祐元年卒。」《長編》卷三七四元祐元年四月癸巳：「觀文殿大學士、守司空、集禧觀使、荆國公王安石卒。」

〔四〕崇寧二年配享文宣王廟：《宋史》本傳作「崇寧三年，又配食文宣王廟」，《宋十朝綱要》卷一六崇寧三年六月癸卯：「詔荆國公王安石配享孔子廟庭。」《宋史全文》卷一四記載相同。《事略》「二年」當作「三年」。

〔五〕政和三年封舒王：《宋史》本傳記「封舒王」於崇寧三年下。《宋十朝綱要》卷一七政和三年正月壬申：「追封王安石爲舒王。」《宋大詔令集》卷二二二記《王安石封舒王御筆手詔》於政和三年正月二十日。《宋史》本傳蓋漏記追封年月，而誤連於配享孔子廟後。

〔六〕多用門下儇慧少年：汪琬《東都事略跋》卷中：「蔡絛《鐵圍山叢談》：王舒公熙寧末語絛叔父文正公曰：『天不生才，孰可繼吾執國柄者？』舉手屈指曰：『獨兒子也。』蓋謂元澤。因下一指，又曰：『次賢也。』又下一指，即曰：『賢兄何如？』謂魯公。又下一指，沉吟久之，始曰：『吉甫如何？且作一人。』遂更下一指，曰：『無矣。』當神宗之世，賢士大夫森列，介甫與論議不合，舉皆詆爲俗儒。而平居所推爲才者，乃在子弟私暱。卒之二蔡秉國，遂階喪亡，孰謂介甫非首禍者？新法且勿論也。」

〔七〕見俠傳：《鄭俠傳》，見本書卷一一七。

〔八〕歲餘而卒：王安石《王平甫墓誌》（《臨川先生文集》卷九一）：「官止於大理寺丞，年止於四十七。以熙寧七年八月十七日不起。」

〔九〕遷資政殿學士知青州徙揚蔡二州：《宋史》卷三二七《王安石傳》附《安禮傳》作「元祐中，加資政殿學士，歷揚、青、蔡三州」。《長編》卷三九一元祐元年十一月戊辰「資政殿學士、知江寧府王安禮知揚州」，卷四〇二元祐二年六月己酉「資政殿學士、知揚州王安禮知成都府」注：「安禮辭疾不行，十月二十八日奉祠。」卷四一五元祐三年十月庚寅「資政殿學士、提舉崇福宮王安禮知青州」，卷四四九元祐五年十月己亥「資政殿學士、知蔡州王存與知青州王安禮易任」。據此，《宋史》本傳所述歷官順序正確，而《事略》知揚、青二州順序誤倒。

〔一〇〕卒年六十二：《宋會要輯稿》禮四一之四六載「資政殿學士、充河東路經略安撫使、兼知太原府王安禮」卒於紹聖三年九月。

〔一一〕卒年三十三：《長編》卷二七六熙寧九年六月己酉：「太子中允、天章閣待制王雱卒，年三十三。」

東都事略卷第八十

列傳六十三

陳升之字陽叔[一]，建州建陽人也。舉進士，爲校書郎，知南安縣，徙知漢陽軍，爲監察御史。張堯佐以後宮親爲三司使，升之言其不可。堯佐遂改爲宣徽使、景靈宫使，升之復言其不可，且曰：「已成之命，雖不可以臣故追奪，自今願以天寶爲鑒，防杜間隙。」升之亦①言事，然持論不堅也[二]。

改侍御史知雜事，拜天章閣待制、河北都轉運使、知瀛州，遷龍圖閣直學士、知真定府。召知諫院。宰相文彦博屢乞罷政，升之等恐樞密使賈昌朝復相，乃疏其交通女謁之罪，昌朝由此亦罷。四年[三]，遷樞密直學士、知開封府，改右諫議大夫，拜樞密副使。臺諫官唐介、吕誨、趙抃、王陶言升之交結宦②者以圖柄任，升之遂家居求罷。仁宗手詔召出之，介等復闔門待罪，仁宗乃兩罷之。升之以資政殿學士知定州，徙太原府。

治平二年，爲陝西安撫使，復拜樞密副使。以母老丐便郡，除觀文殿學士、尚書左丞、知越州。徙大名府，遂拜知樞密院事，與王安石同制置三司條例司。熙寧二年，拜禮部尚書、同中書門下平章事、集賢殿大學士。

升之爲人深沉多數，善傅會以取富貴。始爲小吏，與王安石相遇淮南，安石深器之。升之在樞府，安石亦執政，多變更舊制，引升之共事。升之心知其非，而竭力贊助之，以故先安石爲相。既拜，乃言：「制置三司條例司

①亦：繆校作「雖」。

②宦：原作「官」，據覆宋本、四庫本及《宋史》卷三一二《陳升之傳》改。

難以僉書，臣待罪宰相，無所不統，所領職事，豈可稱司？」安石曰：「司者，臣道也，人臣固可稱。」升之曰：「今之有司，皆領一職之名，非執政之所宜稱。」安石曰：「古之六卿，即今之執政。有司馬、司徒、司空，各名一職，何害於理？三公無官，以六卿爲官，周公以三公爲冢宰。蓋其他三公，或爲司馬，或爲司徒，或爲司空。古之三公，猶今三師。古之六卿，猶今兩府也。宰相雖無所不統，然亦不過如古冢宰而已。冢宰掌邦治，至於邦教、邦政、邦禮、邦刑、邦事，則雖冢宰亦有所分掌矣。」升之曰：「若制置百司條例，則可；但今制置三司一官條例，則不可。」神宗謂安石曰：「卿獨領可乎？」安石請用韓絳，乃聽升之免條例司。

升之時爲小異，陽若不與安石皆同者，天下謂升之爲「筌相」。以母喪去位，終制，拜同平章事、樞密使。契丹遣蕭禧來議河東地界，理屈，臥都亭驛不敢歸。升之曰：「致饔授館有常禮，過期曲留，宜即裁抑。」禧慙沮，乃行。以足疾求罷，拜鎮江軍節度使、同平章事、判揚州，封秀國公。請老，以故官致仕。卒，年六十九[四]。贈太保、中書令，謚曰成肅。

初，升之母竇娠，至季秋爲彌月，父儼善推策，得九日吉，而升之以是日生，故名從九從日，字升之。至神宗立，乃以字爲名云。

王珪字禹玉①，成都華陽人也。徙家開封[五]。父準，爲太常博士、秘閣校理。珪少好學，日誦數千言。及長，博通羣書。舉進士，庭試第二，爲大理評事、通判揚州。召試學士院，遷太子中允、直集賢院、同修起居注，改右正言、知制誥。其文典麗，有西漢風。

①玉：原作「偶」，據覆宋本、四庫本及《宋史》卷三一二《王珪傳》改。

嘉祐初，爲翰林學士。初，詔以三聖並配於郊，温成皇后立廟城南，牲幣、祼獻、登歌、設樂同太廟。珪曰：「三后並配，欲以致孝也，而瀆乎享帝；後宮有廟，欲以廣恩也，而僭乎享親。」於是郊以太祖專配，而改温成廟爲祠①。近世享郊，廟堂上升歌有節鼓而無柷敔，珪言：「柷敔所以著樂之終始八音，豈容有闕？願詔有司考古，增定之。」是歲，明堂始置柷敔，黜節鼓而用搏拊，以備八音。

仁宗以英宗爲皇子，珪當草詔。明日，請對崇政殿曰：「天下望立皇子久矣，果出自陛下意乎？」仁宗曰：「朕意決矣。」珪再拜賀曰：「陛下誠能爲宗廟社稷計，天下之福也。」於是退而草詔。英宗即位，詔珪撰仁宗謚，珪言：「古者賤不誄貴，幼不誄長，天子稱天以誄之。欲稽舊典，先請於郊。」遂爲定制。仁宗既祔廟，珪以嚴父②配天之義，請以仁宗專配明堂。明年小祥，禮官言當以十月祫祭太廟，而未終三年之制，宜行時饗。既禫，請行禘祭。珪曰：「神主祔廟已嘗告祭，奈何禫畢復行饋食乎？」詔議濮安懿王典禮，珪與禮官合奏，宜依先朝封贈期尊稱皇伯，濮安懿王三夫人當封大國。執政不以爲然，其後三夫人卒如珪議。除端明殿學士，遷翰林學士承旨③。

熙寧元年，當郊祀，神宗疑亮闇，珪曰：「《王制》，喪三年不祭，惟祭天地社稷，爲越紼行事，不敢以卑廢尊。真宗居明德皇后之喪，既易月而服除，明年遂享太廟，祀天地於圜丘，請如故事。其服冕、車輅、儀物、音樂緣事神者，皆不可廢。」從之。三年，除參知政事。九年，拜同中書門下平章事、集賢殿大學士。

元豐二年，以階易官。珪時爲禮部侍郎，當爲正議大夫，遂越拜銀青光禄大夫兼門下侍郎、同中書門下平章事、監修國史。珪嘗薦張璪，不用。珪曰：「臣爲宰相，三薦璪矣，而不見用，是臣失職也。」請罷，神宗喜曰：

①祠：朱校本、繆校本同，覆宋本、四庫本作「相」，誤。
②父：原作「公」，據覆宋本、四庫本及《長編》卷二〇三改。
③承旨：原作「丞旨」，據覆宋本、四庫本改。

「宰相當如是。」神宗欲以内侍李憲主兵，珪奏：「非祖宗故事，陛下獨不鑒漢唐之亂乎？」五年，拜尚書左僕射兼門下侍郎，以蔡確爲右僕射。

初，神宗既新官制，先謂執政曰：「官制將行，欲新舊人兩用之。」又曰：「御史大夫，非司馬光不可。」時珪、確相顧失色，珪憂甚，不知所出。確曰：「陛下久欲收復靈武，公能任責，則相位可保也。」珪喜謝之。自是西師深入靈武之役，死者十餘萬。蓋自西邊用兵，神宗常持淺攻之議，雖一勝一負，猶不至大有殺傷。至於西邊將帥，習知兵事，亦無肯言深入者。非珪、確不歷外任，不習邊事，無敢開此議者。

神宗不豫，珪奏乞立皇太子，請皇太后權同聽政，候聖體康復，依舊。神宗首肯之。皇太子既立，未幾，神宗升遐，哲宗即位，拜金紫光禄大夫，封岐①國公，薨於位〔六〕。贈太師，謚曰文恭。

紹聖四年，章惇奏：「神宗寢疾之際，中丞黄履言②大臣奏請建儲，珪嘗語李清臣：『他家事，外廷不當與。』邢恕又誘高遵裕之子士京上書，言珪當元豐末命，嘗招其兄士充詢遵裕以建儲意，遵裕怒叱其子勿再往。及議建儲，珪初無語，蔡確與章惇共詰之，珪乃曰：『上自有子，何議之有？』」用此爲珪罪，遂追貶萬安軍司户參軍。元符三年，其子仲脩訴其父冤，乃盡復故官、贈謚。及蔡京用事，以珪爲臣不忠，入黨籍。後以受八寶赦出籍云。珪有文百卷，號《華陽集》。

臣稱曰：王珪爲相，隨時俯仰，與蔡確比，以沮司馬光而興西師之役，此可罪也。珪既死，而爲章

①岐：原作「歧」，據四庫本及《宋史》卷三一二《王珪傳》改。
②言：朱校本同，覆宋本、四庫本作「吉」，誤。

惇所陷，誣以爲臣不忠，追貶散秩，則非其罪矣。其後惇於簾前有異議，亦以爲臣不忠貶。夫吉凶之於人，猶影響也，可不戒哉！

蔡確字持正，泉州晉江人也。爲人有智數。少舉進士，爲邠州司理參軍，移繁昌令，改著作佐郎、知閿鄉縣。韓維知開封府，奏爲巡官。後尹責確庭參，確謂：「藩鎮辟除掾屬，乃有此禮。今輦轂下比肩事主，雖故事不可用。」尹不能屈。神宗聞而嘉之。它日臺官闕，執政奏乞除官，神宗曰：「秖用不肯階墀見開封尹者。」遂除監察御史裏行。

王韶開熙河，費用無藝，郭逵奏韶盗貸官錢，詔杜純推治。純奏以實，宰相王安石怒，再遣確鞫於秦州。確希意，逵、純皆坐譴。安石喜，遷直集賢院，除御史知雜事。詔定奪渭州運河及黄河濬川杷利害，確主范子淵而抑熊本，本罷知制誥，確遂代本知制誥、知諫院。

三司使沈括以論免役事詣吴充，確言：「括爲近臣，見朝廷法令有所未便，不公言之，而陰以異論干執政，意王安石罷相，大臣於法令有所更易，故爲朋附之資耳。」括坐是出知宣州。又劾宣徽使郭逵經制安南，逗撓不即平賊；天章閣待制趙卨失措置芻糧；觀文殿學士王韶知洪州，謝表妄爲自潔之辭，歸過於上；又論陳繹汙醜朋附，不宜居侍從。於是逵以左衛將軍安置，卨降職，韶落職知鄂州，繹罷知制誥，確益以彈擊爲己任。

初，相州有盗劫殺人，州處以死。大理寺以相州斷是，刑部用新法引案問減等，方争論不决，會皇城司奏獄事枉法者，以御史中丞鄧潤甫、監察御史上官均①治其獄。有旨遣確詣臺參治。潤甫、均欲辨理於上前，確獨鍛

①均：原作「内」，據下文及覆宋本、四庫本改。

鍊其事。潤甫、均奏確掠訊過差，人悉誣服，確即劾二人黨有罪，請並逐之。又任殘賊吏日引諸囚，如使者慮問狀，稱冤者輒苦辱之。神宗遣諫官黄履、中使李舜舉審覆，因不知爲詔使，無敢一辭異，於是皆抵罪。而潤甫、均俱出，確遂代潤甫爲御史中丞兼直學士院。

太學生虞蕃訟學官，確與舒亶治其獄。確遂劾參知政事元絳爲其族孫伯虎私禱學官孫諤、葉唐懿補内舍生，諤、唐懿坐貶，絳罷政，確遂代絳爲參知政事。人謂其爲知制誥、爲御史中丞、爲參知政事，皆以起獄奪人之位。遂拜尚書右僕射兼中書侍郎。

時富弼在西京，上言蔡確小人，不宜大用。確既相，屢興羅織之獄，搢紳士大夫重足而立矣。神宗嘗對確稱邢恕，謂其久在館中，當遷。確不可，神宗不顧。確有幾巧，退即遷恕著作郎，自是恕爲確黨矣。神宗不豫，繼而小康，將御殿而疾再作。確令恕要皇太后姪公繪、公紀至東府，令往見恕。恕曰：「家有桃，著白華，可愈人主疾，幸留一觀。」入中庭，紅桃華也。公繪等驚曰：「白華安在？」恕執二人手曰：「右相令布腹心，上疾未損，延安沖幼，宜早定議，雍、曹皆賢王也。」公繪等懼曰：「君欲禍吾家。」徑去。恕又往問確曰：「上疾再作，而外庭不知，禁中必有變，有大臣爲之表裏者。公爲宰相，不知一上起居狀，一日片紙以某人爲嗣，公未知死所。公自度有功德在朝廷乎？天下士大夫素歸心乎？」確悚然曰：「且奈何？」恕徐曰：「上不豫，公能辦建儲一事，則如泰山之安矣。但今日建儲，不比異時，當爲備。」確曰：「如何？」恕曰：「宜用知開封府蔡京領劊①子，令待變於外，公但作問疾以入。若大臣有異議者，呼京領劊子斬之。秖可使章惇知，韓縝已下不可使知也。」確愧謝，謂恕曰：「君見子厚謀之。」惇時爲門下侍郎，恕見惇，如對確言。確遂約左相王珪及知樞密院韓縝，與惇等同

①劊：覆宋本、四庫本作「儈」。下同。

入問疾。至政事堂，確、惇議紛然，珪徐曰：「上自有子。」確、惇不能起事，入對福寧殿。珪奏乞立延安郡王爲皇太子，請皇太后權同聽政，神宗許之。太后於簾下泣曰：「相公等能如此，甚佳。」撫哲宗曰：「兒孝順，自皇帝服藥，不離左右，親書佛經，願皇帝早安。」珪等出，逢二王於殿門外。惇厲聲曰：「上立延安郡王爲皇太子矣。」二王曰：「天下幸甚。」確、惇既出，禁中無他事，蔡京乃放散劊①子。

神宗崩，哲宗即位，遷通議大夫。王珪薨，代爲左僕射兼門下侍郎，爲山陵使。以祔廟遷正議大夫，爲言者攻其惡，確不自安，乃求避位。除觀文殿大學士、知陳州。弟碩爲軍器少監，坐贓②抵罪。確坐故縱奪職，知安州，徙鄧州，復觀文殿學士。

時知漢陽軍吴處厚奏確在安州作詩〔七〕，借郝處俊事以譏訕太皇太后。詔確具析。確奏曰：「臣在安州，州有湞溪，舊有郝處俊釣臺，因嘆其忠直，見之詩句。臣僚謂臣譏訕君親，此最爲深切。處俊，唐之直臣，而上元中高宗令其子周王等分朋角勝爲樂。及欲傳位於武后，皆爲處俊論議所回，故臣詩因嘆其有敢言之直氣。今臣僚以臣爲譏訕，其誣罔可見。伏惟太皇太后以帝之祖母垂簾聽政，而輒無故引唐高宗欲遜位與皇后之事，上瀆聖聽。以此論之，孰爲大不恭，孰爲非所宜言也。」遂責光禄卿，分司南司〔八〕。

臺諫傅堯俞、朱光庭、梁燾、范祖禹、劉安世論：「確怨謗不道，人臣所不忍聞。按確與章惇、黄履、邢恕在元豐末結爲死黨。確、惇執政，倡之於内；履爲中丞，與其僚屬和之於外。恕立其間，往來傳送，自謂聖主嗣位，皆有定策之功。確所以桀驁很愎，無所畏憚，若不早辨白，解天下之疑，恐歲月浸久，邪説得行，離間兩宫，有傷

①劊：原作「儈」，據上文及《長編》卷三五一改。
②贓：錢校：「舊鈔本作『臧』」，説見前。

慈孝。」於是宣仁后謂輔臣曰：「皇帝是神宗長子，子承父業，乃分當然。昨神宗服藥既久，曾因宰執入對，吾以皇子所書佛經宣示。是時衆中，唯首相王珪奏延安郡王爲皇太子，餘人無語。確有何策立之功？」再責確英州別駕、新州安置。卒於貶所[九]，年五十七。

明年，章惇爲相，追復確觀文殿學士。黄履復爲中丞，與言官來之邵、張商英、劉拯論確先朝顧命大臣，宜盡復官爵恩數。乃贈太師，謚曰忠懷，又追封成、衛二國公。蔡京擅政，自謂與確同功，遂以確配享哲宗廟廷，御書「元豐受遺定策殊勳宰臣蔡確之墓」賜其家。其後京收用其子渭，論其父定策之功。未幾，渭更名懋，宣和中，拜同知樞密院，贈確清源郡王，賜御製確傳，立石墓前，一門貴震當世。

靖康二年，天子即位之二日，有旨辨宣仁聖烈皇后誣謗，命國史院摭實刊修，播告天下。確追貶武泰軍節度副使，懋單州團練副使、英州安置。

臣稱曰：自古有天下者，必傳之子，由禹以來，莫不然也。不幸當世主末命之際，大臣有受遺輔政，亦理之所必然者。而小人當此，遂謂有定策之功，可乎？烏虖！神宗之與子，宣仁之立孫，庸有異議？而確敢貪天之功乎？敢以臣而誣君乎？迹其姦凶，謂當播其惡以正典刑，而乃因詩罪之，竄死嶺嶠，以啓後日之禍，誣累宣仁者幾三十年，馴致大亂而後已，抑國家之不幸也。

【箋證】

〔一〕字陽叔：《宋史》卷三一二《陳升之傳》及《實録·陳成肅公升之傳》（《名臣碑傳琬琰集》下卷一五）作「暘叔」，宋人文集、筆記亦多稱「陳暘叔」。

〔二〕升之亦言事然持論不堅也：《實録・陳成肅公升之傳》作「升之爲臺諫，前後所言數十百事，然持論不堅，朝廷亦罕從也」，《宋史》本傳云：「凡任言責五年，所上數十百事，然持論不堅，以故不盡施用。」

〔三〕四年：按賈昌朝罷樞密使在嘉祐三年六月，則此「四年」前當補「嘉祐」二字。

〔四〕卒年六十九：《實録・陳成肅公升之傳》：「元豐二年四月戊午，鎮江軍節度使、同中書門下平章事致仕陳升之薨。」

〔五〕徙家開封：《宋史》卷三一二《王珪傳》作「後徙舒」。李清臣《王文恭公珪神道碑》（《名臣碑傳琬琰集》上卷八）：「由滎國（曾祖）以下，葬河南，始徙籍於舒。」《事略》誤作「開封」，蓋因開封王珪（參本書卷一一〇、《隆平集》卷一九）而致誤。

〔六〕薨於位：《宋史》本傳：「（元豐）八年……五月，卒於位，年六十七。」《王文恭公珪神道碑》：「元豐八年四月，丞相王公珪感疾，詔國醫診視，遣尚宮數就問，賜以御膳珍藥。五月己酉，薨於位。」《長編》卷三五六元豐八年五月庚戌：「金紫光禄大夫、守尚書左僕射兼門下侍郎、岐國公王珪卒。」

〔七〕吴處厚奏確在安州作詩：汪琬《東都事略跋》卷中：「確《車蓋亭》詩一案，朝論忿争，凡理確者皆坐確黨免黜。劉器之至謂確『包藏禍心，睥睨兩宫』。按《揮麈録》，吴處厚始諂事確，後以推治舒亶獄，爲確所怒。確既守安州，處厚知漢陽，兩人益交惡。會漢陽吏至安州，確問處厚近況，吏誦其《秋興亭》詩。確笑曰：『猶亂道如此。』吏歸以告，處厚怒曰：『我文章，蔡確乃敢譏笑邪？』會安州有舉子販米至漢陽，規免和糴，乃謁縣令陳當，且言：『離鄉里時，蔡丞相作《車蓋亭》詩十章，舟中有本。』歸舟，以詩送之。處厚得詩於當，遂箋注上之，謂其子柔嘉曰：『二十年深讎，今報之矣。』其子問知其詳，泣曰：『此非人所爲，大人何以自立於世？』處厚悔悟，遣健步賸給緡錢追之，則文書已投矣。然則處厚與確不過語言責望，遂造大獄。確之爲人，固死有餘罪，然告訐一倡，卒兆搢紳之禍，可嘆也。」「朱彧《可談》：蔡詩有『睡起莞然成獨笑』句，處厚注云：『未知蔡確此時獨笑何事？』又彧父帥廣，崇寧元年正月，遊蒲澗，見遊人簪鳳尾花，因作口號，中一聯『孤臣正泣龍須草，遊子空簪鳳尾花』，蓋以被遇先朝，自傷流落，監司指此句爲罪誣，注云：『契勘正月十二日，哲宗皇帝已大祥，豈是孤臣正泣之時？』讒口可畏如此。既不得笑，又不得哭，以是知《車蓋亭》一案，器之輩疾惡，未能免乎已甚矣。」

〔八〕分司南司：《宋史》卷四七一《蔡確傳》作「分司南京」，是。《實録·蔡忠懷公確傳》（《名臣碑傳琬琰集》下卷一八）、《長編》卷四二七元祐四年五月辛巳「詔蔡確責授左中散大夫、守光禄卿、分司南京」。據此，《事略》「南司」當作「南京」。

〔九〕卒於貶所：《實録·蔡忠懷公確傳》：「元祐八年正月甲申，英州别駕、新州安置蔡確卒。」《長編》卷四八〇元祐八年正月甲申：「英州别駕、新州安置蔡確卒。」注云：「《舊録·蔡確傳》云：『時上經略湟中，王韶撫納西人，頗歸附。郭逵等忌韶，韶亦自辨，乃遣確制勘於秦州。韶事既白，逵等坐譴。』《新録》辨曰：『此一段下語輕重皆不正，合去上文五十八字。』《新録》又辨建儲事，已附見元豐八年二月。《舊録》又云：『吴處厚奏確《車蓋亭》詩，諫官吴安詩、劉安世、梁燾等相繼論確詩怨謗，詔確具析，確辨疏甚詳。確終坐黜，而梁燾等猶論不已，遂責確英州别駕、新州安置。確受先帝顧命，而姦臣睥睨，坐誣投遐荒，乃命中使馳傳押至貶所。屢經赦罪，無不得省，獨確四年不得還。八年正月六日，卒於貶所，年五十七，天下莫不冤之。』《新録》辨曰：『確終坐黜，是吴處厚繳詩事。梁燾等猶論不已，是確自稱受遺事。若合爲一説，使後世不可曉。又皆誣謗之言，今删去「確終」至「冤之」八十四字。』」

東都事略卷第八十一

列傳六十四

邵亢①字興宗，潤州丹陽人也。舉茂才異等，除建康軍節度推官，召爲國子監直講，改館閣校勘、同知太常禮院。張貴妃崩，議築園陵，禁京師樂一月，大臣主其事，禮官莫敢言，亢上疏論其不可。爲開封府推官、三司度支判官。

契丹遣使來，至德清軍，仁宗崩。有欲却之者，有欲俟其至國門而諭使去者，議未决。亢請令奉國書柩前，使得見上，以安遠人。議者是之。神宗爲潁王，遴選府僚，以亢爲翊善，加直史館。英宗召對羣玉殿，謂曰：「學士真國器也。」擢同修起居注。亢言：「皇子受室，顧於昏禮不可廢。公主下嫁，不可殺舅姑之尊。」英宗深納之。

神宗在藩邸，一日自禁中還，英宗語曰：「朕以翊善端直樸厚，已輟爲諫官矣。」遂知制誥、知諫院。神宗爲皇太子，以亢兼右庶子。神宗即位，遷龍圖閣直學士。王陶以御史中丞彈宰相韓琦等不立外朝班，其言多過。參知政事吴奎言，陰陽不和，由陶所致也。神宗命陶爲翰林學士，而奎持之三日不下。亢疏曰：「御史中丞職在彈劾，陰陽不和，執政之咎也。奎不自咎，而以咎人，其言豈不悖哉？今陛下新即大位，命出輒廢，何以令天下

①繆校：「鈔本元絳、孫固在邵亢前。」

乎？」奎由是待罪。爲樞密直學士、知開封府，拜右諫議大夫、樞密副使。

西人犯邊，朝廷欲命大臣討之，亢曰：「天下財力屈，未可用兵。宜諭以邊臣生事，因撫其人。若不從命，然後出兵，益有名矣。」因條上其事。詔報之曰[一]：「朕承五聖大器，日懼不克，永爲受寄之重，故前者咨詢羣公，欲求良畫，且休此役，又内有所愧懼者。卿奏困賊之計，甚爲得策，已悉如卿奏。」未幾，其國主諒祚死，西人請和。或欲承此更取塞門之地，亢曰：「幸人之喪，非計也。請以綏州易之。」議既定，會陳升之至闕，請城綏州。韓琦亦不欲廢綏州，事遂格。

亢爲人樂易，不忤物，有長者之譽。然在樞府，充位而已。於是諫官孫覺論亢以爲不才，亢引疾辭位，以資政殿學士、給事中知越州，徙知鄂、鄆、亳三州[二]。遷吏部侍郎以卒[三]，年六十一。贈吏部尚書，謚曰安簡。

馮京字當世，鄂州江夏人也。父式，爲左侍禁以終。京幼儁邁不羣，式常取其所讀書，題其後云：「將作監丞、通判荊南軍府事馮京。」式既没十一年，京舉進士，自鄉選至廷對，俱策名第一，爲將作監丞、通判荊南，如式之言，時人謂式爲知子。

召試，直集賢院、同修起居注。張貴妃崩，追策爲皇后。時禮官吴充以中宫在，執不可，出知高郵軍。京論充言是，不當逐，亦罷黜。不半歲，復爲記注，召試知制誥。

宰相富弼，京之婦翁也，易龍圖閣待制、知揚州，徙江寧府，拜翰林學士、知開封府。韓琦爲相，京數月不一見。琦謂其傲，以語富弼，弼使往見之。京謂琦曰：「公爲宰相，而京不妄詣公者，乃所以重公也，豈曰傲哉？」出安撫陝西，遷羣牧使。久之，以端明殿學士兼翰林侍讀學士知太原府。

夏國主秉常遣使來，又以兵犯塞，神宗問京方略，多見聽用。復召爲學士，知開封府，改御史中丞。京上疏論時政，因陳六事。神宗以示王安石，安石深詆之，至謂京燭理不明，若鼓以流俗，即不能自守。神宗曰：「京作中丞，恐失職。」安石曰：「京作中丞，充位爾，非能啓迪陛下聰明也。」神宗曰：「朕欲以京爲樞密副使，卿意何如？」安石曰：「陛下用之何不可？」遂拜右諫議大夫、樞密副使。神宗又欲用吴充參知政事，安石以親嫌爲言，乃以京參知政事，充充樞密副使。

京與安石共政，數與争辨於上〔四〕，又薦劉攽、蘇軾爲外制，神宗不應。神宗嘗問：「周世宗何如？」京曰：「世宗威勝於德，故享國不永。」安石曰：「世宗之殂，遠邇哀慕，非無德也。」安石率以强下①勝同列，類此。王韶言秦州荒土幾萬頃，可募人耕，以資邊費。事下帥司按示②，李師中等以爲見有地一頃餘數十畝爾。京與文彦博論韶欺罔生事。及遣韓縝往示，縝乃望以言得渭傍荒田四千餘頃〔五〕。議者謂縝取弓箭手地以爲荒田數云。

時議令③祖《周官》兵乘之制，令保甲養馬，京以爲不可。會選人鄭俠上書，直言政事闕失，因薦京之賢，言事者以爲交通，罷知亳州，徙河南府，遷資政殿學士、知渭州。茂州夷人叛，徙知成都府。夷人寇雞棕關〔六〕，京出兵，夷人懼，請降。議者欲蕩其巢穴，京禁侵掠，恤傷殘，給稼器、餉糧使歸。夷人出犬豕盟，願世爲漢藩。召知樞密院，易通議大夫、樞密使，京以疾未至。神宗夢京造朝，甚慰，乃賜京詔，有「渴示儀形，不忘夢寐」之語。及病愈造朝，神宗首以所夢語之。三司火，神宗御右掖門示之，顧近璫曰：「急走馬步司，就近差兩指揮之兵救之。」京奏曰：「故事，發兵須得樞密院宣旨，内臣傳宣發兵，不可啓。」神宗然之，即於榻前出宣，付近璫

①下：覆宋本、四庫本作「辨」。
②示：繆校作「視」。
③令：繆校無。

而出。時論以京爲是。

頃之，以觀文殿學士、光禄大夫知河陽，改成德軍，復知河陽。哲宗即位，進銀青光禄大夫，拜保寧軍節度使、知大名府，改鎮彰德。告老，遂以觀文大學士、中太一宫使兼侍讀〔七〕。復告老，以宣徽南院使、太子少師致仕。卒，年七十四〔八〕。贈司徒，謚曰文簡。

始，京登第時，張堯佐倚①外戚欲妻以女，使吏擁入其家。頃之，中人以酒肴至，且示以奩具甚厚。京不肯就，力辭之。其後京擢用，嘗薦种諤、种誼有將帥才。兩人者，咸能以功庸自見。鄂倅南宫成，故與京善，京執政，而成已亡矣，遂以郊恩官其子。又嘗過外氏之親朱适，詢其婢，乃同年進士妻也，京惻然，請而嫁之。其篤於故舊者如此。所著文集、奏議三十卷。

元絳字厚之，杭州錢塘人也。舉進士，擢高等，殿試被黜。復舉進士中第，爲著作佐郎、知静海縣〔九〕。江淮制置使建言，私販鹽至二十斤以上坐徒，絳曰：「海傍之民，恃鹽以生。非羣販者，止笞而縱之。」累擢江西轉運判官，又爲轉運使。

儂智高反嶺南，而宿軍邕州，歲漕不足，以絳直集賢院，爲廣東轉運使。建瀕江水砦數十以待逋寇，繕治十五城，樓堞器械皆備，軍食有餘。以功遷工部郎中，歷兩浙、河北轉運使，召爲鹽鐵副使，擢天章閣待制。累遷工部侍郎，爲河北都轉運使，拜龍圖閣直學士、知鄆州。召爲翰林學士兼翰林侍讀學士。

熙寧五年，中書奏請議僖祖神主祧遷，下兩制詳議。絳等言：「自古受命之主，既以功德享有天下，皆推其

①倚：覆宋本、四庫本作「恃」。

本統，以尊事其祖。故商、周以契、稷爲始祖者，以其承契、稷之本統也。使契、稷自有本統承其後，而湯與文王又爲别子之後，則自當祖其别子，不復以契、稷爲祖矣。所以祖契、稷者，非以有功與封國爲重輕也。諸儒適見契、稷有功於唐虞之際，故以謂祖有功。若祖必有功，則夏后氏何以郊鯀乎？今太祖受命之初，立親廟自僖祖始，僖祖之上，世數既不可得①而知，然則以僖祖之爲始祖無疑矣。儻以謂僖祖不當比契、稷爲始祖，是使天下之人不復知尊祖，而子孫得以有功加其祖考也。况欲毁其廟，遷其主，而不祔於子孫之室，此豈所以稱祖宗尊祖之意哉？謂宜以僖祖爲始祖之廟。」

翰林學士韓維言②：「昔先王既有天下，迹基業之所由起，奉以爲太祖，所以推功美、重本始也。太祖皇帝孝養仁聖，睿智神武，兵不血刃，坐清大亂。子孫遵業，萬世蒙澤，功德卓然，爲宋太祖，無可議者。僖祖於太祖，高祖也。然仰迹功業，未見其所自。上尋世家，又不知其所以始。若以所事③稷、契奉之，切恐於古無考，而於今亦有所未安也。」

天章閣待制孫固言：「漢高帝之得天下，與商、周異，故太上皇不得爲始封。而光武之興，不敢尊舂陵，而祖高帝。今國家據南面之尊，享四海九州之奉者，皆太祖之授也，不當以僖祖替其祀。請以太祖爲始祖，而爲僖祖立廟，如周人别祀姜嫄之禮。禘祫之日，奉祧主東面。此韓愈所謂『祖以孫尊，孫以祖屈』之意也。乞特爲僖祖立室，置祧主其中，由太祖而上，親盡迭毁之主，皆藏之僖祖之室。」禮官章衡等請以僖祖爲别廟，蘇祝請以僖祖祔景靈宫[一〇]。神宗以固議問王安石，安石曰：「爲祖立别廟，自古無此禮。姜嫄所以有别廟者，蓋姜嫄禖神

①既：原作「無」，據覆宋本、四庫本及《宋會要輯稿》禮一五之三七、《長編》卷二四〇改。得，原作「復」，據《會要》《長編》改。
②「言」上，繆校有「難」字。《長編》卷二四〇作「韓維别議曰」。
③事：繆校作「祀」。《長編》卷二四〇作「事」。

也，以先妣故盛其禮與歌舞，皆序於先祖之上。不然，則周不爲嚳廟而立姜嫄者，何也？」神宗以安石論姜嫄之言爲然，於是詔依絳等議，奉僖祖神主爲太廟始祖。

絳立朝無特操，在翰林諂事王安石，然甚工於文辭，名流皆推許之。拜三司使。三司火，落侍讀學士。未幾復職，爲羣牧使，拜參知政事。會太學生虞蕃上書訟博士受賕不法，逮繫諸生。時絳子耆寧校書崇文館，詞連耆寧，御史臺捕耆寧下吏。絳上疏願納職禄，乞許耆寧即訊於外，許之。絳坐黜知亳州，改潁州。明年，除資政殿學士、提舉中太一宫。請老，以太子少保致仕。卒，年七十六〔一〕。贈太子少師，謚曰章簡。有文集四十卷、《讞獄集》十三卷。

臣稱曰：宗廟之議，大矣。議宗廟之事者，必謹於禮。宋興，創業垂統，實自太祖，而始祖之奉，乃捨本統之所因，而推追尊之所自，是豈合於禮哉？元絳之言，美則美矣，而未盡善也。至今太祖東向之位，猶未正云。

孫固字和父，鄭州管城人也。舉進士，稍遷秘書丞，爲審刑詳議官。宰相韓琦深知之，引爲編修中書諸房文字。

神宗爲潁王，以固侍講王府。東宫建，爲太子侍讀。神宗即位，擢工部郎中、天章閣待制、知通進銀臺司，出知澶州。還知審刑院，復領銀臺、封駮兼侍讀。與議始祖，固議上見《元絳傳》。韓琦嘆曰：「此議足以傳不朽矣。」遷右諫議大夫、龍圖閣直學士。

初，神宗問固曰：「王安石，朕欲以爲相，可乎？」固曰：「安石文行甚高，侍從獻納其選也。然宰相自有度，而安石爲人少容。」凡四問，四以此對。及安石當國，更法度，固數議事不合。久之，出知真定府。熙寧末，以樞密直學士知開封府。

元豐元年，擢拜同知樞密院事。諜者告夏人幽其主，神宗遽欲西討，固諫曰：「舉兵易，解禍難。」前後論之甚苦。神宗意堅甚，固曰：「必不得已，請聲其罪薄伐之，分裂其地，使其酋長自守。」神宗笑曰：「此真酈生之説爾。」時執政有議直度河者，固曰：「然則孰爲陛下任之者？」神宗曰：「吾以屬李憲。」固曰：「西伐，大事也，豈可使宦者爲之？今陛下任李憲，則士大夫孰肯爲用乎？」神宗不悦。他日，固又言曰：「今五路進師，而無大帥，就使成功①，兵必爲亂。」神宗曰：「大帥誠難其人。」吕公著曰：「既無其人，曷若已之？」固曰：「公著言是也。」其後師果無功，神宗始悔不用固言。

初議五路入討，會於靈州，李憲由熙河入，輒不赴，乃自開蘭、會，欲以弭責。固曰：「兵法期而後至者斬。今諸路皆進，而憲獨不行，雖得蘭、會，罪不可赦。」言雖不用，君子與之。

易太中大夫、樞密副使，遂知院事。引疾去位，除觀文殿學士、知河陽，提舉崇福宫。遷正議大夫、知河南府，徙鄭州。元祐二年，除侍讀，提舉中太一宫，遂拜門下侍郎，進右光禄大夫、知樞密院事。五年，卒於位，年七十五。贈開府儀同三司，謚曰温靖。元符二年，追所贈官，列元祐黨籍。徽宗以固嘗爲神宗宫僚，特出籍。

【箋證】

〔一〕詔報之曰：《宋史》卷三一七《邵亢傳》載此詔云：「中國民力，大事也。兵興之後，不無掊率，人心一摇，安危所繫。今動自我

①成功：覆宋本、四庫本作「功成」。

始，先違信誓，契丹聞之，將不期而自合，玆朕所深憂者。當悉如卿計。」《續通志》卷三四一《邵亢傳》校記謂二書「所載詔語全異」。

〔二〕徙知鄂鄆亳三州：《宋史》本傳作「歷鄭、鄆、亳三州」，王珪《安簡邵公墓誌銘》（《華陽集》卷五九）亦作「徙鄭州」，《事略》「鄂」當爲「鄭」之誤。

〔三〕遷吏部侍郎以卒：《宋史》本傳不載「遷吏部侍郎」事，王珪《安簡邵公墓誌銘》（《華陽集》卷五九）云：「公熙寧七年十二月二十五日終。」《長編》卷二五八熙寧七年十二月戊子（二十五日）：「亳州言資政殿學士、吏部侍郎、知州邵亢卒。」

〔四〕數與争辨於上：《實録・馮文簡公京傳》（《名臣碑傳琬琰集》下卷一六）作「數與安石争辨上前」，《事略》「上」後當補「前」字。

〔五〕及遣韓縝往示縝乃望以言得渭傍荒田四千餘頃：《實録・馮文簡公京傳》作「乃遣韓縝覆視，乃言得渭傍荒田四千餘頃」，較《事略》簡明。

〔六〕夷人寇雞棕關：「棕」，《宋史》卷三一七《馮京傳》作「粽」，校點本據《宋史・地理志》及《長編》卷二七四改作「宗」，是。

〔七〕遂以觀文大學士中太一宮使兼侍讀：「觀文大學士」，《實録・馮文簡公京傳》作「觀文殿學士」，《長編》卷四五七元祐六年四月辛丑載「中太一宮使、觀文殿學士、左銀青光禄大夫兼侍讀馮京乞致仕」，則《事略》「觀文大學士」當作「觀文殿學士」。「侍讀」，《宋史》本傳作「侍講」，《實録・馮文簡公京傳》作「侍讀」。《宋史》校點本據《事略》及《宋會要輯稿》職官五四之八認爲「當作『侍讀』」，是。

〔八〕卒年七十四：《宋史》本傳：「紹聖元年薨，年七十四。」《實録・馮文簡公京傳》：「紹聖元年四月壬寅，宣徽南院使、檢校司空、太子少保致仕馮京卒。」

〔九〕爲著作佐郎知静海縣：《宋史》卷三一七《元絳傳》作「歷知通州海門縣」，《續通志》卷三五八《元絳傳》校記：「按《東都事略》作『静海縣』，考《宋史・地理志》，海門、静海二縣並屬通州。」王安禮《章簡元公墓誌銘》（《王魏公集》卷八）云「召遷秘書省著作佐郎、知吉州永新縣。……用舉者知通州静海縣」，是知底本「靖海」當爲「静海」之誤，據改。

〔一〇〕蘇祝請以僖祖祔景靈宮：《長編》卷二四〇作「同知禮院蘇税請以僖祖祔景靈宮」，《宋史》卷一〇六《禮志》及《九朝編年備要》卷一九同作「蘇稅」，疑《事略》「蘇祝」爲「蘇稅」之誤。

〔一二〕卒年七十六：《章簡元公墓誌銘》：「元豐六年七月十二日庚辰，資政殿學士、太子少保致仕、上柱國、魏郡開國公、食邑二千八百户、食實封一千户元公，諱絳，字厚之，薨於蘇州衮繡坊之私第，年七十六。」

東都事略卷第八十二

列傳六十五

蔡挺字子正[一]，應天府宋城人也。其兄抗，字子直。登進士甲科，補太平州推官、平江軍節度掌書記、潁川郡王伴讀。英宗在藩邸，器重之，請於濮安懿王，願得與遊。每見抗，衣冠盡禮，義兼師友。再遷太常博士、通判秦州，爲秘閣校理，知蘇州，徙廣南東路轉運判官[二]。

英宗即位，召對，語抗曰：「卿，朕故人，勿以常禮自疏也。」以爲工部郎中兼起居舍人、同知諫院[三]。時議追崇濮安懿王，抗引《禮》「爲人後」「大一統」之義，指陳切至，涕下被面，英宗亦泣。會京師大水，抗推原咎證在濮園議。執政以抗在言路，不便之。召試知制誥，罷諫職，進龍圖閣直學士、出知定州。英宗曰：「第行，且召卿矣。」潁王立爲皇太子，除抗詹事。未至，英宗崩，改樞密直學士、知秦州。後靈駕發引，抗因大慟哭，遂得疾，日中而卒[四]，年六十。

挺亦舉進士，爲慶州推官[五]。富弼使契丹，奏以挺從行。弼以所議誓書有所更易，遣挺自雄州馳馹詣中書白執政。仁宗欲知虜中事，亟召挺。挺有父喪，聽服衫帽對便殿。范仲淹宣撫陝西、河東，奏通判涇州，徙鄜州。挺知弼、仲淹與吕夷簡不同道，乃持其機事泄於夷簡，遂爲開封府推官，提點京畿刑獄。至和中，河決商胡，挺坐與李仲昌建議塞北流以入於六塔而河決[六]，追一秩，停所居官。

嘉祐中，起知南安軍，擢江西提點刑獄。時鹽賊爲江西、福建八州之患，挺告諭所部，私藏器甲者，與其首納，原其罪，所得兵械以萬計。於是盜販者衰，歲增賣鹽四十餘萬①。

治平初，召爲陝西轉運副使。上書論禦戎攻守大計，遂除直龍圖閣、知慶州。三年，諒祚寇大順城，衷②銀甲氈帽以督戰。挺先選强弩八百列於壕外，注矢下射，重甲洞貫，諒祚遁去。挺按視馬練平，左通鄜延，右固華池，地形便可城，即遣將護築。城成，分屬羌三千守之，賜名荔原堡。

神宗即位，除天章閣待制，徙渭州。挺建勤武堂，輪諸將每五日一教閱，五伍爲隊，五隊爲陳。陳横列，三鼓而出之，並三發箭復位。又鼓之，逐隊槍刀齊出，以步鼓節之，爲擊刺狀，十步而復。以上凡復位，皆聞金即退。騎兵亦五伍爲列，四鼓而出之，射戰盤馬。先教前一日，將官點閱，全備乃赴教，再閱之。隊中人馬皆强弱相兼，强者立姓名，爲奇兵隱於隊中，遇用奇，則别爲隊出戰。涇原路内外凡七將，又涇、儀州左右策應將，每將皆馬步軍各十陳，分左右，各第一至五，日閲一陳，此其大槩也。神宗甚善其法。時土兵有闕，詔募三千人，挺奏：「以義勇點刺累年，雖訓肄以時，而未施於征防，可以按府兵遺法，俾之分番更戍，無補所闕土兵。」詔問挺措置遠近分番之法，挺即條上：「以涇、渭、儀、原四州義勇分五番，番三千人。防秋以八月十五日上，九月罷；防春以正月十五日上，三月罷。周而復始，比之募土兵，省費多矣。」從之。

挺又檢括並邊生地漢番冒耕田四千八百頃[七]，募佃以充邊儲。邊人冒市蕃部田，挺開自首免罪法，復得地八千頃，刺弓箭手三千，養馬五百。鎮戎軍三川、高平、定川砦，舊壕外有曹英新壕，兩壕之間土膏腴，東西四十里，南有土山。挺因險築砦，乘高四望，護壕内地，及覘賊往來。築十八日畢，開地二千頃，募弓箭手三千人耕守

①賣：原作「去」，據覆宋本、四庫本及《宋史》卷三二八《蔡挺傳》改。四十餘萬：《宋史》本傳作「四十萬」。

②衷：錢校：「舊鈔本作『衷』，剜改不成字。」

之，賜名熙寧砦。

熙寧初，賊兵數萬集於瓠蘆河。挺度其必入寇，勒諸將分守衝要。七日而賊至，奇兵出賊不意，遂驚潰。遣四將分路追討，破落勒緩等七族。遷右諫議大夫。賊數萬寇華池、大順、荔原諸砦，挺正①遣總管張玉統諸將兵合萬人策應，虜解圍去。慶州軍亂，關中大擾，挺遣張玉將兵招捕，至邠遇賊，盡殺之。神宗曰：「慶州兵叛，不至猖獗，涇原之力也。」遷龍圖閣直學士。五年，召拜樞密副使。神宗問挺涇原訓兵之法，召部將按於崇政殿，以爲諸路牙校法。

北虜議雲中地界，久不決，挺請盡召還河北緣邊戍兵，示以無事，兼可積蓄邊儲。因奏乞置三十七將，將有正副，及畿縣及諸道兵分肄，皆給虎符，以河北路次第爲額。又以河北兵數教習不如法，緩急不足用，奏乞於陜西選兵官訓練。京城門鑰不嚴，緩急無以防姦，請置銅符，以嚴防禁。從之。七年，以疾罷爲資政殿學士、判南京留司御史臺。卒，年六十六〔八〕。贈工部尚書，謚曰敏肅。

挺爲人有智計，多詭譎。自以有勞，久留邊，作爲歌詞，有「應念玉關人老」之句，因中使以達禁中。神宗閔之，遂召用云。

王韶字子純，江州德安人也。舉進士，調新安簿、建昌軍司理參軍，因客遊西邊。時神宗初立，韶內知天子智勇，有志於天下，乃上《平戎策》曰：「國家欲制西夏，當復河、湟。河、湟復，則西夏有腹背之憂。自唐乾元以後，吐蕃陷河、隴，至今董氊不能制諸羌，而人自爲部，莫相統一。宜以時並有之，以絕夏人之右臂。」凡數千言，

①正：疑衍。

神宗覽而奇之。召問方略，以爲秦鳳路經略司機宜文字。

時青唐俞龍珂族大難制，而渭源諸羌與夏人誘令附己，有司請討且城之。韶以爲非計，遂親帥數騎直抵其帳中，招諭之，且留宿以示不疑。青唐、渭源皆遣其族隨韶歸附。改保平軍節度推官。召對，因言：「渭源、成紀間有曠田萬餘頃，可募人營田，及秦鳳諸羌互市之利，歲在商賈者不知幾千萬，乞置市易以實邊。」朝廷從之。改著作佐郎、提舉鳳翔西京節度使，兼管營田、市易公事。

蕃僧結吴叱臈、康尊新羅結潛迎董容，詣武勝軍立文法，謀昏夏國，有并吞諸羌之意。韶諭以禍福招兵，豪酋撒四等降之，結吴叱臈等至解内罷昏。未幾，康尊新羅結就擒於吴，諸羌多降附者。其後結吴叱臈出降，俞龍珂率其族十二萬口内附。熙寧三年，詔奏墾田數，知秦州李師中言其不實，奪一官。既而還之，入對，加太子中允、秘閣校理。

五年，改古渭砦爲通遠軍，以韶兼知軍。韶上所降蕃部版圖，得地二千餘里，口二十餘萬，以功授右正言、直集賢院，加集賢院修撰[九]。舉兵城渭源堡，破蒙羅角，遂城乞神平，破抹耳水巴族。初，賊恃險，韶領師至抹邦山，逾竹牛嶺，壓賊軍而陳，下令曰：「敢有言退者斬。」使皆下馬少息。賊乘高下戰，官軍稍却。韶麾帳下兵逆擊之，賊潰走，獲首虜器甲，焚其族帳，洮西大震。

會木征度洮來寇[一〇]，餘黨復集抹邦山。韶語諸將曰：「若官軍至武勝，則抹邦山可一舉而定。」即趨武勝，遇木征首領瞎藥等，與戰破之，遂城武勝。武勝故武始郡也，賜名鎮洮軍。復遣將擊破木征，木征走，弟結吴延征舉其族二千餘人並大首領李藺氊等出降。陞鎮洮軍爲熙州，以熙州、洮岷州、通遠軍爲一路，即熙州爲帥府。進韶龍圖閣待制、知熙州，領兵由香子城討河州。木征戰敗，棄城遁。降羌反圍香子城，而諸羌屯積慶寺以應之。韶回軍欲擊諸羌，而木征復入河州。韶擊叛羌，解香子圍，破積慶寺諸羌而還，遷樞密直學士。

韶復遣將度洮，略定南山地，築回樂砦、結河當川二堡。韶自領兵破訶訥城，固城之[一一]，又城香子。令諸羌人謀伏兵南山[一二]，斷官軍歸路，不利即伏木臧城[一三]。韶諜知之，遣將賜其伏兵投之[一四]，穿露骨山，南入洮州界，破木征弟巴氊角，盡逐南山諸羌。木征留其黨守河州，自將親①鋭尾官軍伺擊。韶分兵爲兩道，別遣將其一攻河州，而以其一將逆木征所在，與戰，破走之。韶至河州，時守者猶以爲木征至，已而知其非，乃出，遂城之。韶又至馬練川，降瞎吴叱。進攻拔宕州，通洮山路。岷州本令征以城降。進軍岷州，通熙州路。疊州欽令征、洮州郭厮敦皆詣軍，以城聽命，巴氊角亦以其族來附。是役也，行軍五十四日，涉千八百里，復州五，辟地東西千里，斬首三千餘級，獲牛、羊、馬以萬計。以功遷端明殿學士兼龍圖閣學士、左諫議大夫。入覲，進資政殿學士兼制置涇原、秦鳳軍馬糧草，賜崇仁坊第一區。

韶還至興平，會知河州景思立出兵踏白城敗績，賊圍河州。韶曰：「賊所以圍河州者，恃有外援也。今知救至，必設伏以待我。不若以兵直趨定羌。」遣將破耳金、欺當二族[一五]，進次寧河，分兵討南山羌賊。賊失援，驚潰。初，思立輕敵覆軍，賊勢復振，而京師風霾旱災連仍，論者欲棄河湟，神宗爲之旰食，數遣中使戒韶駐熙州，持重勿出。及是捷聞，神宗大喜，賜詔嘉之。

韶還熙州，遣將以兵循西山，出踏白後，賊黨望風奔潰，斬獲甚衆。於是木征請降。進觀文殿學士、禮部侍郎。七年，拜樞密副使[一六]。以母老丐外任，除觀文殿學士、户部侍郎、知洪州。以表謝上，御史蔡確言其罔慢，落職知鄂州。久之，還舊職，復知洪州。卒，年五十二[一七]。贈金紫光禄大夫，謚曰襄敏。

韶好兵喜殺，有方略。及罷樞府，獻所著書，名曰「發明自身之學，皆荒浪狂譎之語」云。九子[一八]：厚，爲

①親：繆校作「精」。

將有功；　端，徽宗時爲顯謨閣待制；　寀，嘗著作東觀，後爲兵部侍郎，以左道誅〔一九〕。

厚字處道。少從父韶兵間，習羌事，以父任爲大理評事。後以文易武，爲禮賓副使，佐熙河帥府。會吐蕃種落亂，其王瞎征、隴拶爭國，厚與河州①守將王贍欲招徠羌人，復故地。師出塞，下邈川諸城，瞎征以其屬來降。厚次青唐，隴拶擁萬騎出迎，遂定青唐。

元符末，湟、鄯不守，厚坐貶監隨州酒稅，再貶賀州別駕、郴州安置。崇寧初，復故官。自湟、鄯棄，畔羌多羅巴等迎隴拶之弟曰溪賒羅撒復國。朝廷賜隴拶姓名曰趙懷德，令還邈川，溪賒羅撒之黨謀掩殺之。懷德懼，奔河南。議者謂諸羌連結，且生邊患。朝廷方謀鎮輯，而大臣有薦厚者。賜對，命知河州兼經略使。厚請擇人以自助，遣童貫與皆至，乃如京玉②關。厚請進兵邈川，與諸將分部而進。於是高永年爲統制官，以兵三萬出京玉，厚以兵三萬出安鄉。多羅巴結連鄯、廓，兵衆未會，使其三子，長曰阿令結，次厮鐸麻令，次阿蒙驅，以數萬人據險自守。進擊敗之，殺阿令結、厮鐸麻令。阿蒙驅目中流矢而去〔二〇〕，道遇其父來援，告之，乃俱遁。進至湟州，攻三日拔之。以功拜威州團練使，帥熙河。

溪巴温之妻大掌牟率諸部籍土地請降，既乃歸之京師。三年，厚命高永年以左③軍循宗水，張誠以右軍出宗谷，厚以中軍出綏遠，會於宗哥川。溪賒羅撒置陳倚北山，厚以中軍登山攻其背，自督强弩迎射之。賊大敗，溪賒羅撒以一騎馳去。未至鄯州五里，僞國主龜茲公主青宜結牟及大酋李阿温率衆開門降。更鄯州曰西寧州。

①州：原作「東」，據覆宋本、四庫本及《宋史》卷三二八《王韶傳》附《王厚傳》改。
②玉：原作「正」，據下文及覆宋本、四庫本改。
③左：原作「在」，據覆宋本、四庫本及《宋史》本傳改。

拜武勝軍留後，以牽制夏人。坐逗留降郢州防禦使。

初，大掌牟之入見也，徽宗親撫諭，使歸而誘致其子。至是，趙懷德遣使約降，而猶豫未決。厚以書諭之，懷德遂送款。復武勝軍留後，還朝，提舉中太一宫。卒，贈寧遠軍節度使〔一二〕，謚曰莊敏。

薛向字師正，京兆長安人也。以蔭爲太廟齋郎，調永壽簿，稍遷監在京榷貨務，知鄜州。時大水冒城郭，州兵廣鋭、振武二指揮戍延州，營兵聞之，詣副總管王興求還。興不能决，乃相率逃歸。至則家人無存者，乃聚謀爲盗，郡人震恐。向遣親吏諭之曰：「冒法以救父母、妻子，人之情也，而不聽汝歸者，武帥不知變之過也。汝聽吾言，亟歸收親屬之尸，吾當貸汝擅還之罪。不聽吾言，汝無噍類矣。」皆泣謝，境内乃安。

向言河北糴法之弊，以爲：「備邊十四州，悉仰食度支，歲費五百萬緡，得米粟百六十萬斛，其實才直二百萬緡耳，而歲常虚費三百萬緡，入豪商蓄販之家。今既用見錢實買，革去虚加之弊矣。雖然，必有以佐之，則其法可行。故邊穀貴，則糴澶、魏粟以給邊。新陳未交，則散糴賈以救民乏。軍食有餘，則坐倉以待不足。使見錢行而三利舉，則河北之穀，不可勝食矣。」於是置糴便糧草司以任向，又以爲提點河北刑獄兼糴便事，入爲開封府判官，三司度支判官，陝西轉運副使兼制置解鹽，又以向提舉買馬監牧。

向吏事精鋭，所至以辦治聞。永昭復土，計用錢糧五十萬貫石，而三司不能備。議者請移陝西緣邊入中於永安縣，向陳五不可，遂以其數獻。坐嘗夜至靈寶縣，向先驅入驛，與應靈縣令崔令孫争舍〔一三〕，驚迫令孫至死①，降知汝州。頃之，復以爲陝西轉運副使。

①「死」下，繆校有「仇家爲訟之，當事欲抵之罪，神宗爲釋之」十六字。

向使陝西八年，其課最爲緡千三百四十餘萬，市鹽於官爲斤三千三百一十餘萬，市馬於邊爲匹四萬五千，斂糴芻糧爲石束五千二百二十餘萬。而奉昭、厚二陵給賜，予刺兵民別費錢糧又百萬。种諤取綏州，向與諤不俟命以所部兵出塞，城綏州。議者以諤擅發兵當誅，諤貶隋州，向亦貶知絳州。再貶信州，移鳳翔府，又改潞州。王安石執政，以向爲江淮等路發運使，領均輸之職。運舟兵工交利，侵盜貿易，甚則托風水沈舟以滅迹，歲不下減二十萬斛。向始募客舟以①官舟運，費寡而物良，而舊弊悉去。兼領廣南、福建坑冶市易，拜天章閣待制，權三司使，遷右諫議大夫。王韶開洮、河，費不貲，向悉力營辦。遷龍圖閣直學士，以樞密直學士、給事中知定州，遷工部侍郎。入見，論兵於上前，遂拜同知樞密院事。向知民不便蓄馬，令議欲改，諫官舒亶劾奏向論事反覆，無大臣體，罷知潁州，改隨州②。卒，年六十六〔二三〕。

向爲吏有心計，其商略財利無遺筭，然亦多病民也。有子嗣昌，徽宗時爲尚書。

臣稱曰：蔡挺以邊臣用，王韶以熙河奮，薛向以財利進。夫殺人之禍，莫大於用兵；而聚斂之禍，與殺人等。烏虖！嫁怨於上，以爲身謀，而謂我能爲辟土地、充府庫也，是亦不志於仁而已。

【箋證】

〔一〕字子正：《宋史》卷三二八《蔡挺傳》作「字子政」。張方平《贈工部尚書蔡公墓誌銘》（《樂全集》卷四〇）作「字子正」，宋人文

①「以」下，繆校有「當」字。

②隨州：原作「隋州」，據《長編》卷三二一、《宋史》卷三二八《薛向傳》改。

集、筆記亦多稱「蔡子正」，疑《宋史》誤。

〔二〕徙廣南東路轉運判官：《宋史》卷三二八《蔡挺傳》附《蔡抗傳》作「徙廣東轉運使」，張方平《贈尚書禮部侍郎蔡公墓誌銘》（《樂全集》卷四〇）作「就遷廣南東路轉運使」，《事略》蓋誤。

〔三〕以爲工部郎中兼起居舍人同知諫院：《宋史》本傳作「以史館修撰同知諫院」，《贈尚書禮部侍郎蔡公墓誌銘》作「俄除起居舍人、史館修撰、知諫院」。

〔四〕日中而卒：《贈尚書禮部侍郎蔡公墓誌銘》：「（治平四年）八月八日，靈駕發引。公以其旦東望號慕，避廳事，見僚佐於便齋，退就私寢，無疾而終，享年六十。」

〔五〕爲慶州推官：《宋史》本傳作「爲虔州推官」，《贈工部尚書蔡公墓誌銘》作「釋褐虔州推官」，《事略》誤「虔州」爲「慶州」。

〔六〕六塔：《宋史》本傳作「六漯」。《續通志》卷三四八《蔡挺傳》校記：「按《東都事略》作『六塔』，考《宋史·河渠志》亦作『六塔』。」錢大昕《廿二史考異》卷一一：「《文彦博傳》『自澶州商湖河穿六漯渠』，《河渠志》『湖』作『胡』，『漯』作『塔』。塔、漯同音。《吴中復》《蔡挺傳》亦作『六漯』。」今按《長編》《會要》及《宋史·仁宗紀》、宋人文集及筆記等多作「六塔」，當以「六塔」爲正。

〔七〕四千八百頃：《宋史》本傳作「千八百頃」，《贈工部尚書蔡公墓誌銘》作「因檢括得田五千頃」，疑《宋史》有脱誤。

〔八〕卒年六十六：《贈工部尚書蔡公墓誌銘》：「元豐二年五月一日薨，享年六十有六。」

〔九〕加集賢院修撰：《宋史》卷三二八《王韶傳》「進右正言、集賢殿修撰」。《長編》卷二三五熙寧五年七月丙午「右正言、直集賢院、管勾秦鳳路緣邊安撫司王韶爲集賢殿修撰」。《事略》「集賢院」似當作「集賢殿」。

〔一〇〕會木征度洮來寇：《宋史》本傳作「會木征渡洮爲之援」。《續通志》卷三四八《王韶傳》校記：「按《宋史》本傳作『會轄珍渡洮爲之援』，《東都事略》作『摩展』。考轄珍係棟戩之孫，阿里庫之子。韶用兵時，棟戩尚在，轄珍並未任事，即《宋史·外國傳》中亦不載轄珍與王韶攻戰。摩展係棟戩之姪，別爲部落。是時棟戩既納款奉貢，前後抗戰，自是摩展，而非轄珍。又考轄珍於元符二年以王瞻攻敗來降，摩展則以熙寧七年敗於王韶，後舉二州來降。《神宗本紀》熙寧七年亦言王韶發摩展赴闕。本傳所謂『窮蹙匄降』者是也。此下『轄珍』俱照《事略》改『摩展』。」

〔一一〕固城之：《長編》卷二四四作「因城之」，《事略》「固」或爲「因」之誤。

〔一二〕令諸羌人謀伏兵南山：「令」，《長編》卷二四四作「時」，是。

〔一三〕不利即伏木藏城：「不利即」，《長編》卷二四四作「不則」。

〔一四〕遣將賜其伏兵投之：《長編》卷二四四作「遣別將敗其覆，遂拔之」，《事略》「賜」當作「敗」，「投」當作「拔」。

〔一五〕遣將破耳金、欺當二族：《宋史》本傳作「破結河族」。《長編》卷二五二熙寧七年四月丁酉李憲言：「三月丙午，度洮，遣王君萬等先破結河川額勒錦族，以斷通夏國徑路，斬千餘級。韶進兵寧河寨，分遣諸將入南山，破布沁巴勒等族，復斬千餘級。」

〔一六〕七年拜樞密副使：據《長編》卷二五八熙寧七年十二月丁卯載「觀文殿學士兼端明殿學士、龍圖閣學士、禮部侍郎、知熙州王韶爲樞密副使」，《事略》「七年」前當補「熙寧」二字。

〔一七〕卒年五十二：《宋史》本傳：「元豐二年，還其職，復知洪州。四年，病疽卒，年五十二。」《長編》卷三一三元豐四年六月己卯：「洪州言知州、觀文殿學士、正議大夫王韶卒。」

〔一八〕九子：《宋史》本傳作「子十人，厚、寀最顯」。

〔一九〕以左道誅：汪琬《東都事略跋》卷中：「《傳》末詔子寀以左道誅。按《揮麈録》：寀年少，輕財好客，客多歸之。以事免官，其客冀寀復用，會林靈素得幸，揚言寀有術可致天神，出靈素上。蓋此客能請紫姑作詩辭，寀固不能也，亦不知客有此語。寀對人嘗斥靈素妖妄，適與前客語合。靈素聞之，怒訴於上，上令捕寀與客，下開封。開封尹盛章方與工部尚書劉昞争寵，因言寀辭語連昞，遣吏即訊，抽架上書，得著述草槀，有和寀詩未成者，云：『白水之年大道盛，埽除荆棘奉高真。』章箋釋以進云：『白水謂來年庚子舉事，昞以寀爲高真，不知以何人爲荆棘。』遂坐寀與客極刑，昞竄海外，昞視寀蓋中表也。然則寀死實冤，非真左道，如吴侔兄弟輩比耳。又《畫繼》有周純者，成都人，遊京師，以畫知名，與寀相親。盛章嘗謂曰：『子能爲我圖梅。作「遥知不是雪，爲有暗香來」之意乎？』純曰：『此臨川詩，須公自有此句，我始爲之。』章恨甚。寀敗，純遂編管惠州。蓋章之恃寵恣横如此，則寀之冤，可不辨而知矣。」

〔二〇〕阿蒙驅目中流矢而去：《宋史》卷三二八《王韶傳》附《王厚傳》作「唯少子阿蒙中流矢去」。

〔二一〕卒贈寧遠軍節度使：《宋會要輯稿》儀制一一之二二：「武勝軍節度觀察留後王厚，（崇寧）五年九月，贈寧遠軍節度使。」

〔二二〕與應靈縣令崔令孫争舍：《宋史》卷三二八《薛向傳》作「與客崔令孫争舍」。《歷代名臣奏議》卷一七六載傳堯俞奏稱「臣嘗有狀論列陝西轉運使薛向争奪館驛，致前滎州應靈縣令崔令孫身死公事」。

〔二三〕卒年六十六：《長編》卷三一一元豐四年三月甲寅：「隨州言知州、正議大夫薛向卒。」《宋會要輯稿》禮四一之四六亦載「正議大夫、知隨州薛向」卒於元豐四年三月。

東都事略卷第八十三

列傳六十六

呂惠卿字吉甫，泉州晉江人也。舉進士，爲真州推官。曾公亮薦爲集賢校勘。

熙寧二年，王安石領制置三司條例司，以惠卿爲檢詳，遷集賢校理、崇政殿説書。方是時，建青苗、助役、水利、均輸之政，置提舉官，行其法於天下，謂之新法。一時奏請，皆惠卿發之。時議學校貢舉，惠卿乞選通經術、曉政事之人主判太學，令侍從舉有學術行藝者爲教授。自京師至諸州皆建學，取以經義，策以時務，殿試專以策問，而學校貢舉法俱以次推行。於是王安石乞罷制舉，馮京曰：「漢、唐以來，豪傑多此塗出，不可廢。」惠卿謂：「制科止於記誦，非義理之學。一應此科，或爲終身之累。」制科遂罷〔一〕。兼判司農寺。

父喪，服除，授①天章閣侍講、修起居注、知制誥。七年，爲翰林學士。時王安石因久旱去位，以執政薦惠卿，遂拜右諫議大夫、參知政事。惠卿既執政，恐安石復用，遂起王安國、李士寧之獄，苟可以陷安石者，無所不爲〔二〕。八年，神宗復召安石爲相，惠卿不自安。會惠卿弟升卿考試國子監，而惠卿妻弟方通在高等，爲御史蔡承禧所奏。既而中丞鄧綰言惠卿崇立私黨，阿蔽所親，强借富民錢置田産，遂罷政事，知陳州。

惠卿訟安石用綰誣辭而見黜，因謂：「安石盡棄舊學，而隆尚從衡之末數，以至譖愬脅持，蔽賢姦黨，移怒行

①授：原作「受」，據覆宋本、四庫本改。

很，方命矯令，罔上要君。凡此數惡，莫不備具，平日聞①望，掃地盡矣。謀身如此，以之謀國，豈有遠圖？陛下平時以何如人遇安石，而安石亦以何等人自任，而乃失志，倒行而逆施，一至是哉？」十年，除資政殿學士、知延州，加資政殿大學士、知太原府。神宗諭惠卿，令總四路守備，惠卿上疏言：「陝西之師，非唯不可以攻，亦不可以守。爲今之計，要在大爲形勢。」神宗曰：「如惠卿之言，陝西可棄也，豈宜委以邊事？」遂落職，知單州。元豐六年，復資政殿學士、知定州，移太原。

哲宗即位，復資政殿大學士，移知揚州。引疾，提舉崇福宮。時諫官蘇轍疏其姦，以爲：

惠卿辨詐姦凶，見利忘義。王安石初任執政，用之心腹，惠卿指擿教導，以濟其惡。青苗、助役，議出其手。又建手實簿法，尺椽寸土，撿括無遺，雞豚狗彘，抄劄殆遍。小民怨苦，甚於苗、役。又因保甲正長，給散青苗，結甲赴官，不遺一戶，上下搔動，不安其生。旋又興起大獄，以脅士人，力陳邊事，以中上意。永樂之敗，大將徐禧本惠卿自布衣保薦擢任，終始協議，遂付邊政。敗聲始聞，震動宸極，循致不豫，初實由此。

安石之於惠卿，有卵翼之恩，有父師之義。方其求進，則膠固爲一，更相汲引，以欺朝廷。及其權位既均，勢力相軋，反眼相噬，化爲讎敵。惠卿發安石私書，有「無使齊年知」。齊年者，馮京也。先帝猶薄其罪。惠卿復發其一曰「無使上知」，先帝由是不悅安石。夫惠卿與安石，出肺肝，托妻子，平居相結，惟恐不深，故雖欺君之言，見於尺牘，不復疑間。惠卿方其無事，已一一收録，以備緩急之用。一旦争利，遂相抉擿，不遺餘力。此犬彘之所不爲，而惠卿爲之。伏乞陛下斷自聖意，將惠卿追削官職，投畀四裔，以禦魑魅。

初，哲宗立，首發安邊之詔，惠卿時帥太原，乃違命遣將出兵西界。至是，御史中丞劉摯亦論其罪，以爲：

①聞：原作「問」，據覆宋本、四庫本及《長編》卷二七六改。

惠卿勞師動衆，以造釁夷狄，其罪猶未足論。而其公違詔敕，擅發師旅，實無人臣之禮，則其罪不可以不治。

謹按惠卿遭遇暴起，初不以道，幸嘗備位執政，不深惟大義報國，乃欲徼非常之功，圖再進用。且邊境本自無事，又陛下新即寶位，未遑用武，故上循祖宗故事，加惠邊垂，所以休息軍民，尉①安夷夏。至恩盛德，孰不忻戴？而惠卿以前兩府居帥守之任，所宜將順上意，以安人情，乃敢以貪功幸進之志，爲此亂階。

夫違廢詔敕，虧臣子之道，其罪一也。當陛下諒陰之中，謀動干戈，其罪二也。受神宗遺詔未逾月，而忘哀戚之情，冀幸功賞，其罪三也。致新天子命令失信於四夷，其罪四也。開夷狄之隙，至今儆備未得安静，其罪五也。

夫惠卿，天下知其爲姦人也。方命擅兵，天下之大惡也。以天下之姦人，行天下之大惡，臣恐防微杜漸，朝廷不當涵養而不問也。請以臣章付外施行，以爲姦臣叛命之戒。

責授光禄卿、分司南京、蘇州居住。尋又責建寧軍節度副使、建州安置，移宣州，復中散大夫、提舉崇福宫。紹聖初，以資政殿學士知大名府，尋復大學士、知延安府。夏人舉國犯塞，惠卿修築米脂等砦，會破夏羌於大沙堆，拜保寧軍節度使。

惠卿與章惇外相善，惇以兄事惠卿，而心實忌之。故惇作相，惠卿不得入朝，帥延安累年，止於建節。惇既貶謫元祐臣僚，惠卿聞之，笑曰：「章子厚得合死罪，人輒放之。」其凶險如此。徙鎮武勝，移知杭州，復爲觀文殿學士。崇寧初，拜武昌軍節度使、知太原府[三]，以右銀青光禄大夫、觀文殿學士致仕。

①尉：四庫本及劉摯《劾吕惠卿》(《忠肅集》卷七)作「慰」。

起知揚、青、杭三州。妖人張懷素謀不軌，惠卿子淵見懷素道妖言不以告，懷素既誅，淵配沙門島，惠卿坐責祁州團練副使、宣州安置，移鄂州、廬州，復資政殿學士、提舉明道宮。又復觀文殿學士，爲醴泉觀使。未幾，致仕。卒，年八十[四]。贈開府儀同三司。有文集一百卷、《莊子解》十卷。

張璪字邃明，洎之孫也。舉進士，爲王安石、吕惠卿所知。熙寧間，爲諫官御史，劾鄭俠不當論列王安石，俠與安石弟安國俱坐貶。累擢三司副使，遷右正言、知制誥、翰林學士，遷承旨①。璪建言：「天地合祭，議者不一。竊謂陽生於十一月，陰生於五月。以冬至日祀天於地上之圜丘，夏至日祭地於澤中之方丘，此萬世之不可易也。謂宜即郊祀之歲，於夏至之日，盛禮容，具樂舞，遣冢宰攝事。雖未能當於禮[五]，庶幾先王之遺意猶有存者。」自是南郊、北郊之議興焉。

元豐四年，拜參知政事。五年，改中書侍郎。哲宗立，宣仁后聽政，璪爲諫官蘇轍、王覿論其邪佞。轍又上疏曰：「臣竊惟璪性極巧佞，遇事圓轉。昔王安石、吕惠卿首加擢任，被以卵翼之恩。熙寧弊法，皆璪等所共成就。今二聖在上，因民所欲，降黜羣邪，變革衆弊。清淨之風，日月滋長，獨璪仍在重位，與聞大政。不唯正人所共側目，而璪之私意②亦自不安。但以同列無傾邪之助，臺諫有彈擊之請，是以且自斂戢，未敢爲非。度其中心，未嘗一日無窺伺之邪謀，忘王、吕之故黨也。」於是遂罷，以資政殿學士知鄭州，歷定州、大名府、揚州，加大學士。元祐末卒[六]。璪初名琥，更爲璪云。

①承旨：原作「丞旨」，據四庫本改。
②意：覆宋本、四庫本作「黨」。

蒲宗孟字傳正，閬州新井人也。舉進士，爲蘇州推官〔七〕。英宗以水災下詔求直言，宗孟以「臣，陰象；婦女，陰類；兵，陰物；閹宦，陰之餘；姦臣，陰之極；佞邪，陰之本；四夷，中國之陰。雨潦之變，殆爲是七者」，上疏以爲：

陛下左右所與圖事幃幄中二三貴人，皆先帝所擇以遺陛下者也。保全寵愛，使不近權而專威福，乃所以安顧命元老矣。二年來，既①借之權，又使之專陛下之事，陛下但拱手宴息於宮中，無所可否。臣亢而王豫，此陰氣所以盛，而雨潦所以爲害也。

陛下掖庭永巷多先帝時嬪御，所給事而幽閉者，誠不勝算。以少言之，宜不減數千百人。是端闈之內，宸極之次，日夜常有數千百怨曠矣，沴氣安得而不作也？藝祖時，後宮止二百八十人，嘗因霖雨，去者五十。太宗時，宮中不過三百人，猶患其多。陛下後庭，安用數千百哉？此陰氣所以盛，而雨潦所以爲害也。

宦官出入宮禁，權均人主，兩朝來尤爲太甚。榮辱出其語言，公卿重足一②迹，道路不敢以目。邪柔之夫，附之以進，先朝顯人爲國家執政柄者，多由其門，以久③富貴。陛下踐極之日，稍抑奪其氣，又謫其渠魁而老黠者數人，其心慊慊不足，觖言望④語，無所不出。以數十年猖狂自恣⑤，而一日爲陛下所軋，懷忿忍怨，安知其不爲黨姦助惡之計？此陰氣所以盛，而雨潦所以爲害也。

①既：原作「極」，據覆宋本、四庫本改。
②一：繆校作「斂」。
③久：繆校作「求」。
④望：繆校作「怨」。
⑤恣：原作「姿」，據覆宋本、四庫本改。

鷙虜視於北，貪戎翫於西，常欲虵豕吾民而腥膻中國者，蓋積有年。姦雄之人，草伏而廬處，四立而環顧，但未有以發之。下紓上急，恐北方將破盟，西夏將慢命，姦雄之人將傳檄而起。此陰氣所以盛，而雨潦所以爲害也。

驕兵滿天下，而勁捍無賴者尤聚於京師與河北，動有所欲，徜徉睥睨，視其上之人如仇讎。平時無事，竭天下之財，耗天下之穀粟以飼養之，可謂衣豐而食足矣。三歲一郊賚，間時一特支，舉一非常之禮，又隨而賜予，猶未厭其心也。過萌無耻之求，一旦不如所懷，羣行而譟呼，色怒而詆訕。前世當治安之時，莫不皆有可驚之事，惟其不以爲憂，故至於無可奈何。今國家之憂，正在驕兵。惟陛下深憂而熟計，遠覽而獨斷，使不至於無可奈何，以定萬世之業，祖宗之望也。曩者其謀屢發，近日其志轉憤，但含蓄而未動耳。此陰氣所以盛，而雨潦所以爲害也。

佞邪之人，語言便嬛，易以惑亂主聽。自邇以來，三數①人得進見左右者，是皆何人？因緣攀附，遂屢召而數進，四方不知，以謂陛下寵私昵、忘公道矣。陛下尚不知遠之，乃屢召而數見。此陰氣所以盛，而雨潦所以爲害也。

陛下欲御大臣，在攬威福而制其自專；欲洗怨曠，在省其職局而去其無用；欲清閽寺，在裁損其數而正其掃洒②；欲御夷狄，在先求賢將而大爲儲蓄；欲消姦雄，在愛養良民而務行寬厚之政；欲懲驕兵，在奮威刑、罷姑息而裁省冗濫之卒；欲杜佞邪，在舍私昵、廓至公而御百辟。陛下弭災而塞變，莫急於

①三數：覆宋本、四庫本作「二數」，繆校作「此類」。
②掃洒：覆宋本、四庫本作「洒掃」。

此七者。

既又地震，宗孟復上疏，益指斥大臣、宫禁及宦官。除館閣校勘。熙寧中，爲集賢校理、同修起居注、直舍人院，擢右正言、知制誥、同修國史，爲翰林學士兼侍讀。神宗曰：「學士職清地近，而官儀未寵，自今宜佩魚。」學士佩魚，自宗孟始也。

元豐五年，除尚書左丞。嘗與神宗論及人材，宗孟曰：「方今人材難得。司馬光以朋黨壞之者，半矣。」神宗曰：「卿乃不取司馬光邪？」蓋不以宗孟之言爲然也。六年，御史論宗孟荒於酒色，出知汝州。逾年，加資政殿學士、知亳州。

元祐初，改杭州，移鄆州。鄆素多盜，宗孟痛加誅鉏，盜爲之衰。盜固衰矣，而所戮不可勝計也。於是御史劾宗孟治鄆慘酷，坐落職，知虢州。詔曰：「女不以龔遂爲心，朕獨不愧孝宣之用人乎？」明年復職，知河中府，移帥永興，又移北都。以疾求河中，既至而卒，年六十六。

宗孟趣尚嚴整，性侈汰，燕飲無度，爲時議所貶。有文集五十卷、奏議二十卷。

【箋證】

〔一〕制科遂罷：《宋史》卷四七一《吕惠卿傳》載「議罷制科，馮京争之不得」在惠卿任參知政事後，《長編》卷二五三載罷制舉於熙寧七年五月辛亥，注稱吕、馮議制舉在「四月二十五日」，而吕惠卿爲參知政事在四月丙戌（十九日，《長編》卷四五二）。《事略》繫議制舉於「兼判司農寺」（《長編》卷二五〇熙寧七年二月己巳朔）前，誤。

〔二〕苟可以陷安石者無所不爲：《宋史》本傳：「安石力薦惠卿爲參知政事，惠卿懼安石去，新法必摇，作書遍遺監司、郡守，使陳利害。又從容白帝下詔，言終不以吏違法之故，爲之廢法。故安石之政，守之益堅。」與《事略》異。

〔三〕崇寧初拜武昌軍節度使知太原府：《宋史》本傳作「復武昌軍節度使、知大名」，《實録·吕參政惠卿傳》（《名臣碑傳琬琰集》下卷一四）作「崇寧初，復知杭州，改太原，以武昌軍節度使知大名」，《事略》「知太原府」當作「知大名府」。

〔四〕卒年八十：《實録·吕參政惠卿傳》：「政和元年十二月癸巳，贈觀文殿學士、光禄大夫致仕吕惠卿爲開封府儀同三司。」《資治通鑑後編》卷九七政和元年：「冬十月庚寅，觀文殿學士、光禄大夫致仕吕惠卿卒。贈開府儀同三司，謚文敏。」

〔五〕雖未能當於禮：韋驤《贈右金紫光禄大夫張公行狀》（《錢塘韋先生文集》卷一六）作「雖未能皆當於禮」，有「皆」字是。又據《張公行狀》，議南北郊祭，在元豐三年正月，即二月除翰林學士之前。

〔六〕元祐末卒：《長編》卷四八四元祐八年六月辛酉：「資政殿大學士、右光禄大夫、知揚州張璪卒。贈右金紫光禄大夫，賜絹五百疋，謚簡翼。」

〔七〕爲蘇州推官：《宋史》卷三二八《蒲宗孟傳》作「調夔州觀察推官」。

東都事略卷第八十四

列傳六十七

郝質[一]，邠州介休人也。少從軍，挽强爲軍中第一。以邊功稍遷至内殿承制。王則反於貝州，文彦博以質爲城西面鈐轄。河上舊有亭，甚壯麗，彦博慮爲賊所焚，遣使臣藺千守之。質使千往鄰砦度戰具，千去而亭焚，彦博將斬千，質曰：「亭焚，罪在質，願斬質而貸千。」彦博壯而釋之，質由是知名。以功遷六宅使。

韓琦鎮河東，以質爲并代路鈐轄，遷副總管，入爲殿前都虞候，累遷眉州防禦使、宿州觀察使、馬軍副都指揮使，除武昌軍留後，遷殿前副都指揮使、安德軍節度使。神宗即位，遷殿前都指揮使，徙鎮安武。卒，年六十七[二]。贈侍中，謚曰武莊。

質篤於信義，厚於故舊，自爲小官，不磨勘。始，質與朝士董熙善，熙男質女方娠，約爲昏姻。後數年，熙死，家貧無依，質已爲節度使，以女歸董氏，時人稱之。

賈逵，真定藁城人也。少爲軍卒，隸拱聖軍，選殿前副都知、環州駐泊都監。儂智高反，狄青薦爲全州駐泊都監。師戰於歸仁鋪，既陳，青誓曰：「不待令而舉者斬。」時左將孫節死，逵爲先鋒，受命擊賊，大敗之。青拊逵背曰：「君之功也。」賊既棄城，青使逵入括公私遺物，逵固辭。是時，將校以搜城故多摭取重貨，獨逵無所犯。遷西染院使、嘉州刺史，主管麟府路軍馬。

逵善射，射必中的，屢破賊，擢涇原路總管，爲步軍馬軍都虞候、鄜延路副都總管，轉利州觀察使，領步軍都指揮使〔三〕，復爲鄜延路副都總管。神宗即位，拜昭信軍留後兼鄜延帥。种諤取綏州，逵謂諤止是僥幸功績①，不念蕃漢②肝腦塗地，謂宜安邊息民，不可專信匪人，妄興邊事。左授利州觀察使，尋復故官，後拜建武軍節度使、殿前副都指揮使〔四〕。

逵嘗請三代贈官，神宗曰：「逵，武人也，能有念親之志。雖不逮郊禮，可特許之。」卒，年六十九〔五〕。贈侍中，謚曰武恪。

楊遂，開封人也。少善騎射，應募軍中。王則反於貝州，遂穴城以入。賊平，功第一，授神衛指揮使。從狄青爲先鋒，至歸仁鋪，與儂智高遇，遂數挑戰，身被數創，手殺數十人。士卒乘之，賊衆奔潰。遷萬勝軍都指揮使，累遷登州防禦使〔六〕、步軍都虞候。神宗時，拜寧遠軍節度使、殿前副都指揮使。卒，年六十五〔七〕。贈侍中，謚曰壯敏〔八〕。

遂頗尚氣節，初在貝州穴城時，爲賊所傷，有同入軍卒劉順者救之，遂得免。及遂貴而順已死，乃訪其家，視撫其妻孥，甚有恩意。至故人妻子貧不能自存者，遂亦收養之，爲世所稱焉。

盧政，太原文水人也。以神衛都頭數與夏人戰有功，授供奉官，稍遷内殿承制，爲洺州都監。儂智高反，爲廣

①績：原作「積」，據四庫本及繆校改。
②漢：原作「後」，據繆校及《宋史》卷三四九《賈逵傳》改。

南西路鈐轄，亦有功，累擢步軍都虞候、昌州防禦使、黔州觀察使，入爲馬軍殿前都虞候，改真定路總管。熙寧中，初建將官，以政兼領第十一將。又徙太原、定州路，遷步軍馬軍副都指揮使、殿前副都指揮使、武泰軍節度使。

政起軍伍，數有功，進領軍政。會郝質、賈逵、楊遂相繼卒，故驟典禁衛，年七十餘矣，而氣貌不衰。侍立殿下，更數時，無墮容；扈從輦前，猶能上馬踴躍前導，觀者壯之。卒，年七十五〔九〕。贈開府儀同三司。

燕達字逢辰，開封人也。善騎射，以材武選隸親衛，自内殿崇班爲延州巡檢，戍懷寧砦。羌人以三萬騎薄城，達以所部五百人破之，擢鄜延路兵馬都監。數率師深入，以撓敵謀，凡九戰，以功遷秦鳳路副總管。河州景思立陷於踏白城，達討山後諸羌，斬首四千級。還至訶諸城，木征遂降。累遷龍神衛四廂都指揮使。郭逵之討交趾也，以達爲行軍總管〔一〇〕，入廣源州，降其將劉應紀，以其地爲順州。應紀初欲降，猶豫未決，達移檄諸洞，聲言：「應紀數以狀自言，已決計歸我矣，約三日出降。」應紀聞知，即如期而來。師次富良江，交趾戰艦四百餘於南岸，欲戰不得。達默計曰：「兵法致人而不致於人。吾示之以虛，彼必來戰。」已而果來，擊之，大敗，遂請降。以功遷榮州防禦使，爲馬軍副都指揮使。

神宗閲武騎，患未精，達請躬自巡教，悉精鋭。既又采諸葛亮、李靖遺意，成五陳法，授之以教戰士。進殿前副都指揮使，拜武康軍節度使。哲宗即位，遷殿前都指揮使，徙鎮武信。卒，年五十九〔一一〕。贈開府儀同三司，謚曰毅敏。

達起行伍，喜讀書，平時手不釋卷。神宗嘗問達：「用兵當何先？」達曰：「莫如愛①。」神宗曰：「愛克厥

①「愛」下，繆校有「之」字。

威[一一]，可乎？」達曰：「威非不用也，要以愛爲先。」神宗稱之。

苗授字受之，上黨人也。以父任爲三班奉職，稍遷供備庫副使。王韶之復鎮洮也，授以兵，從韶爲先鋒，破香子城，拔河州。賊退，圍香子以迎歸師。乃以五百騎屬授，夜馳往，力戰數十，斬首四千級。居數月，又破賊牛精谷，遂取珂諸①城，城之，賜號定羌。又城香子，號寧居砦，始盡得河湟故地。賊復圍河州，授往救之，以功遷榮州刺史、知河州。從燕達復取銀川踏白城，木征降，俘於京師[一三]。以功遷引進使，爲涇原路鈐轄，知鎮戎軍，歷秦鳳、涇原、熙河路總管。

又副李憲中軍總管擊生羌露骨山，斬首萬級，於是吐蕃來附者十萬八千餘帳，威震諸羌。乃諭董氈使修貢，董氈皇恐聽命。徙知雄州，又徙熙州。王師討西夏，授與李憲出古渭路，取定西城，遂城蘭州。次女遮谷，遇賊數萬。授前淵後山而陳，逆戰，賊退，伏對壘交射，中夜賊遁。逾天都山，焚南牟賊巢，屯没煙。會師行凡百日，轉戰千里，累遷容州觀察使、侍衛親軍副都指揮使，進威武軍留後。

元祐初，拜武泰軍節度使、殿前副都指揮使，徙鎮保康，知潞州，再除殿前副都指揮使。卒[一四]，贈開府儀同三司，謚曰壯敏。

授平居侃侃若儒者，至遇事則持議不苟合云。子履。

①諸：原作「器」，據本書《燕達傳》及《名賢氏族言行類稿》卷一八、《宋史》卷三五〇《苗授傳》改。《宋史》卷八七《地理志三》「定羌」注：「熙寧七年，改珂諸城爲定羌城。」

劉昌祚字子京，真定人也。父賀，内殿承制，戰没於定川。朝廷以昌祚爲右班殿直，主威遠砦。青唐聚兵鹽井，帥遣昌祚詰之，酋曰：「聞漢欲得我鹽井。」昌祚曰：「中國之大，乃與爾争鹽井乎？」遂與其酋俱來見。稍遷通事舍人。

夏人以百餘騎寇劉溝堡，昌祚出援。夏人伏萬騎黑山外，僞遁，昌祚卒遇之，戰不解。夏人鋭甚，大酋突而前，昌祚抽矢，一發殪之，賊遁去。自西事以來，寡以抗衆，未有如昌祚者。遷六宅使。從王中正擊茂州羌，又從李憲討後山、常陽等族，以功遷西上閤門使、知河州。

王師討西夏，昌祚率涇原蕃漢兵五萬出塞。詔涇原聽高遵裕節制，仍令環慶與涇原合兵，擇利而進。夏人悉力抗涇原，而環慶師不至。昌祚兵獨出瓠盧河川，次磨啢隘〔一五〕，賊扼險不可進。昌祚先登陷陳，賊小却，官軍乘之，遂取其積粟，乘勝趨靈州，師次城下。時環慶軍猶未至，昌祚先鋒奪門幾入矣。遵裕忌其成功，使人持檄至曰：「已遣將招降，可勿攻。」昌祚遂按甲。翌日，環慶軍次南州平，距城三十里，遇賊接戰。昌祚以數十騎赴之〔一六〕，未至而賊已退，遂見遵裕。昌祚曰：「比欲攻城，以幕府在後。前日磨啢之戰，餘衆退保東關，若乘我師之鋭，先擊外援破之，城必下。」遵裕怒甚，曰：「吾夜以萬人負土囊積壘下，遲明城可得。」遵裕圍城十八日，不能下。夏人决七級渠以灌我師，軍遂潰。昌祚降皇城使〔一七〕，尋知鎮戎軍，以昌州刺史爲鄜延經略安撫使〔一八〕。

鄜延自義合至德靖砦，綿亘七百里，堡砦五十餘，疏密不齊，烽燧不相應。昌祚立爲定式，凡耕墾訓練，戰守屯戍，度强弱，分地望，圖山川形勢上之。夏人寇蘭州，昌祚遣姚兕趨宥州、王愍趨納乞，會拒之。夏人又寇塞門、安遠砦①，復遣米斌拒之。除雄州團練使。元祐初，移帥②涇原，遷冀州觀察使、侍衛步軍都指揮使〔一九〕。

時朝廷議以四砦歸夏人，昌祚力陳不可，以謂：「夷狄之情，棄前恩而欲無饜。夏人素與西蕃不叶，今解仇結好，往來不已，其志豈淺也哉？異日請蘭州，亦將許之乎？」拜武康軍節度使、殿前都指揮使〔二〇〕。卒，年六十〔二一〕。贈開府儀同三司，謚曰毅肅。

昌祚氣質雄深，外嚴内寬。射箭出百步之外，虜以爲神，畏之。

劉舜卿字希元，開封人也。父鈞，監鎮戎三司兵馬，好水之役，死於敵。朝廷以舜卿爲供奉官，累至左藏庫副使。神宗慨然有經略夷狄之志，近臣有以舜卿名聞者，且曰：「此將帥才也。」神宗命總京東九郡，將兵訓之。嘗以所部一軍閱於内殿，神宗曰：「坐作有度，其可用也。爾無忘爾父之讎，惟忠與孝，勉之哉。」舜卿再拜泣謝，以爲閤門通事舍人。

會環慶有警，詔率永興、奉天之師赴之。舜卿至關中，奏曰：「師方戍還，未及弛負，又督以上道，人情囂然。且霖潦道阻，未必及事，虞有他變，不可。請獨以身往。」從之。馳至慶，而賊去累日矣。徙知原州，以功遷皇城副使、知代州，徙雄州。始至，有告以巡馬大至，請甲以俟。舜卿不爲變，卒無事。虜妄捕繫州民，檄取，不聽。會有使者至，因捕其徒從一人取償，待釋乃遣。虜遣諜盜西城門鎖，舜卿密令移去舊鎖而代之。數日，虜以鎖來歸。舜卿曰：「吾未嘗忘鎖也。」引視，納之不能受，虜慙去，諜者遂得罪。在雄六年，恩信稍洽，遷東上閤門使、

①「安遠砦」上原衍「安」字，據《宋史》卷三四九《劉昌祚傳》及《長編》卷一一二六等删。
②帥：覆宋本、四庫本作「師」，誤。

英州刺史，再遷四方館使。

元祐初，擢龍神衛四廂都指揮使、知熙州。夏人聚兵天都，盡召十二監軍馬，結連西羌，欲大舉以寇邊。羌酋鬼章青宜結逐巴氊角，駐常家山，大城洮州，收聚老弱輜重，厲兵秣馬，以待師期。諜者以告，諸將請乘其未集討之。舜卿召將佐講議出兵方略，大將姚兕、种誼請分兵兩路，急裝輕齎，並洮水而進。兕部洮西，領武勝正兵，合河州熟户擣講珠城，脅取六道逋宗部族，遣人走間道焚河橋，以絶西援；誼部洮東，以岷州蕃將包順爲前鋒，由哥龍谷會通遠蕃兵，宵濟邦金川，遲明至洮州城下，版築未收，一鼓破之，擒鬼章以獻，並獲首領五人[二二]，斬馘數千，牛羊、器械以萬計。

遷馬步軍都指揮使、徐州觀察使、知渭州[二三]，召還宿衛，未上道，以疾卒[二四]，年六十一。贈秦國軍節度使，謚曰毅敏。

舜卿知書，通曉吏事，謹守文法。善料敵，爲時名將云。

【箋證】

〔一〕郝質：《宋史》卷三四九《郝質傳》：「郝質字景純。」李嬰《武莊郝公夫人朱氏墓誌銘》（《八瓊室金石補正》卷一〇五）云「謚武莊，諱質，字景純」。

〔二〕卒年六十七：《宋史》本傳：「元豐元年卒。」《長編》卷二九〇元豐元年六月庚申：「殿前都指揮使、安武節度使郝質卒。」

〔三〕轉利州觀察使領步軍都指揮使：《宋史》卷三四九《賈逵傳》作「以利州觀察使入爲步軍副都指揮使」。

〔四〕後拜建武軍節度使殿前副都指揮使：《宋史》本傳作「元豐初，拜建武軍節度使、殿前都指揮使」。

〔五〕卒年六十九：《長編》卷二九五元豐元年十二月丁卯：「殿前副都指揮使、建武節度使賈逵卒。」

〔六〕登州防禦使：《宋史》卷三四九《楊遂傳》作「鄧州防禦使」。

〔七〕卒年六十五：《宋會要輯稿》禮四一之五〇載「寧遠軍節度使、殿前副都指揮使、主管都指揮使楊遂」卒於元豐三年十二月。

〔八〕謚曰壯敏：《宋史》本傳作「謚曰莊敏」，《宋會要輯稿》禮五八之一〇八：「寧遠軍節度使、殿前副都指揮使楊遂，謚壯敏。」疑《宋史》誤。

〔九〕卒年七十五：《宋會要輯稿》禮四一之五〇載「殿前副都指揮使、武泰軍節度使、主管都指揮使盧政」卒於元豐四年八月。

〔一〇〕以達爲行軍總管：《宋史》卷三四九《燕達傳》作「爲行營馬步軍副都總管」，《長編》卷二七一熙寧八年十二月癸丑：「趙卨充安南道行營馬步軍都總管、經略招討使兼廣南西路安撫使，李憲充副使，燕達充馬步軍副都總管」，《事略》誤。

〔一一〕卒年五十九：《宋會要輯稿》禮四一之五一載「殿前都指揮使、武勝（當作「信」）軍節度使燕達」卒於元祐三年七月。

〔一二〕愛克厥威：《宋史》本傳作「威克厥愛」。

〔一三〕俘於京師：《宋史》卷三五〇《苗授傳》作「獻之京師」，《事略》「俘」前當補「獻」字。

〔一四〕卒：《宋史》本傳作「薨，年六十七」，《宋會要輯稿》禮四一之五一載「殿前副都指揮使、保康軍節度使、檢校司空苗授」卒於紹聖二年九月。

〔一五〕昌祚兵獨出瓠盧河川次磨唎隘：《宋史》卷三四九《劉昌祚傳》作「昌祚出胡盧川，次磨齊隘」。

〔一六〕昌祚以數十騎赴之：「數十」，《宋史》本傳作「數千」。《長編》卷三一九元豐四年十一月癸未朔載「劉昌祚即委姚麟留屯，自將選鋒數千人赴之，未至而賊已退」。《事略》「數十」當爲「數千」之誤。

〔一七〕昌祚降皇城使：《宋史》本傳作「坐貶永興軍鈐轄」，《長編》卷三二一元豐四年十二月丁卯載「西上閤門使果州團練使劉昌祚、東上閤門使英州刺史姚麟，戰兵弓箭手逃潰數多，各降三官，並就差爲永興軍路鈐轄」，注云：「《昌祚墓誌》云：『爲永興鈐轄，尋有旨止行，復涇原鈐轄。』據《密院時政記》，五年正月二十二日，昌祚、麟並改涇原鈐轄。」

〔一八〕以昌州刺史爲鄜延經略安撫使：《宋史》本傳作「加龍神衛四廂指揮使、知延州」，《長編》卷三三四元豐六年四月戊午載「西上閤門使、果州團教使、涇原路總管劉昌祚爲昌州刺史、龍神衛四廂都指揮使、知延州」。《續通志》卷三六二《劉昌祚傳》校記：「按《宋史》本傳作『知延州』，《東都事略》作『鄜延經略安撫使』。考《文獻通考》，時知太原府及延、慶、熙、秦等州，皆以措置邊事兼經略安撫使，以重其任。昌祚蓋知延州兼鄜延路經略安撫使，故下文有『措置義合、德靖諸砦，綿亘七百里』云云。《宋史》與《事略》互見疏漏，今補輯。」

〔一九〕侍衛步軍都指揮使：《長編》卷四三〇元祐四年七月己卯載「步軍副都指揮使、冀州觀察使劉昌祚爲武康軍節度使，充殿前副都指揮使」，疑《事略》「都」前脱「副」字。

〔二〇〕殿前都指揮使：《長編》卷四三〇、《宋會要輯稿》禮五八之一〇八、《宋史》本傳作「殿前副都指揮使」，疑《事略》「都」前脱「副」字。

〔二一〕卒年六十：《宋史》本傳作「卒年六十八」。《宋會要輯稿》儀制一一之一六載「武康軍節度使劉昌祚，紹聖元年正月」贈開府儀同三司。

〔二二〕並獲首領五人：《宋史》卷三四九《劉舜卿傳》作「俘鬼章並首領九人」，《長編》卷四〇四元祐二年八月戊戌亦載「擒果莊及其大首領九人」。

〔二三〕遷馬步軍都指揮使徐州觀察使知渭州：《長編》卷四三〇、《宋史》本傳作「再遷徐州觀察使、步軍副都指揮使、知渭州」，疑《事略》「都」前脱「副」字。

〔二四〕以疾卒：《長編》卷四六九元祐七年正月己酉載「步軍副都指揮使、徐州觀察使、涇原路經略安撫使、知渭州劉舜卿召還宿衛，卒於道」。《宋會要輯稿》儀制一一之二五載「徐州觀察使劉舜卿，元祐七年七月贈奉國軍節度使」。

東都事略卷第八十五

列傳六十八

王廣淵字才叔，魏郡人也〔一〕。舉進士第，宋城簿、大理寺法直官。編排中書五房文字，盡得祖宗御筆，類成千餘卷，仁宗嘉之。選知舒州，留不行。

英宗在藩邸，廣淵因獻其所爲文章，英宗愛其才。及即位，除直集賢院。於是知諫院司馬光言：「廣淵姦邪，不可近〔二〕。昔漢景帝爲太子，召上左右飲，衛綰獨稱疾不行。及即位，待綰有加。周世宗鎮澶淵，張美爲三司使，掌州之錢穀，世宗私有求假，美悉力應之。及即位，薄其爲人，不用。今廣淵當仁宗之世，私自結於陛下，豈忠臣哉？願黜之以厲天下。」爲羣牧判官，遷三司户部判官，更直龍圖閣兼侍讀。英宗不豫，廣淵憂思忘食寢，英宗自爲詔以尉①安之，曰：「朕疾少間矣。」

神宗即位，中丞司馬光、御史劉述、蔣之奇復言廣淵傾巧邪佞，不宜留侍左右，出知齊州。改京東路轉運使，徙河東，擢寶文閣待制、知慶州。

韓絳宣撫陝西，欲興師深入夏境，檄慶州出兵。方授甲，士卒劫庫兵，撤民室廬，縱火。廣淵亟召五營屯禦之。其首吴逵領衆二千〔三〕，斬關以逃，廣淵遣姚兕、林廣追擊之。柔遠三都戍卒聞難，欲應賊，不果。廣淵陽勞

①尉：覆宋本、四庫本作「慰」。

之，遣歸舊戍，潛戒蕃將趙餘慶，以步兵八千①，間道襲擊，盡戮之。兕、廣追亡至石門山，降其衆。亂兵事聞，徙廣淵永興軍，行至奉天而事已平，廣淵坐奪兩官，復還慶州。後二年，遷龍圖閣直學士、知渭州〔四〕。卒，年六十〔五〕。贈右諫議大夫。詔曰：「廣淵，先帝所親厚，不幸云歿。今獨其弟臨、其子得君仕宦稍著，其議旌録之。」於是臨自皇城使爲兵部郎中、直昭文館、知齊州，賜得君同進士出身〔六〕。

王陶字樂道，京兆萬年人也。爲人爽邁，眉宇韶秀，美書翰，博學能文。舉進士甲科，編校史館書籍，除監察御史裹行。時狄青罷右府，爲使相，陶曰：「此亂階也。請自今軍伍之人不得任樞密使相。」陳升之爲樞密副使，陶與趙抃、唐介交章論奏，不報。遂出知衛州。明年，復以諫官召。

時英宗知宗正寺，逾年不就職，陶上疏曰：「自至和中聖體不豫之後，天下之人日望上穹眷祐，降生聖嗣，内以承九廟祀享之重，外以安四海億兆之心。天貺莫期，未如民志，而内外小大之臣抗疏交章，引古今，陳災異，請早建儲嗣者動以百數。陛下納諫從善，親發德音，擇宗子之賢者，使知宗正寺。上以寅奉天心而俟與子之祥，次以尊崇宗廟而修主鬯之職，下以順悦人情而示强宗之本。今宗正之命既出，乃聞過爲詞②避，良由宫中嬪御、宫臣宦者有姑息之言，陛下因而微惑，使其畏避不敢前。臣恐天下之人謂陛下始者順天心人欲而命之，今者聽左右姑息之言而疑之。若然，則自今遠近中外姦雄之人，得以窺伺間隙矣。臣職爲諫官，儻又不言，則誰爲陛下言者？」

既而韓琦、歐陽修亦皆力陳其事，仁宗遂立英宗爲皇子。英宗猶稱疾，陶言：「君父召，豈容遷延？蓋所遣

①八千：覆宋本、四庫本作「五千」，誤。《長編》卷二一〇作「八千」。
②詞：四庫本作「辭」。

使備禮致命，不副聖意，乞重行降責。」由是英宗入居慶寧宫。英宗即位，進右司諫、直史館、修起居注。皇子初王淮陽，後王潁，陶皆爲翊善。擢知制誥，遷龍圖閣直學士、知永興軍，召爲太子詹事。神宗即位，進樞密直學士，拜右諫議大夫，權御史中丞。神宗問以政事，陶請謹聽納，明功罪，斥佞人，任正士，復轉對以通下情，省民力以勸農桑，先儉素以風天下，限年藝以汰冗兵，神宗然之。

時以司馬光、吕公著爲翰林學士，神宗以問陶，陶曰：「陛下得人矣。」初，陶事韓琦甚謹，故琦深器之，驟加拔用。至是，神宗頗不悦大臣之專，陶乃彈奏宰相不押常參班，至謂琦爲跋扈。琦等待罪，神宗以陶章示琦，琦奏曰：「臣非跋扈者，陛下遣一小黄門至，則可縛臣以去矣。」神宗爲之動。而陶連奏不已，乃以爲翰林學士。吴奎執詔不肯下，遂以陶爲樞密直學士、知陳州，改許州。入爲三司使，拜翰林學士。

於是御史中丞吕公著論其反覆，不可近，陶亦固稱足疾，以翰林侍讀學士知蔡州，改河南府，移汝州。請老，判南京留司御史臺。遷給事中，知陳、許二州，徙河南府。神宗以陶藩邸之舊，拜觀文殿學士、知汝州。道病卒〔七〕，年六十一。贈吏部尚書，謚曰文恪。有文集二十七卷。

臣稱曰：韓絳言富弼誣以不軌，王陶論韓琦亦以爲跋扈，何其言之過哉？自古賢君莫不導臣下以言，言而有益，天下之幸也；言而非所宜言，是豈朝廷之福哉？以弼之賢，琦之忠，處宥密輔弼之地，則百僚師師，六服承德，詎可肆爲敢言而撼摇之？原二子之用心，非所謂是非之公也，蓋出於愛憎之私爾。烏虖！昭明好惡以訓迪在位，此人主之職也，宜乎二子之見黜也。

陳薦字彦升，邢州沙河人也。舉進士，調華陽尉。韓琦帥定武，舉爲屬。又用琦薦，爲秘閣校理。神宗爲潁王，薦爲王府記室參軍、直集賢院。神宗爲皇太子，擢右諭德，拜天章閣待制。

河北水災，爲安撫使。還，知制誥兼知諫院。薛向首謀取橫山，而功不成，薦引王恢事請正向罪。權開封府，逾月，拜龍圖閣直學士、河北都轉運使。河決棗彊①，水官按視，議恩、冀、深、瀛之間築生隄三百六十里，役丁夫八萬三千〔八〕，工一月。薦言：「河未能爲四州患，願以歲月圖之。」入判吏部銓。與議學校貢舉法，請仿漢率口察孝廉，均之諸路什取一〔九〕。

判太常寺，范純仁、胡宗愈、劉琦、錢顗相繼罷言職，薦言：「御史，天子耳目之官，今以言而逐之，是自蔽其耳目也。」權知御史臺，言李定不持所生喪，豈可以爲御史？數日，罷臺事，以太常議襲封，中書以爲不當，坐降一官。見《秦王世家②》。改羣牧使，知開封府，出知蔡州。以疾請提舉崇福宮，又知青州、北京留司御史臺，還寶文閣學士、提舉醴泉觀，進右諫議大夫兼侍讀。神宗以東宮舊僚拜資政殿學士，引退，命知邢州。至邢未幾，復請崇福宮。卒，年六十九〔一〇〕。

薦儀狀魁偉，詞氣莊重，天性簡淡，無聲色之好。韓琦常謂人曰：「廉於進而勇於退，嫌疑間豪髮不處，與人交久而不變，如彥升者蓋無幾。」而司馬光亦服薦之質直云。

孫永字曼叔，趙郡人也〔一一〕。祖沖，集賢院學士〔一二〕。永年十歲而孤，以沖蔭奏爲將作簿。舉進士，調襄城尉、宜城令。治平三年，潁王出閤，永以選爲侍讀。明年，建儲，爲太子舍人。

①棗彊：原作「棗疆」，據《宋史》卷三二二《陳薦傳》、卷一四《神宗紀一》、卷八六《地理志二》改。
②家：原作「官」，據本書卷一五《世家三》及四庫本改。

神宗即位，爲天章閣待制，歷河北、陝西都轉運使。時以邊用不足，以解鹽、市馬别爲一司，外臺不得與。永奏曰：「鹽、馬，國之大計，使主者專其柄，既無以統隸，苟爲非法，孰從而制之？」遷龍圖閣直學士、知秦州，以築保失守，降天章閣待制、知和州。

久之，復以舊職知瀛州。河決貝州①，瀛、冀②諸州尤被患，而民租以災傷倚閣者督斂如故。永具以聞，詔從其請，仍命發廪粟以賑之。白溝界河常患北人絶河捕魚，巡檢趙用擅引兵北度，焚其帳族，故虜侵略境上。神宗遣中使密訪虚寔，因奏：「南北通好久，但緣趙用起釁，若罪之，則無事矣。」用既繫獄，永遣邊吏諭虜，虜乃引歸。加樞密直學士、知開封府。

都城市賈輸③錢以免直，名免行錢。神宗慮立法未盡，詔韓維及永究實利害。而御史張琥言維與永定奪不當，永罷，降龍圖閣直學士、知潁州。會赦，復舊職，知太原府〔一三〕。以將作監召還〔一四〕，遷端明殿學士、提舉崇福宫。起知陳州，徙潁昌府。哲宗即位，召拜工部尚書。會議役法，永以差役爲是，除吏部尚書。明年，以資政殿學士兼侍讀，提舉中太一宫。未拜而卒〔一五〕，年六十八。謚康簡。

陳襄字述古，福州候官④人也。中進士，爲浦城簿。後用富弼薦爲⑤秘閣校理，判尚書祠部。時譯經僧法

①貝州：原作「具州」，據覆宋本、四庫本及蘇頌《孫公神道碑銘》改。
②冀：原作「異」，據覆宋本、四庫本及《孫公神道碑銘》改。
③都城：覆宋本、四庫本作「城都」；輸，覆宋本、四庫本作「收」，並誤。
④候官：孫覺《陳先生墓誌銘》、《宋史》卷八九《地理志五》作「侯官」。
⑤爲：朱校本同，覆宋本、四庫本删此字。

護遺奏度十僧，趙槩奏列子廟乞三年度一道士，襄皆執奏不行。出知常州，爲開封府推官。

知明州①。明年，同修起居注、知諫院，改侍御史知雜事。王安石爲政，行青苗法，襄上書言：「臣②已三奏乞罷青苗，而陛下未以臣爲然。臣觀制置司奏請，莫非引經以爲言，而其實貸民以取利。是特爲管仲、商君之術，非陛下之所宜行。臣願陛下爲堯、舜之君，以仁義治天下，不願陛下爲霸主也。陛下富有中國，廣輪萬里，内無强臣敵國之患，外無西戎北狄之難，凡四海九州之賦入，供吾之用，不爲不足。陛下不於此時與廟堂之臣坐而論道，以行王政，而反屑屑爲均輸舉貸之事，臣竊爲陛下惜之。」又乞貶斥王安石、吕惠卿以謝天下，奏五上。又乞免劉琦等罪，召還范純仁。除直舍人院兼天章閣待制。明年，知制誥、直學士院。

襄既忤安石，以草河北詔言「水不潤下」，中書改之，又赦文有「奉祠紫宮」，以爲語犯俗嫌，出知陳、杭二州。入知通進銀臺司，遷樞密直學士兼侍讀。卒，年六十四〔一六〕。

襄有學行，與陳烈、鄭穆、周希孟友善，閩人謂之「四先生」。所至務先學校，至親爲講解。好薦達人材，喜愠不形於色。爲政多慕古人所爲，然或迂闊，頗不爲人所服云。

孫洙字巨源，廣陵人也。年十九舉進士，調秀州司户參軍、於潛令。包拯、歐陽修舉洙賢良方正，洙上策論五十篇，善言祖宗事，指切治體，推往較今③，分辨得失，抑揚條鬯，讀之令人感動嘆息。韓琦見而奇之，曰：「今之賈誼也。」編校秘閣書籍，遷館閣校勘、集賢校理。

①明州：原無，據四庫本及《宋史》卷三二一《陳襄傳》補。
②臣：覆宋本、四庫本删此字，繆校有「臣」字。
③今：原作「令」，據覆宋本、四庫本改。

治平末，京師大雨水，詔求直言。洙上疏言時敝①七事、要務十五事〔一七〕，多可施行者。爲史館檢討、同知諫院兼直舍人院。乞增置諫官，以廣言路。王安石以論青苗事多逐諫官、御史，洙鬱鬱不能有所言，懇求補外，得知海州。入爲同修起居注、知制誥、直學士院。神宗稱其學術行誼有聞於時，博習墳史，多識典故，以爲翰林學士。且大用矣，逾月而卒②，年四十九〔一八〕。

洙博學多智，進退整暇，道古今事有條理。漢、魏以來書記，其文可道者，皆成誦云。

【箋證】

〔一〕魏郡人：《宋史》卷三二九《王廣淵傳》作「大名成安人」。鄭獬《右侍禁贈工部侍郎王公墓誌銘》（《鄖溪集》卷二〇）稱其曾祖「始徙於開封之浚儀」。

〔二〕廣淵姦邪不可近：汪琬《東都事略跋》卷中：「《傳》中司馬光極論廣淵姦邪，不可近。按《聞見録》：廣淵以濮邸舊僚進待制，貧不能辦儀物。韓魏公爲言之，英宗曰：『無名以賜，不可。』後數日，有旨令廣淵書《無逸篇》於御屏，賜白金百兩。然考廣淵未嘗爲東宮及濮邸官，言『舊僚』者誤也。彼方受魏公之知，而温公顧力詆之。蓋當時臺諫議論，與宰執相左，其執大概如此。」又按《傳家集》有《論廣淵劄子》，謂『廣淵在陛下藩邸時，因時君卿以文章筆札私有贄獻，深自結納，故有今日之命』云云。然則廣淵未嘗爲濮邸僚屬，據此可見。」

〔三〕其首吴逵領衆二千：《長編》卷二二〇熙寧四年二月庚辰「慶州兵亂」條注：「《王廣淵傳》云：『吴逵領衆二千，斬關以出。』《林廣傳》云：『亂兵三百人出城去，廣收集聽命者百餘人，攻城下兵，禽戮殆盡。』《實録》云：『斬獲二百餘衆，擁吴逵出安西門。』」

①敝：朱校本作「弊」，覆宋本、四庫本作「政」。

②「卒」下，繆校有「神宗爲之嘆息」六字。

今以諸書參考，吴逵擁衆出安西門，《廣淵傳》所云『二千人』是也。《林廣傳》所云『亂兵三百人出城去』，此三百人，蓋非逵所領以出安西門者，特其餘黨耳。雖不從逵去，亦不投降，故猶在城下。林廣授投降者兵盡攻殺之，即《實録》所稱『斬獲二百餘人』也。《林廣傳》誤以城下所禽戮爲擁吴逵以去者，故兵數多少不同。其實，吴逵領衆二千斬關以出，據北城者猶四百餘人。林廣招集得百餘人，禽戮幾三百人，《實録》但云『二百餘人』耳。」「吴逵」，《事略》誤作「吴達」，兹據《長編》注及《宋史》本傳改。

〔四〕後二年遷龍圖閣直學士知渭州：《宋史》本傳作「二年，進龍圖閣直學士、知渭州」。據《長編》卷二二〇平慶州兵亂在熙寧四年二月，又卷二二一載「降工部郎中、寶文閣待制王廣淵爲度支員外郎，依舊職知慶州」在四年三月乙未（十日），卷二四〇載「知慶州、龍圖閣直學士王廣淵知渭州」於熙寧五年十一月壬戌（十七日），自降職至陞職歷時一年八月有餘，故《事略》稱「後二年」。《宋史》本傳「二年」前當脱「後」字，或「二」爲「五」之誤。

〔五〕卒年六十：《長編》卷二六九熙寧八年十月丁巳（二十九日）載「龍圖閣直學士、知渭州王廣淵卒」。

〔六〕賜得君同進士出身：《宋史》本傳云：「元豐初，以其被遇先帝，擢其弟臨爲兵部郎中、直昭文館，子得君賜進士出身。」《宋會要輯稿》選舉九之一四載「賜故龍圖閣直學士、知渭州王廣淵子得君同進士出身」於熙寧八年十月二十九日。《長編》卷三〇一於元豐二年末載「皇城使、知安肅軍王臨爲兵部郎中、直昭文館、知齊州，臨兄廣淵子得君賜同進士出身。臨知安肅軍，朝辭，得召見。上問廣淵家世，臨具以對。翌日，手詔曰……故有是命。」注云：「元豐元年三月二十三日，王得君與堂除差遣，可并入此。王臨换官除職，得君賜出身，史不著其年月。據臨元豐元年十一月自陳表云，是元豐二年，今附見年末。按《御集》，詔書凡是上所自撰者，皆編次，獨無此詔書，不知何故？當考。墨本《廣淵傳》亦無此詔，獨朱本有之。詔書言『英宗始得親決庶政』，似與《慈聖光獻傳》稍相違戾，不知果是何月日下詔，當考。」據此，《會要》載王得君於廣淵卒日即得賜同進士出身，與《長編》不合。又《宋史》本傳言「得君賜進士出身」，鄭獬《右侍禁贈工部侍郎王公墓誌銘》稱「得君爲進士」，鄭獬撰廣淵、廣臨父墓誌在熙寧二年（一〇六九），則似「得君爲進士」尚在此年以前。諸書所載不同如此，待考。

〔七〕道病卒：《宋史》卷三二九《王陶傳》：「元豐三年卒，年六十一。」范鎮《王尚書陶墓誌銘》（《名臣碑傳琬琰集》中卷二四）：「聞九月壬寅薨，享年六十一。」

〔八〕役丁夫八萬三千：《宋史》卷三三二《陳薦傳》作「役丁夫八萬」。

〔九〕請仿漢率口察孝廉均之諸路什取一：《宋史》本傳作「請會三年貢士數均之諸路，計口察孝廉如漢制」。

〔一〇〕卒年六十九：《長編》卷三四八元豐七年九月戊申：「資政殿學士、通議大夫、提舉崇福宮陳薦卒。」《宋會要輯稿》儀制一一之七：「資政殿學士、通議大夫陳薦，元祐元年四月，贈右光禄大夫。」

〔一一〕趙郡人：《宋史》卷三四二《孫永傳》作「世爲趙人，徙長社」，是。蘇頌《資政殿學士通議大夫孫公神道碑銘》（《蘇魏公文集》卷五三）云：「父贈銀青光禄大夫諱旦，徙占潁昌府長社縣，子孫遂爲許人。」

〔一二〕祖沖集賢院學士：《宋史》本傳作「祖給事中沖」。《長編》卷一一九景祐三年七月庚寅：「右諫議大夫、集賢院學士孫沖上所撰《五代紀》七十七卷，降詔褒答。」《宋史》卷二九九《孫沖傳》云：「遷給事中。喪明，卒。」《孫公神道碑銘》云：「祖給事中、集賢院學士、判西京留守御史臺，贈工部尚書諱沖，以官終洛陽，因葬襄城。」作「沖」是。

〔一三〕知太原府：《宋史》本傳言「元豐中，判軍器監……出知太原府」，與《孫公神道碑銘》同。《事略》於熙寧八年復職判北京留司御史臺、元豐元年判軍器監事，略而不載。

〔一四〕以將作監召還：《宋史》本傳作「入判將作」，《孫公神道碑銘》云「（元豐）三年秋，以判將作監召」，《事略》「將作監」前脱「判」字。

〔一五〕未拜而卒：《孫公神道碑銘》：「公以元祐二年正月壬午薨於京師。」

〔一六〕卒年六十四：孫覺《陳先生墓誌銘》（《古靈集》卷二五）：「（元豐）三年三月十一日，卒於京師，享年六十有四。」

〔一七〕洙上疏言時敝七事要務十五事：《宋史》卷三二一《孫洙傳》作「以洙應詔疏時弊要務十七事」，李清臣《孫學士洙墓志銘》（《名臣碑傳琬琰集》中卷二五）同《事略》，疑《宋史》誤。

〔一八〕卒年四十九：《孫學士洙墓志銘》：「元豐二年十一月，天子有詔：尚書祠部員外郎、知制誥洙，學術行誼，有名於時，博習墳史，多識典故，其以爲翰林學士。」「明年五月，頓劇不起。」是謂孫洙卒於元豐三年五月。而《長編》卷二九八於元豐二年五月辛卯載其卒事，又卷二九四元豐元年十一月己丑載「尋命洙爲翰林學士」，注云「洙爲學士在丙申，今並書」。元豐元年十一月辛未朔，丙申爲二十六日。而元豐二年十一月乙丑朔，無丙申日，是可證《長編》記載無誤，而《孫學士洙墓志銘》「元豐二年十一月」當爲「元豐元年十一月」之誤，「明年五月」即爲元豐二年五月，與《長編》卷二九八記載吻合，孫洙當卒於元豐二年五月。